Jürgen Raithel · Bernd Dollinger · Georg Hörmann

Einführung Pädagogik

Jürgen Raithel · Bernd Dollinger
Georg Hörmann

Einführung Pädagogik

Begriffe · Strömungen
Klassiker · Fachrichtungen

3. Auflage

Bibliografische Information der Deutschen Nationalbibliothek
Die Deutsche Nationalbibliothek verzeichnet diese Publikation in der
Deutschen Nationalbibliografie; detaillierte bibliografische Daten sind im Internet über
<http://dnb.d-nb.de> abrufbar.

1. Auflage 2005
2. Auflage 2007
3. Auflage 2009

Alle Rechte vorbehalten
© VS Verlag für Sozialwissenschaften | GWV Fachverlage GmbH, Wiesbaden 2009

Lektorat: Stefanie Laux

VS Verlag für Sozialwissenschaften ist Teil der Fachverlagsgruppe
Springer Science+Business Media.
www.vs-verlag.de

Das Werk einschließlich aller seiner Teile ist urheberrechtlich geschützt. Jede Verwertung außerhalb der engen Grenzen des Urheberrechtsgesetzes ist ohne Zustimmung des Verlags unzulässig und strafbar. Das gilt insbesondere für Vervielfältigungen, Übersetzungen, Mikroverfilmungen und die Einspeicherung und Verarbeitung in elektronischen Systemen.

Die Wiedergabe von Gebrauchsnamen, Handelsnamen, Warenbezeichnungen usw. in diesem Werk berechtigt auch ohne besondere Kennzeichnung nicht zu der Annahme, dass solche Namen im Sinne der Warenzeichen- und Markenschutz-Gesetzgebung als frei zu betrachten wären und daher von jedermann benutzt werden dürften.

Umschlaggestaltung: KünkelLopka Medienentwicklung, Heidelberg
Druck und buchbinderische Verarbeitung: Krips b.v., Meppel
Gedruckt auf säurefreiem und chlorfrei gebleichtem Papier
Printed in the Netherlands

ISBN 978-3-531-16320-8

Inhalt

Einleitung — 7

A Grundbegriffe und Konzepte — 9

  1 Pädagogik, Erziehungswissenschaft — 10
  2 Erziehung, Erziehungsstile, Erziehungsziele — 21
  3 Bildung, Kompetenz, Qualifikation — 36
  4 Entwicklung — 45
  5 Sozialisation, Enkulturation, Personalisation/Individuation — 59
  6 Lernen (Mathetik) — 67
  7 Didaktik — 74

B Klassiker — 89

  1 Johann Amos Comenius — 92
  2 John Locke — 98
  3 Jean-Jacques Rousseau — 103
  4 Johann Heinrich Pestalozzi — 110
  5 Wilhelm von Humboldt — 117
  6 Friedrich Daniel Ernst Schleiermacher — 124
  7 Johann Friedrich Herbart — 131
  8 Ellen Key und Maria Montessori — 139
  9 Herman Nohl — 146

C Pädagogische Strömungen 156

1 Herbartianismus 159
2 Geisteswissenschaftliche Pädagogik 169
3 Empirische Erziehungswissenschaft 180
4 Kritische Theorie und Erziehungswissenschaft 188
5 Neuere Strömungen 196

D Ausgewählte Subdisziplinen und Fachrichtungen 208

1 Erlebnispädagogik 209
2 Erwachsenenbildung 224
3 Gesundheitspädagogik 233
4 Interkulturelle Pädagogik/Migrationspädagogik 251
5 Medienpädagogik 266
6 Sexualpädagogik 281
7 Sozialpädagogik 297
8 Umwelt-/Ökopädagogik 311
9 Verkehrs-/Mobilitätspädagogik 324

Tipps zum Lernen und zur Prüfungsvorbereitung 337

Einleitung

Absicht dieses Lehrbuches ist es, in zentrale Inhalte und Themen der Pädagogik in konzentrierter Form einzuführen. Es ist sowohl als ein Überblick bzw. eine Orientierung als auch im Sinne eines Repetitoriums zur Prüfungsvorbereitung zu nutzen. Das Buch ist als ein Grundkurs zu verstehen, der eine Art Basiswissen für Studierende anbietet. Hauptzielgruppe sind Lehramtsstudierende und Studierende des Haupt- und Nebenfachs Pädagogik.

Die Auswahl der Inhalte und Themen des Lehrbuches beruht auf den langjährigen Lehr- und Prüfungserfahrungen der Autoren, auf deren Basis eine praktische Examenshilfe gegeben wird. Allerdings ist auf zwei Punkte hinzuweisen. Zum einen sind die Überblickstexte selbstverständlich an die persönliche Sicht der Autoren, ihre Konstruktionen von Bedeutungen und wissenschaftlichen Positionen gebunden. Aus diesem Grund und der komprimierten Form der Ausführungen wegen wird die Lektüre der angegebenen Einführungsliteratur zum Weiterlesen als Empfehlung nahe gelegt.

Zum anderen erfordert eine Einführung in Pädagogik Selektionen. Man steht vor der Wahl, entweder in einem groben Überblick alles zu erwähnen, was relevant erscheint. Oder man konzentriert sich auf Themenbereiche, die – trotz des dann immer noch notwendigen Charakters eines Überblicks – etwas genauer dargestellt werden können. Da eine Einführung nie erschöpfend sein kann, haben wir uns für die zweite Variante entschieden. Themen, die ohne Zweifel auch bedeutsam wären, die aber eine eigenständige, nähere Erörterung verlangten wie etwa Methoden der Erziehungswissenschaft oder das deutsche Bildungssystem werden nicht behandelt. Dafür wird auf vier Schwerpunkte pädagogischen Wissens eingegangen, die für einen Einblick in die Pädagogik nach unserer Meinung von maßgeblicher Bedeutung sind. Die Einführung in den Kanon pädagogischen Grundwissens erfolgt deshalb in vier Themenblöcken.

Ausgehend von der pädagogischen Praxis wird im ersten Teil auf die grundlegenden pädagogischen Begriffe Erziehung, Bildung, Entwicklung, Sozialisation, Lernen und Didaktik eingegangen. Dem voraus geht eine Konzeptualisierung dessen, was Pädagogik und Erziehungswissenschaft sind. Der zweite Hauptteil besteht aus einem Abriss der pädagogischen Personengeschichte, in welcher sich die historische Entwicklung der Pädagogik widerspiegelt. Ausgewählt wurden „klassische" Pädagogen, von denen heute angenommen wird, dass sie für die Entwicklung des Faches originäre und wichtige Beiträge lieferten.

Im dritten Teil steht die historische Entwicklung der Pädagogik als Wissenschaft, also der Erziehungswissenschaft, im Blickpunkt. Hier werden grundlegende Strömungen, nämlich der Herbartianismus, die geisteswissenschaftliche Pädagogik, Empirische Erziehungswissenschaft, Kritische Theorie und Erziehungswissenschaft sowie Neuere Strömungen, dargestellt. Dieses Kapitel vermittelt somit wissenschaftstheoretisches pädagogisches Grundwissen in kritischer Reflexion.

Im letzten Hauptteil werden ausgewählte pädagogische Fächer (Subdisziplinen und Fachrichtungen) in ihren Grundzügen und zentralen Inhalten dargestellt. Diese sind im Einzelnen Erlebnispädagogik, Erwachsenenbildung, Gesundheitspädagogik, Interkulturelle Pädagogik/Migrationspädagogik, Medienpädagogik, Sexualpädagogik, Sozialpädagogik, Umwelt-/Ökopädagogik sowie Verkehrs-/Mobilitätspädagogik. Die Darstellung ist nach den Gliederungspunkten Begriffsklärung, Historie, Systematik und Ziele sowie Forschungsperspektive strukturiert. Das Lehrbuch schließt mit einem Kapitel zu Tipps zum Lernen und zur Prüfungsvorbereitung.

Für die Fertigstellung der Druckvorlage sei Lydia Waldmann und Astrid Mittmann gedankt. Für Anmerkungen danken die Autoren zudem Frau Christiane Siebold. Wir wünschen den Leserinnen und Lesern eine spannende und gewinnbringende Lektüre und hoffen, zum vertiefenden Studium zentraler Fragen der Pädagogik und Erziehungswissenschaft anzuregen.

Jürgen Raithel
Bernd Dollinger
Georg Hörmann

A Grundbegriffe und Konzepte

Die Grundbegriffe der Pädagogik erscheinen zunächst vertraut. Man glaubt zu wissen, was mit „Erziehung" oder „Bildung" gemeint ist, da beides in der Alltagssprache verankert ist. Eine genaue Beschreibung zu geben, wird vielen allerdings schwer fallen. Setzt man sich mit diesen und anderen Begriffen näher auseinander, so zeigen sich unterschiedliche Vorstellungen, was sie meinen können und wie sie anzuwenden sind. Es ist deshalb sinnvoll, sich zu vergegenwärtigen, was in der Pädagogik, also im wissenschaftlichen Diskurs, mit den Grundbegriffen jeweils gemeint ist. Sie sind zwar auch dort nicht immer einheitlich konzipiert. Aber es zeigen sich grundlegende Bestimmungen der Begriffe, die zu beachten sind.

Das Ziel der folgenden Ausführungen besteht darin, sich mit den Grundbegriffen der Pädagogik vertraut zu machen und auf ihre Besonderheiten hinzuweisen. Im Vordergrund stehen dabei zunächst die Begriffe „Pädagogik" und „Erziehungswissenschaft". Die beiden wichtigsten Grundbegriffe – „Erziehung" und „Bildung" – werden im Anschluss diskutiert, bevor auf andere zentrale Fachtermini eingegangen wird, wie „Entwicklung", „Sozialisation", „Lernen", „Didaktik" und weitere. Am Ende des Kapitels sollte klar geworden sein, was jeweils gemeint ist und wo Unterschiede liegen.

1 Pädagogik, Erziehungswissenschaft

1.1 „Plädoyer für Erziehung"

„Erziehung ist das eine und ganze Thema der Pädagogik; Erziehung und nicht Sozialisation, auch nicht Entwicklung oder Lernen oder Kommunikation, und schon gar nicht Therapie, Fürsorge, Sozialarbeit, Lebensbegleitung oder was sonst noch alles angeführt wird, um dem offenbar etwas unbequemen und unübersichtlichen Sachverhalt des Erziehens auszuweichen. In der Tat lässt sich beobachten, dass es mit der Erhebung der Pädagogik zur Erziehungswissenschaft zu einem wahrhaft inflationären Import auswärtiger Themen und Begriffe gekommen ist, von denen nur zu ahnen ist, dass sie irgendwie etwas mit Erziehen zu tun haben". Mit dieser Einleitung beginnt das Buch „Plädoyer für Erziehung" von PRANGE (2000, 7).

Wenn folglich von Erziehungswissenschaft die Rede ist, steht nicht nur gegenüber der älteren Bezeichnung Pädagogik in Frage, ob Erziehungswissenschaft eine *Wissenschaft* von der Erziehung ist, die sich aus der Pädagogik entwickelt habe (vgl. BREZINKA 1971). Es ist auch zu fragen, ob sie überhaupt eine Wissenschaft von der *Erziehung* sein kann. Denn was Erziehung ist, ist durchaus umstritten, und damit besteht Unklarheit über den Gegenstand dieser Wissenschaft. So machen in dem Sammelband „Zur Sache der Pädagogik" die Herausgeber FUHR/SCHULTHEIS (1999, 7) gleich in der Einleitung „auf ein folgenreiches Problem der Erziehungswissenschaft aufmerksam. Es besteht in der Unklarheit über ihren genuinen Gegenstand. Es gibt heute eine Vielfalt pädagogischer Handlungsfelder. Aber es ist unbestimmt, worin der innere Zusammenhang der verschiedenen Praxen [...] besteht, durch den sie als pädagogische erkennbar werden". Von vielen Pädagogen wird auf den Erziehungsbegriff ganz verzichtet, etwa wenn gesagt wird, Schule „erziehe" nicht, sondern „bilde", oder wenn Sozialpädagogen weder „erziehen" noch „bilden", sondern „helfen".

Es scheint, als wäre „Erziehung" suspekt geworden. Ihr wird ein autoritärer Beigeschmack zugeschrieben und sie ist gewissermaßen belastet mit Tendenzen von Unterdrückung, Entmündigung, Gängelung oder Engstirnigkeit (vgl. LOCH 1998, 312). Während medienwirksam von Journalisten eine „Erziehungskatastrophe" (GASCHKE 2001) oder ein „Erziehungsnotstand" (GERSTER/NÜRNBERGER 2001) beklagt wird, verdeutlicht PRANGE (2000, 12) die Suche nach weniger anstößigen Vokabeln und Ausweichbegriffen, indem er ironisch schreibt: „Folgte man der Nomenklatur der sich avantgardistisch gebenden Pädagogik, dann dürfte von alleinerziehenden Müttern und Vätern nicht mehr die Rede sein, sondern man hätte von alleinversorgenden Lebensbegleitern und teilhabebehilflichen Beziehungsarbeiterinnen zu sprechen, die es im unglücklichen Falle auch nicht mehr mit schwererziehbaren Kindern zu tun haben, sondern mit aushandlungsresistenten Fällen in erschwerten Lebenslagen". Es wäre also wenig gewonnen, würde man auf die „Erziehung" verzichten und den Begriff durch andere ersetzen.

1.2 Grundfunktionen der Pädagogik in historischer Sicht

Sieht man sich die „Ahnengalerie großer Geister" an, ist neben der Aufgabe der Erziehung bei PESTALOZZI als Herausführung aus dem natürlichen über den gesellschaftlichen zum sittlichen Zustand (HÖRMANN 2003, 10 6ff; vgl. Kap. B 4) der Zusammenhang von Erziehung und Bildung als ein Prozess der Entwicklung von Disziplinierung, Kultivierung, Zivilisierung, Moralisierung bei IMMANUEL KANT (1724-1804, s. Abb. 1) trefflich charakterisiert. Die Sittlichkeit/Moralität (Bildung zur moralisch reflektierenden Individualität bzw. zur universalen Menschlichkeit) stellt das höchste „Erziehungsziel" dar und führt zur gesellschaftlichen Erneuerung. Die Erziehungslehre von Kant stellt den Weg der „Menschwerdung" von der *Natur* ausgehend, die Disziplinierung benötigt, bis zur *Freiheit* dar.

Abbildung 1: Pädagogische Anthropologie nach KANT (vgl. HANSMANN 1995, 157)

	physisch		*praktisch-moralisch*	
	negativ	*positiv*		
Erziehungs-schritte	1) **Disziplinierung**	2) **Kultivierung**	3) **Zivilisierung**	4) **Moralisierung**
Form	bloß mechanisch	scholastisch-mechanisch oder frei	pragmatisch	ethisch-moralisch
Erziehungsziele	**Zucht/ Gehorsam**	**Geschichtlichkeit**	**Klugheit**	**Sittlichkeit/ Moralität**

1.3 Pädagogie, Pädagogik, Erziehungswissenschaft

In seiner Münsteraner Antrittsvorlesung „über Ursprung und Grundformen der Erziehungstheorie" (so der Untertitel) hat DÖPP-VORWALD (1964) das Verhältnis von *Pädagogie* (erziehende Praxis), *Pädagogik* („Erziehungskunst") und

Erziehungswissenschaft grundlegend erörtert. „Die pädagogische Praxis, das pädagogische Handeln, kurz: die ‚Pädagogie' [...] als der tragende Grund, als der Ursprungsort auch der Erziehungstheorie" (ebd., 8) stellt den gemeinsamen Ursprung für Pädagogik und Erziehungswissenschaft dar. Der Begriff „*Pädagogik*" bezieht sich dabei vor allem auf die geisteswissenschaftliche Strömung (vgl. C 2) und damit auf ein hermeneutisch-geschichtliches Wissenschaftsverständnis. Als ein Wesenselement der Pädagogik in diesem und auch im kritischen Sinne (vgl. C 4) ließe sich ein **utopischer Überschuss** und ein **permanenter Reformgedanke** nennen. Die „*Erziehungswissenschaft*" ist gegenüber dem hermeneutisch-geschichtlichen Wissenschaftsverständnis stark empirisch geprägt (vgl. C 3) und vor allem durch die **Analyse der „Erziehungswirklichkeit"** gekennzeichnet. Zu fragen bleibt dann, ob es sich um zwei grundverschiedene Wissenschaften handelt oder ob, im Sinne DÖPP-VORWALDs (ebd., 21), der Unterschied zwischen beiden „nur in dem verschiedenen Grade der Rationalisierung, der Methodisierung und Systematisierung dessen, was sich der pädagogischen Sicht erschließt", liegt.

Wie auch immer man dies beantwortet: In beiden Fällen kommen *Theorien* zum Tragen. WENIGER (1929/1952) hat in seinem Aufsatz „Theorie und Praxis in der Erziehung" drei Stufen pädagogischer Theoriebildung differenziert, einmal eine Theorie ersten Grades (verinnerlichte Erziehungsvorstellungen, -meinungen und -regeln, die dem Praktiker gar nicht bewusst sind), eine Theorie zweiten Grades (Handlungswissen des Praktikers und in den Begründungen und Programmen von pädagogischen Institutionen steckende Erfahrungssätze) und schließlich eine Theorie dritten Grades (Theorie des Theoretikers zum Verhältnis von Theorie und Praxis in analytischer und praxisbezogener Funktionsweise).

Neuere Unterscheidungen differenzieren Laien-, Objekt und Metatheorie (Abb. 2) oder im Sinne BENNERs (2001) pädagogische Praxis (Handlungswissen, Erfahrungen von Praktikern), pädagogische Handlungstheorie (handlungstheoretisches Wissen) und pädagogische Forschung (wissenschaftliches Wissen).

Man sieht, dass das Verhältnis von Erziehungspraxis und -theorie ein wichtiges Thema ist. Der Zusammenhang muss aus heutiger Sicht in komplexer Weise betrachtet werden, da weder die Praxis von Theorien bestimmt ist noch die Theorie durch Praxisformen. Dabei sind verschiedene Theorietypen zu berücksichtigen. Dies betrifft *Partialtheorien*, die sich auf Komponenten (wie Erziehertätigkeit, Edukand, Subdisziplinen der Pädagogik) beziehen, daneben *Perspektivtheorien,* die auf Kombinationen (wie Erziehungsgehalte, -techniken, Edukand als Ausgangspunkt für eine pädagogische Theorie) gerichtet sind, *thematische Theorien* mit Bezug auf zentrale pädagogische Probleme und *Metatheorien*, die Theorien über Theorien verfolgen' (vgl. BOKELMANN 1970, 218ff).

Abbildung 2: Theorietypen

(III) Meta-Theorie	**Theorie der Erziehungswissenschaft** (Aufstellung wissenschaftlicher Sätze über erziehungswissenschaftliche Theorien)
	deskriptive Theorie der EW Beschreibung (Analyse) verschiedener erziehungswissenschaftlicher Theorien *normative Theorie der EW* Aufstellung metatheoretischer Normen zur Beurteilung erziehungswissenschaftlicherTheorien
(II) Objekt-Theorie	**Erziehungswissenschaft** (Theorie der Erziehungspraxis) (Aufstellung wissenschaftlicher Sätze über die Erziehungspraxis)
	deskriptive *Erziehungswissenschaft* Aufstellung deskriptiver Sätze über die Erziehungspraxis *normative* *Erziehungswissenschaft* Aufstellung von Normen für die Erziehungspraxis
(I) Laientheorie	**Erziehungspraxis** (Handlungen, die umgangssprachlich als ‚Erziehung' bezeichnet werden)

Theorien treffen Aussagen über verschiedene Dinge. Zum einen über die *Erziehungswirklichkeit* mit Rücksicht auf sprachliches Vorverständnis, hypothetische Leitdefinitionen, entsprechende Hauptprobleme, die das Erziehungsverständnis vorläufig differenzieren, sowie über Standortbewusstsein. Zudem erörtern Theorien die *pädagogische Theoriebildung, d.h.* methodisch-theoretische Ansätze der pädagogischen Forschung, die das Standortbewusstsein explizieren, daneben thematische Theorien, die sich auf die pädagogischen Hauptprobleme beziehen und verschiedenen Umfang haben, sowie wissenschaftstheoretische Grundfragen. Schließlich gibt es *Wissenschaftstheorien*, die wissenschaftstheoretische Streitpunkte der Theoriebildung betreffen sowie verschiedene wissenschaftstheoretische Ansätze, die die thematischen Theorien ermöglichen, welche die Frage der „Wissenschaftlichkeit" überhaupt behandeln, da sie historisch offen und weiter entwickelbar sind. Im Ergebnis kann man sich dies etwa im Sinne BOKELMANNs (1970) wie eine Spirale vorstellen, in der praxisnahe und -ferne Reflexionsfiguren verbunden sind. Sie durchdringen sich von oben nach unten und umgekehrt. Zu bedenken ist dabei die Einbettung von Erziehung und Pädagogik in eine umfassende Wirklichkeit menschlichen Handelns.

Eine Verknüpfung der Theorie der Erziehung, Bildung und pädagogischer Institutionen mit Weiterentwicklung der von DÖPP-VORWALD (1964, 15) in Erinnerung gebrachten konstitutiven und regulativen Prinzipien liefert das praxeologische Modell von BENNER (s. Abb. 3). *Konstitutive Prinzipien* der individuellen Seite sind Bildsamkeit – d.h. statt Anlagen und Begabung vielseitige und offene Identität – und die Aufforderung zur Selbsttätigkeit. *Regulative Prinzipien* sind Transformationen gesellschaftlicher in pädagogische Determination und ein nicht-hierarchisierter Ordnungszusammenhang menschlicher Gesamtpraxis.

Abbildung 3: Praxeologisches Modell nach BENNER (2001, 128)

	Die Prinzipien pädagogischen Denken und Handelns	
	Konstitutive Prinzipien der individuellen Seite	**Regulative Prinzipien der gesellschaftlichen Seite**
A Theorie der Erziehung (2) : (3)	(2) Aufforderung zur Selbsttätigkeit	(3) Überführung gesellschaftlicher Determination in pädagogische Determination
B Theorie der Bildung (1) : (4)	(1) Bildsamkeit als Bestimmtsein des Menschen zur Selbstbestimmung	(4) Nichthierarchischer Ordnungszusammenhang der menschlichen Gesamtpraxis
	C Theorie pädagogischer Institutionen und ihrer Reform (1) / (2) : (3) / (4)	

Praxis ist nach BENNER (2001) nach einem engeren (a) und weiteren (b) Begriff zu unterscheiden, d.h. in:

a) freies Handeln gemäß der Sitte (Platon), Freundschaft zwischen Menschen und gemeinsames politisches Tun (ohne Arbeit und Kunst; poetische Tätigkeit, Umgang der Arbeitenden miteinander spielt keine besondere Rolle),

b) alle Formen menschlicher Tätigkeit sowie das Verhältnis der Arbeitenden zueinander (individuelle Sittlichkeit, öffentliche Politik, Kunst, Ökonomie, pädagogische und religiöse Praxis).

Praxis bedeutet zweierlei: 1) die „Möglichkeit", tätig und handelnd, *willentlich* etwas hervorzubringen und 2) die „Notwendigkeit", auf welche die Praxis antwortet, indem sie eine erfahrene Not zu wenden sucht. Die Natur ist also der Praxis nicht fähig, weil keine willentliche Praxis vorliegt; Gott ist der Praxis nicht bedürftig, weil keine zu wendende Not existiert.

Dabei bewegt sich pädagogisches Handeln im Spannungsverhältnis von Unfertigkeit (Imperfektheit) und Vollendung („perfectibilité"). „Eine Tätigkeit kann dann als Praxis bezeichnet werden, wenn sie *erstens* in einer Imperfektheit oder Not des Menschen ihren Ursprung hat, diese Not wendet, die Imperfektheit selbst aber nicht aufhebt, und wenn *zweitens* der Mensch durch sie eine Bestimmung erlangt, welche nicht unmittelbar aus der Imperfektheit folgt, sondern durch seine Tätigkeit allererst hervorgebracht wird" (BENNER 2001, 33).

Die Stellung pädagogischer Praxis stellt sich im Rahmen menschlicher Gesamtpraxis folgendermaßen (nicht-hierarchisiert) dar. Wie in Abbildung 4 zum Ausdruck kommt, steht die Pädagogik in Verbindung mit unterschiedlichsten Praxisformen des menschlichen Lebens.

Abbildung 4: Nicht-hierarchische Verhältnisse menschlicher Gesamtpraxis (BENNER 2001, 44)

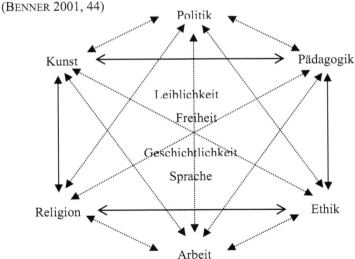

Ihnen gegenüber zeigt sie Besonderheiten, sie kann aber auch nicht ganz aus diesem Zusammenhang herausgelöst werden. Beispielsweise ist die Pädagogik mit ethischen und politischen Themen konfrontiert. Sie ist betroffen von Anforderungen der Arbeit bzw. der Arbeitsfähigkeit, der Religion, der Kunst usw. An all diese Themen und Lebensbereiche stellt sie ihre Fragen und versucht, Antworten zu geben und/oder diese Dimensionen des Lebens aus pädagogischer Perspektive zu analysieren.

1.4 Allgemeine Erziehungswissenschaft und Subdisziplinen

Die erziehungswissenschaftliche Theorielandschaft ist seit den achtziger Jahren durch eine Pluralität von Konzepten gekennzeichnet. HERWIG BLANKERTZ konnte im Jahre 1969 noch den erfolgreichen Versuch unternehmen, zeitgenössische „Theorien und Modelle der Didaktik" zu sichten und systematisch zugänglich zu machen. Ein ähnliches Unterfangen, nicht nur „Pädagogische Konzeptionen" (PETERSEN/REINERT 1992) zu ordnen, sondern selbst „Theorien und Modelle der Allgemeinen Pädagogik" (BRINKMANN/PETERSEN 1998) systematisch, d.h. ordentlich, planvoll und folgerichtig zu gliedern, ist heute mühselig und kaum noch durchführbar. Pädagogik ist nicht nur als Allgemeine Pädagogik in einen eher losen Verbund unterschiedlicher Positionen, Richtungen und Methoden mit differenten Zielformulierungen, Argumentationsfiguren und Beweisgründen ausgefranst, sondern fast zu einem bloßen Ordnungsdach pädagogischer Regionaldisziplinen und Handlungsfelder geworden (s. Abb. 5).

Unabhängig von der strittigen Frage, ob die Allgemeine Pädagogik selbst nur eine erziehungswissenschaftliche Teildisziplin (LENZEN 1998, 33f.) ist oder etwa als Lebenslaufwissenschaft (Humanvitologie, ebd., 52) neu zu denken ist, lässt sich das Verhältnis von Allgemeiner Pädagogik und Spezialpädagogiken nach Handlungsfeldern, Denktraditionen und Forschungsmethoden strukturieren sowie mittels folgender Kriterien gliedern:

Lebenslaufbezug (Kindheit, Jugend, Erwachsene, Alte Menschen)
Lebensortbezug (Familie, Schule, Heim, Beruf, Freizeit)
Methodenbezug (Unterricht, Beurteilung, Beratung, Planung, Therapie, Pflege)
Normativ-programmatische Prinzipien (Prävention, Integration, Partizipation, Emanzipation, Innovation)
Sozialökologische Kategorien (Professionalität im Schnittpunkt von Mikro-, Meso- und Makrosystem, Intra- und Intergruppenprozesse, Interdisziplinarität)
Forschungsmethodologie (Hermeneutik, Ideologiekritik, Empirie mittels quantitativer und qualitativer Verfahren, Kasuistik, Biographieforschung)

Abbildung 5: Integration der Allgemeinen Pädagogik in eine Lebens(lauf)-wissenschaft (LENZEN 1998, 52)

GESELLSCHAFTSSYTEM

WIRTSCHAFTSSYSTEM

- andere Wissenschaften
- Lebens(lauf)-wissenschaft

Lebenslaufrelevante Teile der
- Wirtschaftswissenschaft
- Rechtswissenschaft
- Gesundheitswissenschaft
- Soziologie
- Psychologie
- Erziehungswissenschaft

(reflektiert)

Wissenschaftssystem | Rechtssystem | Gesundheitssystem | Erziehungssystem | Politisches System | Andere gesellschaftliche Teilsysteme

Bis in die Mitte des vorigen Jahrhunderts war ein Lehrstuhl für Pädagogik in der Regel an die Philosophie angebunden. Mit der Entwicklung der Lehrerbildung rückten neben Lehrstühlen für (Allgemeine) Pädagogik mit den Teilgebieten Systematische und Historische Pädagogik zusehends die Belange der Schule in den Blickpunkt. Außer der „Schulpädagogik" wurden alsbald Lehraufträge für „Sozialpädagogik" vergeben, da Jugendwohlfahrt, Fürsorge und Kleinkindererziehung immer größere Bedeutung erlangten.

Neben der altersbezogenen Differenzierung (Kinder, Jugendliche, Erwachsene), welche sich in Vorschul- (Elementar-, Familien-) Pädagogik, Sozialpädagogik und Erwachsenenbildung (Andragogik), Altenbildung (Geragogik) aufzeigte, gliederten sich die Erziehungsbereiche sowohl im schulischen als auch im außerschulischen Bereich weiter auf (Elementarerziehung, Familienpädagogik, Berufspädagogik, Sonderpädagogik, Heil- und Behindertenpädagogik, Ausländerpädagogik). Die Spezialpädagogiken, deren Institutionalisierung sich in entsprechenden Ausbildungseinrichtungen niederschlug, bedingten nicht nur eine Vielzahl von Bindestrichpädagogiken, wie z.B. Medien-, Museums-, Friedens- und Ökopädagogik und Fachdidaktiken wie Sport-, Musikpädagogik etc. (LENZEN 1999, 38f.), sondern auch eine zunehmende Spezialisierung von Teilpädagogiken. So ist die Sonder-/Förderpädagogik in zehn Teilbereiche mit entsprechenden Schultypen untergliedert, nämlich Pädagogik der Blinden, Sehbehinderten, Gehörlosen, Schwerhörigen, Sprachbehinderten, Geistigbehinderten, Lernbehinderten, Körperbehinderten, Verhaltensgestörten, Kranken. Als weiteres Beispiel wurde etwa Vergleichende Erziehungswissenschaft ergänzt durch Inter- und Multikulturelle Erziehung, Ausländerpädagogik, Pädagogik der Dritten Welt, ethnischer Minoritäten etc. (vgl. Teil D).

Anknüpfend an das Zitat von PRANGE (2000, 7), dass „Erziehung und nicht Sozialisation, auch nicht Entwicklung oder Lernen oder Kommunikation, und schon gar nicht Therapie, Fürsorge, Sozialarbeit, Lebensbegleitung" Thema der Pädagogik sei, könnte man im Umkehrschluss folgern: Erziehung akzentuiert den pädagogischen, Sozialisation den sozialpsychologischen, Lernen den mathetischen und Hilfe den sozialpädagogischen Diskurs als wissenschaftliche Gesprächszusammenhänge (in Anlehnung an NEMITZ 1996 und Abwandlung von PAPENKORT 2004).

Der pädagogische Diskurs widmet sich Erziehung und Unterricht, angereichert um schulische Bildung; *der sozialpsychologische Diskurs* weitet das Feld des pädagogischen Bezugs nicht nur auf mehrere Individuen, sondern die Gesellschaft aus. Entsprechende Wirkungen kommen im Sozialisationsbegriff nicht nur als passive Soziabilisierung, sondern als „produktive Realitätsverarbeitung" (HURRELMANN/ULICH 1991), als Vermittlung von Mikro-, Meso- und Makrosystem zur Geltung (vgl. Kap. A 5). *Im mathetischen Diskurs* gelangen Lernen, Entwicklung im Sinne von Selbstorganisation, Autopoiesis (LENZEN 1997, 949ff) und Bildung als reflexiver und lebenslanger Prozess in das Blickfeld. Auch *der sozialpädagogische Diskurs* intendiert in Entgrenzung oder sogar formalem Tausch des klassischen Generationenverhältnisses lebenslanges Lernen und nicht nur Hilfe in einmaligen oder temporären Situationen (wie Therapie, Fürsorge), sondern umfasst den ganzen Lebenslauf im Sinne von „professioneller Lebensbegleitung" („Humanvitologie", LENZEN 1997a, oder allgemeiner im Sinne von Unterstützung der Lebensbewältigung; THIERSCH 1994). Der Zusammenhang von Erziehung zwischen Erzogen-, Ungezogen- und Verzogenheit, zwischen Gesundheits- und Bildungssystem, Justiz und Ökonomie mit ihren Hilfeformen von Therapeutisierung, Pädagogisierung, Justifizierung und Monetarisierung in der Bearbeitung von Lebenslagen kann auch aus der Perspektive von Sozialarbeit/Sozialpädagogik erhellt werden (vgl. HÖRMANN 1997, 16ff; Kap. D 7 in diesem Buch).

Letztlich bleibt aber bei aller Ausuferung der jeweiligen Diskurse das Ziel im Auge zu behalten, dass Erziehungswissenschaft weder zu einem Sammelsurium heterogener Regional- und Spezialpädagogiken verkommt, noch sich vor dem „offenbar etwas unbequemen und ungefügen Sachverhalt des Erziehens" drückt. Dies ist aber nur um den Preis zu haben, dass die Theorien umso vehementer und nachdrücklicher von der „Dignität der Praxis" (SCHLEIERMACHER 1826/2000, 11) eingefordert werden.

Einführungsliteratur (zum Weiterlesen)

Benner, D. (2001): Allgemeine Pädagogik. Weinheim: Juventa.
Brinkmann, W./Petersen, J. (Hrsg.) (1998): Theorien und Modelle der Allgemeinen Pädagogik. Eine Orientierungshilfe für Studierende der Pädagogik und in der pädagogischen Praxis Tätige. Donauwörth: Auer.
Krüger, H.H./Helsper, W. (Hrsg.) (2004): Einführung in Grundbegriffe und Grundfragen der Erziehungswissenschaft. Opladen: Leske + Budrich.
Lenzen, D. (Hrsg.) (2004): Erziehungswissenschaft. Ein Grundkurs. Reinbek: Rowohlt.

Literatur

Benner, D. (2001): Allgemeine Pädagogik. Weinheim: Juventa.
Bokelmann, H. (1970): Pädagogik: Erziehung, Erziehungswissenschaft. In: Speck, J./Wehle, G. (Hrsg.): Handbuch pädagogischer Grundbegriffe. München: Kösel, 178-267.
Brezinka, W. (1971): Von der Pädagogik zur Erziehungswissenschaft: eine Einführung in die Metatheorie der Erziehung. Weinheim: Beltz.
Döpp-Vorwald, H. (1964): Grundfragen der Erziehungswissenschaft. Ratingen: Henn.
Fuhr, Th./Schultheis, K. (Hrsg.) (1999): Zur Sache der Pädagogik: Auf der Suche nach dem Gegenstand der Allgemeinen Erziehungswissenschaft. In: Dies. (Hrsg.): Zur Sache der Pädagogik. Untersuchungen zum Gegenstand der allgemeinen Erziehungswissenschaft. Bad Heilbrunn: Klinkhardt.
Gaschke, S. (2001): Die Erziehungskatastrophe. Kinder brauchen starke Eltern. München: Heyne.
Gerster, P./Nürnberger, Ch. (2002): Der Erziehungsnotstand. Wie wir die Zukunft unserer Kinder retten. Reinbek: Rowohlt.
Hansmann, O. (1995): Kindheit und Jugend zwischen Mittelalter und Moderne. Weinheim: Deutscher Studien-Verlag.
Hörmann, G. (1997): Zur Funktion der Sozialarbeit im Gesundheitswesen. In: Homfeldt, H.G./Hünersdorf, R. (Hrsg.): Soziale Arbeit und Gesundheit. Neuwied: Luchterhand, 11-27.
Hörmann, G. (Hrsg.) (2003): Pädagogische Anthropologie zwischen Lebenswissenschaften und normativer Deregulierung. Hohengehren: Schneider.
Hurrelmann, K/Ulich, D. (Hrsg.) (1991): Neues Handbuch der Sozialisationsforschung. Weinheim: Beltz.
Lenzen, D. (1997): Lösen die Begriffe Selbstorganisation, Autopoiesis und Emergenz den Bildungsbegriff ab? In: Zeitschrift für Pädagogik, 43, 949-967.

Lenzen, D. (1997a): Professionelle Lebensbegleitung - Erziehungswissenschaft auf dem Weg zur Wissenschaft des Lebenslaufs und der Humanontogenese. In: Erziehungswissenschaft 8, 15, 5-22.

Lenzen, D. (1998): Allgemeine Pädagogik – Teil- oder Leitdisziplin der Erziehungswissenschaft? In: Brinkmann, W./Petersen, J. (Hrsg.): Theorien und Modelle der Allgemeinen Pädagogik. Eine Orientierungshilfe für Studierende der Pädagogik und in der pädagogischen Praxis Tätige. Donauwörth: Auer, 32-64.

Lenzen, D. (1999): Orientierung Erziehungswissenschaft. Was sie kann, was sie will. Reinbek: Rowohlt.

Loch, W. (1998): Die Allgemeine Pädagogik in phänomenologischer Hinsicht. In: Brinkmann, W./Petersen, J. (Hrsg.): Theorien und Modelle der Allgemeinen Pädagogik. Eine Orientierungshilfe für Studierende der Pädagogik und in der pädagogischen Praxis Tätige. Donauwörth: Auer, 308-333.

Nemitz, R. (1996): Kinder und Erwachsene. Zur Kritik der pädagogischen Differenz. Hamburg: Argument.

Papenkort, U. (2004): Erziehungswissenschaft: Wissenschaft von der Erziehung? Unveröffentlichte Antrittsvorlesung (www.kfh.mainz.de/service/papenkort.htm [Stand: 2.6.2004]).

Petersen, J./Reinert, G.-B. (Hrsg.) (1992): Pädagogische Konzeptionen. Donauwörth: Auer.

Prange, K. (2000): Plädoyer für Erziehung. Baltmannsweiler: Schneider Verlag.

Schleiermacher, F.E.D. (1826/2000): Grundzüge der Erziehungskunst. (Vorlesungen 1826). In: ders.: Texte zur Pädagogik. Bd. 2. Frankfurt a.M.

Thiersch, H. (1994): Sozialpädagogik und Erziehungswissenschaft. Reminiszenzen zu einer hoffentlich bald überflüssigen Diskussion. In: Krüger, H.H./Rauschenbach, Th. (Hrsg.): Erziehungswissenschaft. Die Disziplin am Beginn einer neuen Epoche. Weinheim: Juventa, 140f.

Weniger, E. (1929/1952): Die Eigenständigkeit der Erziehung in Theorie und Praxis. Weinheim: Beltz.

2 Erziehung, Erziehungsstile, Erziehungsziele

2.1 Der Erziehungsbegriff

> Erziehung (educatio) stellt die auf biologisch-physiologischer Zuwendung aufbauende geplante, systematisch begründbare und prinzipieller Überprüfbarkeit unterliegende psychosoziale Intervention (Unterricht, Förderung, Beratung) als Hilfestellung zur Entwicklung personaler und sozialer Selbstwerdung und Handlungsfähigkeit dar (Erzieher-Perspektive).

Der sprachliche Ursprung des Verbums „erziehen" geht etymologisch betrachtet auf mittel- und neuhochdeutsche Wortbildungen zurück, nämlich „ziehen", was soviel bedeutet wie „herausziehen" (vgl. BOKELMANN 1970, 179ff). Dieses Wort, das auch den Sinn von „großziehen", „aufziehen" und „ernähren" enthält, bezieht sich sowohl auf die Erziehungstätigkeit als Vorgang als auch auf das Resultat, nämlich die Erzogenheit bzw. die Erziehung, Zucht und Aufzucht.

Die erzieherischen Leistungen werden als ausschließlich transitive Leistungen begriffen – d.h. der Edukand wird veranlasst, etwas zu tun, die eruditiven Aktivitäten dagegen sind reflexiv bestimmt –, d.h. dem Edukanden wird Gelegenheit gegeben, sich selbst in Aktion zu bringen. Aus der Fülle erziehungswissenschaftlicher Annäherungen an Erziehung sei stellvertretend noch die umfassende Leitdefinition von BOKELMANN zitiert:

> „Erziehung ist dasjenige Handeln, in dem die Älteren (Erzieher) den Jüngeren (Edukanden) im Rahmen gewisser Lebensvorstellungen (Erziehungsnormen) und unter konkreten Umständen (Erziehungsbedingungen) sowie mit bestimmten Aufgaben (Erziehungsgehalten) und Maßnahmen (Erziehungsmethoden) in der Absicht einer Veränderung (Erziehungswirkungen) zur eigenen Lebensführung verhelfen, und zwar so, daß die Jüngeren das erzieherische Handeln der Älteren als notwendigen Beistand für ihr eigenes Dasein erfahren, kritisch zu beurteilen und selbst fortzuführen lernen" (BOKELMANN 1970, 185 f.).

Erinnert sei ferner an die Unterscheidung von „unerzogen – ungezogen", wobei ersteres auf einen unvollständigen Prozess mit der Kompensation durch Schule/ Bildungssystem als klassischen Instanzen, letzteres auf abweichende oder verfehlte Erziehung mit entsprechender sozialpädagogischer Bearbeitung hindeutet (vgl. HÖRMANN 1997). Gegenüber der umfassenden Begriffsbestimmung von BOKELMANN, die gesellschaftliche und ökologische Bezüge einbezieht, allerdings in der Tradition von Schleiermacher noch dem Generationenverhältnis verpflichtet bleibt und das Programm lebenslanger Erziehung und Bildung (auch unter inversen Altersrollen) unberücksichtigt lässt, konzentrieren sich die Umschreibungen von Erziehung bei BREZINKA wesentlich auf den Edukanden und formale Prozesse, wobei der Frage der technischen Formbarkeit der „Dispositionen" besondere Beachtung geschenkt wird:

> „Unter Erziehung werden soziale Handlungen verstanden, durch die Menschen versuchen, das Gefüge der psychischen Dispositionen anderer Menschen in irgendeiner Hinsicht dauerhaft zu verbessern oder seine als wertvoll beurteilten Komponenten zu erhalten oder die Entstehung von Dispositionen, die als schlecht bewertet werden, zu verhüten. Die kürzeste Formulierung für diesen Begriffsinhalt ist folgender Satz: Als Erziehung werden Handlungen bezeichnet, durch die Menschen versuchen, die Persönlichkeit anderer Menschen in irgendeiner Hinsicht zu fördern" (BREZINKA 1990, 95).
> „Die sozialen Handlungen, die als ‚Erziehung' bezeichnet werden, zielen darauf ab, in anderen Menschen psychische Dispositionen zu schaffen, vorhandene Dispositionen zu ändern oder (unter bestimmten Umständen) zu erhalten und den Erwerb unerwünschter Dispositionen zu verhüten" (BREZINKA 1990, 84).

In Bezug auf den Aufbau, die Änderung, Erhaltung oder Verhütung psychischer Dispositionen heißt es folglich:

> „Der Zweck der Erziehung besteht in erster Linie darin, das Dispositionsgefüge der Educanden in mehr oder weniger großem Umfang zu *ändern*. Damit kann folgendes gemeint sein:
> a) Man will *vorhandene* (angeborene oder erworbene) Dispositionen *ausbauen,* verstärken, stabilisieren oder differenzieren. Das gilt für jene Dispositionen, die als wertvoll beurteilt werden.
> b) Man will *noch nicht vorhandene* Dispositionen – auf der Grundlage der vorhandenen allgemeinen (z.B. Lernfähigkeit) oder spezifischen Dispositionen – *schaffen,* hervorbringen oder erzeugen. Auch bei diesen neuen Dispositionen handelt es sich um solche, die als wertvoll angesehen werden.
> c) *Man will vorhandene* Dispositionen *beseitigen,* abbauen, auflösen, ausschalten, schwächen oder in ihrer Wirkung einschränken. Das gilt für jene Dispositionen, die als schädlich bewertet werden" (BREZINKA 1990, 84).

Der Begriff Erziehung bezeichnet alle gezielten und bewussten Einflüsse auf den Bildungsprozess (vgl. OELKERS 2001, 24). „Erziehung ist *intentional*, sie sucht Ziele, Normen und Werte zu verwirklichen" (GUDJONS 2003, 198). Das

Erziehungsgeschehen ist von seiner intentionalen Struktur her letztlich darauf ausgerichtet, sich selbst aufzuheben.

Intentionale vs. „funktionale" Erziehung

In der *intentionalen Erziehung* steht die face-to-face-Beziehung und die absichtsvolle pädagogische Einflussnahme im Mittelpunkt. Hiermit ist der genuine Charakter der Erziehung benannt.

Funktionale Erziehung meint hingegen die gesellschaftlich wirksamen Faktoren, die nicht zum Zwecke der Erziehung geschaffen wurden, gleichwohl aber Einfluss auf Kinder und Jugendliche haben: Ihr Spektrum reicht vom Fernsehen, Illustrierten und anderen Medien über soziale Normen (z.B. im Sportverein) bis zu Sitten und Bräuchen. Mit „funktionaler Erziehung" (wenn man es überhaupt Erziehung nennen kann) meint man „alles, was außer den intentionalen Maßnahmen etwas bedeutet für die Jugend" (SCHNEIDER 1953, 14 und 19). Bei der auf die zwischenmenschlichen Einflüsse eingeengten Sicht der funktionalen Erziehung heißt es z.B.: „Alle erziehen alle jederzeit" (KRIECK 1922, 47).

Nach dieser Aussage gäbe es auch eine Erziehung ohne Erzieher und ohne Erziehungsabsichten. Da eine solche uferlose Ausweitung des Erziehungsbegriffs logisch verwirrend und fragwürdig ist, wäre es zur Präzisierung des pädagogischen Sprachgebrauchs besser, nicht von funktionaler Erziehung zu sprechen, sondern den Sachverhalt besser als Sozialisation zu bezeichnen.

2.2 Metaphern der Erziehung bzw. des Erziehers

Ein Zugang zum Verständnis von Erziehung bzw. über das Verhalten des Erziehers wird über alltägliche Bilder, Analogien und Metaphern versucht. Über die Nennung eines solchen Bildes wird die Vorstellung bzw. das Konzept dessen, was Erziehung ist bzw. wie es erfolgen kann, beschrieben.

SCHEUERL (1959) hat fünf Bilder von Erziehung vorgestellt:
Erziehung als...
- Wachsenlassen eines Samenkorns
- Führen auf der rechten Bahn
- Geburtshilfe
- Prägung einer Wachstafel (tabula rasa)
- Erweckung oder Erleuchtung

KRON (1996) stellt sechs Bilder vor:
- Wachsen lassen (Naturkräfte im Kind zur Entfaltung kommen lassen, „Negative Erziehung")
- Führen (Erziehung als Verhältnis von Führer und Geführten)
- Helfen (Hilfe zur Überwindung von Problemsituationen)
- Ziehen (1. Heranwachsende analog einer Pflanze hochziehen, 2. Befreiung von Zwängen und Unwissenheit zu Erkenntnis und Wahrheit)
- Regieren und Zucht (Disziplinierung von Kindern, Erziehung als Ordnungsfaktor)
- Anpassen (an gegebene gesellschaftliche Normen, Wertvorstellungen, Rollen)

TREML (2000) benennt drei Metaphern:
- der Pädagoge als Gärtner und Bauer
- der Pädagoge als Handwerker und Techniker
- der Pädagoge als Führer und Begleiter

Alle Bilder lassen sich letztlich auf *zwei Grundverständnisse* von Erziehung zurückführen (TREML 1991, 347; GUDJONS 2003, 185f.):

- Das Bild des **Bildhauers bzw. Handwerkers**, nach dem Erziehung ein *„herstellendes" Handeln*, analog zur handwerklichen Produktion, ist. Der Erzieher agiert zu einem angestrebten Zweck mit Hilfe bestimmter Mittel und Methoden (*Technizismus*).
- Das Bild des **Gärtners bzw. Bauers**, nach dem analog zum Gießen der Pflanze Erziehung ein *begleitendes Wachsen lassen* ist. Der Erzieher unterstützt „pflegend und schützend" den „natürlichen" Entwicklungsprozess (*Naturalismus*).

Hauptsächlich diese beiden Grundverständnisse haben als Paradigmen die Geschichte des Erziehungsbegriffs bestimmt. Die *technizistische Annahme* führt von LOCKE mit seinem Sensualismus (alles dringt von außen über die Sinne in den Menschen) über die utilitaristische Pädagogik des 18. Jahrhunderts bis MONTESSORI und die lernpsychologischen Konzepte von Erziehung im 20. Jahrhundert. Die *naturalistische Annahme* beginnt mit Rousseaus Konzept der natürlichen Entwicklung über die Romantik und Reformpädagogik bis auf heutige Konzepte der Anti-Pädagogik (vgl. OELKERS 1991).

Doch ist Erziehung als ein prinzipiell *antinomischer Prozess* (WINKEL 1986) zu verstehen, der in der unauflöslichen gegenseitigen Verschränkung des *Führens* und *Wachsen lassen* erfolgt (vgl. DIETRICH 1992; sowie LITT 1927). Denn Erziehung allein als Wachsen lassen hebt sich selbst auf und Erziehung allein als Führen führt nicht zu Mündigkeit, sondern ist totalitär (vgl. GUDJONS 2003).

2.3 Werte und Ziele in der Erziehung

Werte, Normen und Ziele lassen sich nach absteigendem Abstraktionsgrad und handlungsbezogener Reichweite folgendermaßen definieren:

Werte: Es handelt sich um oberste Prinzipien bzw. Grundüberzeugungen mit verhaltens-lenkender Wirkung; sie werden in einer Gesellschaft allgemein als wünschenswert betrachtet und verleihen Menschen Orientierung, z.B. in moralischer (Aufrichtigkeit, Gerechtigkeit, Treue), religiöser (Gottesfurcht, Nächstenliebe), politischer (Toleranz, Freiheit, Gleichheit), ästhetischer (Kunstschönheit) oder materieller (Wohlstand) Hinsicht.

Normen sind gesellschaftliche Verbindlichkeiten und verhaltenswirksame Richtlinien. Dabei ist zu unterscheiden zwischen deskriptiven Ist-Normen („Normal", statistische Häufigkeitsverteilung, Standardisierung) und präskriptiven Soll-Normen (Handlungsimperative).

Ziele repräsentieren Soll-Normen für einen Bereich (z.B. Bildung, Erziehung, Lernen): sie werden oft synonym verwandt mit Werten, etwa am Beispiel „Bildungsziele der bayerischen Verfassung" (z.B. Art. 131 Verfassung des Freistaates Bayern) oder als Erziehungsziele (z.B. Bayerisches Gesetz über das Erziehungs- und Unterrichtswesen). Demgegenüber zeichnen sich Erziehungsziele im engeren Sinne aus durch Operationalisierbarkeit und Überprüfbarkeit.

Weitere phänomenbezogene Begriffe sind:

Ethik ist die philosophische Disziplin als Reflexionstheorie der Moral, die sich mit der Begründung der moralischen Normen befasst (z.B. Gesinnungs-, Verantwortungs- und Utilitarismusethik).

Moral ist zu verstehen als die Gesamtheit der Regeln, die in einer Gesellschaft festlegen, was als sittlich falsch und richtig, gut und böse gilt.

Regeln verweisen auf konkrete Verhaltensanforderungen in bestimmten Situationen.

Tugenden sind Richtziele für das moralische Handeln des Einzelnen oder die Fähigkeit, sich gemäß der einzelnen Werte zu verhalten. *Kardinaltugenden* sind nach PLATON: Weisheit, Besonnenheit, Tapferkeit, Gerechtigkeit. Als „*Sekundärtugenden*" gelten z.B. Fleiß, Gehorsam, Disziplin.

Sünden sind mit theologischen Begründungsfiguren assoziierte Vorschriften und gelten als repressiv; teilweise wird auf sie in weiterem Begriffsverständnis Bezug genommen als Verstoß gegen scheinbar unstrittige Vorgaben.

Ideal ist ein subjektiv gültiges, sittliches Ziel (wertvoll, wichtig).

Idol ist zu beziehen auf ein angestrebtes Vorbild, allerdings ohne ethisch verpflichtenden Charakter, deshalb ist der Begriff eher pejorativ besetzt.

Werte und Erziehungsziele im weiteren Sinne einschließlich konkreter Verhaltensanforderungen (Tugenden) lassen sich *klassifizieren* nach monistischen, dualistischen bzw. dialektischen Prinzipien, zahlensymbolischen Gruppierungen oder Pluralismusversionen, Hierarchie- und Interdependenzmodellen.

(1) Monistische Konzepte
Stellvertretend hierfür seien etwa als Beispiele aus der hellenistischen Philosophie und Lebenslehre genannt Ataraxie (Unerschütterlichkeit) in der Stoa, Eudaimonie (lustvolle Glückseligkeit) im Epikureismus, Emanzipation (Mündigkeit, Selbstbestimmung, Autonomie) als Leitformel oder „große Erzählung" aus der Kritik der Postmoderne an der kritischen Erziehungswissenschaft, Selbstverwirklichung in sog. „humanistischer" Psychologie und Pädagogik, Tüchtigkeit und Brauchbarkeit in der philanthropischen Pädagogik, Disziplin und Gehorsam (Unterordnung) in der Militärpädagogik etc.

(2) Dualistische und dialektische Konzepte bzw. Antinomien
Hier seien als Beispiel genannt die Kant'schen Paare Pflicht – Neigung, Freiheit – Zwang („Wie kultiviere ich die Freiheit beim Zwang"?), ferner die klassischen Dichotomien Lust – Leistung mit vielfältigen Varianten, etwa Lust statt Leistung vice versa Lust durch Leistung?, Anpassung und Widerstand (Schleiermacher), Patriotismus (Vaterlandsliebe) versus kosmopolitische Einstellung, wie sie beispielsweise im Art. 131 der Bayerischen Verfassung aufgeführt sind, „Erleben statt reden" (FISCHER et al. 1985).

(3) Zahlensymbolische Gruppierungen
Ternare:
- Glauben - Hoffnung - Liebe; esse – nosse – velle (Sein – Können – Wollen).
- Mönchische Tugenden: Gehorsam - Armut - Ehelosigkeit.
- Charakterstärke der Sittlichkeit, Vielseitigkeit des Interesses, Individualität (HERBART, vgl. Kap. B. 7)

Tetraden:
- Vier griechische Kardinaltugenden nach PLATON: Weisheit (Klugheit), Besonnenheit (Mäßigung), Tapferkeit, Gerechtigkeit.
- LOCKE: Tugend, Lebensklugheit, Lebensart, Kenntnisse (vgl. Kap. B 2).

Septaden:
- „Sieben Tugenden, sieben Todsünden" (GEO Wissen 35/2005, 6ff, 152ff)
- „Die sieben Todsünden der Bildungspolitik" (RICHTER 2001)

Dekade:
- „Zehn Gebote": Katechismuslernstoff

(4) Pluralismusversionen
Postmoderne: Hier herrscht nicht Tugendmangel, sondern Tugendvielfalt.

(5) Taxonomie- und Hierarchiemodelle
Unter den Lernzielhierarchien lassen sich historische und systematische Modelle unterscheiden (vgl. Kap. A 7).

Lernzielhierarchie historisch:
Nicht nur die Aufzählung, sondern die Reihenfolge ist bedeutsam z.B. bei LOCKE: virtue, wisdom, good breeding und knowledge;
bei den Reformpädagogen: Körperliche Tüchtigkeit, Charakterbildung und zuletzt Wissen (LIETZ);
schließlich bei der NS-(Un)Pädagogik: Leibesertüchtigung und körperliche Bildung (heroische Jugend, Heranzüchtung kerngesunder Körper, Verkörperung männlicher Kraft), Charakterbildung (Willenskraft, Entschlusskraft, Verantwortung) und erst an letzter Stelle (wie bei den Vorläufern) Wissensvermittlung (vgl. „Sekundärtugenden").

Lernzielhierarchien systematisch:
Kognitive, emotionale, motorische Lernzielhierarchien (BLOOM; KRATHWOHL; vgl. Kap. A 7) werden im Rahmen der Curriculumtheorie und -reform ausdifferenziert, eine Bedürfnis- und Wertepyramide kennzeichnet das Menschenbild der sog. „humanistischen Psychologie" (MASLOW).

(6) Interdependenz- und Entscheidungsmodelle
Hier geht es um „Moral-cost-benefit"-Analysen, z.B. Ökologie-Ökonomie-Konflikte, Interessendivergenzen etwa zwischen wissenschaftlicher Forschung und Menschenwürde (z.B. embryonale Stammzellforschung, Gentechnik, Bioethik vs. Medizinethik).

2.4 Erziehungsstile

Mit dem Begriff *Stil* wurde ursprünglich (im 15. Jh.) ein „Griffel" oder im übertragenen Sinne ein „Schreibgerät", dann die „Schreibart" eines Schriftstellers und anschließend die charakteristische Darstellungsweise in allen Kunstarten bezeichnet. Seit dem 18. Jh. wird der Stilbegriff auf die Verhältnisse des menschlichen Lebens im weitesten Sinn angewandt und man versteht unter *Stil* die für Einzelpersönlichkeiten, Epochen und Völker eigentümlich ausgeprägte Lebensgestaltung und Form des Verkehrs der Menschen untereinander.

Erziehungsstile sind „relativ sinneinheitlich ausgeprägte Möglichkeiten erzieherischen Verhaltens, die sich durch typische Komplexe von Erziehungspraktiken charakterisieren lassen" (WEBER 1974, 33).

Erziehungsstile sind „eine Gruppe von Merkmalen des Erziehungsverhaltens, in welcher größere gemeinsame Merkmalsvarianz herrscht, als nach der Variabilität aller Merkmale zufällig zustande kommen könnte, und welche Gruppe die Eigenarten in diesem Stile Erzogener genauer vorauszusagen erlaubt als Einzelmerkmale" (EYFERTH 1966).

Erziehungsstil-Typologien

Gängige und jüngere Typologien von Erziehungsstilen finden sich in Abbildung 6. Die bekannteste und auch grundlegende Erziehungsstil-Typologie stammt von LEWIN/LIPPITT/WHITE (1939), die einen autoritären, demokratischen und laissez-faire Erziehungsstil in Labor-Experimenten ermittelten. Das Spektrum der Erziehungsstile lässt sich durch das Gegensatzpaar *autoritärer* vs. *permissiver Erziehungsstil* abstecken (BAUMRIND 1966).

Abbildung 6: Überblick der Erziehungsstil-Typologien

LEWIN/LIPPITT/ WHITE (1939)	MACCOBY/ MARTIN (1983)	HURRELMANN (2002)	RAITHEL (2003)
autoritär	autoritär	autoritär	sanktionierend
demokratisch	autoritativ	autoritativ-partizipativ	empathisch
laissez-faire	permissiv	permissiv	gleichgültig
	vernachlässigend	vernachlässigend	inkonsistent
		überbehütet	

MACCOBY und MARTIN (1983) erweiterten die Triade von LEWIN, LIPPITT und WHITE (1939) um den vernachlässigenden Erziehungsstil und verwandten statt „demokratisch" den politisch neutralen Begriff „autoritativ", wobei hier gleichzeitig auch zum Ausdruck kommt, dass die Machtdominanz eindeutig auf Seiten der Eltern resp. des Erziehers liegt. Der Begriff „permissiv" ist mit dem Begriff „laissez-faire" gleichzusetzen. HURRELMANN (2002) erweiterte die „Quadriga" um den überbehüteten Erziehungsstil und verortet die Erziehungsstile in einem Koordinatensystem zwischen hoher vs. niedriger elterlicher Autorität und hoher vs. geringer Berücksichtigung kindlicher Bedürfnisse (s. Abb. 7).

Abbildung 7: Erziehungsstil-Typologie (HURRELMANN 2002, 161)

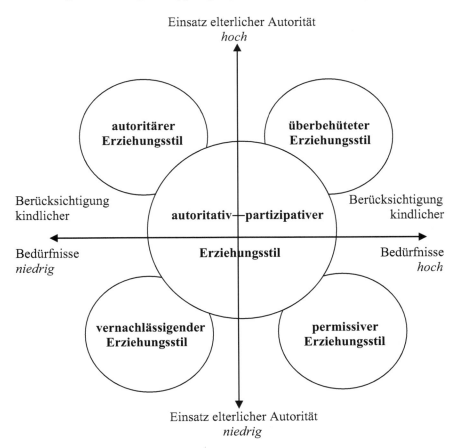

RAITHEL (2003) unterscheidet in seiner empirisch überprüften Erziehungsstiltypologie im Zusammenhang mit Jugendgewalt und -kriminalität einen empathischen, gleichgültigen, inkonsistenten und sanktionierenden Erziehungsstil. Die sanktionierenden Verhaltensweisen werden inhaltlich nach violenten und nonviolenten Praktiken unterschieden. Konträr zu einem hauptsächlich sanktionierenden Erziehungsstil steht ein empathisches Erziehungsverhalten. Gleichgültiges, inkonsistentes und violent-sanktionierendes Erziehungsverhalten sind dysfunktionale Erziehungsweisen, die vor allem im Kontext von Jugenddelinquenz diskutiert und erforscht werden (vgl. z.B. RAITHEL 2002).

Eine spezielle **Differenzierung dysfunktionalen Erziehungsverhaltens** haben CHAMBERLAIN et al. (1994) vorgenommen, die die Subtypen (1) *inkonsistentes Verhalten*, (2) *unbeherrschtes, aversiv-physisch strafendes Verhalten*, (3) *mangelnde Aufsicht und geringes Engagement* und (4) *unflexibles Verhalten* (nicht anpassungsfähig auf Situation - situationsinvariant) unterscheiden.

2.5 Dimensionen der Erziehung / Erziehungsmerkmale

Autoren in der Mitte des letzten Jahrhunderts haben von „natürlich" gegebenen Erziehungsfeldern gesprochen, die ein bipolares Spektrum zeichnen (s. Abb. 8). Es fällt auf, das sowohl ANDERSON (1943) als auch TAUSCH/TAUSCH (1991) den Gegensatz integrativ vs. dominant bzw. autokratisch (also autoritär) beschreiben. Die Polarität von GORDON (1959) thematisiert hierzu eine anders gelagerte Dimensionalität von Erziehung, die sich allerdings nicht weiter durchgesetzt hat.

Abbildung 8: Überblick natürlich gegebener Erziehungsfelder

ANDERSON (1943)	TAUSCH/TAUSCH (1991)	GORDON (1959)
integrativ vs. dominant	sozial-integrativ vs. autokratisch	expressiv vs. instrumental

Abbildung 9: Dimensionierungen des Erziehungsverhaltens

SCHAEFER (1959)	TAUSCH/TAUSCH (1991)	KROHNE (1988)
Liberalität vs. Kontrolle Zurückweisung vs. Zuwendung	Lenkungsdimension (max. vs. min. Lenkung) Emotionale Dimension (Wert- vs. Geringschätzung)	Unterstützung vs. Strenge

Unterschiedliche Dimensionierungen des Erziehungsverhaltens sind in Abbildung 9 abgebildet. Merkmale des Erziehungsverhaltens werden nach der oft rezipierten Marburger Erziehungsstiltheorie mittels der Dispositionsbegriffe „**Unterstützung**" und „**Strenge**" beschrieben (vgl. KROHNE 1988).

TAUSCH/TAUSCH (1991) haben Haltungen des „Erziehers" nach beeintächtigenden und förderlichen Einflussgrößen auf die Erziehung unterschieden (s. Abb. 10). Die als förderlich beschriebenen Merkmale stehen in engen Zusammenhang mit den von ihnen genannten Therapeutenvariablen Akzeptanz, Empathie und Kongruenz.

Abbildung 10: Dimensionale Strukturierung von TAUSCH/TAUSCH (1991)

Beeinträchtigend	Förderlich
Missachtung, Kälte, Härte	Achtung, Wärme, Rücksichtsnahme
kein einfühlendes Verstehen	vollständiges einfühlendes Verstehen
Fassadenhaftigkeit, Unechtheit	Aufrichtigkeit, Echtheit
keine fördernden nichtdirigierenden Tätigkeiten	viele fördernde nichtdirigierende Tätigkeiten

Abbildung 11: Dimensionen einer entwicklungsförderlichen bzw. -hemmenden Erziehung von TSCHÖPE-SCHEFFLER (2004)

Entwicklungsfördernd	Entwicklungshemmend	
Emotionale Wärme	*Emotionale Kälte*	*Emotionale Überhitzung*
- Anteilnahme - Zuwendung - Trost - Körperkontakt - Lächeln - freundliche Zuwendung - wohlwollende Atmosphäre	- Ablehnung - Distanz - Desinteresse - kein Körperkontakt - Ignorieren - unfreundliche Abwendung - zurückweisende Haltung	- Überbehütung - Einengung - Abhängigkeit - fürsorgliche Belagerung

Dimensionen einer entwicklungsförderlichen bzw. -hemmenden Erziehung unterscheidet TSCHÖPE-SCHEFFLER (2004) auf der Basis aktueller empirischer Befunde (s. Abb. 11). Als Merkmale einer *entwicklungsförderlichen Erziehung* benennt sie Liebe, Achtung, Kooperation, Struktur und Förderung. *Entwicklungshemmende Erziehungsmerkmale* sind Missachtung, Kälte oder Überversorgung, Dirigismus, Chaos, mangelnde oder Über-Förderung. Als eine entwicklungsförderliche Grundhaltung nennt TSCHÖPE-SCHEFFLER emotionale Wärme, während emotionale Kälte oder aber emotionale „Überhitzung" entwicklungshemmend wirken.

2.6 Erziehungsmittel, Erziehungsmaßnahmen

Erziehungsmittel sind Handlungen, Maßnahmen und Medien, die Erzieher (im weitesten Sinne) einleiten bzw. einsetzen, um bei Kindern und Jugendlichen Veränderungsprozesse anzustoßen, die der Verbesserung von sozialer Handlungsfähigkeit und individueller Förderung dienen sollen.

Erziehungsmittel „sind Maßnahmen und Situationen, mit deren Hilfe Erziehende auf Heranwachsende einwirken in der Absicht, deren Verhalten, Einstellungen und Motive zu bilden, zu festigen oder zu fördern" (GEIßLER 1982, 6).

Erziehungsmaßnahmen „sind konkrete Hilfen zur individuellen und sozialen Selbstverwirklichung des Menschen (Verselbstständigung der Heranwachsenden, Befreiung zur individuellen und sozialen Mündigkeit). Sie sollen Haltungen, Einstellungen, Verhaltensweisen, Entwicklungen des Educanden bestärken oder korrigieren" (HASTENTEUFEL 1980, 20).

Abbildung 12: Systematik nach BIRNBAUM (1950)

Evolutionshilfen	Regulierende Ordnung „der Entwicklung helfen"
Progressionshilfen	Regulierende Rangordnung „dem Besseren den Vorrang vor dem Guten einräumen" (fortlenkend)
Repressionshilfen (Disziplinierung)	Kontrastierende Ordnung „den richtigen Weg durch Druck und Zug nahe bringen" (zurückdrängen, unterdrücken)
Transformationshilfen	Kontrastierende Rangordnung „wenn der neue Weg noch ungesichert ist" (umlenkend)

BIRNBAUM unterscheidet vier Formen von erzieherischen Hilfen, die ihrer Systematik in Abbildung 12 zu entnehmen sind. In gleicher Absicht differenziert HASTENTEUFEL (1980) sieben erzieherische Maßnahmenkomplexe (s. Abb. 13).

Abbildung 13: Systematik nach HASTENTEUFEL (1980)

Maßnahmenkomplex	Beschreibung	Einzelmaßnahmen
Festigungshilfen	Maßnahmen zur Erhaltung und Verbesserung wünschenswerter Einstellungen, Eigenschaften, Dispositionen	Gewöhnung, Training, Übung, Wiederholung
Verarbeitungshilfen	Maßnahmen, die auf kritische Kontrolle, Erweiterung des Erfahrungshorizontes, auf selbstständiges Hinterfragen zielen	Auftrag, Aufgabe, Unterweisung, Überwachung, Beurteilung
Steigerungshilfe	Maßnahmen zur Förderung von Entwicklungsvorgängen, Abwehrkräften, zur Verbesserung der Lern- und Erfahrungsfähigkeit	Ermahnung, Appell, Herausforderung, Ansporn zum Wettbewerb
Stützungshilfen	Maßnahmen zur Verbesserung der Ich-Struktur und der sozialen Fähigkeit	Ermutigung, Lob, Belohnung, Versprechen
Rückführungshilfen	Maßnahmen zur Verhinderung bzw. Korrektur pädagogisch unverantwortlicher Handlungen und Entwicklungstendenzen	Tadel, Zurechtweisung, Missbilligung, Verweis, Warnung, Strafe
Orientierungshilfen	Maßnahmen zur Ermöglichung einer individuellen und sozialen Standortbestimmung	Pädagogische Frage, Mitteilung (Information), Belehrung, Beratung
Entscheidungshilfen	Maßnahmen zur Förderung der Entscheidungsfähigkeit, Hilfen beim Treffen von Entscheidungen	Bitte, Gebot, Alternativ-Impuls

Einführungsliteratur (zum Weiterlesen)

Lenzen, D. (Hrsg.) (2004): Erziehungswissenschaft. Ein Grundkurs. Reinbek: Rowohlt.
Krüger, H.-H./Helsper, W. (Hrsg.) (2004): Einführung in Grundbegriffe und Grundfragen der Erziehungswissenschaft. Wiesbaden: VS.

Literatur

Anderson, H.H. (1943): Domination and socially integrative behaviour. In: Child behavior and development, 459ff.
Baumrind, D. (1966): Effects of authoritative parental control on child behavior. In: Child Development, 32, 887-907.
Birnbaum, F. (1950): Versuch einer Systematisierung der Erziehungsmittel. Wien: Verl. für Jugend und Volk.
Bloom, B.S./Engelhart, M.D. (1974): Taxonomie von Lernzielen im kognitiven Bereich. Weinheim: Beltz.
Bokelmann, H. (1970): Pädagogik: Erziehung, Erziehungswissenschaft. In: Speck, J./Wehle, G. (Hrsg.): Handbuch pädagogischer Grundbegriffe. München: Kösel, 178-267.
Brezinka, W. (1990): Grundbegriffe der Erziehungswissenschaft. München: Reinhardt.
Chamberlain, P./Reid, J.B./Ray, J./Capaldi, D./Fisher, P. (1994): DSM review for parent inadequate discipline (PID). In: Widiger, T. (Ed.): DSM-IV sourcebook. Washington: American Psychiatric Association.
Dietrich, T. (1992): Zeit- und Grundfragen der Pädagogik. Bad Heilbrunn: Klinkhardt.
Eyferth, K. (1966): Methoden zur Erfassung von Erziehungsstilen. In: Hermann, T. (Hrsg.): Psychologie der Erziehungsstile. Göttingen: Hogrefe.
Fischer, D./Klawe, W./Thiesen, H.J. (Hrsg.) (1985): (Er-)Leben statt reden. Erlebnispädagogik in der offenen Jugendarbeit. Weinheim: Juventa.
Geißler, E. (1982): Erziehungsmittel. Bad Heilbrunn: Klinkhardt.
Gordon, W.C. (1959): Die Schulklasse als ein soziales System. In: Heintz, P. (Hrsg.): Soziologie der Schule. Opladen: Westdeutscher Verlag, 131ff.
Gudjons, H. (2003): Pädagogisches Grundwissen. Bad Heilbrunn: Klinkhardt.
Hastenteufel, P. (1980): Leben – Lehren – Lernen. Baltmannsweiler: Schneider.
Hörmann, G. (1997): Zur Funktion der Sozialarbeit im Gesundheitswesen. In: Homfeldt, H.G./Hünersdorf, R. (Hrsg.): Soziale Arbeit und Gesundheit. Neuwied: Luchterhand, 11-27.
Hurrelmann, K. (2002): Einführung in die Sozialisationstheorie. Weinheim: Beltz.
Krathwohl, D.R./Bloom, B.S./Masia, B.B. (1975): Taxonomie von Lernzielen im affektiven Bereich. Weinheim: Beltz.
Krieck, E. (1922): Philosophie der Erziehung. Jena: Diederichs.
Krohne, H.W. (1988): Erziehungsstilforschung: Neuere theoretische Ansätze und empirische Befunde. In: Zeitschrift für Pädagogische Psychologie, 2, 3, 157-172.
Kron, F.W. (1996): Grundwissen Pädagogik. München: Reinhardt.
Lewin, K./Lippitt, R./White, R.K. (1939): Patterns of aggressive behavior in experimentally created "social climates". In: Journal of social psychology, 271ff.

Litt, T. (1927): Führen oder Wachsenlassen. Leipzig: Teubner.
Maccoby, E.E./Martin, J.A. (1983): Socialization in the context of the family: Parent-child interaction. In: Mussen, P.H./Hetherington, E.M. (Eds.): Handbook of child psychology. Vol. 4. Socialization, personality, and social development. New York: Wiley, 1-101.
Oelkers, J. (1991): Theorie der Erziehung – Erziehung als historisches und aktuelles Problem. In: Roth, L. (Hrsg.): Pädagogik. München: Ehrenwirth, 230-340.
Oelkers, J. (2001): Einführung in die Theorie der Erziehung. Weinheim: Beltz.
Raithel, J. (2002): Jugendkriminalität und elterliches Erziehungsverhalten. In: Neue Kriminalpolitik, 14, 2, 62-65.
Raithel, J. (2003): Erziehungserfahrungen, Wertorientierungen und Delinquenz Jugendlicher. Befunde zum Zusammenhang von Erziehungsweisen, Mentalitäten und Kriminalität. In: Zeitschrift für Erziehungswissenschaft, 6, 4, 590-601.
Raithel, J. (2006): Erziehungsstile im Milieuvergleich. Manuskript: Universität Bamberg.
Richter, I. (2001): Die sieben Todsünden der Bildungspolitik. Weinheim: Beltz.
Schaefer, E.S. (1959): A circumplex model for maternal behavior. In: Journal of abnormal und social psychology, 59, 226-235.
Scheuerl, H. (1959): Über Analogien und Bilder im pädagogischen Denken. In: Zeitschrift für Pädagogik, 5, 211-223.
Schneider, F. (1953): Einführung in die Erziehungswissenschaft. Graz: Styria.
Tausch, R./Tausch, A.-M. (1991): Erziehungs-Psychologie. Begegnung von Person zu Person. Göttingen: Hogrefe.
Treml, A.K. (1991): Über die beiden Grundverständnisse von Erziehung. In: Pädagogisches Wissen, 27. Beiheft der Zeitschrift für Pädagogik, 347-360.
Treml, A.K. (2000): Allgemeine Pädagogik. Stuttgart: Kohlhammer.
Tschöpe-Scheffler, S. (2004): Gute Erziehung – was ist das? In: Psychologie compact, 11, 6-11.
Weber, E. (1974). Erziehungsstile. Donauwörth: Auer.
Winkel, R. (1986): Antinomische Pädagogik und kommunikative Didaktik. Düsseldorf: Schwann.

3 Bildung, Qualifikation, Kompetenz

3.1 Begriffsklärung

> Bildung (eruditio, ex rudibus = aus dem Rohzustand und über ihn hinaus) meint die Aneignung von Kenntnissen und Fertigkeiten in Selbstverfügung und aktiver Gestaltung mit dem Ziel der reflexiven Ausformung eines kultivierten Lebensstils (Educand-Perspektive).

Der Begriff *Bildung* hat eine lange geisteswissenschaftliche Tradition und ist ein Zentralbegriff der Pädagogik. Als pädagogische Grundkategorie ist Bildung ein exklusiv deutscher Begriff, für den es kein Äquivalent in anderen Sprachen gibt. In **älteren pädagogischen Definitionen** wird *Bildung* als die Kultivierung der verschiedenen Facetten von Menschlichkeit verstanden, um an den in einer Gesellschaft üblichen Lebensformen teilhaben zu können. In den deutschen Traditionen des Idealismus und Neuhumanismus wurde dieser Akzent überhöht, so dass unter Bildung vor allem die Herausformung von inneren Werten und die Vervollkommnung der subjektiven Erlebnistiefe in Einsamkeit und Freiheit verstanden wurde. In einer **modernen Definition** lässt sich unter *Bildung* die Förderung der Eigenständigkeit und Selbstbestimmung eines Menschen verstehen, die durch die intensive sinnliche Aneignung und gedankliche Auseinandersetzung mit der ökonomischen, kulturellen und sozialen Lebenswelt entsteht (vgl. ADORNO 1971, 44).

Das Wort Bildung, althochdeutsch *bildunga*, mittelhochdeutsch *bildunge*, umfasste anfänglich die Bedeutungen Bild, Bildnis, Ebenbild sowie Nachbildung; dann treten Gestalt, Gestaltung und Schöpfung, Verfertigung hinzu (vgl. LANGEWAND 2004). Obwohl das Wort „Bildung" in seiner Bedeutungsstruktur nur in der deutschen Sprache vorkommt und in andere Sprachen kaum übersetzbar ist, speist es sich aus den europäischen Traditionen der griechisch-hellenistischen (Formung der Seele und des Leibes) und römischen Antike („cultura animi" als Kultivierung der Seele), der christlichen „Gottesebenbildlichkeit" und spätmittelalterlich-mystischen (MENZE 1970) Überlieferung. Der „vorklassische pädagogische Bildungsbegriff der Aufklärung" und der „klassische deutsche Bildungsbegriff" (ebd. 136f.) führten zu einer Wertschätzung des Begriffs im deutschsprachigen Raum, welcher in säkularer Form einen hohen emotional-religiösen Wert und „im allgemeinen Sprachverständnis den Charakter einer Weihe umfaßte" (LENZEN 2002, 177). Der Stolz eines „Bildungsbürgertums", welches seinen besonderen Status gegenüber dem Adel nicht durch Geburt, sondern durch die eigene Leistung des Sichbildens erworben hat, zeigt gleichzeitig, dass Bildung nicht nur als individueller Bestand, sondern als Vermögen, Prozess des Individuums, aber auch als „Aktivität bildender Institutionen" und als „Höherbildung der Menschheit" (vgl. LENZEN 2002, 178ff) verstanden werden kann.

3.2 Fünf Bestimmungsdimensionen von Bildung und Bildungstheorien

Zur Bestimmung von Bildung nennt LANGEWAND (1994) fünf Dimensionen, in denen sich das Reden über Bildung fast regelmäßig vollzieht. Hierbei handelt es sich um die Dimensionen: sachlich, temporär, sozial, wissenschaftlich und autobiographisch.

a) In der **sachlichen Dimension** ist die Differenz zwischen dem *Inhalt* und dem bildenden *Gehalt* entscheidend. Bildung geht mit der Vorstellung einher, dass es bestimmte Bildungsinhalte oder bestimmte Klassen von Bildungsinhalten geben muss.

Gegenstand der sachlichen Dimension sind auch die Konzepte der *materialen* vs. *formalen Bildung* (s. Abb. 14). In der formalen Bildungstheorie geht es um die Entwicklung der Kräfte und Fähigkeiten des Lernenden als Ziel der Erziehung. Wie ROUSSEAU formulierte: ein gut entwickelter Verstand, nicht ein voller Kopf, ist Ziel der Erziehung. In heutiger Terminologie spricht man statt von formalen Fähigkeiten von Schlüsselqualifikationen.

Die materiale Bildungstheorie akzentuiert den Inhaltsaspekt. Bildung gründet in erster Linie auf der Inhaltsvermittlung, auf der Auseinandersetzung mit eigens dazu ausgewählten Inhalten, da nur auf diesem Weg die Grundlagen für sachbezogenes Urteil und Entscheidungsfähigkeit geschaffen werden.

Abbildung 14: Bildungstheorien (in Anlehnung an JANK/MEYER 1991, 143)

Bildungstheorien			
Materiale Bildungstheorie (Bezugspunkt: Objekt) (logotrop)		*Formale Bildungstheorie* (Bezugspunkt: Subjekt) (paidotrop)	
Bildungstheoretischer Objektivismus	Bildungstheorie der klassischen Inhalte	Theorie der funktionalen Bildung	Theorie der methodischen Bildung

Unabhängig von endlosen Kontroversen um materiale und formale Bildungstheorien, etwa in der Einschätzung des autonomen Bildungskonzepts von Humboldt als der Vervollkommnung in Individualität (einzigartige Ausgestaltung persönlicher Fähigkeiten und Haltungen), Totalität (Bildung aller Kräfte) und Universalität (Teilhabe an allen Lebens- und Kulturbereichen), dem Verfall des Bildungsgedankens (MENZE 1965) und seiner Rehabilitierung (BENNER 1990, WICKE 1997), einer Dialogik der Bildung oder einer Bildungstheorie des Technischen (MENZE 1970) sei nur exemplarisch die „Theorie der kategorialen Bildung" von KLAFKI (1963) als Erschließung des Elementaren und Fundamentalen anhand von Schlüsselproblemen erwähnt.

b) In der **temporären Dimension** ist die Differenz zwischen dem faktischen Verlauf der Ereignisse und ihrer Bedeutung entscheidend. Bildung verfolgt Ziele oder ist selbst Ziel und steht in unterschiedlichen Verhältnissen zur Auffassung von Geschichte. Der faktische Verlauf von Geschichte ist nur durch den implizierten Richtungssinn von Geschichte zu verstehen. Individuelle Bildung soll nach KANT mit Förderung der universellen Vervollkommnung der sittlichen Lebensgemeinschaft einhergehen. Statt einen kontinuierlichen Fortschritt durch Bildung anzunehmen, findet der Verlauf von Geschichte auch alternative Interpretationen. Ein zunehmender Verfall drückt sich bei ADORNO (1971) in der Pervertierung von Bildung in Halbbildung aus. Rückentwicklungen werden auch im Verweis auf historische Höhepunkte (z.B. in der Antike bei HUMBOLDT) eingeräumt. In der temporären Dimension konstruiert sich der Bildungsbegriff durch die Differenz von *Geschichtsverlauf* und *Richtungssinn der Geschichte*.

c) In der **sozialen Dimension** ist für den Bildungsbegriff die Differenz zwischen dem Lernen und der Anerkennung von pädagogischen oder sonst wie geschätzten Standards entscheidend. Die Frage der Anerkennung von sozialen, pädagogischen, moralischen, wissenschaftlichen Standards bildet den Mittelpunkt der sozialen Dimension des Bildungsbegriffs, denn Bildung ist kein automatischer Prozess, keine Zwangsläufigkeit. Mit Bildung sind in der Regel normative Zustimmungen verbunden, deren Akzeptanz sich nicht von selbst versteht. Ausgehend von der Geschichtlichkeit von Bildung kann nur relative Verbindlichkeit des Gelernten eingefordert werden. Die Gültigkeit des Normativen wird in der Auseinandersetzung mit Inhalten zwischen den Generationen ständig neu ermittelt. Die Prozesse, in denen pädagogische Normen Geltung erlangen, können als Machtdiskurse (FOUCAULT) beschrieben werden; an ihrer Stelle werden auch konsensuale Lösungswege durch ideale Kommunikation (HABERMAS) eingefordert. In der sozialen Dimension konstruiert sich also der Bildungsbegriff durch die Differenzierung von *Lernen* und *Verbindlichkeit*.

d) In der **wissenschaftlichen Dimension** ist die Unterscheidung von praktischer Bildungsreflexion und theoretischer Analyse der Möglichkeiten von Bildung entscheidend. Sie gehört zu den markantesten Charakteristika der modernen Erziehungsreflexion. Im Mittelpunkt steht die Frage, wie Bildung möglich wird und ist. In der wissenschaftlichen Dimension konstituiert sich der Bildungsbegriff durch die Differenz von *Bildung* und *Bildsamkeit*.

e) In der **autobiographischen Dimension** schließlich ist die Differenz von Bildung als kulturellem Muster und dem je konkreten Verstehen des eigenen Lebens konstitutiv. Was Bildung letztendlich ist, was auch immer kulturelle Vorgaben definieren, findet in subjektiven Interpretationen der Individuen statt. Die subjektive Bedeutung von Bildungsprozessen findet in der Selbstbeschreibung Entsprechung. In der autobiographischen Dimension wird somit die Differenz von *Bildung* und *Selbstbeschreibung* wichtig.

3.3 Qualifikation und Kompetenz

Qualifikation betrachtet den Lernerfolg im Hinblick auf die Verwertbarkeit (instrumentell-technischer, auf Effizienz gerichteter Charakter).

Kompetenz sieht den Lernerfolg im Hinblick auf die Person des Lernenden (umfassende personale Fähigkeiten und Fertigkeiten).

Schlüsselqualifikationen sind solche Kenntnisse, Fähigkeiten und Fertigkeiten, welche nicht unmittelbaren und begrenzten Bezug zu bestimmten, disparaten praktischen Tätigkeiten erbringen, sondern vielmehr
a) die Eignung für eine große Zahl von Positionen und Funktionen als alternative Optionen zum gleichen Zeitpunkt, und
b) die Eignung für die Bewältigung einer Sequenz von (meist unvorhersehbaren) Änderungen von Anforderungen im Laufe des Lebens.

Abbildung 15: Merkmale der Schlüsselqualifikation (MERTENS 1974)

Schlüsselqualifikation			
Basis-qualifikationen	*Horizontal-qualifikationen*	*Breiten-elemente*	*Vintage-Faktoren*
vor allem kognitive Denkstile	vor allem zur Informationsverarbeitung, Nutzung der Informationshorizonte	vielseitig verwendbare Kenntnisse und Fertigkeiten	nachholendes Wissen zur Aufhebung intergenerativer Bildungsdifferenzen

Als Merkmale der Schlüsselqualifikation benennt MERTENS (1974) Basisqualifikationen, Horizontalqualifikationen, Breitenelemente und so genannte Vintage-Faktoren (s. Abb. 15). Als die zentralen Kompetenzdimensionen lassen sich die Sach-/Fachkompetenz, Sozialkompetenz, Methodenkompetenz und die Selbst-/Persönlichkeitskompetenz unterscheiden (s. Abb. 16).

Abbildung 16: Elemente der Handlungskompetenz

Handlungskompetenz			
Sach- bzw. Fachkompetenz	*Sozialkompetenz*	*Methodenkompetenz*	*Selbst-/ Persönlichkeitskompetenz*
Fähigkeit zu Besitz, Gebrauch und Umsetzung von Sach-/Fachwissen zur Aufgabenbewältigung	Fähigkeit zum sozialverträglichen Handeln	Fähigkeit zum Gebrauch allgemeiner Verfahrensweisen des Erkennens und Problemlösens	Selbstbestimmung und Entscheidungsvermögen

Die Bedeutungen der einzelnen Handlungskompetenzelemente und ihre Anforderungen werden im Folgenden näher ausgeführt (vgl. HEIDACK 1997):

Fachkompetenz bedeutet: a) fachliches Wissen besitzen, b) fachliches Wissen situationsgerecht umsetzen können, c) zum fachlichen Engagement bereit sein. *Fachkompetenz* ist erforderlich für die Gestaltung, Steuerung, Untersuchung und Absicherung von Vorgängen, Prozessen und Abläufen.

Sozialkompetenz bedeutet: a) Gedanken, Gefühle, Einstellungen wahrnehmen können, b) sich situations- und personenbezogen verständigen können, c) Akzeptanz und Verständnis haben und aufrechterhalten, d) zur Verständigung bereit sein. *Sozialkompetenz* ist erforderlich für Menschenführung, Kommunikation und Interaktion, Entwicklung von Wir-Gefühl sowie Persönlichkeitsentwicklung in Vorgängen, Prozessen und Abläufen.

Methodenkompetenz bedeutet: a) wissen, welcher Weg zu gehen ist, b) fähig sein, diesen Weg gehen zu können, c) bereit sein, diesen Weg zu gehen. *Methodenkompetenz* ist erforderlich für Gestaltung, Steuerung, Untersuchung und Absicherung von Vorgängen, Prozessen und Abläufen.

Persönlichkeitskompetenz bedeutet: a) sich bewusst werden: seiner eigenen Werte, seiner Ausstrahlung (Charisma), seines eigenen Werdegangs, seiner Stärken und Schwächen, seiner Rolle, b) zulassen von: Gestaltungsfreiräumen seiner Mitarbeiter, Fehlern, Erfolgen, Kritik und der Meinung seiner Mitarbeiter, c) sich entwickeln können durch: natürliches Bewusstsein, seine geistigen Kräfte, individuelle Anlagen, Gemeinschaftssinn, Gestaltungsfreiräume, d) handeln können: der eigenen Überzeugung gemäß, aufgrund eigener Initiative, aufgrund kreativer Gestaltungskraft, zum Nutzen der Gemeinschaft, aufgrund persönlicher Autorität, e) fähig und bereit sein: zur Selbstkritik, zur Vorbildfunktion, zur Verantwortung, zur offenen Kommunikation, zur Akzeptanz anderer. *Persönlichkeitskompetenz* ist erforderlich für die Entwicklung von Fach-, Methoden- und Sozialkompetenz.

3.4 Professionalisierung und Professionalismus

Je nach berufssoziologischem Modell (*Eigenschaftsmodell*, *„Trait-Ansatz"* oder *funktionalistischen Ansätzen*) werden folgende Kennzeichen einer Profession genannt:
1. ein hoher Grad an generalisiertem und systematisiertem Wissen, vermittelt durch eine spezifische Ausbildung an spezifischen Ausbildungsinstitutionen;
2. eine Überprüfung der beruflichen Kompetenz (Kompetenzkontrolle) mittels Selbstkontrolle in beruflichem Verhalten, vermittelt durch internalisierte ethische Codes über berufliche Sozialisation (beruflicher Verhaltenskodex) und durch freiwillige Berufsverbände;
3. ein Belohnungssystem, das primär die Arbeitsleistung symbolisiert, seinen Wert in sich selbst trägt und nicht Mittel zur Durchsetzung eigener Interessen wird;
4. eine altruistische Orientierung (Dienst am Allgemeinwohl, Vorrang des Allgemeininteresses vor dem individuellen Interesse).

Professionalisierung kann daher bezeichnet werden als „bewußtes und planvolles Bemühen, das an dem überkommenen Handlungsbündel der Profession ansetzt, das auf Sicherung bzw. Steigerung des Einkommens, des Ansehens und des Einflusses (Kontrolle von Sozialbeziehungen) zielt, das einen möglichst autonomen Verband zur Voraussetzung hat und das mittels normativer Gestaltung der Arbeitsleistung, insbesondere mittels Spezialisierung und Monopolisierung von Leistungen sowie mittels Ausdehnung, Theoretisierung und Spezialisierung der Ausbildung die Sicherung bzw. Steigerung der Arbeitsentschädigung zu erreichen sucht" (HESSE zitiert in HÖRMANN 1996, 63). Durch die „altruistische" bzw. Gemeinwohl-Orientierung und Transparenz (statt Geheimbündelei und ständischer Zunft) grenzt sich Professionalisierung ab von einer in neueren Verortungen pädagogischer Professionalität häufig ausgeblendeten (z.B. COMBE/HELSPER 2002) „Professionalismus"-Strategie, die im Wesentlichen auf eine

Steigerung der Erwerbs-, Versorgungs-, Prestige- und Autonomiechancen eines Berufs durch eine tendenzielle Monopolisierung von Problemlösungsfähigkeiten und Transformierung von Bedürfnissen und Hilfsbedürftigkeit in Expertenabhängigkeit mittels Verkomplizierung, Entalltäglichung, Verdunkelung und Abschließung einerseits, mittels Einsatz von Techniken als Instrument der Distanzierung von der Laienkontrolle und der Vertiefung der Unersetzlichkeit, Sicherung des Kontrollmonopols, Konkurrenzreduktion und öffentlicher Absicherung andererseits, gekennzeichnet ist (vgl. Deprofessionalisierungsdebatte, zur „Entmündigung durch Experten" ILLICH 1979, HÖRMANN 1985; 1991).

3.5 Komponenten professioneller pädagogischer Kompetenz

NIEKE (2002, 13ff) beschreibt vier Komponenten *professioneller pädagogischer (Handlungs-)Kompetenz:*
A) Gesellschaftsanalyse,
B) Situationsdiagnose,
C) Selbstreflexion und
D) Professionelles Handeln.

Hier sind genauere Unterscheidungen angezeigt. Etwa die Situationsdiagnose (B) wird nach den Kategorien Körper, Seele und psychischer Apparat, Raum und Interaktion differenziert. Professionelles Handeln (D) weist die folgenden fünf Phasen auf: Bestimmung des Ziels (1), Diagnose der Handlungssituation (2), Festlegung eines Handlungsplans durch virtuelles Durchspielen mehrerer Alternativen und begründete Entscheidung für eine von ihnen (3), Aktion, Tun, Durchführung der Handlung durch Aktualisierung eingeübter Handlungsmuster (4) und Evaluation bzw. Überprüfung des Handlungserfolgs (5). Dies kann spezifiziert werden nach drei Modalitäten professionellen pädagogischen Handelns: direkte Interaktion (a), Vermittlung von Inhalten (b), Handeln in Organisationen (c). Sinnvoll sein kann zudem eine richtungsspezifische Ausdifferenzierung in institutionsbasierte (z.B. Schule, Erwachsenenpädagogik) sowie spezielle (z.B. Medienpädagogik, interkulturelle Erziehung) Handlungsfelder.

Nachdem neuerdings mit der Propagierung von „Bildungsstandards" (vgl. ARTELT/RIECKE-BAULECKE 2004, BECKER 2004, FITZNER 2004) Bildung mit Kompetenz identifiziert oder verwechselt wird, mag es ratsam sein, gegen einen verengten Kompetenzbegriff oder einen systemtheoretisch-konstruktivistischen Bildungsbegriff, wonach „die Begriffe Selbstorganisation, Autopoiesis und Emergenz den Bildungsbegriff ab(lösen)" sollen (LENZEN 1997), auf der Nichtidentität und Differenz von Allgemeinbildung und Grundbildung zu bestehen. Bei letzterer handelt es nämlich weniger um ein bildungstheoretisches Konzept als einen pragmatischen Anschluss an die angelsächsische Debatte über „literacy" (HÖRMANN 2005, 42ff). Gegen ein utilitaristisches Brauchbarkeitskonzept, dessen wesentliches Merkmal eine ökonomisch ausgerichtete Funktionalität darstellt (KOCH 2004; BENNER 2005), gilt es, in einer pädagogischen Handlungstheorie System und Subjekt mittels Selbstreflexivität zu gestalten (GÖSSLING 2003).

Einführungsliteratur (zum Weiterlesen)

Langewand, A. (2004): Bildung. In: Lenzen, D. (Hrsg.): Erziehungswissenschaft. Ein Grundkurs. Reinbek: Rowohlt, 69-98.
Otto, H.-U. et al. (Hrsg) (2002): Erziehungswissenschaft: Professionalität und Kompetenz. Opladen: Leske + Budrich.
Rapold, M. (Hrsg.) (2006): Pädagogische Kompetenz, Identität und Professionalität. Hohengehren: Schneider.

Literatur

Adorno, T.W. (1971): Erziehung zur Mündigkeit. Frankfurt: Suhrkamp.
Adorno, T.W. (1971): Theorie der Halbbildung. In: Adorno, T.W. (Hrsg.): Gesammelte Schriften. Band 8: Soziologische Schriften 1. Frankfurt: Suhrkamp, 93-122.
Artelt, C./Riecke-Baulecke, Th. (2004): Bildungsstandards. München: Oldenbourg.
Becker, G. (2004): Bildungsstandards - Ausweg oder Alibi? Weinheim: Beltz.
Benner, D. (1990): Wilhelm von Humboldts Bildungstheorie. eine problemgeschichtliche Studie zum Begründungszusammenhang neuzeitlicher Bildungsreform. Weinheim: Juventa.
Benner, D. (2005): Schulische Allgemeinbildung versus allgemeine Menschenbildung? In: Zeitschrift für Erziehungswissenschaft, 8, 563-575.
Combe, A./Helsper, W. (2002): Professionalität. In: Otto, H.-U. et al. (2002): Erziehungswissenschaft: Professionalität und Kompetenz. Opladen: Leske + Budrich, 29-48.
Fitzner, Th. (Hrsg.) (2004): „Bildungsstandards". Tagung Bad Boll 2003. Bad Boll: Evangelische Akademie Bad Boll.
Gößling, H.J. (2003): Autopoiesis oder Selbstreflexivität? Zur systemtheoretisch-konstruktivistischen Fassung des Bildungsbegriffs. In: Hörmann, G. (Hrsg.): Pädagogische Anthropologie zwischen Lebenswissenschaften und normativer Deregulierung. Baltmannsweiler: Schneider, 55-76.
Heidack, C. (1997): Veränderung der Lernenden Organisation – Gestaltung durch Projekte und kooperative Selbstqualifikation. In: Schleicken, T./Winkelhofer, G. (Hrsg.): Unternehmenswandel mit Projektmanagement. München: Lexika Verlag, 28-64.

Hörmann, G. (1985): Die Professionalisierung der klinischen Psychologie und die Entwicklung neuer Berufsfelder in Beratung, Sozialarbeit und Therapie. In: Ash, M.G./Geuter, U. (Hrsg.): Zur Geschichte der deutschen Psychologie im 20. Jahrhundert. Opladen: Westdeutscher Verlag, 252-285.
Hörmann, G. (1991): Verhaltensstörungen im frühen Lebensalter. In: Hörmann, G./Körner, W. (Hrsg.): Klinische Psychologie - Ein kritisches Handbuch. Reinbek: Rowohlt, 259-279.
Hörmann, G. (1996): Professionalisierung künstlerischer Therapien im Rahmen psychotherapeutischer Tätigkeit. In: Zifreund, W. (Hrsg.): Therapien im Zusammenspiel der Künste. Tübingen: Attempto, 59-69.
Hörmann, G. (2005): Zur Meßbarkeit von Erziehung und Erziehungswissenschaft. In: Klement, K. (Hrsg.): Das Messbare und das Eigentliche. Innsbruck: Innverlag, 41-60.
Illich, I. (Hrsg.) (1979): Entmündigung durch Experten. Reinbek: Rowohlt.
Jank, W./Meyer, H. (1991): Didaktische Modelle. Frankfurt: Cornelsen.
Klafki, W. (1963): Das Problem des Elementaren und die Theorie der kategorialen Bildung. Weinheim: Beltz.
Klafki, W. (1963): Studien zur Bildungstheorie und Didaktik. Weinheim: Beltz.
Koch, L. (2004): Allgemeinbildung und Grundbildung, Identität oder Alternative? In: Zeitschrift für Erziehungswissenschaft, 7, 183-191.
Langewand, A. (2004): Bildung. In: Lenzen, D. (Hrsg.): Erziehungswissenschaft. Ein Grundkurs. Reinbek: Rowohlt, 69-98.
Lenzen, D. (2002): Orientierung Erziehungswissenschaft. Was sie kann, was sie will. Reinbek: Rowohlt.
Menze, C. (1965): Wilhelm von Humboldts Lehre und Bild vom Menschen. Ratingen: Henn.
Menze, C. (1970): Bildung. In: Speck, J./Wehle, G. (Hrsg.): Handbuch pädagogischer Grundbegriffe. München: Kösel, 134-184.
Mertens, D. (1974): Schlüsselqualifikationen – Thesen zur Schulung für eine moderne Gesellschaft. In: Mitteilungen aus der Arbeits- und Berufsforschung, 7, 36-43.
Nieke, W. (2002): Kompetenz. In: Otto, H.-U. et al. (Hrsg.): Erziehungswissenschaft: Professionalität und Kompetenz. Opladen: Leske + Budrich,13-27.
Otto, H.-U. et al. (Hrsg) (2002): Erziehungswissenschaft: Professionalität und Kompetenz. Opladen: Leske + Budrich.
Vierhaus, R. (1994): Bildung. In: Brunner, O./Conze, R./Koselleck, R. (Hrsg.): Geschichtliche Grundbegriffe. Band 1. Stuttgart: Klett-Cotta, 508-551.
Wicke, E. (Hrsg.) (1997): Menschheit und Individualität Zur Bildungstheorie und Philosophie Wilhelm von Humboldts. Weinheim: Deutscher Studien-Verlag.

4 Entwicklung

4.1 Begriffe und Lebensphasen

Entwicklung kann als eine sich in mehreren Schritten vollziehende psychophysiologische Veränderungsreihe bezeichnet werden. „Entwicklung ist als eine Reihe von Veränderungen zu verstehen, in der Reifung und Lernen gleichermaßen eingeschlossen sind. Mit Reifung sind die endogenen Bereiche der Entwicklung gemeint; hierzu gehört auch Wachstum [...] Werden erfahrungsabhängige Komponenten der Entwicklung mit aufgenommen, dann wird zusätzlich von Lernen gesprochen. Die Entwicklung des Menschen vollzieht sich in „Phasen" oder „Stufen"..." (ZIMMERMANN 2003, 16).

Reifung: „In psychologischer und pädagogischer Denkweise wird unter Reife ein Entwicklungsstand der Persönlichkeit gefasst, bei dem ein optimales Maß von Verhaltenssicherheit und sozialer Orientierung erreicht ist, sodass der Mensch in bestmöglichem Einklang mit seinen persönlichen Ressourcen den Anforderungen der Umwelt gerecht werden kann und zu einer vollen Teilhabe am kulturellen und gesellschaftlichen Leben in der Lage ist" (HURRELMANN 2002, 18).

Ontogenese vs. Phylogenese: Mit *Ontogenese* wird die Individualentwicklung von der Zygote bis zum Tod des Individuums beschrieben. *Phylogenese* meint die Menschheitsentwicklung in anthropologischer Hinsicht.

Genotyp vs. Phänotyp: Mit der Bezeichnung *Genotyp* ist die Gesamtheit aller Erbanlagen eines Organismus gemeint, die den Phänotyp bestimmen. Der *Phänotyp* als Erscheinungsbild wiederum wird im Zusammenwirken vom Genotyp mit Umwelteinflüssen geprägt.

In verhaltensgenetischen Analysen wird gewöhnlich davon ausgegangen, dass ein bestimmter Prozentsatz der Varianz zwischen Individuen der Variation in den kausalen Einflüssen eines Faktors – der Umwelt – zugeschrieben werden kann, während der verbleibende Prozentsatz auf dem anderen Faktor – den Genen – beruht. In welchem Ausmaß der Genotyp eines Individuums beispielsweise in seiner intellektuellen Entwicklung zum Ausdruck kommt, ist von vielen Umweltfaktoren abhängig, die während des Entwicklungsverlaufs in angemessenem oder unangemessenem Ausmaß vorhanden sind. Aus einem bestimmten Genotyp lässt sich jedoch kein genau definierter Phänotyp ableiten, sondern es existiert eine phänotypische Bandbreite, die von genetischen und Umwelteinflüssen abhängig ist. Allerdings bestimmen nicht die Gene die äußeren Grenzen der Variation von Merkmalen, sondern das sich entwickelnde System, von dem die Gene nur ein Teil sind, legt den Reaktionsbereich fest, in dem sich die Entwicklung vollzieht. Es gibt also für jeden Genotyp ein ganzes Spektrum von Phänotypen. Der Prozess, durch den der Genotyp in den Phänotyp überführt wird, ist komplex, dynamisch und nicht-linear, somit ist nicht von einer additiven Beziehung zwischen Anlage und Umwelt auszugehen (vgl. PETERMANN/ NIEBANK/SCHEITHAUER 2004, 247-249).

Die *Lebensspanne* lässt sich in einzelne Phasen unterteilen. Die Hauptphasen differenzieren sich in Säuglingsalter, Kindesalter, Jugendalter, Erwachsenenalter und Alter (vgl. OERTER/MONTADA 2002; s. Abb. 17). Für die besonders entwicklungsbedeutsamen Lebensphasen Kindheit (vgl. GUDJONS 2003, 113; HURRELMANN/BRÜNDEL 2003, 68) und Jugend (vgl. STEINBERG 1989, 5) ist eine Subdifferenzierung sehr sinnvoll (s. Abb. 18).

Abbildung 17: Einteilungsmodell von Lebensphasen/Altersspannen

1. Säuglingsalter *(Geburt bis zum 1. Lebensjahr)*

2. Kindesalter *(1. bis 12. Lebensjahr)*
-frühe Kindheit (1. - 6. Lebensjahr)
  -Kleinkindalter (1. - 4. Lebensjahr)
  -Vorschulalter (4. - 6. Lebensjahr)
-mittlere Kindheit (6. - 10. Lebensjahr)
  -Grundschulalter
-späte Kindheit (Präadoleszenz) (10. - 12. Lebensjahr)

3. Jugendalter/Adoleszenz *(11./12. bis 21. Lebensjahr)* -frühe Jugend (Pubertät) (11./12. - 14. Lebensjahr) -mittlere Jugend bzw. „Kernjugend" (15. - 18. Lebensjahr) -späte Jugend (18. - 21. Lebensjahr)
4. Erwachsenenalter *(21. - 55. Lebensjahr)* -Postadoleszenz, frühes Erwachsenenalter (21. - 30. Lebensjahr) -mittleres Erwachsenenalter (30. - 40. Lebensjahr) -spätes Erwachsenenalter (40. - 55. Lebensjahr)
5. (Senioren)Alter *(55. Lebensjahr bis zum Tod)* -„Junge Alte" (55. - 65. Lebensjahr) -mittleres Alter (65. - 75. Lebensjahr) -hohes Alter, Senioren (ab 75. Lebensjahr)

Abbildung 18: Weitere Binnengliederungen des Jugendalters

BLOS (1979) (10 - 25 Jahre) -Präadoleszenz (10-12) -Frühadoleszenz (13-14) -mittlere Adoleszenz (eigentliche) Adoleszenz (15-17) -späte Adoleszenz (18-20) -Postadoleszenz (21-25)
EWERT (1983, 13-16) (10. - 21. Lebensjahr) -Vorpubertät (10.-12. Lebensjahr) -Pubertät (12.-14. Lebensjahr) -Frühe Adoleszenz (14.-18. Lebensjahr) -Späte Adoleszenz (18.-21. Lebensjahr)
ELLIOTT/FELDMAN (1990, 2) (10. - 25. Lebensjahr) -Frühe Adoleszenz (10.-14. Lebensjahr) -Mittlere Adoleszenz (15.-17. Lebensjahr) -Späte Adoleszenz (18.-25. Lebensjahr)

Dem entwicklungspsychologischen Modell von ERIKSON (1966) und dem Modell der kognitiven Entwicklung von PIAGET (1926) zufolge befindet sich das Kind ab dem 12. Lebensjahr im Stadium der formalen (abstrakten) intellektuellen Operation und somit in der Entwicklungsstufe bzw. -phase, die als *Jugend oder Adoleszenz* bezeichnet wird (vgl. OERTER/DREHER 2002). Nach dem Modell von ERIKSON wird diese Entwicklungsphase durch die psychosoziale Krise „Identität vs. Identitätsdiffusion" (Phase V) geprägt.

Die *Lebensphasen im historischen Vergleich* sind Abbildung 19 zu entnehmen. Noch um 1900 bestand der Lebenslauf im Prinzip nur aus den Altersabschnitten Kind und Erwachsener. Der Übergang von der Kindheit in das Erwachsenenalter fiel meist mit dem Übergang in das Erwerbsleben und dem Aufbau einer eignen Familie mit Kindern zusammen. Ein Jugendalter war nur in den bürgerlichen Schichten vorzufinden. Das Ende des Erwachsenenalters erfolgte aus der Erwerbsphase heraus mit dem Tod um die 50 Jahre. Erst um 1950 hat sich das Jugendalter als eigenständige Lebensphase in allen Bevölkerungsgruppen durchgesetzt. Auch am Ende des Lebenslaufs gab es jetzt eine Differenzierung, denn die Pensionierung wurde neu etabliert. Die Lebensdauer hat sich deutlich verlängert. Heute ist die Lebensspanne stark untergliedert und durch eine sich verkürzende Kindheit mit dem früheren Einsetzen der Pubertät gekennzeichnet. Es schließt sich eine lange Jugendphase an, die als Postadoleszenz vor allem unter Studierenden bis zum 30. Lebensjahr dauern kann, gefolgt von einem

Erwachsenenalter, das meist schon mit 55 oder 60 Jahren mit dem Austritt aus dem Erwerbsleben abgeschlossen ist und in ein langes Seniorenalter übergeht (vgl. HURRELMANN/BRÜNDEL 2003, 68f.).

Abbildung 19: Lebensphasen im historischen Vergleich (vgl. HURRELMANN/ BRÜNDEL 2003, 70)

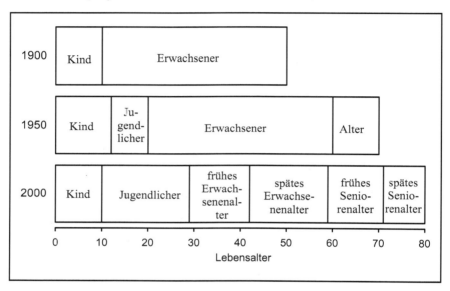

4.2 Entwicklungsaufgabenkonzept

Die Grundannahme des Entwicklungsaufgabenkonzepts ist, dass sowohl die sich entwickelnden Subjekte als auch die jeweiligen Lebenskontexte zur Entstehung und Lösung von Problemen und Krisen beitragen. HAVIGHURST (1948) hat wie ERIKSON den Lebenslauf als eine Folge von Problemen strukturiert, die er Entwicklungsaufgaben nennt. HAVIGHURST verbindet dabei im Gegensatz zu ERIKSONS organismischer Perspektive eine biologische, soziologische und psychologische Perspektive. Folgt man HAVIGHURST, so sind drei allgemeine Quellen für Entwicklungsaufgaben anzunehmen:
- biologische Veränderungen innerhalb des Organismus,
- Aufgaben, die durch die Gesellschaft gestellt werden,
- Werte, Aspirationen und Ziele des sich entwickelnden Individuums selbst.

Abbildung 20: Entwicklungsaufgaben der Adoleszenz nach HAVIGHURST (1948), der Kindheit und des frühen Erwachsenenalters (vgl. DREHER/DREHER 1985, 59)

Mittlere Kindheit (6 - 12 Jahre)	Adoleszenz (12 - 18 Jahre)	Frühes Erwachsenenalter (18 - 30 Jahre)
Lernen, mit Altergenossen zurecht zu kommen	1. Aufbau neuer und reifer Beziehungen zu Altersgenossen	Eine angemessene soziale Gruppe finden
Erlernen eines angemessenen männl. od. weibl. Rollenverhaltens	2. Übernahme der männlichen/weiblichen Geschlechtsrolle	Auswahl eines Partners
Aufbau einer positiven Einstellung zu sich als einem wachsenden Organismus	3. Akzeptieren der eigenen körperlichen Erscheinung und effektive Nutzung des Körpers	Mit dem Partner leben lernen
Erreichen persönlicher Unabhängigkeit	4. Emotionale Unabhängigkeit von Eltern und anderen Erwachsenen	Gründung einer Familie
Entwicklung grundlegender Fertigkeiten im Lesen, Schreiben und Rechnen	5. Vorbereitung auf Ehe und Familienleben	Versorgung und Betreuung der Familie
Entwicklung von Konzepten und Denkschemata für das Alltagsleben	6. Vorbereitung auf eine berufliche Karriere	Berufseinstieg
Entwicklung von Gewissen, Moral und einer Wertskala	7. Werte und ein ethisches System erlangen – Entwicklung einer Ideologie	Verantwortung als Staatsbürger ausüben
Entwicklung von Einstellungen gegenüber sozialen Gruppen und Institutionen	8. Sozial verantwortliches Leben erstreben und erreichen	ein Heim herstellen; Haushalt organisieren
Erlernen körperlicher Geschicklichkeit		

Entwicklungsaufgaben sind immer eine Mischung normativer und deskriptiver Aspekte. Denn die gesellschaftliche Festlegung einer Aufgabe ist normativ. Die Bestimmung der Altersgrenzen für Entwicklungsaufgaben hat aber eine empirische Basis. Auch sind einige Aufgaben nicht sozial vorgegeben, sondern resultieren aus biologischen Reifungs- und Abbauprozessen. Zahlreiche Entwicklungsaufgaben sind für jede Lebensperiode spezifiziert worden, deren Bewältigung Entwicklung erfordert (s. Abb. 20).

Da es allerdings einerseits zwischen Subjekten und andererseits auch zwischen Entwicklungskontexten große Unterschiede gibt, und sowohl die Subjekte als auch die Kontexte in einem ständigen Prozess des Wandels begriffen sind, kann nicht von einer universellen Entwicklungsaufgabensequenz ausgegangen werden.

4.3 Entwicklungsmodelle/-theorien

Entwicklungsmodelle befassen sich mit Annahmen über die Wechselwirkung zwischen Mensch und Umwelt sowie dem Zusammenwirken beider Aspekte im Zeitverlauf. Die bestehenden Entwicklungsmodelle lassen sich idealtypisch in ein Vier-Felder-Schema einordnen, in dem dem Individuum und der Umwelt jeweils eine aktive oder passive Rolle zugewiesen wird (vgl. RIEGEL 1978). Es lassen sich vier prototypische Theoriefamilien der menschlichen Entwicklung je nachdem, ob dem Subjekt und/oder der Umwelt ein gestaltender Beitrag zur Entwicklung zugebilligt wird oder nicht, unterscheiden (s. Abb. 21).

Abbildung 21: Klassifikationsschema von Entwicklungstheorien/-modellen (vgl. MONTADA 2002, 5 sowie in Anlehnung an RIEGEL 1978)

		Umwelt	
		passiv	*aktiv*
Kind	*passiv*	Endogenistische Theorien (einfache mechanistische Modelle)	Exogenistische Theorien (Umweltmodelle)
	aktiv	Selbstgestaltungstheorien (Dispositionsmodelle)	Interaktionistische Theorien (Interaktionsmodelle)

Endogenistische Theorien – Entwicklung als Reifung (einfache mechanistische Modelle): Bei diesen theoretischen Ansätzen vollzieht sich Entwicklung vor allem durch genetisch programmierte Reifungsprozesse. Ein innerer Bauplan bestimmt weitgehend den Verlauf. Solch ein Entwicklungsmodell liegt der „Pädagogik des Wachsen lassens" (ROUSSEAU, FRÖBEL, PESTALOZZI, MONTESSORI)

zugrunde. Der Erzieher als behutsam-pflegerischer Gärtner stellt (lediglich) eine entwicklungsgemäße, pädagogisch arrangierte Umwelt bereit.
Eine „entwicklungsgemäße Erziehung" setzt allerdings eine genaue Bestimmung der günstigen Zeitpunkte des Ergreifens entwicklungsgemäßer Maßnahmen voraus. Überforderung bzw. Unterforderung treten dann auf, wenn der Entwicklungsstand nicht berücksichtigt wird.
Allerdings gelten Modelle, die sowohl dem Kind als auch der Umwelt eine passive Rolle zuschreiben, heutzutage als überholt (PETERMANN/NIEBANK/ SCHEITHAUER 2004, 16).

Exogenistische Theorien – Entwicklung als Lernen (Umweltmodelle): Entwicklung findet unter fast ausschließlichem Einfluss der Umwelt statt. Reize sowie Reaktionen auf Verhalten (z.B. Strafe, Lob) steuern Verhalten und Verhaltensänderungen (Behaviorismus). Der Erzieher ist der Handwerker bzw. Bildhauer. Neobehavioristische Modelle berücksichtigen jedoch innere Organisations- und Regulationsprozesse.

Selbstgestaltungs- (kognitivistisch-konstruktivistische) Theorien – Entwicklung als Äquilibration (Dispositionsmodelle): Dem Kind wird hier eine aktive, der Umwelt eine passive Rolle zugeschrieben (strukturgenetischer Ansatz von PIAGET, vgl. Kap. 4.3). Die Person handelt ziel- und zukunftsorientiert und gestaltet damit ihre eigene Entwicklung, die durch Umwelteinflüsse nicht direkt beeinflussbar ist.

Interaktionistische Theorien – Entwicklung als aktive Gestaltung des Subjekts im Interaktionsgefüge von Person und Umwelt (Interaktionsmodelle): Entwicklung wird hier als ein interaktiver Prozess zwischen Individuum und Umwelt gesehen. Die Person nimmt aktiven Einfluss auf die Umwelt wie auch wiederum die Umwelt das Verhalten der Person beeinflusst (vgl. MEAD 1934/1973 [symbolischer Interaktionismus]; HURRELMANN 2002 [Sozialisationstheorie]; Kap. A 5.3). Allen interaktionistischen Entwicklungsmodellen ist gemeinsam, dass sowohl das Kind als auch die Umwelt den Entwicklungsverlauf aktiv mitbestimmen. SAMEROFF (1995) verwendet den Begriff „Interaktion" im statistischen Sinn als gemeinsame Wechselwirkung von zwei oder mehr Variablen auf eine weitere Variable. Entwicklung wird als eine Serie miteinander verwobener sozioemotionaler, kognitiver und repräsentationaler Kompetenzen definiert. Die Kompetenzen einer Entwicklungsperiode, die die Anpassung eines Menschen an die Umwelt verbessern, bereiten die Kompetenzen der nächsten Periode vor. Eine späte Entwicklungsperiode integriert immer frühere Kompetenzen; somit fördert die frühe Anpassung die spätere Anpassung und Integration (PETERMANN/NIEBANK/SCHEITHAUER 2004, 19).

Die folgende Schematisierung (Abb. 22) psychischer Entwicklungsmodelle verdeutlicht die Differenzierung zwischen Dispositions-, Umwelt- und Interaktionsmodellen. Bei den letzt genannten Interaktionsmodellen lassen sich drei Untermodelle unterscheiden:

Abbildung 22: Modelle psychischer Entwicklung (PETERMANN/NIEBANK/SCHEITHAUER 2004, 17)

Dispositionsmodelle	
schrittweises, endogen gesteuertes Entfalten eines Entwicklungsplans, der schon dem Ausgangszustand des Organismus innewohnt	$K_1 \rightarrow K_2 \rightarrow K_3 \rightarrow K_4$
Umweltmodelle	
Der Zustand des Kindes ist vollkommen abhängig von den Umweltbedingungen. Bleibt die Umwelt gleich, ergeben sich auch keine Veränderungen beim Kind.	$\begin{array}{cccc} U_1 & U_2 & U_3 & U_4 \\ \downarrow & \downarrow & \downarrow & \downarrow \\ K_1 & K_2 & K_3 & K_4 \end{array}$
Interaktionsmodelle	
Einfaches Interaktionsmodell: Kombination der ersten beiden Modelle; die Entwicklung resultiert aus der Verbindung des genetisch festgelegten Reaktionsspielraums mit den umweltbedingten Erfahrungen des Kindes.	$\begin{array}{cccc} U_1 & U_2 & U_3 & U_4 \\ \downarrow & \downarrow & \downarrow & \downarrow \\ K_1 \rightarrow & K_2 \rightarrow & K_3 \rightarrow & K_4 \end{array}$
Dynamisches Interaktionsmodell: Das Verhalten des Kindes verändert auch die Umwelt. Jeder Entwicklungsschritt ergibt sich aus der Verbindung von Charakteristiken des Kindes und seinen Erfahrungen.	$\begin{array}{cccc} U_1 & U_2 & U_3 & U_4 \\ \updownarrow & \updownarrow & \updownarrow & \updownarrow \\ K_1 \rightarrow & K_2 \rightarrow & K_3 \rightarrow & K_4 \end{array}$
Soziales Regulationsmodell: betont die Kontinuität der Umweltorganisation; die dem Kind gebotenen Erfahrungen sind weder zufällig noch völlig abhängig von den Charakteristiken des Kindes.	$\begin{array}{cccc} U_1 \rightarrow & U_2 \rightarrow & U_3 \rightarrow & U_4 \\ \updownarrow & \updownarrow & \updownarrow & \updownarrow \\ K_1 \rightarrow & K_2 \rightarrow & K_3 \rightarrow & K_4 \end{array}$

K = Kind; U = Umwelt

Das *einfache Interaktionsmodell* stellt zwar einen Fortschritt gegenüber den einfaktoriellen Modellen dar, beharrt aber weiter darauf, Einflussfaktoren in diskrete Kategorien zu trennen, statt ihre gegenseitige „Durchdringung" anzuerkennen (SAMEROFF 1995). Das *dynamische Interaktionsmodell* ergänzt das einfache Interaktionsmodell durch eine dynamische Komponente und wird von

SAMEROFF (1995) auch als Transaktionsmodell bezeichnet, da alle an einer Interaktion beteiligten Faktoren wiederum von allen Faktoren beeinflusst und so durch diese transformiert werden; es werden reziproke Einflüsse zwischen Kind und Umwelt einbezogen. Das *soziale Regulationsmodell* vervollständigt das Bild der regulierenden Kräfte in der Entwicklung durch einen weiteren Schritt. Die Kontinuität in der Verhaltensorganisation des Kindes spiegelt sich in der Organisation der Umwelt wider. Erfahrungen des Kindes werden weder als zufällig noch als gänzlich von seinem Verhalten abhängig gesehen (vgl. PETERMANN/NIEBANK/SCHEITHAUER 2004, 18ff).

4.4 Das Stufenkonzept der geistigen Entwicklung nach PIAGET

Bei dem psychologischen Modell von PIAGET (1972) handelt es sich um eine kognitive Entwicklungstheorie. Im Unterschied zu Lerntheorien (vgl. Kap. A 6) wird Entwicklung nicht als ein additiver Prozess verstanden, in dem sich neue Strukturen zu den schon vorhandenen hinzugesellen, sondern als ein Vorgang der fortschreitenden Differenzierung, in dem neue Strukturen die alten verändern und mit ihnen zusammen ein verändertes Ganzes bilden. Persönlichkeitsentwicklung wird als ein schrittweiser Aufbau von Fähigkeiten verstanden, mit denen stufenweise eine immer bessere Anpassung an Umweltbedingungen erreicht wird (vgl. MONTADA 2002).

PIAGET geht in seinem Entwicklungsmodell von selbstregulativen Interaktionen zwischen dem Kind und seiner Umwelt aus, wobei Entwicklung in Form von Anpassungen an Anforderungen aus der Umwelt verläuft. Neue Strukturen gehen immer aus den alten hervor (Epigenese). Während der Entwicklung werden neue Erfahrungen gesammelt, woraus Einordnungsprobleme entstehen, da sich mit dem bisherigen intellektuellen Entwicklungsstand diese neuen Eindrücke und Informationen noch nicht bewältigen lassen. Hieraus folgt ein Ungleichgewicht zwischen den Außenanforderungen der Umwelt und den inneren kognitiven Strukturen. Deswegen entsteht ein Druck für eine Weiterentwicklung dieser Strukturen auf einem höheren Niveau.

Von diesem Denkansatz aus wird die Theorie einer stufenweisen Entwicklung von Denkoperationen abgeleitet. PIAGET (1972, 40ff) benennt folgende Hauptstadien der kognitiven Entwicklung:

> *1. Sensumotorische Phase* (von der Geburt bis etwas zum 2. Lebensjahr)
> [Unterstufen: 1. Übung angeborener Mechanismen, 2. Primäre Kreisreaktionen, 3. Sekundäre Kreisreaktionen, 4. Koordinierung der erworbenen Handlungsschemata und Anwendung auf neue Situationen, 5. Tertiäre Kreisreaktionen, 6. Übergang vom sensumotorischen Intelligenzakt zur Vorstellung)
> *2. Präoperationale Phase* (2 bis etwa 6/7 Jahre)
> *3. Phase der konkreten Operationen* (7 bis etwa 11/12 Jahre)
> *4. Phase der formalen Operationen* (ab 11./12. Lebensjahr)

Während in den ersten Stufen das Denken und Sprechen eines Kindes noch durch ein egozentrisches Weltbild geprägt ist, beginnt mit der Stufe des konkreten kognitiven Operierens ein sachlicher Umgang mit der Außenwelt und ihren Objekten. Die ersten Schritte des logischen Denkens etablieren sich. Ein abstrahierendes Denken über die äußere Realität wird erst mit der Stufe der formalen Operationen in der Jugend möglich. Das Kind kann sich nun von der konkreten Anschauung lösen und logische Operationen verallgemeinern und abstrahieren (vgl. HURRELMANN 2002, 70f).

Ausgehend vom jeweils erreichten Entwicklungsstand erfolgt eine aktive Suche nach Erfahrungen. Die Auflösung von Widersprüchen und Konflikten erfolgt durch eine Umstrukturierung und einen Neuaufbau von Strukturen. Die Anpassung (Adaption, Äquilibration) und Neukoordination der Strukturen von Organismus und Wahrnehmung setzen sich aus **drei Modalitäten** zusammen:

> - *Assimilation*, wodurch der Organismus sich Gegebenheiten der Umwelt einverleibt,
> - *Akkomodation*, indem der Organismus sich den Gegebenheiten der Umwelt anpasst und
> - *Neukoordinierung*, indem die bereits vorhandenen Strukturen auf einer höheren Stufe umstrukturiert werden.

Der Organismus wird als ein offenes System gesehen, das in ständigem Austausch mit seiner Umwelt steht und von ihr gestaltet und verändert wird (PIAGET/INHELDER 1977). Der Motor der Entwicklung ist die Selbstregulierung.

4.5 Entwicklung der moralischen Urteilsfähigkeit / moralische Entwicklung nach KOHLBERG

Der Amerikaner LAWRENCE KOHLBERG (1927-1987) entwickelte in Anlehnung an PIAGET drei Stadien der Moralentwicklung, die jeweils in zwei Stufen unterteilt sind (s. Abb. 23).

Abbildung 23: Stufen moralischen Urteils (vgl. OSER/ALTHOFF 1997) und moralischer Entwicklung

Moralisches Urteil	Moralische Entwicklung	Stadien
Stufe 6 Moral universeller allg. ethischer Prinzipien	Orientierung am Gewissen oder an universalen ethischen Prinzipien	***Stadium III*** ***Post-konventionelle Ebene***
Stufe 5 Moral der Menschenrechte und sozialen Wohlfahrt	Legalistische Orientierungen am Sozialkontrakt, Anerkennung demokratischer Gesetzgebung	(Moral selbstgesetzter Ziele)
Stufe 4 Moral der sozialen Systeme	Orientierung an „law and order"	***Stadium II*** ***Konventionelle Ebene***
Stufe 3 Zwischenpersonale Moral	Orientierung am Ideal des „guten Kindes"	
Stufe 2 Individualistische, instrumentelle Moral	Naiver instrumenteller Hedonismus	***Stadium I*** ***Präkonventionelle Ebene***
Stufe 1 Heteronome Moral	Orientierung an Strafe und Gehorsam	

Stufen moralischen Urteils:

Stufe 1: *Heteronome Moral*: Urteilt nach Gesichtspunkten von Lohn und Strafe und unter dem Aspekt physischer Konsequenzen.

Stufe 2: *Individualistische, instrumentelle Moral*: Urteilt nach dem Schema „Jedem das seine", „Wie du mir, so ich dir". Es ist eine Austauschansicht, in der Verdienste eine Rolle für Gerechtigkeit spielen.

Stufe 3: *Zwischenpersonale Moral*: Urteilt nach dem Prinzip der Goldenen Regel: „Was du nicht willst, dass man dir tut, das füge auch keinem anderen zu!" Rücksicht auf Gruppe und Gruppenmehrheit. An interpersonalen Erwartungen, Beziehungen und an Konformität orientiert.

Stufe 4: *Moral der sozialen Systeme*: Urteilt nach für alle in gleicher Weise gültigen gesellschaftlichen Rechten und Pflichten. Gesetze werden wichtig, weil sie garantieren, dass jeder vor dem Gesetz gleich ist. An der Erhaltung des sozialen Systems orientiert.

Stufe 5: *Moral der Menschenrechte und sozialen Wohlfahrt*: Am Sozialvertrag orientiert. Gleichzeitige Berücksichtigung der gesellschaftlichen Nützlichkeit und des individuellen Rechts.

Stufe 6: *Moral universeller allgemeiner ethischer Prinzipien*: An universellen ethischen Prinzipien orientiert. Orientierung an übergeordneten moralischen Standpunkten (z.B. kategorischer Imperativ).

4.6 Gibt es eine weibliche Moral? Oder die These von den zwei Moraltypen

Für den Philosophen ARTHUR SCHOPENHAUER gab es seiner „Preisschrift über die Grundlage der Moral" aus dem Jahre 1840 zufolge keinen Zweifel: „Gerechtigkeit ist mehr das männliche, Menschenliebe mehr die weibliche Tugend" (zit. nach NUNNER-WINKLER 1991, 10). Zwar nicht dessen Ansicht, dass die Frau dem Mann damit unterlegen sei, „eine Art Mittelstufe zwischen dem Kinde und dem Manne", stimmte GILLIGAN (1982) mit ihrem Buch „Die andere Stimme" (deutsch 1984) zu, also keiner Höher- oder Minderwertigkeit männlicher oder weiblicher Moral, wie teilweise aus maskulinistischer oder in Umkehrung des bisherigen Verhältnisses feministischer Perspektive behauptet wurde, sondern einer Andersartigkeit zweier Moraltypen. Wenn auch die behauptete Existenz einer typisch weiblichen flexiblen Fürsorgemoral gegenüber einer typisch männlichen rigiden Gerechtigkeitsmoral der späteren Feminismusdebatte die Chance gab, positiv besetzte Werte wie Umweltbewusstsein und Pazifismus als Ausfluss weiblicher Fürsorgemoral der politischen, vom männlichen Gerechtigkeitsdenken dominierten Öffentlichkeit näher zu bringen, waren die angeblich geschlechtsspezifischen Argumentationsmuster empirisch nicht haltbar. Wie NUNNER-WINKLER zeigen konnte, ist nämlich das Ergebnis, ob jemand flexibel und fürsorglich oder streng nach abstrakten Prinzipien urteilt, weniger „eine Frage der Geschlechtszugehörigkeit, sondern vielmehr eine Frage der Betroffenheit oder auch eine Frage der Reife des moralischen Urteils" (NUNNER-WINKLER 1991, 149). Wenn Frauen oft nachgiebig und kompromissbereit sind in Rollen, die eine konkrete Zuständigkeit für das Wohlergehen anderer verlangen, hat das mit einer eigenständigen Moral nichts zu tun. Nicht das Geschlecht, sondern die Rolle prägt die „Moral im sozialen Kontext" (EDELSTEIN/NUNNER-WINKLER 2000).

Einführungsliteratur (zum Weiterlesen)

Fend, H. (2005): Entwicklungspsychologie des Jugendalters. Wiesbaden: VS.
Flammer, A./Alsaker, F.D. (2002): Entwicklungspsychologie der Adoleszenz. Bern: Huber.
Hurrelmann, K. (2004): Lebensphase Jugend. Eine Einführung in die sozialwissenschaftliche Jugendforschung. Weinheim: Juventa.
Hurrelmann, K./Bründel, H. (2003): Einführung in die Kindheitsforschung. Weinheim: Beltz.
Oerter, R./Montada, L. (Hrsg.) (2002): Entwicklungspsychologie. Weinheim: Beltz.

Literatur

Blos, P. (1979): The adolescent passage. New York: International Universities Press.
Dreher, E./Dreher, M. (1985): Wahrnehmung und Bewältigung von Entwicklungsaufgaben im Jugendalter: Fragen, Ergebnisse und Hypothesen zum Konzept einer Entwicklungs- und Pädagogischen Psychologie des Jugendalters. In: Oerter, R. (Hrsg.): Lebensbewältigung im Jugendalter. Weinheim: Edition Psychologie, 30-61.
Edelstein, W./Nunner-Winkler, G. (Hrsg.) (2000): Moral im sozialen Kontext. Frankfurt: Suhrkamp.
Elliott, G.R./Feldman, S.S. (1990): Capturing the adolescent experience. In: Elliott, G.R./Feldman, S.S. (Eds.): At the threshold. The developing adolescent. Cambridge: Harvard University Press, 1-13.
Ewert, O.M. (1983): Entwicklungspsychologie des Jugendalters. Stuttgart: Kohlhammer.
Gilligan, C. (1984): Die andere Stimme. Lebenskonflikte und Moral der Frau. München: Piper.
Gudjons, H. (2003): Pädagogisches Grundwissen. Bad Heilbrunn: Klinkhardt.
Havighurst, R.J. (1948): Developmental tasks and education. New York: Mc Kay.
Hurrelmann, K. (2002): Einführung in die Sozialisationstheorie. Weinheim: Beltz.
Hurrelmann, K./Bründel, H. (2003): Einführung in die Kindheitsforschung. Weinheim: Beltz.
Kohlberg, L. (1974): Zur kognitiven Entwicklung des Kindes. Frankfurt: Suhrkamp.
Montada, L. (2002): Grundlagen der Entwicklungspsychologie. Fragen, Konzepte, Perspektiven. In: Oerter, R./Montada, L. (Hrsg.): Entwicklungspsychologie. Weinheim: Beltz, 3-53.
Montada, L. (2002): Die geistige Entwicklung aus der Sicht Jean Piagets. In: Oerter, R./Montada, L. (Hrsg.): Entwicklungspsychologie. Weinheim: Beltz, 418-442.

Nunner-Winkler , G. (1991). Gibt es eine weibliche Moral? In: Dies (Hrsg.): Weibliche Moral. Frankfurt: Campus, 147-161.
Oerter, R./Dreher, E. (2002): Jugendalter. In: Oerter, R./Montada, L. (Hrsg.): Entwicklungspsychologie. Weinheim: Beltz.
Oser, F./Althoff, W. (1997): Moralische Selbstbestimmung. Stuttgart: Klett-Cotta.
Petermann, F./Niebank, K./Scheithauer, H. (2004): Entwicklungswissenschaft. Entwicklungspsychologie – Genetik – Neuropsychologie. Berlin: Springer.
Piaget, J. (1972): Theorien und Methoden der modernen Erziehung. Wien: Molden.
Piaget, J./Inhelder, B. (1977): Die Psychologie des Kindes. Frankfurt: Fischer.
Riegel, K.F. (1978): Psychology, mon amour: A countertext. Boston: Houghton Mifflin.
Sameroff, A.J. (1995): General systems theories and developmental psychopathology. In: Cicchetti, D./Cohen, D.J. (Eds.): Developmental psychopathology, Vol. 1: Theory and methods. New York: Wiley, 659-695.
Steinberg, L. (1989): Adolescence. New York: McGraw-Hill.
Weber, E. (1996): Grundfragen und Grundbegriffe: Band I, Teil 2. Ontogenetische Voraussetzungen der Erziehung – Notwendigkeit und Möglichkeit der Erziehung. Donauwörth: Auer.
Zimmermann, P. (2003): Grundwissen Sozialisation. Opladen: Leske + Budrich.

5 Sozialisation, Enkulturation, Personalisation/Individuation

5.1 Begriffe und das Verhältnis zueinander

Enkulturation: Der Mensch ist von Natur aus ein Kulturwesen, das seine kulturelle Lebensweise erlernen und sich aneignen muss. **Kultur** wird dabei als jene Lebensform verstanden, durch die sich der Mensch vom Tier unterscheidet; als die Menschen lebensdienlich und daseinsbereichernd umgestaltete Natur (WEBER 1977). Das Erlernen der Kultur im umfassenden Sinne wird in der Kulturanthropologie als *Enkulturation* bezeichnet (z.B. HERSKOVITS 1964). *Enkulturation* meint das Erlernen der kulturellen Lebensform bzw. den Erwerb kultureller Basisfähigkeiten. Es ist der grundlegende Prozess des Hineinwachsens in die Kultur und das Erlernen kultureller Überlieferungen (vgl. WURZBACHER 1963, 15), wozu zentral das Erlernen der Sprache gehört. Der Mensch lernt einerseits auf dem Wege der Enkulturation die für seine Gesellschaft charakteristische kulturelle Lebensform sowie die in ihr jeweils erforderliche kulturelle Kompetenz, die zur Bewältigung kultureller Aufgaben dient. Andererseits gewährleistet die Enkulturation die Überlieferung und Fortführung der Kultur in der Generationenfolge einer bestimmten Gesellschaft. Enkulturation ist allerdings mehr als lediglich eine Anpassung an die jeweils gegebene Kultur und deren reproduzierende Tradition, vielmehr bewirkt sie zugleich die Aktivierung kultureller Produktivität und Kreativität, wie sie über das Nachschaffen hinaus zum Neuschaffen kultureller Gebilde erforderlich ist (vgl. WEBER 1977).

Das Konzept der Enkulturation schließt Sozialisation, Erziehung und Personalisation/Individuation ein (s. Abb. 24). Nach LOCH (1968) bildet die Enkulturation unter kulturanthropologischer Perspektive den umfassenden Gegenstand der Pädagogik.

Der Begriff *Sozialisation* wurde von dem französischen Soziologen EMILE DURKHEIM (1907/1972) eingeführt, um den Vorgang der Vergesellschaftung des Menschen, die Prägung der menschlichen Persönlichkeit durch gesellschaftliche Bedingungen zu kennzeichnen. In den 1960er-Jahren gewinnt der Sozialisationsbegriff im Zuge der sozialwissenschaftlichen Öffnung der Erziehungswissenschaft große Bedeutung (vgl. GEULEN 1991, 36f.). Die Beziehung zwischen Individuum und Umwelt ist Kern sozialisationstheoretischer Modellvorstellungen (vgl. TILLMANN 1993; HURRELMANN 2002; ZIMMERMANN 2003).

Sozialisation wurde bei DURKHEIM (1973) einseitig als Prägung der menschlichen Persönlichkeit durch soziale und ökonomische Bedingungen, durch die sich Gesellschaft reproduziert, verstanden.

> *Heute* ist *Sozialisation* als ein Prozess der Entstehung und Entwicklung der Persönlichkeit in wechselseitiger Abhängigkeit zwischen Individuum und der gesellschaftlich vermittelten sozialen und materiellen Umwelt zu verstehen, wobei das Individuum als „aktiver Umweltgestalter" (GEULEN 1977) bzw. als ein „produktiv realitätsverarbeitendes Subjekt" (HURRELMANN 1986; 2002; s. Kap. 4.3) gesehen wird.

In Abgrenzung zur Enkulturation lässt sich Sozialisation im Sinne von FEND (1969) als das Lernen einer *besonderen Klasse kultureller Inhalte* beschreiben. Mit **Sozialisation** wird das „Sozialwerden" in einem milieuspezifischen Zusammenhang beschrieben, während **Enkulturation** als das „Sozialwerden" im gesamtgesellschaftlichen, kulturellen Kontext zu verstehen ist. Mit Sozialisation bezeichnet man jenen Teilbereich der Enkulturation, in dem die Werte und Normen der betreffenden Gesellschaft bzw. Gruppe gelernt werden.

Sozialisation gilt oft als ein der Erziehung übergeordneter Begriff (vgl. DURKHEIM 1973; FEND 1969). „Erziehung wird als »Sozialmachung«, Sozialisation als »Sozialwerdung« verstanden, beide als Moment der Enkulturation" (vgl. TENORTH 1992, 17).

Personalisation meint die Selbstformung und -steuerung mittels Lern- und Bildungsprozessen, durch den eine Person ihre Persönlichkeit in Rückwirkung auf die Faktoren der Gesellschaft und Kultur entfaltet (vgl. WURZBACHER 1963). Darüber hinaus bedeutet *Personalisation* auch, dass das Individuum innerhalb und gegenüber allen sozialen Abhängigkeiten Spielräume gewinnt, die erforderlich sind, um den eigenen Wertmaßstäben gemäß in verantwortlicher Selbstbestimmung sich in soziokulturelle Lebensverhältnisse einzufügen bzw. an deren Veränderung mitwirken zu können.

Im Rahmen der „realistischen Wende" (ROTH) wurden die Begriffe „Personalität" und „Personalisation" durch die sozialwissenschaftlichen Begriffe „Identität" und „Individuation" ersetzt (vgl. WEBER 1999, 194f.).

Individuation beschreibt analog der Personalisation einen Entwicklungsprozess zu einem einzigartigen Individuum. Die unterschiedlichen sozialen Erfahrungen führen zu einer einmaligen Biographie jenseits des sozial Typischen (vgl. HELSPER 1998, 72).

Die Begriffe *Enkulturation* und *Sozialisation* bezeichnen Sachverhalte, die überall zu allen Zeiten festzustellen sind, wo Menschen zusammenleben (s. Abb. 25). Dazu setzt im Unterschied der *Personalisationsbegriff* ein bestimmtes Verständnis vom Menschen voraus. Denn nur unter bestimmten historischen und soziokulturellen Verhältnissen wird der Mensch als Person begriffen. Dieses personale Menschenverständnis ist im Abendland seit der Antike vor allem aus den Impulsen der griechischen Philosophie, des römischen Rechtsdenkens, des christlichen Glaubens und der Aufklärungsbewegung entstanden (vgl. WEBER 1977, 44).

Abbildung 24: Verhältnis einzelner Prozesse (nach GUDJONS 2003, 180)

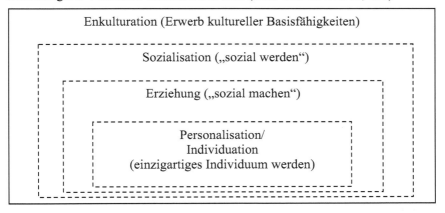

Abbildung 25: Verhältnis von Sozialisation, Individuation und Enkulturation

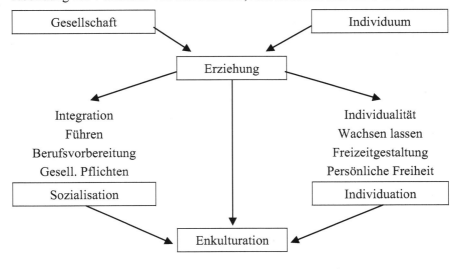

5.2 Sozialisationsbedingungen/-strukturen und Ansätze

Der Sachverhalt, um den es bei sozialisationstheoretischen Fragestellungen geht, ist das „Mitglied-*Werden* in einer Gesellschaft" (HURRELMANN/ULICH 1991, 6).

Dieses Mitglied-Werden wird in sozialisationstheoretischer Sicht unter drei Perspektiven gesehen:
- einer subjektbezogenen Perspektive,
- einer institutionenbezogenen Perspektive und
- einer kulturbezogenen Perspektive.

Abbildung 26: Struktur der Sozialisationsbedingungen (TILLMANN 1993, 18)

	Ebene	*Komponenten* (beispielhaft)
(4)	**Gesamtgesellschaft**	Ökonomische, soziale, politische, kulturelle Struktur
(3)	**Institutionen**	Betriebe, Massenmedien, Schulen, Universitäten, Militär, Kirchen
(2)	**Interaktionen und Tätigkeiten**	Eltern-Kind-Beziehungen; schulischer Unterricht; Kommunikation zwischen Gleichaltrigen, Freunden, Verwandten
(1)	**Subjekt**	Erfahrungsmuster, Einstellungen, Wissen, emotionale Strukturen, kognitive Fähigkeiten

Die Ebenen dieser Perspektiven, die in einem Gesamtzusammenhang stehen, sind in dem Strukturschema der Abbildung 26 skizziert. Die Darstellung zeigt, dass die gesellschaftlichen Bedingungen (4) nicht gleichsam „direkt", sondern „vermittelnd" über Institutionen (3) und Interaktionen (2) das Subjekt (1) beeinflussen. Doch auch umgekehrt wirkt das Subjekt auf die nächst „höhere" Ebene und beeinflusst ebenfalls indirekt die gesellschaftlichen Strukturen.

Abbildung 27: Phasen des Sozialisationsprozesses und Sozialisationsinstanzen

	Sozialisationsphasen	*Sozialisationsinstanzen*
(1)	**primäre Sozialisation**	Familie
(2)	**sekundäre Sozialisation**	Schule, Peers, Massenmedien
(3)	**tertiäre Sozialisation**	Ausbildung, Universität, Betrieb

Die entwicklungsspezifische Bedeutsamkeit verschiedener Sozialisationsinstanzen lässt sich anhand von chronologischen Phasen des Sozialisationsprozesses abbilden (s. Abb. 27).

Die Sozialisationstheorie basiert in erster Linie auf zwei großen klassischen Theoriebereichen, nämlich den psychologischen und soziologischen (Basis-) Modellen. Die wichtigsten Theorieansätze sind in Abbildung 28 benannt. Der Ansatz von HURRELMANN, der nun vorgestellt wird, stellt ein integratives Modell dar.

Abbildung 28: Theorieansätze der Sozialisation (vgl. HURRELMANN 2002)

Psychologische (Basis-)Theorien	
Lerntheorien	Behaviorismus (Konditionierung), Sozial-kognitive Lerntheorie (BANDURA)
Persönlichkeitstheorien	Psychoanalyse (FREUD, ERIKSON), Strukturelle Persönlichkeitstheorien („big five")
Entwicklungspsychologien	Kognitive Entw.psy. (PIAGET, KOHLBERG), ökologische Entw.psy. (BRONFENBRENNER, DIPPELHOFER-STIEM)
Soziologische (Basis-)Theorien	
Systemtheorien	Struktur-funktionale Theorie (PARSONS), soziale Systemtheorie (LUHMANN)
Handlungstheorien	Symbolischer Interaktionismus (MEAD), Theorie der sozialisatorischen Interaktion (OEVERMANN), Theorie der personalen und sozialen Identität (GEULEN), Theorie der Identitätsbehauptung (ELIAS), Rationale Handlungstheorien (z.B. AJZEN)
Gesellschaftstheorien	Materialistische Gesellschaftsth. (MARX), Theorie der kommunikativen Kompetenz (HABERMAS), Lebenslagen-/Lebensstiltheorien (z.B. BECK, BOURDIEU, GIDDENS)

5.3 Das sozialisationstheoretische Konzept des produktiv realitätsverarbeitenden Subjekts (HURRELMANN)

In der sozialisationstheoretischen Konzeption des „produktiv realitätsverarbeitenden Subjekts" von HURRELMANN (1986; 2002; HURRELMANN/MÜRMANN/ WISSINGER 1986) ist die Entwicklung zu einem gesellschaftlich handlungsfähigen Subjekt dann gegeben, wenn die Interdependenz zwischen innerer und äußerer Realität produktiv verarbeitet wird (s. Abb. 29). Diesem sozialisationstheoretischen Ansatz liegt ein handlungstheoretisches Modell zugrunde, welches besonders den reziproken Prozess zwischen endogenen und exogenen Impulsen bzw. bio-psychischen und gesellschaftlich-natürlichen Faktoren eines aktiv selbstreflektierenden Subjekts herausstellt. Die Beziehung zwischen Umwelt und Individuum wird dabei als eine komplexe Wechselwirkung gesehen (vgl. MEAD 1934/1973).

Abbildung 29: Das Verhältnis von innerer und äußerer Realität (HURRELMANN 2002, 27)

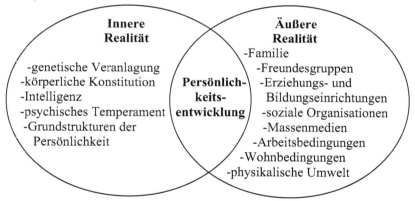

Eine gelingende Sozialisation, im Sinne einer wünschenswerten Persönlichkeitsentwicklung nach gesellschaftlichen Kriterien vollzieht sich in der produktiven Auseinandersetzung mit der sozialen und dinglich-materiellen Umwelt einerseits und den biogenetischen und biophysischen Potenzialen, biochemischen Prozessen sowie psychischen Dispositionen andererseits.

Sozialisation bezeichnet den Prozess der Konstituierung der Persönlichkeit und bezieht sich auf die parallel ablaufenden und miteinander verwobenen Prozesse der *Individuation* und gesellschaftlichen *Integration*. „Mit *Persönlichkeit* wird das einem Menschen spezifische organisierte Gefüge von Merkmalen, Eigenschaften, Einstellungen, Fertigkeiten und Handlungskompetenzen bezeichnet, das sich auf der Grundlage der biologischen und psychischen Ausstattung als Ergebnis der Bewältigung von Lebensaufgaben jeweils lebensgeschichtlich ergibt. Als *Persönlichkeitsentwicklung* läßt sich die sequenzhafte und langfristige Veränderung wesentlicher Elemente dieses Gefüges im historischen Zeitverlauf und im Verlauf des Lebens bezeichnen" (HURRELMANN 1991, 98).

Der Prozess der sozialen Integration bezieht sich auf die Anpassung des Individuums an die gesellschaftlichen Werte und Normen sowie an vorherrschende Verhaltensstandards und Konventionen. Die Perspektive der Integration zielt auf eine relative Stabilität sozialer Systeme ab. Im Prozess der Individuation findet der Aufbau einer individuellen Persönlichkeitsstruktur mit unverwechselbaren und komplexen kognitiven, motivationalen, sprachlichen, moralischen und sozialen Merkmalen und Kompetenzen statt. Mit der personalen Identität ist das subjektive Erleben als einzigartige, einmalige Persönlichkeit verbunden (vgl. HURRELMANN 1994, 72ff).

Die Person-Umwelt-Beziehung ist als eine sich permanent gegenseitig beeinflussende zu verstehen. Dabei befindet sich die Umwelt in ständiger Veränderung und wirkt auf die Aktivität von Personen ein. Diese wiederum wirkt auf die Umwelt ein. Es lässt sich also von einer Interdependenz in perpetuum ausgehen. Das Individuum beschäftigt sich mit der Umwelt suchend und sondierend sowie konstruktiv eingreifend und gestaltend, nimmt Umweltbedingungen auf und bringt sie mit den vorhandenen Vorstellungen und Möglichkeiten in Einklang und ist zugleich um eine ständige Abstimmung zwischen den Umweltanforderungen und den eigenen Bedürfnissen, Interessen und Fähigkeiten bemüht. Die Persönlichkeitsentwicklung ist also zum einen biogenetisch, denn Körper und Bewegung können nicht beliebig beherrscht werden, und zum anderen sozial, da Körper und Bewegung durch kulturelle Regelungen auch soziale Gebilde sind, definiert (vgl. HURRELMANN 1988).

Einführungsliteratur (zum Weiterlesen)

Hurrelmann, K. (2002): Einführung in die Sozialisationstheorie. Weinheim: Beltz.
Hurrelmann, K./Ulich, D. (1998) (Hrsg.): Neues Handbuch der Sozialisationsforschung. Weinheim: Beltz.
Tillmann, K.J. (1993): Sozialisationstheorien. Eine Einführung in den Zusammenhang von Gesellschaft, Institution und Subjektwerdung. Reinbek: Rowohlt.
Zimmermann, P. (2003): Grundwissen Sozialisation. Opladen: Leske + Budrich.

Literatur

Durkheim, E. (1907/1972): Erziehung und Soziologie. Düsseldorf: Schwann (französisches Original 1907).
Durkheim, E. (1973): Erziehung, Moral, Gesellschaft. Neuwied: Luchterhand.
Fend, H. (1969): Sozialisation und Erziehung. Weinheim: Beltz.
Geulen, D. (1977): Das vergesellschaftete Subjekt. Zur Grundlegung der Sozialisationstheorie. Frankfurt: Suhrkamp.
Geulen, D. (1991): Die historische Entwicklung sozialisationstheoretischer Ansätze. In: Hurrelmann, K./Ulich, D. (Hrsg.): Neues Handbuch der Sozialisationsforschung. Weinheim: Beltz, 21-54.
Gudjons, H. (2003): Pädagogisches Grundwissen. Bad Heilbrunn: Klinkhardt.
Helsper, W. (1998): Sozialisation. In: Krüger, H.-H./Helsper, W. (Hrsg.): Einführung in Grundbegriffe und Grundfragen der Erziehungswissenschaft. Opladen: Leske + Budrich, 71-79.
Herskovits, M.H. (1964): Man and his works. The science of cultural anthropology. New York: Knopf.
Hurrelmann, K. (1986): Einführung in die Sozialisationstheorie. Weinheim: Beltz.
Hurrelmann, K. (1988): Sozialisation und Gesundheit. Somatische, psychische und soziale Risikofaktoren im Lebenslauf. Weinheim: Juventa.
Hurrelmann, K. (1991): Bio-psycho-soziale Entwicklung. Versuche, die Sozialisationstheorie wirklich interdisziplinär zu machen. In: Zeitschrift für Sozialisationsforschung und Erziehungssoziologie, 11, 98-103.
Hurrelmann, K. (1994): Lebensphase Jugend. Eine Einführung in die sozialwissenschaftliche Jugendforschung. Weinheim: Juventa.
Hurrelmann, K. (2002): Einführung in die Sozialisationstheorie. Weinheim: Beltz.
Hurrelmann, K./Mürmann, M./Wissinger, J. (1986): Persönlichkeitsentwicklung als produktive Realitätsverarbeitung. In: Zeitschrift für Sozialisationsforschung und Erziehungssoziologie, 6, 91-109.
Hurrelmann, K./Ulich, D. (1991): Gegenstands- und Methodenfragen der Sozialisationsforschung. In: Hurrelmann, K./Ulich, D. (Hrsg.): Neues Handbuch der Sozialisationsforschung. Weinheim: Beltz, 3-20.
Loch, W. (1968): Enkulturation als anthropologischer Grundbegriff der Pädagogik. In: Bildung und Erziehung, 161ff.
Mead (1934/1973): Geist, Identität und Gesellschaft. Frankfurt: Suhrkamp.
Tenorth, H.-E. (1992): Geschichte der Erziehung. Weinheim: Juventa.
Tillmann, K.J. (1993): Sozialisationstheorien. Eine Einführung in den Zusammenhang von Gesellschaft, Institution und Subjektwerdung. Reinbek: Rowohlt.
Weber, E. (1977): Pädagogik. Eine Einführung. Grundfragen und Grundbegriffe. Donauwörth: Auer.
Weber, E. (1999): Grundfragen und Grundbegriffe: Band I, Teil 3. Pädagogische Grundvorgänge und Zielvorstellungen – Erziehung und Gesellschaft/Politik. Donauwörth: Auer.
Wurzbacher, G. (1963): Der Mensch als soziales und personales Wesen. Stuttgart: Enke.
Zimmermann, P. (2003): Grundwissen Sozialisation. Opladen: Leske + Budrich.

6 Lernen (Mathetik)

6.1 Begriff

In der Geschichte des abendländischen Denkens prägten sich relativ früh zwei (konkurrierende) Auffassungen von Lernen aus. Für PLATON bedeutet Lernen *Wiedererinnerung*, und zwar der Ideen, die die Seele immer schon in sich trägt und die anlässlich konkreter Sinneseindrücke reaktiviert werden. Hingegen ist für ARISTOTELES die Seele eine *tabula rasa* (leere Tafel), auf die Sinneseindrücke eingetragen werden; Lernen bedeutet hier die Aufnahme und Speicherung von Sinnesdaten. Die Spannbreite des Lernbegriffs wird im Folgenden illustriert:

Lernen bedeutet grob bestimmt „die relativ dauerhafte Änderung von Verhalten aufgrund von Erfahrungen, d.h. von Interaktionen eines Organismus mit seiner Umwelt" (SKOWRONEK 2001, 212). *Lernen* bezieht sich nach der **klassischen Definition** von BOWER/HILGARD (1983, 31) auf „die Veränderung im Verhalten oder im Verhaltenspotential eines Organismus in einer bestimmten Situation, die auf wiederholte Erfahrungen des Organismus in dieser Situation zurückgeht...". Es sind damit nicht angeborene Reaktionstendenzen gemeint. Lernen setzt Erfahrung mit Umwelt voraus. In Abgrenzung zu Reifung und primär organisch bedingten Prozessen (z.B. Körperwachstum) meint Lernen den Erwerb nicht angeborener Wertorientierungen und Verhaltensmöglichkeiten. *Lernen* ist ein Anpassungsprozess an eine sich ständig verändernde Umwelt. So gesehen können auch Tiere lernen. Aber durch das menschliche Lernen können auch Probleme auf der Symbolebene gelöst werden.

Lernen kann als ein „*relativ dauerhafter Erwerb einer neuen oder die Veränderung einer schon vorhandenen Fähigkeit, Fertigkeit oder Einstellung* umschrieben werden. Leistungszuwachs oder -veränderung werden dabei nicht als Folge eines natürlichen Reife- oder Wachstumsprozesses angenommen, sondern als Ergebnis einer Auseinandersetzung des Lernenden mit Gegenständen seiner Umwelt" (KAISER/KAISER 2001, 102).

„Mit Lernen meint man [...] eine relativ andauernde Veränderung im menschlichen Verhalten, von dem aus auf entsprechende dispositionelle Veränderungen geschlossen werden kann, wobei diese Veränderungen nicht primär organisch, sondern durch Umwelteinflüsse ausgelöst werden, also durch Erfahrungen zustande kommen" (WEBER 1977, 46) bzw. von produktiven Interaktionen des Subjekts mit der Welt.

Lernen bedeutet die Änderungen menschlichen Verhaltens und zugrunde liegender Dispositionen durch die Verarbeitung von Erfahrungen. Die beim Lernen zustande kommenden *Veränderungen* der Verhaltensdispositionen können als Neuerwerbungen, Abwandlungen und Festigungen erfolgen. Erlernt werden allerdings nicht nur instrumentelle Kenntnisse und Fertigkeiten (z.B. in der Schule oder im Beruf), sondern auch ideelle Einstellungen und normative Überzeugungen (vgl. WEBER 1977, 46f). Das eigentliche Lernen ist dabei nicht direkt beobachtbar, sondern wird aus der dauerhaften Veränderung des Verhaltens aufgrund von Erfahrungen gefolgert (vgl. GUDJONS 2003, 214).

6.2 Theorien des Lernens

Vereinfachend lassen sich drei lerntheoretische Positionen unterscheiden: Behaviorismus, Kognitivismus und Konstruktivismus (s. Abb. 30).

Abbildung 30: Vereinfachende Darstellung der Lernparadigmen in Anlehnung an BAUMGARTNER/PAYR (1994, 110)

	Behaviorismus	**Kognitivismus**	**Konstruktivismus**
Paradigma	Stimulus-Response, *Modelllernen	Problemlösung	Konstruktion
Hirn ist ein...	passiver Behälter. *aktiver Behälter.	Informationsverarbeitendes „Gerät" (Computermodell).	informationell geschlossenes System.
Wissen wird...	abgelagert.	verarbeitet.	konstruiert.
Wissen ist...	eine Input-Outputrelation.	ein interner Verarbeitungsprozess.	mit einer Situation operieren können.
Autoren	PAWLOW, SKINNER, THORNDIKE, *BANDURA	BOWER/HILGARD Klassiker: GAGNÉ, AUSUBEL, BRUNER	MATURANA/ VARELA

* Modelllernen als weiterentwickeltes behavioristisches Modell

Behaviorismus

Der behavioristische Ansatz geht davon aus, dass sich Verhalten durch äußere Hinweisreize und Verstärkungen steuern lässt. Die Behavioristen nahmen an, dass Menschen und Tiere den gleichen Lerngesetzlichkeiten gehorchen. In Tierexperimenten haben sie diese Auffassung zu belegen versucht und folgerten von der Lernfähigkeit beispielsweise der Amöbe oder Ratte auf den Menschen und sein Lernen. Dieser lerntheoretische Zugang konzentriert sich auf tatsächlich beobachtbares Verhalten.

Auf einen bestimmten Reiz (Stimulus) folgt eine bestimmte Verhaltensreaktion (Response), die wiederum auf positive oder negative Verstärkungen aus der Umwelt treffen kann und sich so gegebenenfalls als Verhaltensreaktion etabliert. Bei der *klassischen Konditionierung* (PAWLOW 1972) wird beim Signallernen der Reiz noch unabhängig von der Reaktion präsentiert (s. Abb. 31), während beim *operanten Lernen* (SKINNER 1973) ein bestimmter Reiz nur auf ein bestimmtes Verhalten hin dargeboten wird (s. Abb. 32).

Abbildung 31: Schema des Konditionierens (Hunde-Experiment von PAWLOW)

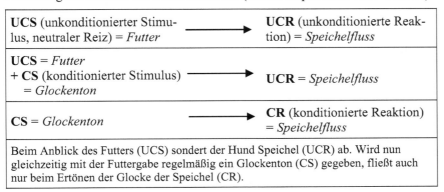

Abbildung 32: Operantes Konditionieren (SKINNER)

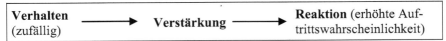

Bei SKINNER wird also ein bestimmter Reiz erst dann präsentiert, wenn der Organismus eine bestimmte Reaktion zeigt. Damit stellt das operante Lernen eine wesentliche Erweiterung der Reiz-Reaktion-Verbindung dar, weil bei

PAWLOWS Hund der konditionierte Stimulus (Glockenton) unabhängig von einer Reaktion erschien. SKINNER zeigte, dass durch systematische Variation von Verstärkern Stimulus-Reaktions-Verbindungen aufgebaut und gelöscht werden können. S-R-Verbindungen lassen sich zu Ketten aneinander reihen und letztendlich habitualisieren.

BANDURA (1979) verbindet schließlich bei seiner sozial-kognitiven Theorie des *Lernens am Modell* bzw. *Beobachtungslernens* Elemente der S-R-Theorie mit Elementen der kognitiven Theorie und entschärft damit die „Black-Box-Kritik" (mit Black-Box ist gemeint, dass innere – kognitive – Prozesse unerklärt bleiben). Nach BANDURA beobachtet der Mensch seine Umwelt, interpretiert seine Eindrücke, generiert Handlungsentwürfe und wertet ihre Wirkungen aus. Zwischen der Anregung des Verhaltens durch ein Modell und der Ausführung des Verhaltens durch den Beobachter liegen erhebliche kognitive Verarbeitungsprozesse (s. Abb. 33).

Abbildung 33: Phasen des kognitiven Verarbeitungsprozesses (Lernphasen)

Aufmerksamkeitszuwendung	Behaltphase	Reproduktionsphase	Verstärkungs- und Motivationsphase
auf das im Modell gesehene Verhalten	Gedächtnisprozesse, Speicherung des Verhaltensschemas	(motorische) Einübung des Verhaltens	Effekte des Verhaltens werden ausgewertet und entschieden, ob Verhalten wiederholt wird

Ob das Verhalten letztlich habitualisiert wird, hängt weitgehend von kognitiven Vorgängen ab, aber auch von der antizipierten äußeren Verstärkung des Beobachtenden, von der stellvertretenden Verstärkung des Modells und von der Selbstregulation. Lernen ist also nicht nur Imitieren, sondern eine umfassende „Person-Situation-Interaktion". Äußere Verstärkung ist dabei eine förderliche, aber keine notwendige Bedingung des Modell-Lernens.

Kognitivismus

In der *kognitivistischen Lerntheorie*, welche die Wurzeln in der Gestaltpsychologie hat und auf die Klassiker BRUNER (1966) zum „Erwerb von Problemlösefähigkeiten (Lernen als Problemlösen) und intuitives Denken", GAGNÉ (1969) zum „Regellernen" und AUSUBEL (1974) zum „sinnvollen rezeptiven Lernen" zurückgeht, wird der Lernende als ein Individuum begriffen, das äußere Reize aktiv und selbstständig verarbeitet und deshalb nicht durch äußere Stimuli steuerbar ist (*kognitive Wende*). Im Gegensatz zu den Behavioristen gehen die Kognitivisten davon aus, dass Lernen auf kognitiven Strukturen basiert. Es wird angenommen, dass der Lernende Eindrücke auf der Basis seines Erfahrungs- und Entwicklungsstandes in selektiver Weise wahrnimmt, interpretiert und verarbeitet. Der Entwicklungs- und Erfahrungsstand zeigt sich in der Menge aller Wahrnehmungs-, Verstehens- und Verarbeitungsmuster oder -schemata, welche die kognitive Struktur ausmachen.

In Analogie zum Computer wird *Lernen als Informationsverarbeitung* begriffen. Grundlage dafür sind sowohl mathematische Lerntheorien als auch Theorien zum Sprachlernen oder zur Computersimulation intelligenten Verhaltens. Bei diesen Vergleichen muss grundlegend bedacht werden, dass das Gehirn der Produzent ist, während der Computer nur ein Produkt ist. Insofern kann nicht einfach vom Produkt auf den Produzenten zurückgeschlossen werden.

Abbildung 34: Informationsverarbeitung nach dem Computermodell (BOWER/ HILGARD 1984, 234)

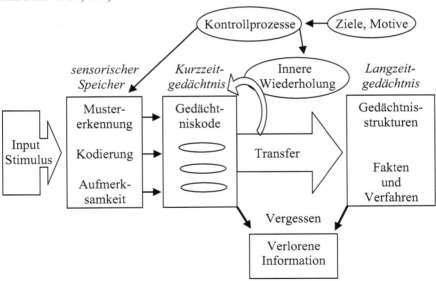

Nach dem Modell des „*information processing*" (vgl. BOWER/HILGARD 1984) bewirken Reize/Stimuli nicht direkt Verhalten, sondern werden in einem komplizierten Prozess verarbeitet, umgestaltet und verändert (s. Abb. 34). Ein in das Wahrnehmungssystem eingegebener Input (Stimulus) wird als Muster erkannt (analysiert und identifiziert) und wenn Kontrollprozesse Aufmerksamkeit zuweisen, kodiert. Dies alles geschieht im sensorischen Speicher. Nur ein kleiner Teil des Wahrgenommenen wird in das Kurzzeitgedächtnis bzw. den Arbeitsspeicher durch selektive Wahrnehmung aufgenommen und bewahrt. Wird eine Information als dauerhaft behaltenswert erachtet, wird sie in das Langzeitgedächtnis transformiert. Andernfalls wird sie vergessen. Bei diesem Transfer kommt es erneut zur Kodierung. Es erfolgt eine Verknüpfung und Integration in die bestehenden, hierarchisch oder topisch strukturierten Gedächtnisstrukturen, d.h. in die dort vernetzten Fakten (Wissen über Sachverhalte) und Verfahren (Wissen, wie man etwas macht).

Konstruktivismus

Aus der Perspektive des Konstruktivismus werden die Möglichkeiten, Lernprozesse durch Lehrmedien zu steuern, noch geringer eingeschätzt als aus der Perspektive des Kognitivismus. Der aktiven Verarbeitung von Umwelteindrücken wird hier eine noch größere Bedeutung beigemessen. Der Lernende konstruiert auf der Basis seiner subjektiven Erfahrungsstrukturen Wirklichkeit individuell (vgl. MATURANA/VARELA 1987). Obwohl der Konstruktivismus aus dem Kognitivismus hervorgegangen ist, lehnt er den darin enthaltenen Objektivismus ab. Wissen ist für den Konstruktivismus kein Abbild der externen Realität, sondern eine Funktion von Erkenntnisprozessen.

Als wissenschaftliches und epistemologisches Paradigma entstammt der Konstruktionsbegriff dem mittlerweile so genannten Radikalen Konstruktivismus. Dieser umfasst eine interdisziplinäre, epistemologisch-philosophische, experimentell-klinische wie biologische Diskursgemeinschaft (vgl. SCHMIDT 1987). Der Radikale Konstruktivismus bezieht sich auf zwei Grundkategorien okzidentalen Denkens, nämlich der Wahrheit und Wirklichkeit (vgl. GLASERSFELD 1990; 1997). Der Radikale Konstruktivismus verabschiedet sich hierbei von einem Wirklichkeitsbegriff, welcher davon ausgeht, dass es eine objektive, ontologische, selbstevidente Realität gebe, die wissenschaftlich entdeckt werden könne. „Der radikale Konstruktivismus beruht auf der Annahme, daß alles Wissen, wie immer man es auch definieren mag, nur in den Köpfen von Menschen existiert und daß das denkende Subjekt sein Wissen nur auf der Grundlage eigener Erfahrung konstruieren kann" (GLASERSFELD 1990, 18).

Einführungsliteratur (zum Weiterlesen)

Edelmann, W. (2000): Lernpsychologie. Weinheim: Beltz.

Literatur

Ausubel, D.P. (1974): Psychologie des Unterrichts. Weinheim: Beltz.
Bandura, A. (1979): Sozial-kognitive Lerntheorie. Stuttgart: Klett-Cotta.
Baumgartner, P./Payr, S. (1994): Lernen mit interaktiven Medien. Innsbruck/Wien: Studienverlag.
Bower, G.H./Hilgard, E.R. (1983): Theorien des Lernens. Band 2. Stuttgart. Klett-Cotta.
Bruner, J.S. (1966): Toward a Theory of Instruction. New York: Norton.
Gagné, R.M. (1969): Die Bedingungen des Lernens. Hannover: Schroedel.
Glasersfeld, E. v. (1997): Radikaler Konstruktivismus. Ideen, Ergebnisse, Probleme. Frankfurt: Suhrkamp.
Gudjons, H. (2003): Pädagogisches Grundwissen. Bad Heilbrunn: Klinkhardt.
Kaiser, A./Kaiser, R. (2001): Studienbuch Pädagogik. Grund- und Prüfungswissen. Berlin: Cornelsen.
Maturana, H.R./Varela, F.J. (1987): Der Baum der Erkenntnis. Bern: Scherz.
Pawlow, J.P. (1972): Die bedingten Reflexe. München: Kindler.
Schmidt, S.J. (1987): Der Diskurs des Radikalen Konstruktivismus. Frankfurt: Suhrkamp.
Skinner, B.F. (1973): Wissenschaft und menschliches Verhalten. München: Kindler.
Skowronek, H. (2001): Lernen und Lerntheorien. In: Roth, L. (Hrsg.): Pädagogik. Handbuch für Studium und Praxis. München: Oldenbourg, 212-224.
Thorndike, E.L. (1913): Educational Psychology: The Psychology of Learning. New York: Teachers College Press.
Weber, E. (1977): Pädagogik. Eine Einführung. Donauwörth: Auer.

7 Didaktik

7.1 Begriff

Der Begriff *Didaktik* leitet sich vom griechischen „*didaskein*" ab und bedeutet lehren bzw. unterrichten, aber auch lernen und belehrt werden. In der deutschen Pädagogik gewann der Begriff im 17. Jahrhundert bei COMENIUS (vgl. Kap. B 1) und RATKE Bedeutung. Sie bezeichneten sich selbst als „Didactici", betitelten ihre Schriften entsprechend (z.B. „didactica magna" von COMENIUS) und verstanden Didaktik als Lehrkunst.

Bis heute gibt es keinen allgemein verbindlichen oder einheitlich verwendeten Begriff von Didaktik. Im weitesten Sinne versteht man allerdings unter Didaktik die Theorie des organisierten Lehrens und Lernens in allen möglichen Situationen und Zusammenhängen. Im engeren Sinne ist die Theorie des (schulischen) Unterrichts oder die „Theorie der Bildungsinhalte und des Lehrplans" (WENIGER) gemeint. In Abgrenzung zu den Fachdidaktiken bzw. den speziellen Didaktiken befasst sich die *Allgemeine Didaktik* „mit allgemeinen Prinzipien, den Strukturmomenten und der Institutionalisierungsproblematik organisierten Lehrens und Lernens; sie ist mithin eingeschränkt auf die gesellschaftlich aufgeworfenen, entfalteten und aufrechterhaltenen Normen, Regeln und Formen des Lehrens und Lernens" (LENZEN 1989, 307).

Abbildung 35: Der Didaktikbegriff (KAMMERL 2001)

V. HENTIG (1969)	KLAFKI (1971)	FLECHSIG/HALLER (1975)
Didaktik als...	Didaktik als...	Didaktik/D. Handeln als...
• Wissenschaft über relevante Größen im Unterricht • Entwurf einer konkreten praxisanleitenden Bildungstheorie • Offenes System (offen für „Veränderungen, die sich selber noch hervorbringen")	• Wissenschaft vom Lehren und Lernen in allen Formen auf allen Stufen • Theorie des Unterrichts • Theorie der Bildungsinhalte und des Lehrplans • Theorie optimalen Lehrens und Lernens	• Organisation von Lernprozessen • Gestaltung der institutionellen, ökonomischen, personellen und konzeptionellen Rahmenbedingungen • Gestaltung von Lehrplan-, Schul- und Unterrichtskonzepten • Gestaltung von Lehr-/Lernsituationen

Wie Abbildung 35 zeigt, ist Didaktik eng mit Bildungsinhalten und Unterricht verflochten. „Didaktik ist also die nach bestimmten Prinzipien durchgeführte und auf allgemeine Intentionen bezogene Transformation von Inhalten zu Unterrichtsgegenständen" (KAISER/KAISER 2001, 217). Im Zusammenhang mit Didaktik taucht auch häufig der Begriff der Methodik auf. *Methodik* ist die auf die bestimmte Lerngruppe ausgerichtete Aufarbeitung der transformierten Inhalte. Zur Methodik gehören weiterhin auch die Überlegungen, wie das Arbeitsmaterial gestaltet ist, welche Arbeitsweisen gewählt werden, wie die Ergebnisse gesichert werden und woran der Transfer geübt wird (vgl. ebd.).

Das Verhältnis zwischen Didaktik und Methodik veranschaulicht Abbildung 36. Im ersten Schritt wird der Lerninhalt in seine Aspekte nach bestimmten didaktischen Prinzipien und Intentionen in Unterrichtsgegenstände transformiert. Darauf folgt der zweite Schritt, die adressatenbezogene Aufbereitung der didaktischen Inhalte für die Lerngruppe.

Abbildung 36: Didaktischer und methodischer Transformationsprozess (KAISER/KAISER 2001, 218)

7.2 Didaktische Prinzipien

Die didaktische Transformation von (Unterrichts)Inhalten bedarf gewisser didaktischer Prinzipien. Da die Transformationsaufgabe sehr mannigfaltig ist und viele Aspekte umfasst, gibt es auch eine Vielzahl solcher Prinzipien. Um allerdings einer relativen Uferlosigkeit und Wahllosigkeit entgegenzuwirken, sollen im Folgenden als wichtig begründete Prinzipien behandelt werden.

Als Grundsätze der didaktischen Transformation benennen KAISER/KAISER (2001, 220ff) folgende fünf:

- **Prinzip der *Situationsbezogenheit*:** Lernen sollte auf Situationen im weitesten Sinne bezogen und beziehbar sein. Mit diesem Prinzip wird der Tatsache Rechnung getragen, dass Lernen letztlich zur Bewältigung von Situationen befähigen soll. Inhalte müssen allerdings nicht, da auch nicht immer möglich, situationsbezogen realitätsgerecht im Unterricht oder in Form von Simulationen oder modellhaften Situationen dargeboten werden. Situationsbezogenheit im Unterreicht heißt vielmehr, die „*Konstitutionsleistung* *von Sinn und Sprache zur Wahrnehmung, Interpretation und zum Bestreben von Situationen herauszuarbeiten"* (KAISER/KAISER 2001, 223).

- **Prinzip der *Handlungsorientierung***: Situationen werden handelnd bewältigt, wobei der Begriff des Handelns nicht nur explizit bewusste Vollzüge, sondern auch routinierte Formen umfasst. Das Prinzip nennt sich aber Handlungsorientierung, da Lernen nicht unmittelbar auf Handeln abzielt, sondern Hilfestellung und Orientierung für späteres Handeln und Handlungsentscheidungen (nach der Schulzeit) gibt.

- **Prinzip der *Wissenschaftsorientierung***: Zum Verständnis und zur Bewältigung von Situationen sowie zu der dafür erforderlichen Handlungsfähigkeit ist Wissen, vor allem aus der Wissenschaft, unverzichtbar. Da Wissen die Grundlage für Urteil und Einsicht und damit ein Fundament für die Planung und Durchführung von Handlungen ist, sind Lernprozesse an Inhalten und Verfahren der Wissenschaft auszurichten. Wissenschaftsorientierung heißt im Einzelnen Hinführung und Einführung in die Wissenschaft selber (Wissenschaftspropädeutik), Inhalte auf dem Kenntnisstand der Wissenschaft zu vermitteln (Wahrheitskriterium), wissenschaftliches Vorgehen, Argumentieren und Methodik zu lernen, sowie Möglichkeiten und Grenzen von Wissenschaft zu reflektieren.

- **Prinzip des *Exemplarischen***: Nicht alles Wissen, nicht alle Sachverhalte und nicht alle Situationen können im Unterricht vermittelt werden, deshalb sind Beispiele auszuwählen. Da man schon alleine aus zeitökonomischen Gründen nicht alle Situationen und nicht jegliches erforderliche Wissen im Unterricht vermitteln kann, bedarf es einer Beschränkung. Die Notwendigkeit dieser Beschränkung auf Singularitäten zeichnet das exemplarische Prinzip aus. Das Exemplarische hat einerseits das Prinzip der *quantitativen Reduktion* und andererseits das Prinzip *qualitativer Verdichtung*, indem am konkreten Beispiel auch allgemeine Einsichten aus den betreffenden Sachverhalt erarbeitet werden (vom Besonderen zum Allgemeinen – „induktives Lernen").

- **Prinzip der *Struktur***: Die zu vermittelnden Sachverhalte, das relevante Wissen und die Situationsbezogenheit müssen so aufbereitet werden, dass sie für den Lernenden gegliedert, geordnet und strukturiert sind. Eine Frage des Strukturierungsprinzips ist, warum das gewählte Beispiel denn nun auch wirklich exemplarisch ist. Anliegen des Strukturierens ist eine geordnete (hierarchische) Verbindung von Einzelteilen zu einem sinnvollen Ganzen. Hieraus entsteht eine Strukturpyramide. Innerhalb des Prinzips des Strukturierens können *inhaltliche Strukturen* (substantive structures) und *methodische Strukturen* (syntactical structures) differenziert werden, wobei erst beide zusammen den Gegenstand erschließen.

7.3 Didaktische Modelle

Didaktische Modelle sind erziehungswissenschaftliche Theorien zur Analyse und Gestaltung didaktischen Handelns in schulischen und außerschulischen Lehr- und Lernkontexten. Sie haben den Anspruch, theoretisch umfassend und die Praxis anleitend die Voraussetzungen, Möglichkeiten und Grenzen des Lehrens und Lernens aufzuklären. Die didaktischen Modelle leiten sich in der Regel von einer bestimmten wissenschaftstheoretischen Position ab (vgl. Teil C) ab (vgl. JANK/MEYER 1994, 92).

Beschränkte sich die didaktische Modellbildung in den 1960er-Jahren noch auf drei Ansätze (bildungstheoretische, lerntheoretische und informationstheoretische Didaktik), existiert mittlerweile eine große Vielfalt an didaktischen Modellen. KRON (1996, 336) benennt in seinem Überblick 13 didaktische Richtungen und Ansätze (vgl. Abb. 37).

Abbildung 37: Didaktische Modelle im Überblick (vgl. KRON 1996, 336)

1.	Bildungstheoretische Didaktik (KLAFKI; KRAMP)
2.	Kritisch-konstruktive Didaktik (KLAFKI)
3.	Unterrichts-, Lehr- und Lerntheoretische Didaktik – „Berliner Modell" (HEIMANN/OTTO/SCHULZ)
4.	Lehrtheoretische Didaktik – „Hamburger Modell" (SCHULZ), Curriculare Didaktik (MÖLLER)
5.	Realistische Didaktik (BECKMANN/BILLER)
6.	Kommunikative (emanzipatorische) Didaktik (SCHÄFER/SCHALLER)
7.	Kritisch-kommunikative Didaktik (WINKEL)
8.	Strukturale Didaktik (LENZEN)
9.	Kybernetisch-informationstheoretische Didaktik (V. CUBE)
10.	Systemtheoretische Didaktik (KÖNIG/RIEDEL)
11.	Interaktionstheoretische Didaktik (BIERMANN; RUMPF)
12.	Beziehungstheoretische Didaktik (BOSCH/BUSCHMANN/FISCHER)
13.	Aktivitäts- und Erfahrungsdidaktik (SCHRÖTER)

Im Folgenden wird auf vier richtungsweisende didaktische Modelle eingegangen:

Von der bildungstheoretischen Didaktik zur kritisch-konstruktiven Didaktik

Um eine **bildungstheoretische Didaktik** haben sich zu Beginn der 1960er-Jahre vor allem die Arbeiten von WOLFGANG KLAFKI und WOLFGANG KRAMP verdient gemacht. Beide hatten nach dem Krieg bei ERICH WENIGER in Göttingen studiert und promoviert (daher auch die Bezeichnung „Göttinger Schule" für die bildungstheoretische Didaktik). Die Zentralkategorie des didaktischen Modells ist der Begriff der Bildung. Bildung zielt auf ein geschichtlich vermitteltes Bewusstsein von zentralen Problemen der Menschheit, auf Einsicht in die Mitverantwortung aller und die Bereitschaft, an der Bewältigung teilzunehmen. Die Bildungstheoretische Didaktik ist der geisteswissenschaftlichen Pädagogik zuzuordnen und hat somit nach HABERMAS ein praktisches Erkenntnisinteresse. Sie nutzt hermeneutische Verfahren und hat die **These vom Primat der Inhalte**. Im Mittelpunkt des didaktischen Modells von KLAFKI (1958) steht die *„didaktische Analyse"* des Bildungsinhalts der Unterrichtsstunde. Mit *Analyse* ist die didaktische Interpretation und Strukturierung im Hinblick auf die Unterrichtsplanung gemeint.

Die *didaktische Analyse* gliedert sich in fünf Grundfragen (KLAFKI 1958):
I. *Gegenwartsbedeutung:* Welche Bedeutung hat der betreffende Inhalt bereits im geistigen Lernen der Kinder meiner Klasse, welche Bedeutung sollte er – vom pädagogischen Gesichtspunkt aus gesehen – darin haben?
II. *Zukunftsbedeutung:* Worin liegt die Bedeutung des Themas für die Zukunft der Kinder?
III. *Sachstruktur:* Welches ist die Struktur des (durch die Fragen I und II in die spezifisch pädagogische Sicht gerückten) Inhalts?
IV. *Exemplarische Bedeutung:* Welchen allgemeinen Sachverhalt, welches allgemeine Problem erschließt der betreffende Inhalt?
V. *Zugänglichkeit:* Welches sind die besonderen Fälle, Phänomene, Situationen, Versuche, in oder an denen die Struktur des jeweiligen Inhaltes den Kindern dieser Bildungsstufe, dieser Klasse interessant, fragwürdig, zugänglich, begreiflich, „anschaulich" werden kann?

Durch Einflüsse der lerntheoretischen und kommunikativen Didaktik, der curricularen Bewegung sowie den Versuch, die Kritik der „Frankfurter Schule" konstruktiv aufzunehmen, folgte durch KLAFKI (1980) die Weiterentwicklung zur **kritisch-konstruktiven Didaktik**. Hierbei handelt es sich um eine Mischtheorie mit geisteswissenschaftlich praktischer Grundstruktur und kritischer Tendenz.

„Kritisch" bedeutet die Befähigung von Schülerinnen und Schülern zu wachsender Selbstbestimmung, Mitbestimmung und Solidarität (einschließlich des Abbaus hindernder Bedingungen). „Konstruktiv" weist auf den Praxisbezug des Konzeptes, auf sein Handlungs-, Gestaltungs- und Veränderungsinteresse. Bildung wird in den Kontext von Emanzipation gestellt. Der Bildungsvorgang, also das Zusammenwirken von Lehren und Lernen wird als Interaktionsprozess verstanden, in dem sich Lernende mit Unterstützung von Lehrenden zunehmend selbstständiger Erkenntnisse und Fähigkeiten zur Auseinandersetzung mit ihrer historisch-gesellschaftlichen Wirklichkeit aneignen. Es besteht die **These vom Primat der Zielsetzung**.

KLAFKI (1985, 215) entwickelte die „didaktische Analyse" als ein *„(vorläufiges) Perspektivenschema zur Unterrichtsplanung"*. Hierbei werden die fünf Grundlagen der „didaktischen Analyse" beibehalten, jedoch in einen umfassenderen Planungszusammenhang eingebunden. Neu aufgenommen wurde das Thema „Erweisbarkeit und Überprüfbarkeit"; und zwar mit der ausdrücklichen Anmerkung, dass Schüler-Leistungskontrollen nur eine, gesondert zu rechtfertigende Form der Überprüfung darstellen.

Vom „Berliner Modell" zum „Hamburger Modell" – die lehrtheoretische Didaktik

Die lern- bzw. lehrtheoretische Didaktik hat von dem ursprünglichen bekannten „Berliner Modell" (HEIMANN/OTTO/SCHULZ 1965) bis zum „Hamburger Modell" einen deutlichen Entwicklungsprozess hinter sich, woran der von Berlin nach Hamburg berufende Schulpädagoge WOLFGANG SCHULZ maßgeblichen Anteil hatte. „Vater" der lerntheoretischen Didaktik ist PAUL HEIMANN.

Im Mittelpunkt des *„Berliner Modells"* steht die *Strukturanalyse des Unterrichts,* die ein verhältnismäßig einfach strukturiertes Raster von Begriffen und Begriffs-Relationen zur Beobachtung und Planung von Unterricht ist. Hierbei werden die
vier Entscheidungsfelder *Intention, Inhalt, Methode und Medium*
als formal konstant bleibende Struktur von Unterricht sowie die
zwei Bedingungsfelder *soziostrukturelle und anthropologisch-psychologische Rahmenbedingungen,*
die den Unterricht beeinflussen und von diesem z.T. auch selbst verändert werden, unterschieden. Die Strukturanalyse dient der Ermittlung aller den Unterricht bedingenden Faktoren und Benennung der zu fällenden Entscheidung, ohne dass diese bereits vorgegeben sind. Als die eine Hälfte der Didaktik benennt HEIMANN die Strukturanalyse als Theorie des Unterrichts. Sie bleibt ohne

Wert, wenn sie nicht durch die andere Hälfte der Faktorenanalyse ergänzt wird. Die *Faktorenanalyse* als zweite Reflexionsebene beschreibt Einflussfaktoren, welche diese Entscheidungen bedingen und dient der Entscheidungsvorbereitung. Sie setzt sich aus der Normenkritik, Faktenbeurteilung und Formenanalyse zusammen.

In Weiterentwicklung des Berliner Modells entstand seit den späten 1960er-Jahren durch WOLFGANG SCHULZ das *„Hamburger Modell"*, was PETERßEN (1992, 140) als „Wende von einem technologischen zu einem emanzipatorisch relevanten Modell" beschreibt. Die *Handlungsmomente didaktischen Planens* werden von SCHULZ (1981, 82) auf drei Ebenen beschrieben. Im Mittelpunkt des didaktischen Modells steht eine Systematik von vier Strukturmomenten (hier werden die sechs Entscheidungs- und Bedingungsfelder der Strukturanalyse aufgenommen) des didaktischen Handelns. Diese vier didaktischen Felder sind durch folgende Fragen charakterisiert:

- Was soll gelernt/gelehrt werden? (Unterrichtsziele)
- Wer lernt hier etwas, mit wem als Lehrer? (Ausgangslage der Lernenden und Lehrenden)
- Auf welche Weise wird das, was für Menschen mit dieser Ausgangslage als Ziel ermittelt wurde, am besten erreicht? (Vermittlungsvariablen wie Methoden, Medien, schulorganisatorischen Hilfen)
- Wie kann ich feststellen, ob der Unterricht erfolgreich war? (Erfolgskontrolle: Selbstkontrolle der Schüler und Lehrer)

Diese vier Momente stehen alle in einer Wechselbeziehung zueinander. Nun gilt es weiterhin (nächste Ebene), die *institutionellen Bedingungen* – wie beispielsweise curriculare Vorgaben der Lehrpläne, der Zusammensetzung der Lerngruppe oder die räumlichen und materiellen Ausstattungsfaktoren – zu beachten, die den Lehr- und Lernprozess bestimmen. Schließlich sind (auf der letzten Ebene) die *gesellschaftlichen Rahmenbedingungen*, wie etwa die Produktions- und Herrschaftsverhältnisse zu berücksichtigen.

Die kybernetisch-informationstheoretische Didaktik

Als Konsequenz auf den kritischen Rationalismus (POPPER; ALBERT) und ein logisch-empirisches Wissenschaftsverständnis stellt CUBE (1999, 54) fest, „dass die Setzung von Erziehungszielen (oder Lehrzielen) außerhalb wissenschaftlicher Aussagemöglichkeiten liegt: Lehrziele sind (subjektive) Forderungen". Die kybernetische Didaktik (CUBE 1980) wendet *unter der Voraussetzung gegebener Ziele* kybernetische Begriffe und Methoden auf die Unterrichtsplanung in Ausbildungsprozessen an.

Der Ausbildungsvorgang wird als ein Regelkreis aufgefasst (kybernetisches Modell - vgl. GUDJONS/TESKE/WINKEL 1999, 49). Ausgangspunkt hierbei ist das Lehrziel, der so genannte *Soll-Wert*.
(1) Als „Regler" fungiert der Ausbilder/Lehrer, der eine bestimmte Lehrstrategie zur Erreichung des Lehrziels verfolgt.
(2) „*Stellglieder*" sind personale oder technische Medien, die eine adäquate Codierung von Nachrichten aufweisen müssen.
(3) Die „*Regelgröße*" ist der Adressat, auf den Störgrößen (innere und äußere Einflüsse) einwirken können. Seine Reaktionen werden mit
(4) „*Messfühlern*" zur Lernkontrolle gemessen und als *Ist-Wert* schließlich mit dem Soll-Wert verglichen.

Das Originäre des kybernetischen Modells ist, dass Lehr- und Lernprozesse nicht als geradlinig verlaufend angesehen werden, sondern dass diese mit Hilfe einer Steuerung durch Rückkopplung verlaufen. Die Verwendung kybernetischer Modelle und Methoden in der Didaktik kann erheblich zur Präzisierung und Optimierung von Lehrstrategien beitragen, allerdings klammert die Reduktion von Didaktik auf die Methodik den Diskurs um Zielsetzungen aus (vgl. GUDJONS 2003).

Die kritisch-kommunikative Didaktik

Im Mittelpunkt der kritisch-kommunikativen Didaktik (WINKEL 1980) steht die Beziehungsstruktur im Unterricht. „Kritisch" meint, dass dieses Modell die vorhandene Wirklichkeit permanent zu verbessern sucht. „Kommunikativ" bezieht sich auf die Axiome der Kommunikationstheorie sowie potenziellen Störungen, die im Mittelpunkt stehen (vgl. WINKEL 1999, 79ff). Die systematische Analyse des Unterrichts fokussiert neben Inhalts- und Vermittlungsaspekten vor allem die *Beziehungsstrukturen* sowie die in bisherigen didaktischen Modellen zu wenig beachteten *Störfaktoren* im Unterricht.

Wichtig sind dabei *Störungsarten* (z.B. Disziplinstörungen, Provokationen, Lernverweigerung, neurotisch bedingte Störungen), *Störungsfestlegungen* (z.B. vom Lehrenden, vom Lernenden, vom Lehr- und Lernprozess her), *Störungsrichtungen* (z.B. Schüler – Schüler, Schüler – Lehrer), *Störungsfolgen* (z.B. Stockungen, Unterbrechungen, psychisch soziale Verletzungen) und *Störungsursachen* (z.B. im schulischen Kontext, im gesellschaftlichen oder psychosozialen, herkunftsfamiliären Bereich).

Dementsprechend wird in der Unterrichtsplanung ein besonderes Gewicht darauf gelegt, dass Themen nicht nur sachgerecht, sondern vor allem interaktionsadäquat vermittelt werden, d.h. es soll auf symmetrische Kommunikation geachtet und denkbare Störungen sollen bereits in der Planung berücksichtigt werden.

7.4 Unterrichtskonzepte

Unterrichtskonzepte liefern eine griffige Orientierung unterrichtspraktischen Handelns. Sie haben deshalb häufig einen methodischen Akzent. Unterrichtskonzepte sind also *didaktisch-methodische Handlungsorientierungen*, in denen ein begründeter Zusammenhang von Ziel-, Inhalts- und Methodenentscheidungen hergestellt wird. Probleme didaktischer Theoriebildung oder eine wissenschaftstheoretische Fundierung treten in den Hintergrund oder verschwinden völlig. Deshalb sind auch Unterrichtskonzepte im Unterschied zu allgemeindidaktischen Modellen von vornherein *normativ* und *präskriptiv* gemeint. Anstatt von Unterrichtskonzepten sprechen manche Autoren auch von Unterrichtskonzeptionen, Unterrichtsmodellen oder Methodenkonzepten (vgl. JANK/MEYER 1994, 290f.).

Ein Überblick über Unterrichtskonzepte gibt Abbildung 38, wobei sich ein Teil der Konzepte direkt oder indirekt auf die Tradition der Reformpädagogik vom Anfang des letzten Jahrhunderts beziehen, ein Teil in der Tradition der bildungstheoretischen Didaktik steht und sich ein weiterer Teil auf ein empirisch-analytisches Wissenschaftsverständnis stützt (vgl. JANK/MEYER 1994, 293ff; GUDJONS 2003, 249ff).

Abbildung 38: Synopsis von Unterrichtskonzepten

Reformpädagogische Tradition	
Erfahrungsbezogener Unterricht	versucht gegen die Entfremdung schulischen Lernens, die Aufarbeitung der von den SchülerInnen gemachten Erfahrungen in den Mittelpunkt des Unterrichts zu stellen (SCHELLER 1981).
Handlungsorientierter Unterricht	will den SchülerInnen einen handelnden Umgang mit den Lerngegenständen ermöglichen, bei dem materielle oder soziale Tätigkeiten den Ausgangspunkt des Lernprozesses bilden. Ziel ist die Trennung von Schule und Leben etwas aufzuheben (GUDJONS 2001).
Offener Unterricht	knüpft u.a. an offene Curricula, den Prinzip der Öffnung von Schule und Unterricht an. Möchte anregende Lernumwelt mit Werkstattcharakter, frei und flexible Lernorganisation, selbstständige Lernmethoden, freies und projektorientiertes Arbeit etc. (HEID 1996).
Praktisches Lernen	ist ein Konzept um ANDREAS FLITNER (in Tübingen) zur stärkeren Verknüpfung von Kopf- und Handarbeit (FAUSER/FINTELMANN/FLITNER 1991).
Projektunterricht	Versuch der Selbstorganisation/-planung von Lehr-/Lernprozessen durch handelnd-lernende Bearbeitung konkreter Vorhaben/Aufgabenstellungen mit Praxisbezug (FREY 1982; HÄNSEL/MÜLLER 1988).
Problemlösender Unterricht	im Mittelpunkt stehen nicht-routinemäßig zu lösende Aufgaben/Probleme (FUHRMANN 1987).
Schüleraktiver Unterricht	Betonung der Aktivitäten der Lernenden (WENZEL 1987).
Epochenunterricht	die Zersplitterung des Unterrichtsvormittages wird aufgehoben, indem für einige Wochen täglich 2-3 Stunden ein Fach bzw. Thema kontinuierlich unterrichtet wird (aus Waldorfpädagogik) (KAMM 2000).
Jenaplan	altersgemischte Stammgruppen statt Jahrgangsklassen. Gruppenarbeit, Berichte statt Zeugnisse, Betonung von Selbstständigkeit (PETERSENS).

Bildungstheoretische Tradition	
Kommunikativer Unterricht	versucht neuere Kommunikations- und Interaktionstheorien aufzuarbeiten und stellt die Beziehungsstruktur des Unterrichts in den Mittelpunkt (ROSENBUSCH 1986; WINKEL 1980).
Exemplarisches Lehren und Lernen	im Vordergrund stand vor allem die Suche nach geeigneten Bildungsinhalten (GERNER 1963).
Genetisches Lernen	versucht den historischen Entstehungszusammenhang der Unterrichtsinhalte mit dem entdeckenden Lernen der Lernenden zu verknüpfen (WAGENSCHEIN 1976).
Lehrkunstdidaktik	ist der Versuch von klassischen „Lehrstücken" ausgehend, den Studierenden und Lehrern zum schöpferischen Neuerfinden klassischer Lehrfiguren zu führen (BERG 1990).
Mehrperspektivischer Unterricht	will die SchülerInnen befähigen, die Unterrichtsthemen aus verschiedenen, auch widersprüchlichen Perspektiven aufzuarbeiten (HILLER 1973).
Empirisch-analytische Tradition	
Lernzielorientierter Unterricht	versucht durch die präzise Ausformulierung der Ziele die Lehrpläne von obsoleten Inhalten zu befreien. Dieser wird durch die Überbetonung der Unterrichtsplanung und Lernzielanalyse (vgl. Kap. 7.5) inzwischen scharf kritisiert (MÖLLER 1973).
Programmierter Unterricht	es findet Einzelarbeit mit Hilfe technischer Medien auf der theoretischen Grundlage des Behaviorismus, der Kybernetik und der Informatik statt (CUBE 1986).

7.5 Lern-(Lehr)ziele (Lernzielanalyse)

Lernziele sind Aussagen über beabsichtigte Lernergebnisse, die in einem geplanten Lernprozess (z.B. Unterricht) angestrebt werden. ROBERT MAGER sowie CHRISTINE MÖLLER fordern allerdings, nur solche Lernziele als erreicht anzuerkennen, die sich auf eine beobachtbare Verhaltensänderung des Lernenden beziehen. Die Zielsetzungen intendieren eine dauerhafte Veränderung der inneren

Dispositionen des Lernenden. An dem Begriff Lernziel ist problematisch, dass er ein Ziel des Lernenden suggeriert, das er aber überhaupt nicht haben muss. Viel mehr handelt es sich um eine Absicht des Lehrenden für den Lernenden. Insofern sei es besser, von einem „Lehrziel" zu sprechen (vgl. BREZINKA 1974, 131; TRÖGER 1986, 190).

Lernzielarten: Lernzielformulierungen befinden sich auf unterschiedlichen Abstraktionsniveaus. MÖLLER (1973, 49ff) unterscheidet nach dem Grad der Abstraktion Fein-, Grob- und Richtziele (s. Abb. 39).

Abbildung 39: Lernzielarten im Überblick (vgl. MÖLLER 1973, 51)

Lernzielart	Merkmale	Anwendung
Feinziel (Abstraktionsniveau 1)	höchster Grad an Eindeutigkeit und Präzision, schließt alle Alternativen aus	Feinplanung
Grobziel (Abstraktionsniveau 2)	mittlerer Grad an Eindeutigkeit und Präzision, schließt viele Alternativen aus	Grobplanung
Richtziel (Abstraktionsniveau 3)	geringster Grad an Eindeutigkeit und Präzision, schließt nur sehr wenige Alternativen aus	Erarbeitung weltanschaulicher Grundlagen für die Lernzielerstellung

Techniken der Lernzielanalyse

Im Folgenden werden die Techniken zur Lernzielanalyse (Lernzieloperationalisierung, Lernzieldimensionierung und Lernzielhierarchisierung) vorgestellt. Diese Techniken wurden in den 1950er-Jahren in den USA auf der methodologischen Grundlage entwickelt und in den 1960er-Jahren in der Bundesrepublik rezipiert.

Lernzieloperationalisierung: Ob Lernziele auch tatsächlich Verhaltensänderungen bei den Lernenden bewirken, muss überprüft bzw. gemessen werden. Operationalisierung meint dabei ein Messverfahren (genauer Messoperation), mit welchem überprüft wird, ob die im Lernziel formulierte Verhaltensänderung bzw. neue Verhaltensdisposition beim Lernenden vorfindbar ist oder nicht. „Anders formuliert: Es werden »Indikatoren« festgelegt, die als Indiz für das Erreichen der gewünschten Verhaltensdisposition genommen werden" (JANK/ MEYER 1994, 303).

Nach MAGER (1965) gilt ein Lernziel dann als ausreichend operationalisiert, wenn die folgenden drei Bedingungen erfüllt sind:
1. Es müssen *beobachtbare Verhaltensweisen* der Lernenden beschrieben werden, die diese nach Ablauf des Unterrichts beherrschen sollen.
2. Es müssen die *Bedingungen* genannt werden, unter denen das Verhalten der Lernenden kontrolliert werden soll.
3. Es muss ein *Bewertungsmaßstab* angegeben werden, nach dem entschieden werden kann, ob und in welchem Ausmaß die Lernenden das Ziel erreicht haben.

Lernzieldimensionierung: Hierbei geht es darum, Lernziele nach formalen Kriterien bestimmten Bereichen bzw. Dimensionen zuzuordnen. Das gebräuchlichste Dimensionierungsraster wurde von BLOOM und KRATHWOHL (vgl. BLOOM 1972; KRATHWOHL/BLOOM/MASIA 1975) entwickelt. Sie unterscheiden drei Lernzieldimensionen:
1. *Kognitive Lernziele* (Wahrnehmen, Denken, Problemlösen)
2. *Affektive Lernziele* (Einstellungen, Haltungen)
3. *Psychomotorische Lernziele* (Steuerung von Körperbewegungen)

BLOOM und Mitarbeiter gehen in ihrem Modell davon aus, dass alle denkmöglichen Lernziele einer der drei Dimensionen zugeordnet werden können. Weiterhin ergänzte ROYL (1974) das Raster um die Dimension
- *Soziale Lernziele* (soziale Entwicklung).

Lernzielhierarchisierung: Erst nachdem die Lernziele operationalisiert und nach Dimensionen geordnet sind, können diese hierarchisiert werden. Damit ist das Ordnen der Lernziele nach ihrem Schwierigkeitsgrad gemeint. Die bekannteste Lernzieltaxonomie ist jene von BLOOM und Mitarbeitern (vgl. BLOOM 1972). Der Begriff *Lernzieltaxonomie* bedeutet, dass Lernziele nach bestimmten Kriterien klassifiziert werden (Taxonomie = gesetzmäßige Ordnung).

Die zunächst für den kognitiven Bereich vorgelegte Taxonomie von BLOOM (1972, 217ff) ist ein formales Analyseinstrument, mit dem beliebige Lernziele auf einer Skala von Komplexitäts-/Schwierigkeitsgraden eingeordnet werden können. Sie besteht aus sechs Stufen, beginnend mit *Kenntnisse* (Stufe 1, geringste Komplexität) über *Verständnis, Anwendung, Analyse* und *Synthese* bis zur *Beurteilung* (Stufe 6, höchste Komplexität).

Einführungsliteratur (zum Weiterlesen)

Jank, W./Meyer, H. (1994): Didaktische Modelle. Frankfurt: Cornelsen.
Meyer, H. (2004): Was ist guter Unterricht? Berlin: Cornelsen.

Literatur

Berg, H.C. (Hrsg.) (1990): „Lehrkunst". Themenheft der Neuen Sammlung, 30, 1, 5-156.
Bloom, B.S. (Hrsg.) (1972): Taxonomie von Lernzielen im kognitiven Bereich. Weinheim: Beltz.
Brezinka, W. (1974): Grundbegriffe der Erziehungswissenschaft. München: Reinhardt.
Cube, F.v. (1980): Die kybernetisch-informationstheoretische Didaktik. In: Westermann Pädagogische Beiträge, 32, 120-124.
Cube, F.v. (1986): Die kybernetisch-informationstheoretische Didaktik. In: Gudjons, H./Teske, R./Winkel, R. (Hrsg.): Didaktische Theorien. Hamburg: Bergmann + Helbig, 47-60.
Cube, F.v. (1999): [Abschlussdiskussion] In: Gudjons, H./Teske, R./Winkel, R. (Hrsg.): Didaktische Theorien. Hamburg: Bergmann + Helbig, 113-131.
Fauser, P./Fintelmann, K./Flitner, A. (1991) (Hrsg.): Lernen mit Kopf und Hand. Weinheim: Beltz.
Flechsig, K.-H./Haller, H.-D. (1975): Einführung in didaktisches Handeln. Stuttgart. Klett.
Frey, K. (1982): Die Projektmethode. Weinheim: Beltz.
Fuhrmann, E. (1987): Problemlösen im Unterricht. Berlin: Volk und Wissen.
Gerner, B. (Hrsg.) (1963): Das Exemplarische Prinzip. Beiträge zur Didaktik der Gegenwart. Darmstadt: Wissenschaftliche Buchgesellschaft.
Gudjons, H. (2001): Handlungsorientiert lehren und lernen. Bad Heilbrunn: Klinkhardt.
Gudjons, H. (2003): Pädagogisches Grundwissen. Bad Heilbrunn: Klinkhardt.
Gudjons, H./Teske, R./Winkel, R. (Hrsg.) (1999): Didaktische Theorien. Hamburg: Bergmann + Helbig.
Hänsel, D./Müller, H. (1988): Das Projektbuch Sekundarstufe. Weinheim: Beltz.
Heid, H. (1996): Was ist offen im Offenen Unterricht? In: Die Institutionalisierung von Lehren und Lernen. 34. Beiheft der Zeitschrift für Pädagogik. Weinheim: Beltz, 159-172.
Heimann, P./Otto, G./Schulz, W. (1965): Unterricht – Analyse und Planung. Hannover: Schroedel.
Hentig, H.v. (1969): Was heißt Didaktik? In: Hentig, H.v. (Hrsg.): Spielraum und Ernstfall. Stuttgart: Klett, 251ff.
Hiller, G.G. (1973): Konstruktive Didaktik. Düsseldorf: Schwann.

Jank, W./Meyer, H. (1994): Didaktische Modelle. Frankfurt: Cornelsen.
Kaiser, A./Kaiser, R. (2001): Studienbuch Pädagogik. Grund- und Prüfungswissen. Berlin: Cornelsen.
Kamm, H. (2000): Epochenunterricht. Bad Heilbrunn: Klinkhardt.
Kammerl, R. (2001): Allgemeine Pädagogik. Donauwörth: Auer.
Klafki, W. (1958): Didaktische Analyse als Kern der Unterrichtsvorbereitung. In: Die Deutsche Schule, 50, 10, 450-471.
Klafki, W. (1971): Der Begriff der Didaktik und der Satz vom Primat der Didaktik (im engeren Sinne) im Verhältnis zur Methodik. In: Klafki, W. et al. (Hrsg.): Funk-Kolleg. Erziehungswissenschaft 2. Frankfurt: Fischer, 55ff.
Klafki, W. (1980): Zur Unterrichtsplanung im Sinne kritisch-konstruktiver Didaktik. In: Adl-Amini, B./Künzli, R. (Hrsg.): Didaktische Modelle und Unterrichtsplanung. München: Juventa, 11ff.
Klafki, W. (1985): Neue Studien zur Bildungstheorie und Didaktik. Weinheim: Beltz.
Krathwohl, D.R./Bloom, B.S./Masia (1975): Taxonomie von Lernzielen im affektiven Bereich. Weinheim: Beltz.
Kron, F.W. (1996): Grundwissen Pädagogik. München: Reinhardt.
Lenzen, D. (1989): Didaktik, allgemeine. In: Lenzen, D. (Hrsg.): Pädagogische Grundbegriffe. Band 1. Reinbek: Rowohlt.
Mager, R.F. (1965): Lernziele und programmierter Unterricht. Weinheim: Beltz.
Möller, C. (1973): Technik der Lehrplanung. Methoden und Probleme der Lernzielerstellung. Weinheim: Beltz.
Peterßen, W.H. (1992): Lehrbuch der Allgemeinen Didaktik. München: Ehrenwirth.
Rosenbusch, H.S. (1986): Die Beobachtung nonverbaler Kommunikation als Beitrag zur Kommunikationshygiene im Unterricht. In: Rosenbusch, H.S./Schober, O. (Hrsg.): Körpersprache in der schulischen Erziehung. Baltmannsweiler: Schneider, 49-72.
Royl, W. (1974): Die Verwendung der Lernzieltaxonomie im Itembank-System. In: Uprax, 7, 358f.
Scheller, J. (1981): Erfahrungsbezogener Unterricht. Königstein: Scriptor.
Schulz, W. (1981): Unterrichtsplanung. München: Urban & Schwarzenberg.
Tröger, W. (1986): Erziehungsziele. In: Hierdeis, H. (Hrsg.): Taschenbuch der Pädagogik, Teil 1. Hohengehren: Schneider, 189ff.
Wagenschein, M. (1976): Verstehen lehren. Weinheim: Beltz.
Wenzel, H. (1987): Unterricht und Schüleraktivität. Weinheim: Beltz.
Winkel, R. (1980): Die kritisch-kommunikative Didaktik. In: Westermanns Pädagogische Beiträge, 32, 5, 200-204.
Winkel, R. (1999): Die kritisch-kommunikative Didaktik. In: Gudjons, H./Teske, R./Winkel, R. (1999) (Hrsg.): Didaktische Theorien. Hamburg: Bergmann + Helbig, 93-112.

B   Klassiker

Die Geschichte kann nicht vollständig die Gegenwart erklären. Aber die Geschichte leistet einen wichtigen Beitrag, um die gegenwärtige Situation erschließen zu können, und deshalb ist es für das Studium der Pädagogik unverzichtbar, sich mit ihrer Geschichte zu beschäftigen.

Dies kann auf ganz unterschiedliche Weise erfolgen. Man kann sich an wichtigen Veröffentlichungen orientieren wie z.b. an Lockes „some thoughts concerning education" (1693) oder Rousseaus „Emile" (1762). Man kann bestimmte pädagogische Ideen oder Konzepte verfolgen, die „realen" Erziehungsformen in der Vergangenheit in den Blick nehmen – oder man kann, neben weiteren Optionen, sich an Personen orientieren. Diese letzte Möglichkeit besitzt den Vorteil, dass es scheinbar klare Bezugspunkte gibt: die so genannten „Klassiker der Pädagogik" (vgl. Dollinger 2006; Scheuerl 1979; Tenorth 2003). Bei genauerem Hinsehen ist es allerdings nicht ganz unproblematisch zu bestimmen, wer ein solcher Klassiker ist und wer nicht. Es gibt zwar einen gewissen Kanon über wichtige Pädagogen der Geschichte, aber gleichzeitig auch Spielraum, wer dazu gezählt wird und wer nicht. Gerade dieser Spielraum zeigt, dass Geschichte nicht aus sich selbst spricht, sondern immer auch von der Gegenwart aus geschrieben wird. Klassiker werden selektiert. Da es hier um eine Einführung geht, ist eine personalisierte Orientierung gleichwohl besonders geeignet. Im späteren Abschnitt wird dann auf pädagogische Strömungen eingegangen, die im Verbund mit den Klassikern von historischer Bedeutung sind.

Zunächst aber zu den Klassikern. Ausgewählt wurden Personen, die relativ unstrittig als wichtige Persönlichkeiten der Pädagogik gelten können. Die einzige Ausnahme bildet Ellen Key, die mit Montessori – eine gewissermaßen „klassische" Klassikerin der Pädagogik – angeführt wird, um eine als wichtig geltende Strömung der Reformpädagogik zu Beginn des 20. Jahrhunderts etwas breiter ausführen zu können, als dies sonst möglich wäre. Dabei darf nicht übersehen werden, dass die Bedeutung Keys zu ihrer Zeit wichtig war, ihr Einfluss für die heutige Pädagogik aber eher gering einzuschätzen ist, deutlicher geringer z.B. als der Montessoris.

Um eine zeitgeschichtliche Orientierung zu geben, wird der Darstellung der Klassiker ein „Zeitstrahl" vorangestellt (s. Abb. 40). Er nennt einige zentrale Ereignisse der Geschichte, damit die Personen zumindest grob eingeordnet werden können. Daneben verweist er darauf, dass die Klassiker nie für sich verstanden werden können. Sie lebten in einer bestimmten Zeit und Kultur, vor deren Hintergrund sie gelesen werden müssen. Ihrem Kontext entnahmen sie die sie interessierenden Problemstellungen und formulierten und realisierten ihre Werke. Selbst wenn wichtige ihrer Antworten zeitbedingt waren und für die heutige Zeit nicht mehr anwendbar sind, so warfen sie doch zentrale Fragen auf, die nach wie vor Anregungspotential besitzen.

Abbildung 40: Zeitgeschichte und Klassiker der Pädagogik

Zeitgeschichtliche Ereignisse	Klassiker der Pädagogik
1618 - 1648: 30-jähriger Krieg	**J.A. Comenius (1592-1670)** 1657: „didactica magna" 1658: „Orbis sensualium pictus"
1688/89: Glorious Revolution *ab ca. 1700: Das „pädagogische Jahrhundert" der Aufklärung*	**J. Locke (1632-1704)** 1689: „An essay concerning human understanding" 1693: „Some thoughts concerning education"
1701 - 1713/14: Spanischer Erbfolgekrieg	**J.J. Rousseau (1712-1778)** 1762: „Emile" 1762: „Contrat social"
1784: Kant: Beantwortung der Frage: Was ist Aufklärung? 1789: Französische Revolution 1799: Staatsstreich Napoleons *ab ca. 1800: „Deutsche Klassik"*	**J.H. Pestalozzi (1746-1827)** 1780: „Die Abendstunde eines Einsiedlers" 1799: „Über den Aufenthalt in Stans" **W.v. Humboldt (1767-1831)** 1792: „Ideen zu einem Versuch, die Gränzen der Wirksamkeit des Staats zu bestimmen" 1809: „Der Königsberger und der Litauische Schulplan"

1806: Niederlage Preußens gegen Frankreich; Preußische (Bildungs-)Reformen	**F. Schleiermacher (1768-1834)** 1826: Vorlesungen über Pädagogik
1813: Leipziger Völkerschlacht 1819: Karlsbader Beschlüsse, Restauration	**J.F. Herbart (1776-1841)** 1806: „Allgemeine Pädagogik aus dem Zweck der Erziehung abgeleitet" 1835: „Umriss pädagogischer Vorlesungen"
1848: Märzrevolution in Berlin 1871: Reichsgründung 1878: Sozialistengesetz	**M. Montessori (1870-1952)** 1910: „Antropologia pedagogica" 1936: „Kinder sind anders"
1881: Kaiserliche Botschaft zur Sozialpolitik (Sozialversicherungen) *ab ca. 1900:* *„Reformpädagogik"* 1914 - 1918: Erster Weltkrieg 1933: Machtergreifung der Nationalsozialisten 1939 - 1945: Zweiter Weltkrieg	**H. Nohl (1879-1960)** 1933-35: „Die pädagogische Bewegung in Deutschland und ihre Theorie" (1970): „Die Deutsche Bewegung"

Anmerkung: Die in diesem Abschnitt zitierte Literatur findet sich, unabhängig von den Literaturempfehlungen zum jeweiligen Klassiker, am Ende des Abschnitts zusammengefasst.

1 Johann Amos Comenius (1592-1670)

1.1 Kurzbiographie

1592 wird JAN AMOS KOMENSKÝ in Südmähren geboren. Er verliert früh die Eltern und wächst im Geist der Böhmischen Brüder auf, einer im 15. Jahrhundert aus den Hussiten hervorgegangenen Glaubensgemeinschaft, die eine Lebensreform im Sinne des Urchristentums verfolgt. COMENIUS blieb sein Leben lang durch sie geprägt.

Nach dem Besuch einer Lateinschule in Prerau studiert COMENIUS Philosophie und Theologie in Herborn und Heidelberg. Nach dem Studienabschluss in Heidelberg im Jahre 1614 übernimmt er die Leitung seiner ehemaligen Schule, ab 1616 arbeitet er als Pfarrer der Brüdergemeinde. Entscheidend wird für ihn der Ausbruch des Dreißigjährigen Krieges 1618. Nach Polen ins Exil nach Lissa mit der Gemeinde ausgewandert, leistet er dort Vorarbeiten zu seiner dann 1657 erscheinenden „didactica magna"; 1631 erscheint das Schulbuch „janua linguarum reserata". 1632 wird er zum Bischof der Brüdergemeinde und zum Leiter ihres Schulwesens. Während ihm eine Rückkehr in die Heimat verwehrt bleibt, bereist er Europa und kommt in Kontakt zu führenden Intellektuellen und Staatsmännern. 1648 kehrt er nach Lissa zurück. Zwei Jahre später wird er für den Siebenbürger Prinzen Rákószi als Schulreformer tätig; u.a. verfasst er das Schulbuch „orbis sensualium pictus", eine Darstellung der Welt in Bildern und das bekannteste Werk von COMENIUS. Nach Zerwürfnissen muss er 1654 wieder nach Lissa reisen. Die Stadt wird zwei Jahre später verwüstet, COMENIUS verliert sein Hab und Gut, und die Brüdergemeinde wird aufgelöst. COMENIUS büßt nicht nur seine Manuskripte ein, sondern auch die der Gemeinde eigene Druckmöglichkeit. Er flieht nach Holland und stirbt 1670 in Amsterdam. Seine eigene, optimistische Haltung in Pädagogik und Theologie steht in deutlichem Gegensatz zu seinen Lebenserfahrungen.

1.2 Zeitgeschichte

Religiöse Wirren und Auseinandersetzungen der Zeit – allen voran der Dreißigjährige Krieg von 1618 bis 1648 – prägen das Leben von COMENIUS. Selbst der Westfälische Friede bringt für ihn eine Enttäuschung: Es werden zwar die Calvinisten und Lutheraner anerkannt, aber nicht die Lehre der Brüdergemeinde.

Bedeutsam ist daneben die in COMENIUS' Gegenwart, in der Zeit des Barock, auftretende Popularität von Didaktikern. Teilweise überzogen preisen sie ihre Lehrmethoden und nicht zuletzt sich selbst an. Als bekannter und problematischer Vertreter dieser Didaktik wird WOLFGANG RATKE angesehen. Obwohl COMENIUS ebenfalls eine positive Lesart seiner pädagogisch-didaktischen Vorschläge zeigt, ist der allgemein angesehene COMENIUS von ihrer überzogenen Anpreisung weit entfernt.

1.3 Kernaussagen

Die Pädagogik von COMENIUS kann von seiner theologischen Haltung nicht getrennt werden. Das Bild eines ursprünglich guten Menschen, Anfang und Ende der Erziehung in Gott und die Aufgaben der Selbstentwicklung und Gesellschaftsreform verweisen auf den Theologen COMENIUS, der seine Vorstellungen über Erziehung im Einklang mit seiner religiösen Haltung formuliert.

Vor allem die Pflicht des Menschen, sich auf Erden für das Leben nach dem Tod vorzubereiten und am Schöpfungswerk teilzunehmen, erweist sich als Aufforderung zu didaktischen Studien. Die Erziehungsziele, die COMENIUS (1657/1982, 35) der **„didactica magna"** vorgibt, zeigen die theologische Motivation, die sich mit weltlicher Tätigkeit verbindet. Die Ziele verweisen auf Seinsweisen des Menschen, der zuerst im Mutterleib, dann auf der Erde und schließlich im Himmel existiert, wobei es dem Menschen insbesondere aufgegeben ist, sich in der Welt auf die Ewigkeit vorzubereiten. COMENIUS schließt aus den drei Zuständen, der Mensch sei von Gott mit Vernunft ausgestattet, er müsse in der Welt sittlich handlungsfähig sein und religiös leben. Es resultieren drei Erziehungsziele: die *gelehrte Bildung*, die *Sittlichkeit* des Lebens und schließlich die *Religiosität*. Erziehung ist nötig, um sie anzuleiten, und mit Hilfe methodischen Vorgehens kann daran gedacht werden, tatsächlich alle Heranwachsenden zu erreichen. Didaktik ist nötig, um das Werk Gottes voranzubringen, und nach COMENIUS ist sie dazu auch in der Lage. So wird die „didactica magna" mit den Worten vorgestellt, sie sei „die vollständige Kunst, alle Menschen alles zu lehren auf sichere und vorzügliche Art und Weise, in allen Gemeinden, Städten und Dörfern eines jeden christlichen Landes Schulen zu errichten, in denen die gesamte Jugend beiderlei Geschlechts ohne jede Ausnahme rasch, angenehm und gründlich in den Wissenschaften gebildet, zu guten Sitten geführt, mit Frömmigkeit erfüllt und auf diese Weise in den Jugendjahren zu allem, was für dieses und das künftige Leben nötig ist, angeleitet werden kann (…). Erstes und letztes Ziel der Didaktik soll es sein, die Unterrichtsweise aufzuspüren und zu erkunden, bei welcher die Lehrer weniger zu lehren brauchen, die Schüler dennoch mehr lernen; in den Schulen weniger Lärm, Überdruß und unnütze Mühe herrsche, in der Christenheit weniger Finsternis, Verwirrung und Streit, dafür mehr Licht, Ordnung, Friede und Ruhe" (ebd., 9).

Die Passage verdeutlicht zentrale Merkmale von COMENIUS' Haltung: Eine theologische Basis und Orientierung gibt den Weg frei für die Didaktik; sie steht im Kontext der Arbeit am gesellschaftlichen Leben, das grundlegend gebessert werden soll; COMENIUS verfolgt die Hoffnung auf die prinzipielle Erreichbarkeit von Verbesserungen durch die eingesetzte Methode des Lehrens und Lernens; er hatte den Anspruch, tatsächlich Jeden und nicht nur einige adelige oder nur männliche Heranwachsende zu bilden, und dies allseitig und noch dazu schnell, angenehm und tiefgehend; diese optimistische Haltung steht im Gegensatz zu COMENIUS' Gegenwartserfahrung und seinen eigenen Lebenserfahrungen, die von Krieg und Finsternis geprägt sind. Zuweilen ging der Optimismus aus heutiger Sicht sehr weit, etwa in der Erwartung, 100 Schüler könnten durch Frontalunterricht gut erzogen werden. Auch seine Intention: ***Alle (omnes) Alles (omnia) auf umfassende Weise (omnino)*** zu lehren, erscheint aus heutiger Sicht unrealistisch.

Allerdings wird man COMENIUS nicht gerecht, wenn man seinen umfassenden Anspruch nur als eine leere Anpreisung betrachtet. Man muss dies wie auch andere Aussagen COMENIUS' im Kontext sehen: Er dachte pansophisch, d.h. er glaubte an die Darstellbarkeit und Vermittelbarkeit eines Universalwissens. Sein eigenes pansophisches Hauptwerk blieb unvollendet, erst im 20. Jahrhundert wurde aus Handschriften seine langjährige Arbeit hierzu rekonstruiert. Es ging ihm dabei nicht um eine enzyklopädische Wissensansammlung, sondern um eine geordnete Darstellung und Ermöglichung gründlichen Wissens.

Entsprechend steht die geordnete Vermittlung von Wissen auch im Zentrum seiner Didaktik, wobei es ihm im Unterschied zur zeitgenössischen Praxis nicht nur auf die verbale Wissensaneignung ankommt, sondern auch auf den Bezug zu und den Ausgang von Sachen bzw. „Realien" (ebd., 89). Der Zögling soll sich durch eigene Anschauung entwickeln, er wirkt selbsttätig im Bildungsprozess, und gerade hierdurch kann er sich selbst bilden und gründliches Wissen erwerben.

Damit wird deutlich, wie COMENIUS den Menschen sieht: Als lernbegieriges, schaffendes, mit Hilfe seiner Sinne und seines Verstandes sich die Welt aneignendes Wesen. Diese Aktivität des Heranwachsenden, der von sich aus nach Wissen und Sittlichkeit strebt, macht ersichtlich, dass die Didaktik nicht nur eine Frage der Lehre ist, sondern auch eine des Lernens. Ebenso wie der Lehrer optimistisch an seine Aufgabe herangehen soll, wird Lernen als Prozess interpretiert, der kurzweilig ist und die Lernbegierde des Heranwachsenden befriedigt. So greifen Lehre und Lernen ineinander, und der Unterricht muss sich am Individuum und seiner Entwicklung orientieren. Dies beschreibt eine anthropologische und eine entwicklungstheoretische Grundannahme:

Zur Anthropologie: Zwar erkennt COMENIUS einen Ur-Sündenfall des Menschen an, dieser erscheint aber eher als eine vorübergehende Schwächung denn als Anlass für prinzipiellen anthropologischen Skeptizismus oder Pessimismus. Für diese besteht kein Anlass, denn der Mensch sei dazu aufgerufen, in die Weiterentwicklung der Welt einzutreten, und dazu ist Erziehung nötig, was gleichzeitig die Bildungsbedürftigkeit und -fähigkeit des Menschen voraussetzt (ebd., 45ff). Zwar sind nicht alle Menschen gleich begabt, und bei manchen steht die Erziehung vor größerer Herausforderung als bei anderen. Aber es handle sich um tatsächliche Herausforderungen, die in der Erziehung übernommen werden müssen und können, um bei jedem Einzelnen Verbesserungen herbeizuführen. Der als Gottes Ebenbild geschaffene Mensch ist mit einem guten Wesen begabt und kann Gottes Werk fortsetzen. Entsprechend seiner – nicht immer widerspruchsfreien – anschaulichen und analogiehaltigen Sprache greift COMENIUS zu Bildern wie dem des formbaren Wachses, um die große Bildbarkeit des Einzelnen zu illustrieren.

Zur Entwicklung des Individuums: Um dessen Bildungsprozess zu beschreiben, greift COMENIUS zu einem Stufenmodell. Erziehung soll kontinuierlich von der privaten, häuslichen zur öffentlichen übergehen. Dass Schulen an sich notwendig sind, steht für COMENIUS außer Frage. Er geht dabei von vier jeweils sechs Jahre dauernden Stufen aus, wobei auf jeder Stufe eine Ganzheit des vermittelten Inhalts und im Zögling erreicht werden soll. Es gilt nicht, stückchenweise Wissen anzuhäufen, das erst am Ende der Erziehung ein Ganzes ergibt, sondern jede Entwicklungsstufe impliziert die Übermittlung einer Ganzheit, von der aus zu Einzelheiten fortzuschreiten ist. Es muss jeweils den drei Erziehungszielen Genüge getan werden. Daneben sei darauf zu achten, von nahe Liegendem zum Fernen, vom Einfachen zum Schweren überzugehen.

COMENIUS ging davon aus, das gesamte Leben sei ein Bildungsprozess. Besonders geeignet für die Erziehung sei allerdings der junge Mensch, und die Erziehung solle früh beginnen. Hierauf aufbauend unterscheidet er in der „Großen Didaktik" (1657/1982, 185ff) vier Stufen einer prinzipiell für alle Zöglinge einheitlich konzipierten Bildungsorganisation. Sie entsprechen jeweils Stufen der – in der „Pampaedia" in sieben Lebensstufen plus einer Todesstufe differenzierten (vgl. COMENIUS 1960, 223ff) – natürlichen Entwicklung und nehmen dadurch Bezug auf unterschiedliche Fähigkeiten: Die erste Stufe ist die *Mutterschule*, in der die Schärfung der äußeren Sinne im Mittelpunkt steht. Sie dauert von der Geburt bis zum sechsten Lebensjahr. Es folgt die zweite Stufe der *Muttersprachschule*, die das siebte bis zwölfte Lebensjahr umfasst. Im Vordergrund steht die Übung der inneren Sinne, was grundlegende Kompetenzen wie Rechnen, Lesen und Schreiben ebenso betrifft wie basales religiöses, politisches oder geschichtliches Wissen. Eine zeitgenössische Besonderheit liegt in dem Plan, die klassischen Sprachen hier noch fernzuhalten und auch die Lehrbücher in der Muttersprache zu gestalten, um ein tragendes Fundament der Volksbildung zu errichten. In der dritten Stufe, der *Lateinschule*, ändert sich dies. Sie dauert vom 13. bis 19. Lebensjahr und wird von denen besucht, die für eine wissenschaftliche Tätigkeit geeignet sind, also nicht mehr von allen Kindern. Kenntnisse in der Muttersprache sollen auch hier noch vertieft werden, daneben lernen die Heranwachsenden klassische Sprachen und verschiedene Wissenschaften kennen. Der aktuelle Stand von Wissen und Forschung wird auf der *Universität* vermittelt, die COMENIUS als vierte Stufe beschreibt. Sie wird wiederum sechs Jahre lang besucht; mit 24 endet demnach diese Stufenfolge. Der Einzelne studiert in der Universität bestimmte Fächer, er darf dabei aber den pansophischen Gesamtzusammenhang des Wissens und seine Ordnung nicht aus den Augen verlieren.

1.4 Wirkungsgeschichte

Schon zu Lebzeiten erlangte COMENIUS große Bedeutung als Gelehrter, Schulbuchautor, diplomatisch Reisender, als Vertreter der Böhmischen Brüdergemeinde. Obwohl umstritten, war er anerkannt, und seine Leistungen wurden über Europa hinaus nachgefragt. Über lange Sicht wurde er als Didaktiker und vor allem als Schulbuchautor rezipiert. Auch mittelbare Wirkungen sind zu bedenken, die u.a. auf COMENIUS zu beziehen sind, wie die Durchsetzung der Schulpflicht, die Methodisierung des Unterrichts und die – freilich lange umstrittene – Betonung von Realien im Unterricht. Die langfristige Wirkung aber war nicht deckungsgleich mit COMENIUS' Selbstverständnis als Theologe. Erst im 20. Jahrhundert wurde die – wie es seinem Selbstverständnis entsprach – Einbettung der pädagogischen Schriften (erneut) reflektiert und das theologisch fundierte Gesamtsystem seiner Ausführungen stärker berücksichtigt; hieraus selektiv einzelne Vorgaben herauszunehmen, führt bei COMENIUS zu noch stärkeren Verzerrungen, als dies bei anderen pädagogischen Klassikern der Fall ist.

Erziehung geht von Verbalem und von Sachen (res) aus, COMENIUS ist in dieser Hinsicht Realist. Durch Unterricht kann *Allen Alles auf umfassende Art und Weise (omnes omnia omnino)* vermittelt werden. Das einheitliche, in Klassen organisierte Schulsystem umfasst die Mutterschule, die Muttersprachschule, die Lateinschule und die Universität. Der Lehre kommt dabei die Wissens- und Schaffenslust der Heranwachsenden entgegen. Der von sich aus gute Mensch drängt zum Lernen, und Erziehung soll sich an seinen Fähigkeiten ausrichten. Allerdings steht Erziehung nicht für sich; sie verweist auf den Ursprung und das Ziel des Menschen in Gott. Die Erde ist nur ein Durchgangsstadium für den Menschen, der sich durch gelehrte Bildung, Sittlichkeit und Religiosität auf das Leben nach dem Tod vorbereitet, aber zugleich aktiv an der Verbesserung der Gesellschaft teilnimmt.

Wichtige Begriffe:
- Pansophie
- Lernwilligkeit und Lehrmöglichkeit
- Gelehrte Bildung, Sittlichkeit, Religiosität
- Stufen des Unterrichts

Literatur

Die wichtigsten Arbeiten von COMENIUS wurden vielfach aufgelegt und sind gut zugänglich. Zum Studium seien empfohlen:

Wichtige Werke von COMENIUS zur Pädagogik:
- „Didactica magna" (1657)
- „Pampaedia" (nach Handschriften um 1650 ersch. 1948)
- „Orbis sensualium pictus" (1658)

Einführungen zu COMENIUS:
- Hericks, U. et al. (2005): Comenius der Pädagoge. Hohengehren: Schneider.
- Michel, G. (1979): Die Welt als Schule. Ratke, Comenius und die didaktische Bewegung. Hannover: Schroedel.
- Schaller, K. (1967): Die Pädagogik des Johann Amos Comenius und die Anfänge des pädagogischen Realismus im 17. Jahrhundert. Heidelberg: Quelle und Meyer.
- Schaller, K. (2004): Johann Amos Comenius. Ein pädagogisches Portrait. Weinheim: Beltz.

2   John Locke (1632-1704)

2.1 Kurzbiographie

JOHN LOCKE wird 1632 in der Grafschaft Somerset geboren. Er besucht die Londoner Westminster School und studiert im Anschluss in Oxford. 1658 erlangt er den Master of Arts, 1660 wird er Lektor für Griechisch. Sechs Jahre später lernt LOCKE den späteren Earl of Shaftesbury kennen, den er in verschiedener Hinsicht berät, u.a. in medizinischen Fragen. 1675 verlässt LOCKE London in Richtung Frankreich; nach seiner Rückkehr nach London muss er 1683 nach Holland flüchten. Nach der Glorious Revolution von 1688/89 kann LOCKE 1689 nach London zurückkehren; im gleichen Jahr erscheint seine wichtige Schrift „an essay concerning human understanding". Vier Jahre später, 1693, erscheinen „some thoughts concerning education", die auf Briefe zurückgehen, die er an das Ehepaar Clarke schrieb, das seinen Rat für die Erziehung ihrer Kinder nachgefragt hatte. Zuvor war LOCKE in Oxford als Tutor tätig gewesen, er wirkte mit in der Erziehung des Enkels Shaftesburys, und in Frankreich arbeitete er als Hauslehrer und Betreuer des Sohnes einer Adeligen. Darüber hinaus nahm LOCKE zu ökonomischen, politischen, theologischen und philosophischen Fragen Stellung. Vor allem seine philosophische und erkenntnistheoretische, aber auch seine medizinische Haltung beeinflusste seine Ausführungen zu Erziehungsthemen. LOCKE stirbt 1704 in der Grafschaft Essex.

2.2 Zeitgeschichte

LOCKE ist ein früher Vertreter der Aufklärung und er nimmt einige ihrer zentralen Motive vorweg. Die Orientierung der Aufklärungspädagogen an Wissensvermittlung und an gesellschaftlicher Nützlichkeit teilt LOCKE allerdings nicht. Entscheidend ist demgegenüber sein Insistieren auf der Herausbildung eigener Reflexions- und Begründungsstrukturen. Eine nur überlieferte Moral oder Wahrheit kann dem Menschen als Orientierung nicht mehr ausreichen, und überkommene Herrschaftsstrukturen werden zum Problem. Gegen die zeitgenössische Theologie, aber auch gegen philosophische Annahmen wie die der so genannten eingeborenen Ideen wird ein modernes, naturwissenschaftlich und pädagogisch anschlussfähiges Weltbild gezeichnet. Es ist mit einem liberalen Politikverständnis assoziiert, und es überrascht nicht, dass LOCKE zur Zeit der englischen Restauration das Land verlassen muss. Erst mit dem Ende der Stuart-Dynastie 1688 und in dem politischen Klima, das 1689 die Einführung der „Bill of Rights" zulässt, erhält LOCKE die Chance zur Rückkehr.

2.3 Kernaussagen

LOCKE kommt eine maßgebliche Leistung bei der Begründung der modernen Pädagogik zu. Als wichtigstes pädagogisches Werk sind seine 1693 erschienen „Gedanken über Erziehung" anzusehen. Sie bedürfen der Berücksichtigung der erkenntnistheoretischen Haltung, die LOCKE einnimmt und mit der er sich gegen Vorstellungen wie die auf PLATON zurückgehende der „ideae innatae", der eingeborenen Ideen, absetzt. LOCKE wendet sich deutlich gegen die Annahme, es gebe im Menschen per se vorhandene Ideen. Descartes entwickelte diese These weiter zu Ideen, die dem Menschen eingeboren sind, Ideen, die von außen stammen, und solchen Ideen, die vom Menschen selbst hervorgebracht werden. LOCKE hingegen folgt dem sensualistischen Grundsatz: *nihil est in intellectu, quod non ante fuerit in sensu*: Es gibt nichts im Verstand, was nicht zuvor in den Sinnen war. Das bedeutet, dass alles, was der Mensch weiß und reflektiert, durch Erfahrung perzipiert worden sein muss. Der Einzelne nimmt Sinnesreize wahr (sensations) und stellt eigene Überlegungen an (reflections). Aus diesen sensations und reflections setzen sich die menschlichen Erfahrungen zusammen, die sich in der Bildung von Gewohnheiten im Denken und Handeln verfestigen.

Dies räumt der den Menschen umgebenden Umwelt und mithin auch der Erziehung einen hohen Stellenwert ein, was die Hervorbringung von Wissen, moralischen Stellungnahmen und letztlich der gesamten Person bedeutet. Die „miterziehende Welt" – der Begriff stammt von Herbart – und ihre Kontrolle und Nutzbarmachung zu Erziehungszwecken werden zu wichtigen Bereichen der Pädagogik, die nicht mehr davon ausgehen kann, der Mensch sei im Wesentlichen schon bei der Geburt durch Vorgaben geprägt, die ihr nicht zugänglich sind. Zwar geht auch LOCKE von unterschiedlichen individuellen Wesensarten von Kindern aus, und die Erziehung solle sich nach dem richten, was der „natürlichen Anlage und Konstitution" (LOCKE 1693/1980, 60) des Kindes angemessen und förderlich ist. Großes Potential traut LOCKE der Erziehung dennoch zu, und aufgrund seiner erkenntnistheoretischen Haltung ist dies konsequent. So meint er, dass „von zehn Menschen, denen wir begegnen, neun das, was sie sind, gut oder böse, nützlich oder unnütz, durch Erziehung sind. Sie ist es, welche die großen Unterschiede zwischen den Menschen schafft" (ebd., 7). Der Mensch bringt gewisse Anlagen mit, er wird aber vor allem von den Umständen geschaffen, in denen er lebt. Diese und seine früheren Erfahrungen kann er im Laufe des Heranwachsens bewerten und reflektieren. Der Mensch ist nicht determiniert durch zufällige äußere Einwirkungen, sondern Glück oder Unglück „des Menschen sind größtenteils sein eigenes Werk" (ebd.).

Offenkundig spricht dies für Erziehung, geht jedoch zu Lasten theologischer Haltungen, die eine dem Menschen als Menschen innewohnende Seele unterstellen, und LOCKE erfuhr entsprechende Kritik. LOCKE selbst war dennoch nicht ungläubig, im Gegenteil: In seiner Hauptschrift zur Erziehung – „some thoughts concerning education" – verfolgt LOCKE (ebd., 166ff) vier Ziele der Erziehung. Sie richten sich an den *Gentleman*, einen Angehörigen des niederen Adelsstandes. Nachdem der Mediziner LOCKE die körperliche Gesundheit und auf sie gerichtete, abhärtende Erziehung erörtert, stellt er als erstes der vier Ziele die *Tugend* auf. Erst danach folgen *Lebensklugheit, Lebensart* und *Kenntnisse*. Reiner Wissenserwerb steht demnach am Ende. LOCKE denkt dabei primär an die Fähigkeit, das Lernen selbst zu lernen und eine positive Beziehung zum Wissenserwerb aufzubauen, während ihm reine Faktensammlung wenig sinnvoll erscheint. Im Übrigen schätzt LOCKE – wie z.B. auch COMENIUS – Kompetenzerwerb in der Muttersprache, im Sprachbereich wertet er Latein und Französisch als allgemein wichtig, Griechisch hingegen nur für Gelehrte (ebd., 244f). Was die Lebensart betrifft, so geht es LOCKE darum, Kinder an den Umgang mit Anderen zu gewöhnen, sie Freude an ihm haben zu lassen und sie zu gepflegtem sozialem Verkehr zu befähigen. Sie sollen sich gut benehmen und weder zu schüchtern noch unhöflich sein. Unter Lebensklugheit versteht LOCKE (ebd., 172) „die Fähigkeit eines Mannes, seine Geschäfte in dieser Welt geschickt und mit Umsicht zu führen. Sie ist das Ergebnis einer guten natürlichen Veranlagung, der Anstrengung des Geistes und zugleich der Erfahrung und übersteigt damit den Horizont von Kindern". Hierauf bereitet die Erziehung zur Tugend vor, die für LOCKE am wichtigsten ist. Diese moralische Bildung des Einzelnen ist mit der religiösen verbunden, und sie stattet den Menschen mit Selbstachtung und mit der Achtung Anderer aus. Nach LOCKE (ebd., 167) ist dabei für den Heranwachsenden Folgendes primär: „Als Grundlage der Tugend sollte seinem Gemüt ein wahrer Begriff von Gott eingeprägt werden als dem unabhängigen höchsten Wesen, dem Urheber und Schöpfer aller Dinge".

Charakteristisch für LOCKEs nicht nur religiöse, sondern auch politisch-liberale Haltung ist dabei, dass er zwar unter Ablehnung von Aberglauben und Atheismus keine Alternative zum Glauben an Gott zulässt, aber nicht die Verpflichtung der Zugehörigkeit zu einer bestimmten Kirche voraussetzt. Kirchen beruhen für ihn auf freiwilligen Zusammenschlüssen. Dieses Prinzip der freiwilligen Assoziation von mündigen Menschen begründet für LOCKE auch die Legitimität des Staates, der auf einem entsprechenden Vertrag beruht. „Die *Freiheit des Menschen in der Gesellschaft* besteht darin, unter keiner anderen gesetzgebenden Gewalt zu stehen als der, die durch Übereinkunft in dem Gemeinwesen eingesetzt worden ist, noch unter der Herrschaft eines Willens oder der Beschränkung eines Gesetzes zu stehen als lediglich derjenigen, die von der Legislative auf Grund des in sie gesetzten Vertrauens beschlossen werden" (LOCKE

1690/1977, 213f). Freiheit besteht in der Gesellschaft für LOCKE einzig durch Gesetze, die auf vertraglich vernünftigem Übereinkommen beruhen.

LOCKE (ebd., 231ff) widmet sich dabei im politischen Kontext auch der „väterlichen Gewalt" – die eigentlich besser elterliche Gewalt hieße, sie kommt auch der Mutter zu –, die er gegen Absolutheitsansprüche verwahrt. Sie ist nur vorübergehend und leitet sich aus der Pflicht der Eltern ab, die Vernunftfähigkeit der Kinder zu erreichen. Das Kind unterwirft sich dem vernünftigen Willen der Eltern, um sich später selbst der Vernunft unterwerfen zu können. Die Eltern nehmen die dadurch realisierte Freiheit für das Kind stellvertretend wahr und leiten das Kind zum Freiheitsgebrauch an.

Dies verweist auf einen Balanceakt. Eltern sollen auf der einen Seite nur zurückhaltend zu Strafen und Strenge greifen, sonst werden Freiheitsmöglichkeiten unterdrückt. Auf der anderen Seite sollen sie dem Kind beibringen, sich vernunftgemäß zu verhalten, was bedeutet, zufällige oder künstliche Bedürfnisse einzuschränken und nur dem zu folgen, was vernunftmäßig geboten ist. Eltern müssen dazu unterscheiden „zwischen eingebildeten und natürlichen Bedürfnissen" (1693/1980, 123). Die eingebildeten sollen nie befriedigt werden, so dass das Kind früh die wichtigen *Gewohnheiten* erwirbt, seinen echten Bedürfnissen zu folgen. Es soll lernen, seine Emotionen und Antriebe der Vernunft unterzuordnen, und nötig dazu ist zunächst Vertrauen zur elterlichen Autorität und Gehorsam ihr gegenüber. Erziehung solle deswegen aber nicht zu einer ernsten Angelegenheit werden. Strafen sind nur im Notfall anzuwenden, während Kinder ansonsten „mit weitestgehender Nachsicht" zu betrachten sind (ebd., 57). Vor allem solle man ihren Frohsinn und ihre Spielfreudigkeit nicht beschränken, sondern fördern, soweit dies gemäß ihres Alters und der aktuellen Situation angemessen ist. Auch Lernen soll kurzweilig gestaltet sein.

LOCKE denkt allerdings weniger an Unterricht in Schulklassen als an Erziehung durch Hauslehrer. Der Zögling, an den sich seine Erziehungsvorschläge richten, ist, wie gesagt, der Gentleman. Obwohl LOCKEs Erziehungsbegriff an die prinzipielle Gleichheit der Menschen appelliert und in der Erziehung alle Stände berücksichtigt werden sollen (ebd., 5), misst LOCKE diesem Stand große Bedeutung und eine gewisse Führungsfunktion zu. Ihm gilt LOCKEs „Hauptsorge (…). Denn wenn dieser Stand erst einmal durch Erziehung in Ordnung gebracht worden ist, wird er auch die übrigen schnell in Ordnung bringen" (ebd.).

2.4 Wirkungsgeschichte

LOCKEs Ausführungen zur Erziehung und die durch ihn mitbegründete Herausarbeitung der Eigenlogik von Erziehungsprozessen werden nicht selten unterschätzt. Teilweise steht LOCKE im Schatten ROUSSEAUs, wenngleich dessen Ausführungen zur Erziehung gerade durch eine Auseinandersetzung mit den Vorgaben LOCKEs zu erschließen sind. Mitunter werden LOCKEs Erziehungsregeln auch als oberflächlich betrachtet. Zu bedenken ist dabei ihre Verbindung mit seinen politischen und v.a. philosophischen und erkenntnistheoretischen Prinzipien, ohne die sie kaum verstanden werden können. Selbst wenn der Einfluss nicht immer offensichtlich ist, hinterließ LOCKE doch deutliche Spuren in der neuzeitlichen Pädagogik. Viele Vorgaben scheinen heute selbstverständlich.

LOCKE orientiert seine Erziehungsvorschläge am *Ideal des Gentleman*. Er soll zu Tugend, Lebensklugheit, Lebensart und Kenntnissen erzogen werden. Wichtig ist dabei, dass er lernt, seinem eigenen Urteil zu vertrauen und sich der *Vernunft* zu unterwerfen. Eltern und die Erziehung durch Hauslehrer bereiten dies vor, wobei Erziehung sich selbst überflüssig macht. Sie ist deshalb von besonderer Bedeutung, weil der Mensch insgesamt durch Einflüsse seiner Umwelt stark beeinflusst wird. Er nimmt äußere Reize wahr (sensations) und stellt eigene Reflektionen (reflections) an. Durch diese beiden Arten von Erfahrung erwirbt der Einzelne moralische Urteilsfähigkeit, er erschließt die Wahrheit von Aussagen und bildet sich als eigenständige Persönlichkeit.

Wichtige Begriffe:
- Tugend, Lebensklugheit, Lebensart, Kenntnisse
- Gewohnheiten
- Sensualismus
- Vernunft

Literatur

Von LOCKE selbst sind wichtig:
- „Some thoughts concerning education" (1693)
- „Two treatises of government" (1690)
- „An essay concerning human understanding" (1689)

Von den Schriften über LOCKE seien empfohlen:
- Euchner, W. (2004): John Locke zur Einführung. Hamburg: Junius.
- Meermann, M. (2005): Mensch oder Bürger? Münster: Schüling.
- Tarcov, N. (1984): Locke's education for liberty. Chicago: Univ. of Chicago Press.

3 Jean-Jacques Rousseau (1712-1778)

3.1 Kurzbiographie

ROUSSEAU führte ein wechselvolles Leben. Geboren wurde er 1712 in Genf in einer angesehenen Familie. Nach dem frühen Tod seiner Mutter wurde er v.a. durch den Vater erzogen, unterstützt von einer Tante JEAN-JACQUES'. Die behütete Kindheit endet, als der Vater zehn Jahre nach JEAN-JACQUES Geburt Genf verlassen muss. Nach Zwischenstationen verlässt ROUSSEAU Genf und gelangt in Annecy zu MADAME DE WARENS. Sie, selbst zum Katholizismus konvertiert, 12 Jahre älter als ROUSSEAU und wohlhabend, schickt diesen nach Turin, wo er selbst konvertiert. Im Anschluss schlägt sich ROUSSEAU mit unterschiedlichen Beschäftigungen durch, bis er nach Annecy zurückkehrt, wo er zwischen 1729 und 1740, mit Unterbrechungen, bei MADAME DE WARENS lebt. Er arbeitet u.a. als Hauslehrer, was ihn zu einer ersten pädagogischen Schrift motiviert, um dann 1741 nach Paris überzusiedeln. Dort beschäftigt er sich zunächst mit Musik und Kompositionen, u.a. schreibt er eine Oper. Er verkehrt in der gehobenen Pariser Gesellschaft und gewinnt Interesse an politischen Themen. Mit THÉRÈSE LE VASSEUR, der Wäscherin seiner Wirtin, bekommt er sein erstes Kind, ebenso wie seine vier weiteren Kinder wird es ins Waisenhaus abgegeben.

Folgewirksam wird sein Entschluss, sich an der Beantwortung einer Preisfrage zu beteiligen, die von der Akademie von Dijon ausgeschrieben wurde: „Hat die Wiederherstellung der Wissenschaften und Künste zur Reinigung der Sitten beigetragen?" ROUSSEAUs gegen den Zeitgeist und die französische Gesellschaft gerichtete Antwort lautet: Nein, und diese Antwort macht ihn bekannt; er gewinnt den ersten Preis der Ausschreibung. Neben diesem ersten Diskurs von 1750 verfasst er 1754 einen zweiten, der sich einer weiteren Preisfrage der Akademie widmet: „Welches ist der Ursprung der Ungleichheit unter den Menschen, und ist sie durch das Naturrecht gerechtfertigt?" Die Arbeit wird von der Akademie abgelehnt. Ebenfalls 1754 kehrt ROUSSEAU zum Protestantismus zurück.

Im Jahr 1762 veröffentlicht ROUSSEAU sowohl „Emile ou de l'éducation" als auch den „Contrat social". Der sich selbst als „Citoyen de Genève" titulierende ROUSSEAU erfährt den Unbill der Pariser Gesellschaft und will zurück nach Genf fliehen. Da er dort gleichfalls verfolgt wird, geht er in die Schweiz an den Neuenburger See, ein zu Preußen gehörendes Gebiet. 1766 reist der erneut vertriebene ROUSSEAU nach einer Zwischenstation am Bieler See nach England, er besucht HUME und kehrt schon im folgenden Jahr zurück. Er findet Unterkunft in Paris, wo er THÉRÈSE heiratet. 1778 stirbt er in Ermenonville.

3.2 Zeitgeschichte

ROUSSEAUs Leben spiegelt zeitgenössische Konflikte wieder, die zwischen Aufklärung, Romantik und Religion, zwischen städtischem und ländlichem Leben, zwischen zivilisatorischer Entwicklung und kulturellem Leben und zwischen politischer Abhängigkeit und Selbstständigkeit verliefen. Dies mag dazu beigetragen haben, dass er ein großes Bedürfnis der rechtfertigenden Selbstdarstellung zeigte, wie es in den 1766 begonnenen und unvollendet gebliebenen „Confessions" zum Ausdruck kommt. ROUSSEAUs Arbeiten besaßen in seiner Zeit Widerspruchspotential, das er selbst zu spüren bekam. Seine Radikalität besaß – und besitzt bis heute – Anregungskraft, wenngleich zumeist nur selektiv auf ROUSSEAUs Gedanken Bezug genommen wurde. Dies betrifft v.a. den „Emile" als das wichtigste pädagogische Werk ROUSSEAUs. Sein Grundgedanke wird vor dem politischen Hintergrund der Zeit verständlich als Versuch, mündige Individualität in Unabhängigkeit von gesellschaftlichen und politischen Krisen zu etablieren.

3.3 Kernaussagen

ROUSSEAU verfolgte kein einheitliches Erziehungskonzept. Legt man seine Vorschläge zugrunde, die er 1772 anlässlich einer Reform der polnischen Verfassung bekannt gab (vgl. 1772/1931), so zeigt sich folgendes Bild: ROUSSEAU sprach sich für ein öffentliches Erziehungssystem aus, das die Grundlage für eine tiefgehende Bindung des Menschen an die Verfassung geben sollte. Über gemeinsame Spiele, Feste und Aktivitäten solle man Kinder früh gemeinsam erziehen und ihre nationale Identität fördern. Isoliertem Spiel sei entschieden entgegenzutreten.

Das Erziehungsprogramm, das ROUSSEAU 1762 im „Emile" publizierte, widerspricht dem deutlich. Zielpunkt der Erziehung ist ein einzelner Zögling, der aus wohlhabenden Verhältnissen stammt und der unter der Kontrolle eines Erziehers in der „pädagogischen Provinz" erzogen wird, fernab von gesellschaftlichem Verkehr. Er wird nicht als Staatsbürger, wie oben, sondern als Mensch erzogen, und da zwischen beiden ein Unterschied liegt und der Mensch leicht durch das gesellschaftliche Leben korrumpiert wird, kann der Zögling nicht in seinem Umfeld bleiben. Es ist diese Vorstellung, die – zurecht, der „Emile" ist ROUSSEAUS pädagogisches Hauptwerk – die Wahrnehmung ROUSSEAUs prägt. Der

Widerspruch zwischen dem Bürger und Menschen wird unten neu aufgenommen. Zunächst ist auf den „Emile" einzugehen.

Der tiefere Grund für die relative Isolation, die ROUSSEAU im „Emile" für den Zögling beschreibt, liegt in der schonungslosen Zeitdiagnose, die ROUSSEAU unternimmt. In seinem ersten Diskurs (1750/1998) schreibt er, dass die Wissenschaften und Künste das menschliche Leben nicht gebessert hätten; statt dessen werde die Unsittlichkeit nur besser versteckt. Vor allem die Aufklärung sei nicht in der Lage gewesen, ihre optimistischen Versprechungen einzuhalten. Grundlage ist die Annahme der „Perfektibilität", derzufolge der Mensch sich fortschrittlich entwickeln könne. Diese dem Menschen zukommende Eigenschaft führe aber nicht nur zu positiven Errungenschaften, sondern dialektisch sei sie gleichzeitig „die Quelle allen Unglücks des Menschen" (ebd., 46). Wer Wissen generiert, generiert Irrtümer, wachsende Tugenden seien von wachsenden Lastern begleitet.

Um die angenommene Kulturkrise zu lösen, gibt es zwei Möglichkeiten: Politik oder Pädagogik. Beides wird von ROUSSEAU durchdacht, und sie verweisen aufeinander, da die politische Mündigkeit, die ROUSSEAU anstrebt, eine Erziehung zur Mündigkeit fordert, während diese Erziehung entsprechende politische Voraussetzungen benötigt.

Vor diesem Hintergrund ist der „Emile" zu sehen. Er ist auf die Intention ausgelegt, einen mündigen Menschen zu erziehen. Die Ausgangslage dafür ist denkbar schlecht: Die politischen Verhältnisse sind nicht so gestaltet, dass eine öffentliche Erziehung die Erreichung des pädagogischen Ziels erlauben würde (vgl. 1762/1971, 13). Zu folgern bleibt, Erziehung in weitgehender Abschottung von den Übeln der Gesellschaft durchzuführen. Es wird ein pädagogischer „Ort" eingerichtet, in dem Erziehung ganz auf die gewünschten Ziele hin konzipiert werden kann, ohne störende Fremdeinflüsse. Dies ermöglicht es dem Erzieher, den Heranwachsenden nicht unmittelbar zu unterrichten, sondern ihn seine eigenen Erfahrungen machen zu lassen – die gleichwohl vom Erzieher arrangiert sind.

Der Ausgangspunkt ROUSSEAUs ist demnach politischer Natur. Der „Emile" ist kein Erziehungsratgeber für Eltern oder Erzieher, sondern ein freiheitstheoretisch motiviertes Buch, das am Beispiel der Erziehung diskutiert, wie Mündigkeit erreicht werden kann. Es ist ROUSSEAUs Verdienst, auf dieser Basis eine für die Pädagogik entscheidende Erkenntnis auszubauen: Die eigene Qualität des Kindseins und auch des Jugendalters. Heranwachsende sind keine kleinen Erwachsenen, sondern Personen eigenen Rechts. Erziehung soll sie nicht für eine ungewisse Zukunft bestimmen und sie nicht in eine präjudizierte Moral einpassen, sondern sie muss an den Heranwachsenden ausgerichtet sein.

ROUSSEAU unterlegte dies mit der These, der Mensch als natürliches Wesen sei gut, als soziales Wesen hingegen verderbe er. So heißt es am Beginn des „Emile": „Alles ist gut, wie es aus den Händen des Schöpfers kommt; alles entartet unter den Händen des Menschen" (1762/1971, 9). Im zweiten Diskurs (vgl. 1754/1998, 74) wird als maßgeblicher Grund hierfür der Besitz von Grundeigentum genannt. Mit ihm entfremdet sich der Mensch von seinem Naturzustand, er wird abhängig von seinem Besitz, misstrauisch gegen andere, er bedarf eines regulierenden Staates und es kommt zur Verfestigung von künstlichen Ungleichheiten. Freiheit und Sorglosigkeit des Naturzustandes sind verloren und können nicht wieder belebt werden. Ein Ausweg liegt in dem Versuch, die so wichtige Freiheit und Unabhängigkeit soweit möglich zu erhalten. Politisch verweist dies auf den von mündigen Menschen geschlossenen Gesellschaftsvertrag (vgl. 1762/1977), pädagogisch auf eine Erziehung zur Mündigkeit in Abkehr von sozialen Übeln, wie sie der „Emile" beschreibt.

Würde Erziehung in der Gesellschaft stattfinden, so würde sich der Zögling mit anderen vergleichen, künstliche Bedürfnisse erwerben und abhängig werden. Unter dem Schutz des Erziehers hingegen kann er die „wohlgeordnete Freiheit" (1762/1971, 71) erlangen, die der Erzieher für ihn vorsieht. Durch sie soll Emil – der Zögling des Romans – in den Kernpunkten der Erziehung, „in der Tugend und in der Wahrheit" (ebd., 72), frei sein, indem er sich naturgemäß entwickelt, ohne dass ihm eine äußere Autorität vorschreibt. Dieses Absehen von Vorschriften nannte ROUSSEAU „*negative*" *Erziehung*: Gefordert war vom Erzieher Zurückhaltung und Respektierung der Person des Heranwachsenden; der Zögling sollte eigene Erfahrungen sammeln und seine eigenen Urteile bilden – dies freilich in zuvor abgesteckten Rahmenbedingungen. Durch diese Erziehung konnte der Mensch in einem positiven Zustand der natürlichen Eigenliebe („amour der soi") bleiben, während er ansonsten im Zustand der Selbstsucht („amour propre") sei. Nicht gemeint war damit ein Verzicht auf Interventionen. Genauso wenig wie ROUSSEAU Inaktivität forderte, postulierte er, der moderne Mensch solle zu einem wilden, ungeordneten Leben zurückkehren. Allerdings sollte er sich unter der Anleitung durch Erziehung frei entwickeln können.

Dabei gab es laut ROUSSEAU drei Erzieher: „Die Natur entwickelt unsere Fähigkeiten und unsere Kräfte; die Menschen lehren uns den Gebrauch dieser Fähigkeiten und Kräfte. Die Dinge aber erziehen uns durch die Erfahrung, die wir mit ihnen machen" (ebd., 10). Unter Anleitung von Menschen – zunächst des Erziehers, erst später von Anderen – könne sich der Zögling naturgemäß entwickeln und Erfahrungen mit den Erfordernissen des Lebens machen.

Die Erziehung musste sich dazu an den Entwicklungsstufen des Einzelnen ausrichten. ROUSSEAU nennt vier Stufen: die bis zum dritten Lebensjahr dauernde Phase des Kleinkindes, das bis zwölf Jahre dauernde Kindesalter, das bis fünfzehn dauernde Knabenalter und schließlich das Jünglingsalter, das mit der Heirat endet. Die Erziehung Emils hört auf, als er nach der Heirat mit Sophie Vater wird.

Den einzelnen Stufen werden jeweils Erziehungsaufgaben und -inhalte zugeordnet. Beispielsweise gilt es in der ersten Phase, den Erwerb künstlicher Bedürfnisse durch eine abhärtende, einfache Lebensweise zu verhindern. In der zweiten Phase lernt Emil spontan aus eigenem Antrieb. Erst in der dritten Phase liest Emil, und zwar zunächst Defoes „Robinson Crusoe". Außerdem lernt er ein Handwerk, das des Tischlers. In der vierten Phase – die ROUSSEAU als frühen Theoretiker einer eigenständigen Jugendphase auszeichnet – lernt Emil andere Personen als eigenständige Menschen kennen, er wird religiös unterrichtet und mit einsetzender Pubertät erwachen die Leidenschaften; er erlebt eine „zweite Geburt" (ebd., 211). Schließlich beschreibt ROUSSEAU im „Emile" die Liebe und Heirat von Emil und Sophie – und auch hier ist intendiert, obschon die Erziehung von Mädchen darauf ausgerichtet ist, einem Mann angenehm zu sein, dass beide auch in der Ehe frei sein können und sich nur gemäß ihrem Willen verhalten.

Um nun auf den oben genannten Aspekt zurückzukommen: Die Jugendzeit Emils beschreibt die Konfrontation des Menschen und des Bürgers: Emil soll nicht zu einem weltfremden Einsiedler erzogen werden, sondern als „Glied einer Gesellschaft muß er ihre Pflichten erfüllen" (ebd., 352). Die Wahrung seiner Eigenständigkeit muss demnach mit sozialen Aufgaben koordiniert werden. ROUSSEAU löst dies durch die Beziehung mit Sophie, und Emil bleibt am Ende des Erziehungsromans, trotz der Reisen, die er durch Europa unternimmt, ein Privatmann. Folglich geht im „Emile" Erziehung nicht in politische Tätigkeit über, wie aus der politischen Motivation ROUSSEAUs für das Buch erwartbar gewesen wäre. Es bleibt bei einer problematischen Beziehung von Mensch und Bürger. Inwieweit ROUSSEAU den Konflikt insgesamt aufgelöst hat oder dies versuchte, ist in der Interpretation umstritten – zumindest im „Emile" bleibt die Problematik bestehen.

3.4 Wirkungsgeschichte

Die Wirkung von ROUSSEAUS Arbeiten zur Erziehung, vorrangig des „Emile", war enorm. Bis heute zeigen sich ROUSSEAUs Thesen als anregend für eine Interpretation, die zwischen Begeisterung und Ablehnung schwankt. Insbesondere seine Radikalität – die Ablehnung der Familienerziehung, die langdauernde (relative) soziale Isolation Emils, die Gegenwartskritik – stießen auf Ablehnung, während es als herausragende Leistung ROUSSEAUs gilt, die Eigenlogik von Erziehung klar benannt und die Eigenständigkeit der heranwachsenden Persönlichkeit betont zu haben. Vor allem wer pädagogische Reformen im Blick hatte, nahm auf ROUSSEAU Bezug, um gegenüber einer Subsumtion des Zöglings unter fremde Zwecke das Eigenrecht des Heranwachsenden in den Mittelpunkt zu stellen. Dem steht allerdings entgegen, dass ROUSSEAU letztlich ein vollständig vom Erzieher kontrolliertes Setting erdenkt, in dem das Kind keine Erfahrungen macht, die nicht vorher geplant sind. Erziehung wurde so zu einer totalen Einflussnahme.

Kritik

Der *Mensch ist von Natur aus gut*, in der Gesellschaft aber wird er unterdrückt. Erziehung soll sich an der Eigenaktivität des Zöglings orientieren. Sie soll nicht vorgreifen, sondern abwarten und unabhängig von den Missständen der Gesellschaft Arrangements treffen, damit förderliche Erfahrungen ermöglicht werden. Dabei muss Erziehung gemäß den Stufen der kindlichen und jugendlichen Entwicklung verfahren, um dem Stand des Einzelnen gerecht zu werden und ihn nicht fremden Zwecken zu unterjochen. Insbesondere besteht ein Unterschied zwischen der – gleichwohl aufeinander verweisenden – Erziehung eines guten Staatsbürgers und eines selbstständigen Menschen. Erziehung wird dabei als selbstständige Wissens- und Handlungsform deutlich, die ihre eigenen Prinzipien verfolgt.

Wichtige Begriffe:
- positive Anthropologie
- Entwicklungsstufen
- Mensch und Bürger
- negative Erziehung

Literatur

Es gibt zahlreiche Studien zu ROUSSEAU, dessen eigene Schriften zur Pädagogik gut zugänglich sind. Bei der Interpretation stehen sich allerdings, mehr noch als bei anderen Klassikern, sehr unterschiedliche Deutungen gegenüber.

ROUSSEAUs wichtigste Veröffentlichungen zur Pädagogik sind:
- „Emile oder Über die Erziehung" (1762)
- „Betrachtungen über die Verfassung Polens" (1772)
- „Vom Gesellschaftsvertrag oder Grundsätze des Staatsrechts" (1762)

Aus dem Fundus der Sekundärliteratur sei empfohlen:
- Hansmann, O. (2002): Jean-Jacques Rousseau (1712-1778). Hohengehren: Schneider.
- Hentig, H.v. (2003): Rousseau oder die wohlgeordnete Freiheit. München: Beck.
- Reitemeyer, U. (1996): Perfektibilität gegen Perfektion. Rousseaus Theorie gesellschaftlicher Praxis. Münster: Lit.

4 Johann Heinrich Pestalozzi (1746-1827)

4.1 Kurzbiographie

JOHANN HEINRICH PESTALOZZI wird 1746 in Zürich geboren. Er verliert früh den Vater und lebt in ärmlichen Verhältnissen. Durch Mutter und Großvater lernt er die Situation der Landbevölkerung kennen. Politische Verhältnisse, v.a. aber ein Mangel an Erziehung und Bildung hindern sie daran, ihre Lage selbst zu verbessern.

Nach der Elementar- besucht PESTALOZZI die Lateinschule, anschließend das Collegium Carolinum, eine theologische Hochschule in Zürich; er wird nachhaltig durch die Bekanntschaft mit ROUSSEAUs „Emile" geprägt. Auf dem Carolinum beginnt PESTALOZZIs langes Scheitern, das durch Phasen des publizistischen und praktischen Erfolgs teilweise unterbrochen wird. Zum publizistischen Erfolg wird insbesondere „Lienhard und Gertrud", zum praktischen Erfolg wird vorübergehend seine Erziehungsanstalt in Yverdon. Dominierend im Lebenslauf aber sind Erfahrungen des Misserfolgs. PESTALOZZI verlässt das Carolinum vorzeitig, um – gemäß ROUSSEAUs Befürwortung ländlichen Lebens und gemäß physiokratischer Reformbestrebungen – Bauer zu werden. Nach der Heirat mit ANNA SCHULTHEß im Jahre 1769 wird 1770 der in Anlehnung an ROUSSEAU „Hans Jakob" genannte Sohn geboren. Die an ROUSSEAUs Vorgaben orientierte Erziehung bereut PESTALOZZI später; der Sohn leidet an Epilepsie und stirbt 1801.

Nach Missernten entwickelt sich PESTALOZZIs landwirtschaftliches Projekt zum Fehlschlag. Das seit 1769 bewirtschaftete Gut bei Brugg, der aus Mitteln der Familie von ANNA SCHULTHEß durch PESTALOZZI begründete Neuhof, soll durch die Verarbeitung von Baumwolle gerettet werden. Kinder sollen durch ihre Arbeitskraft den Betrieb stützen; schließlich wird der Neuhof in eine Erziehungsanstalt für arme Kinder umgewandelt. Der Erfolg bleibt aus, 1780 muss die Anstalt schließen. Im selben Jahr erscheint „Die Abendstunde eines Einsiedlers", von 1781 bis 1787 „Lienhard und Gertrud". Neben zahlreichen weiteren Schriften werden 1797 „Meine Nachforschungen über den Gang der Natur in der Entwicklung des Menschengeschlechts", 1801 „Wie Gertrud ihre Kinder lehrt" und 1826 der „Schwanengesang" publiziert.

Weitere praktische Versuche PESTALOZZIs scheitern ebenso wie das Experiment auf dem Neuhof. 1798 erhält er den Auftrag, die Erziehung armer Kinder in Stans zu übernehmen – nach wenigen Monaten wird die Einrichtung geschlossen. Immerhin aber baut PESTALOZZI hier seine Methode zum Erlernen des Lesens und Schreibens aus, die u.a. in der Preußischen Bildungsreform Anklang findet und deren Anwendung und Vermarktung sich PESTALOZZI nun in hohem Maße widmet. Dies gelingt im Besonderen in der nach Zwischenstationen in Burgdorf und Münchenbuchsee 1806 in Yverdon bezogenen Anstalt, die internationale Bekanntheit erlangt. Nach sukzessive erlahmendem Interesse an ihr wird sie 1825 ebenfalls aufgelöst. PESTALOZZI zieht sich nach Brugg zurück und stirbt 1827.

4.2 Zeitgeschichte

PESTALOZZI erlebte wesentliche politische und gesellschaftliche Umstürze am Ende des 18. und zu Beginn des 19. Jahrhunderts. Er steht mit seiner Pädagogik an der Übergangsphase zwischen der Auflösung ständischer Strukturen und der Herausbildung einer modernen, an Leistungsidealen bemessenen industriellen Gesellschaft. Die pädagogische Aufklärung und ihr Prinzip der Erziehung zur „Industriosität" lernt er ebenso kennen wie die Kritik an ihr und ihre Revision zum Gedanken allgemeiner Bildung. Zu politischen Umstürzen wie der Französischen Revolution, der Bildung einer zentralisierten helvetischen Republik, ihrer kantonalen Restrukturierung sowie zur späteren Restaurationszeit nimmt PESTALOZZI in seinen Publikationen Stellung. Gegen die Industrialisierung wendet er das Bild einer ständisch formierten, klar gegliederten Gesellschaft, gegen die Aufklärung postuliert er die Ganzheitlichkeit einer an gesellschaftlichen Verhältnissen orientierten Bildung und gegen revolutionäre Bestrebungen fordert er die Erziehung des Menschen als Grundlage sittlichen Zusammenlebens. Bedeutsam für seine Pädagogik sind daneben gesellschaftskritische Motive, die er bei ROUSSEAU kennen lernt und in politisch engagierten Kreisen diskutiert, sowie pietistische Gedanken, die sein anthropologisches Bild vom Menschen beeinflussen.

4.3 Kernaussagen

PESTALOZZI argumentierte in seinen zahlreichen Schriften nicht konsistent und verfolgte z.T. konträre Positionen, die aufgrund einer bildreichen Sprache noch zusätzlich unterschiedliche Interpretationen zulassen. Davon unbenommen können Kristallisationspunkte seiner Pädagogik erschlossen werden. Sie verweisen auf eine differenzierte Anthropologie, auf sein Gesellschaftsbild und auf die von ihm entwickelte Elementarmethode.

PESTALOZZIs Anthropologie erfuhr im Laufe der Zeit eine wesentliche Modifikation. Ausgangspunkt ist die Orientierung an ROUSSEAUs Idee einer ursprünglich guten Natur des Menschen, wie sie in der „Abendstunde" zum Ausdruck kommt. Der Mensch soll in einer förderlichen Umwelt die Möglichkeit haben, sich frei zu entwickeln. Die Impulse hierzu werden nicht von außen eingebracht, sondern liegen in der Natur des Menschen: „Alle reine Segenskräfte der Menschheit", heißt es in der „Abendstunde", „sind nicht Gaben der Kunst und des Zufalls, im Innern der Natur aller Menschen liegen sie mit ihren Grundanlagen" (1780/1927, 269). Die Bildung müsse der „Bahn der Natur" entsprechen. Vergleicht man mit dieser Haltung die bekannt gewordene „Philosophie meines Leutnants" aus dem vierten, 1787 veröffentlichten Teil von „Lienhard und Gertrud", so zeigt sich eine in der Zwischenzeit pessimistisch gewendete Anthropologie. Unmissverständlich schreibt PESTALOZZI nun, dass „der Mensch, so wie er von Natur ist, und wie er, wenn er sich selbst überlassen, wild aufwächst, und seiner Natur nach notwendig werden muß, der Gesellschaft nicht nur nichts nütz, sondern ihr im höchsten Grad gefährlich und unerträglich ist" (1787/1928, 331). Erziehung bekommt vor diesem veränderten Hintergrund eine andere Bedeutung, denn sie muss stärker in die Entwicklung des Einzelnen eingreifen. So modifiziert PESTALOZZI seine anfänglich negative Sicht der Schule und betont die didaktische Aufbereitung des dem Zögling zur Anschauung zu bringenden Materials.

Dies bedeutet allerdings nicht, er habe sich nun eine gänzlich negative Sicht des Menschen angeeignet. In den „Nachforschungen" elaboriert PESTALOZZI seine Anthropologie und unterscheidet drei Zustände des Menschen: den *natürlichen*, den *gesellschaftlichen* und den *sittlichen*. In Abbildung 41 sind in schematisch verkürzter Form die Nachforschungen PESTALOZZIS über den Gang der Natur in der Entwicklung des Menschengeschlechts dargestellt.

Die ersten beiden Zustände erscheinen als ambivalente Durchgangsstadien zum Zustand der Sittlichkeit. Der Naturzustand ist für einen kurzen, fiktiven Moment gut. Als soziales Wesen ist der Mensch allerdings per se auf interpersonellen Kontakt ausgerichtet; seine natürliche Schwäche macht ihn korrumpierbar. Der Naturzustand ist demnach ambivalent, und dies trifft auch auf den gesellschaftlichen Zustand zu, der unterschiedlichen Einfluss ausüben kann: Ein geordnetes, klar strukturiertes Umfeld kann einerseits Sittlichkeit fördern, die Erfahrungen der Industrialisierung und der politischen Umstürze – Revolutionen wie der Französischen steht PESTALOZZI kritisch gegenüber – zeigen aber die möglichen Wirrungen des sozialen und politischen Klimas. Um zur Sittlichkeit zu gelangen, sind die Umstände bedeutsam, aber den letzten Schritt in diese Richtung macht der Mensch als Werk seiner selbst, schließlich könne er die Umstände gestalten und sei ihnen nicht hilflos ausgeliefert. Zum Verständnis sind die pietistischen Einflüsse auf PESTALOZZI zu bedenken: Er assoziiert die Etablierung des sittlichen Zustandes mit der permanenten Ungewissheit eigenen Heils. Der Mensch „veredelt sich ewig nur allein" (1802-1803/1952, 157), er muss sich also selbst in den Zustand der Sittlichkeit bringen. An anderer Stelle heißt es in sozialkritischer Manier: „Die Sittlichkeit ist ganz individuell, sie bestehet nicht unter zweien" (1797/1938b, 106). Somit ist der Mensch letztlich nur als sein eigenes Werk sittlich – aber er kann sich dessen nie ganz sicher sein. PESTALOZZIs an sich selbst exerzierte Selbstzweifel und sein eigenes, selbst breit dargestelltes Martyrium zeigen sich als religiös geprägte Heilsungewissheit. Sie zwingt den Menschen zur dauerhaften Prüfung seiner selbst und problematisiert die Einflüsse der sozialen Welt. Es lasse sich „kein gesellschaftlicher Zustand denken, in welchem der Bürger als solcher, ganz ein friedliches, gutmütiges und wohlwollendes Geschöpf sein könnte" (ebd., 103).

Abbildung 41: Pädagogische Anthropologie nach PESTALOZZI (BRÜHLMEIER 1977, 120f)

		Instanz	*Abhängigk.-verhältnis*	*Charakterisierung*	*Anspruch*
Niedrige (sinnliche, tierische) Natur des Menschen	**Naturzustand** verdorben o. unverdorben	Instinkt	Zwang	Werk der Natur	Naturfreiheit
	Gesellschaftlicher Zustand positiv o. negativ	Gesetz	Gehorsam	Werk der Gesellschaft	Selbstständigkeit, bürgerliche Freiheit
Höhere Natur des Menschen	**Sittlicher Zustand**	Gewissen	Freiheit	Werk seiner selbst	Sittliche Freiheit

Nicht trotz, sondern wegen dieses Hintergrundes zeigt PESTALOZZI eine hohe Wertschätzung der „Wohnstube", die für ihn als Grundannahme elementarer Bildung, als positives Milieu von Lebenserfahrungen und als Metapher eines gut regierten Staates fungiert. Der Mensch kann faktisch nur als soziales Wesen existieren, und eine geordnete Umwelt ist der Entwicklung von Sittlichkeit förderlich, selbst wenn sie diese nicht kausal bedingt. Allerdings gelangt PESTALOZZI auf diese Weise nur tendenziell zu einem positiven Bild der modernen

Gesellschaftsstruktur. Seine Vorstellungen von sozialer Ordnung sind weitgehend ständisch geprägt, und eine geordnete Familienerziehung wird zum allgemeinen Vorbild von Erziehung, ebenso wie die Wohnstube soziales Leben in seiner erstrebenswerten Form insgesamt symbolisiert. Die Ständestruktur der Gesellschaft war für PESTALOZZI nicht unwiederbringlich aufgelöst, so dass es für ihn plausibel war, eine nach relativ vorhersehbaren sozialen Positionen aufgebaute Sozialordnung als Ziel der allgemeinen Volksbildung anzusehen.

Damit wird der vielfach fehlinterpretierte Satz verständlich: „Der Arme muß zur Armut auferzogen werden" (1777/1927, 143). PESTALOZZI wollte nicht einer Verfestigung sozialer Ungleichheit das Wort reden oder bestehende Ungerechtigkeiten leugnen. Im Gegenteil beschreibt er als einen wesentlichen Impuls seiner Pädagogik die Schaffung einer gerechteren Gesellschaft, in der Armen nicht die Möglichkeiten zu selbstständiger Lebensführung vorenthalten wird. In vergleichbarer Weise klagt er in „Gesetzgebung und Kindermord" (1783/1930) bitter die Ungerechtigkeit an, die unehelichen Müttern geschieht, die aufgrund äußerer Umstände zum Kindermord getrieben werden und dafür von der Todesstrafe bedroht sind. Entscheidend seien nach PESTALOZZI politische und soziale Reformen, die ihre Lage entscheidend verbessern könnten. Anstatt den Einzelnen zu beschuldigen, sind die Umstände zu betrachten, in denen er lebt und in denen er mit spezifischen Optionen der häuslich-sittlichen Lebensführung ausgestattet wird. Im Kontext von Armut bedeutet dies für PESTALOZZI, von der wahrscheinlichen zukünftigen sozialen Position des Einzelnen auszugehen. Wer arm ist, so die Konsequenz, wird wahrscheinlich auch später im Stand der Armut leben. Arme sollten deshalb lernen, in ihrer Lage zufrieden und v.a. kompetent zur Selbsthilfe zu sein. Die Entwicklung von Sekundärtugenden und Kompetenzen zur Berufsfähigkeit sind wichtiger als eine „unrealistisch" konzipierte Bildungstheorie. Den Kontrastpunkt setzten die Preußischen Bildungsreformer um WILHELM VON HUMBOLDT, die im Gegensatz zu PESTALOZZI eine allgemeine Bildung und eine mit ihr verbundene Revision gesellschaftlicher Strukturen vor Augen hatten.

Dies leitet über zum letzten hier zu betrachtenden Aspekt der Pädagogik PESTALOZZIs, der Methode. Sie wurde von den Preußischen Bildungsreformern – wie auch von Anderen – selektiv aus dem Gesamtplan der Pädagogik PESTALOZZIs herausgelöst, um eine wirkfähige Möglichkeit der Elementarbildung zu besitzen. PESTALOZZI selbst unterstützte die Betonung seiner Methode, indem er sie als Mittel zur Lösung gesellschaftlicher Probleme anempfahl. Die Methode basiert auf der Vermittlung von Anschauung. Statt reiner Wissensvermittlung sollen *Kopf, Herz und Hand* gebildet werden. PESTALOZZI suchte für alle Menschen gleiche, elementare Erfahrungsprozesse zu eruieren und sie durch anschauliche Darbietung und Einübung anzuleiten. Den Ausgangspunkt bildet die natürliche Welt, die nach den grundlegenden Erkenntnisleistungen Zahl, Form und Wort zu erschließen ist. Konkret Angeschautes solle zunächst nach der Zahl, dann nach der Form und schließlich nach der Begrifflichkeit zugänglich gemacht werden. Im Endeffekt führte die Anwendung dieser Prinzipien bei PESTALOZZI zu Konstruktbildungen, denen es an unmittelbarer Anschaulichkeit mangelte, und die Praxis der Elementarmethode war nicht frei von mechanistischen Übungsroutinen. Dennoch gab PESTALOZZI maßgebliche Anstöße zur Weiterentwicklung didaktischer Prinzipien.

Entgegen der tendenziellen Isolierung der Methode aus dem pädagogischen Gesamtkomplex war sie bei PESTALOZZI eng verbunden mit der Forderung eines pädagogischen Ethos, das am deutlichsten im „Stanser Brief" zum Ausdruck kommt (vgl. PESTALOZZI 1799/1932). Gegen eine bürokratisierte Professionalisierung des Lehrerberufs stellte PESTALOZZI das Bild eines gegen alle äußeren Widerstände gerichteten persönlichen Einsatzes für die Zöglinge. Es lag verkörpert in der Erziehung der Wohnstube, nach deren Vorbild Erziehung ganzheitlich, emotional engagiert und unmittelbar realisiert werden sollte.

4.4 Wirkungsgeschichte

PESTALOZZI kann als pädagogischer Klassiker schlechthin angesehen werden. Z.T. tendierte die Rezeption seines Werkes zu einer Heroisierung. In noch höherem Maße als bei anderen Klassikern der Pädagogik diente er strategischen Bedürfnissen der Konstitution einer positiven Identifikationsfigur – eine Tendenz, die PESTALOZZI in der Proklamation seiner Methode und vor allem seines pädagogischen Ethos selbst vorbereitete. In Versuchen, durch Erziehung gesellschaftlichen Wandel und soziale Probleme zu bearbeiten und pädagogische Reformen zu legitimieren, wurde und wird immer wieder auf PESTALOZZI Bezug genommen. Er prägte nachhaltig die Sozialpädagogik, die Elementarpädagogik und letztlich die pädagogische Professionalität insgesamt, selbst wenn die widersprüchliche historische Figur sich längere Zeit nur partiell in der Rezeption wieder fand. Man kann dabei die These vertreten, dass PESTALOZZI nicht trotz, sondern (auch) wegen seines Scheiterns zum Klassiker wurde aufgrund seines mitunter verzweifelten Festhaltens an einer Pädagogik, die sich am Kind und seiner Entwicklung im sozialen Rahmen ausrichtet. Der Bildung des Volkes und der Armen sprach er besondere Relevanz zu.

> Volksbildung und pädagogisches Ethos im Kampf gegen gesellschaftliche Probleme kennzeichnen die Pädagogik PESTALOZZIs. Ausgehend von der Vorstellung einer an der Wohnstube orientierten, persönlich engagierten Erziehung geht es ihm um die allseitige Bildung von *Kopf, Herz und Hand*. Sie kann am erfolgreichsten vermittelt werden, wenn die sozialen Umstände übersichtlich strukturiert sind und der Inhalt des Lernprozesses anschaulich gemacht wird. Dies erfolgt durch die Erschließung von Lernstoffen nach Zahl, Form und Wort. Im Endeffekt soll durch Erziehung eine gerechte Gesellschaft erzielt werden, in der Jeder, auch der Ärmste, zufrieden und kompetent seinen Platz einnehmen kann.
>
> **Wichtige Begriffe:**
> - Wohnstube
> - Elementarmethode
> - Bildung von Kopf, Herz und Hand
> - Mensch als Werk der Natur, der Gesellschaft und seiner selbst
> - Volksbildung

Literatur

PESTALOZZIs Schriften, Vorträge und Briefe sind in einer Werkausgabe und in Bibliographien gut zugänglich. Es gibt eine Vielzahl an Studien zu seiner Pädagogik insgesamt, zu einzelnen Teilbereichen und zur Wirkungsgeschichte. Nach wie vor besteht großes Interesse an seiner mittlerweile realistisch erschlossenen Pädagogik.

Für die Pädagogik maßgebliche Publikationen PESTALOZZIs sind:
- „Die Abendstunde eines Einsiedlers" (1780)
- „Lienhard und Gertrud" (1781-1787)
- „Meine Nachforschungen über den Gang der Natur in der Entwicklung des Menschengeschlechts" (1797)
- „Über den Aufenthalt in Stanz. Brief Pestalozzis an einen Freund" (1799)

Aus der Vielzahl an Sekundärschriften seien genannt:
- Gerner, B. (Hrsg.) (1974): Pestalozzi. Interpretationen zu seiner Anthropologie. München: Ehrenwirth.
- Oelkers, J./Osterwalder, F. (Hrsg.) (1995): Pestalozzi – Umfeld und Rezeption. Studien zur Historisierung einer Legende. Weinheim: Beltz.
- Osterwalder, F. (1996): Pestalozzi. Ein pädagogischer Kult. Pestalozzis Wirkungsgeschichte in der Herausbildung der modernen Pädagogik. Weinheim: Beltz.
- Stadler, P. (1988/1993): Pestalozzi. Geschichtliche Biographie. 2 Bde. Zürich: Neue Zürcher Zeitung.

5 Wilhelm von Humboldt (1767-1835)

5.1 Kurzbiographie

WILHELM VON HUMBOLDT wird 1767 in Potsdam geboren. Mit seinem Bruder Alexander lebt er in Tegel und Berlin. Nach dem frühen Tod des Vaters wird JOACHIM HEINRICH CAMPE, der zu einem führenden Vertreter der philanthropischen Aufklärungspädagogik wird, HUMBOLDTs Hauslehrer. Eine ausgewiesene, v.a. der Aufklärung nahe stehende Lehrerschaft unterrichtet HUMBOLDT, der selbst nie eine öffentliche Schule besucht. Mit CAMPE reist HUMBOLDT nach Frankreich, wo er 1789 die Ereignisse der Französischen Revolution kennen lernt. Zwei Jahre zuvor hatte HUMBOLDT in Frankfurt an der Oder ein Jura-Studium aufgenommen, das er nach einem Wechsel nach Göttingen gegen historische Staatswissenschaft und Altertumswissenschaft tauschte.

1790 beginnt HUMBOLDT Tätigkeiten für den Preußischen Staat. Nach seiner Heirat mit CAROLINE VON DACHERÖDEN 1791 zieht er sich zurück. Von 1797 bis 1801 lebt er in Paris, anschließend von 1802 bis 1808 ist er Diplomat Preußens beim römischen päpstlichen Stuhl. Als der Posten aufgelöst wird, übernimmt er auf Vorschlag STEINs die Leitung der dem Innenministerium unterstellten Sektion für Kultus und Unterricht und leitet die Preußischen Bildungsreformen. Sie sind Teil der umfassenden Reform des preußischen Staats- und Verwaltungsapparates nach der Niederlage Preußens gegen die Armee NAPOLEONs.

1814 vertritt HUMBOLDT mit HARDENBERG Preußen auf dem Wiener Kongress, von 1817 bis 1818 arbeit er als Gesandter in London. Nach einem erneuten Rückzug aus der Öffentlichkeit widmet er sich ab 1820 v.a. sprachtheoretischen Studien. HUMBOLDT stirbt 1835 in Tegel.

5.2 Zeitgeschichte

Nur aufgrund besonderer zeitgeschichtlicher Wendungen kam HUMBOLDT in die Verantwortung, die Bildungsreformen Preußens zu leiten – wenn dies auch nur in einem relativ kurzen Zeitraum geschah. Der Preußische Staat und HUMBOLDT begegneten sich gleichsam auf halbem Wege, da HUMBOLDTs liberale Grundhaltung nur in einer staatlich-politischen Grundverfassung zur Wirkung gelangen konnte, die ihrerseits liberale Tendenzen befürwortete. Dies war im Preußischen Staat gegeben, der versuchte, durch seine zeitgemäße Restrukturierung an neuer nationaler Kraft zu gewinnen. Kennzeichnend ist das Diktum von FRIED-

RICH WILHELM III. aus dem Jahre 1806, demzufolge es gelte, den physischen Verlust Preußens durch geistige Kräfte auszugleichen.

Auch in anderer Hinsicht war HUMBOLDT – trotz seines zeitweiligen Rückzugs auf die Privatsphäre – vom Zeitgeschehen berührt. Wie nicht wenige Pädagogen seiner Zeit lehnte er als Neuhumanist eine Erziehung zu gesellschaftlicher Brauchbarkeit ab und orientierte sich an der Erziehung des einzelnen Individuums. Zu Lebzeiten fand sein Bildungsbegriff keine dauerhafte Unterstützung. Symptomatisch hierfür: Der noch weitgehend dem neuhumanistischen Bildungsbegriff verpflichtete Unterrichtsgesetzentwurf, den SÜVERN 1819 vorlegte, wurde abgelehnt. Nach dem politischen Wiedererstarken des Preußischen Staates nach 1813 war dessen Interesse an liberaler Bildungsreform sehr verringert.

5.3 Kernaussagen

HUMBOLDTs Begriff allgemeiner Bildung wird als vorrangiges Exempel einer von „realistischen" Anforderungen der Aus-Bildung absehenden allgemeinmenschlichen Bildung betrachtet – und dies, obwohl HUMBOLDTs „Theorie der Bildung des Menschen" (1793/1960) nur als kurzes Fragment vorliegt, das zudem weniger konkrete Anleitungen enthält als eine spezifische Perspektive zu benennen. Zudem dauerte die öffentliche Tätigkeit, für die Humboldt bis heute bekannt ist, nur relativ kurz: Er leitete die Preußische Sektion für Kultus und Unterricht von Februar 1809 bis Juni 1810.

Dennoch gilt HUMBOLDT, der wichtigste Vertreter des pädagogischen Neuhumanismus, zurecht als Klassiker der Pädagogik. Als Anhänger einer individualorientierten Bildungstheorie, die die allseitige Entwicklung des Einzelnen in den Mittelpunkt stellt und dabei von gesellschaftlichen Zwängen und Anforderungen absieht, wird er bis heute kontrovers diskutiert.

Konturiert finden sich HUMBOLDTs politische und pädagogische Thesen – von denen er sich später nicht substantiell entfernte – in seiner Schrift „Ideen zu einem Versuch, die Gränzen der Wirksamkeit des Staats zu bestimmen". Sie erschien unter dem Druck der Zensur in Teilen zuerst 1792, erst 16 Jahre nach seinem Tode wurde sie ganz publiziert. Die Schrift folgt einer klaren liberalen Grundhaltung: Die Wirksamkeit des Staates beziehe sich nicht darauf, positivfördernd in die Lebensführung der Menschen einzugreifen. Dies gilt auch für die Erziehung. Der allseitig gebildete Mensch solle von sich aus in Gesellschaft und Staat tätig werden können, unter keinen Umständen sei der Staatsbürger zu Lasten des Menschen zu erziehen. Im Gegenteil: Die Verfassung solle am Menschen orientiert sein, „sich gleichsam an ihm prüfen" (HUMBOLDT 1792/1960,

106), und nicht umgekehrt. Dennoch seien, wie HUMBOLDT bereits hier schrieb, Bürger und Mensch zu vereinen, und bestenfalls herrsche zwischen ihnen Übereinstimmung.

War dies auf die öffentliche Erziehung bezogen, so forderte HUMBOLDT auch bei der privaten Erziehung, vorrangiges Ziel sei die Förderung von Mündigkeit; Erziehung ende mit der erlangten Reife. In die Familienerziehung solle der Staat eingreifen, wenn die Eltern ihrer Pflicht nicht nachkommen, aber „seine Aufsicht muss jedoch hierauf beschränkt sein" (ebd., 204). Auch auf einen weiteren Aspekt bezieht sich die Betonung der Förderung von Eigenständigkeit: Der Heranwachsende ist nicht für einen bestimmten Beruf oder für eine soziale Position, die er wahrscheinlich einnehmen wird, zu erziehen. Dies würde seine Möglichkeiten einschränken und ihn festlegen. Wichtiger als die Berufsbildung – die HUMBOLDT deswegen aber nicht gering schätzte – sei die allgemeine Bildung; sie habe Vorrang, solle jedem vermittelt werden und lege die Basis für eine Spezialisierung auf spezifische Kompetenzen.

In seiner Tätigkeit als Leiter der Preußischen Sektion für Unterricht und Kultus suchte HUMBOLDT dem gerecht zu werden durch eine entsprechende Organisation des Bildungssystems. Zwei Dinge sind dabei zu bedenken: Erstens konnte Humboldt als liberaler Denker diese Aufgabe nur übernehmen in einer Phase, in der die politische Führung ihrerseits liberale Reformen befürwortete. Dies änderte sich, nachdem Preußen mit Alliierten 1813 die Französische Revolutionsarmee Napoleons besiegt hatte. Mit dem Wiener Kongress von 1814/15 und den Karlsbader Beschlüssen von 1819 war die liberale Reformphase letztlich beendet. Zweitens steht HUMBOLDT in der Regel als schillernde Figur der Bildungsreformen im Vordergrund. Allerdings war er nur relative kurze Zeit als Leiter der Sektion tätig, zudem kooperierte er mit eigenständigen Reformern wie u.a. NICOLOVIUS, SÜVERN oder SCHLEIERMACHER, die maßgebliche Impulse setzten.

Dies soll den Einfluss HUMBOLDTs aber nicht gering veranschlagen. In seinem Königsberger und Litauischen Schulplan beschreibt er die für seine Haltung charakteristische Form des Bildungswesens: Zwar dachte HUMBOLDT nicht daran, dass Kinder aus unterschiedlichen Sozialmilieus tatsächlich in die gleiche Schule gehen sollten; aber es sollte für alle ein einheitliches Schulsystem eingerichtet werden. Realistisch ausgerichtete Mittelschulen lehnte HUMBOLDT dabei ab. Im Gegenzug forderte er: „Es gibt, philosophisch genommen, nur drei Stadien des Unterrichts: Elementarunterricht, Schulunterricht, Universitätsunterricht" (1809/1964, 169). Entscheidend ist das zugrunde gelegte Prinzip: Auch der Ärmste sollte eine umfassende Menschenbildung erfahren, und die Bestimmung der Zukunft von Kindern durfte sich erst im Entwicklungsgang aus ihrer Individualität heraus ergeben. Um dies zu ermöglichen, bedurfte es eines einheitlichen Erziehungssystems für alle. Deutlicher konnte man einen Widerspruch zu ständischen Gesellschaftsstrukturen, zu ökonomischen Verwertungspostulaten und zu herrschaftlichen Forderungen nach Unterordnung kaum formulieren.

Im Zentrum von HUMBOLDTs Bildungsinteresse standen das Individuum und seine Möglichkeit der Selbstentfaltung, nicht staatliche Herrschaftssicherung, eine Erziehung zur sozialen Nützlichkeit oder anderes. Deutlich wird dies in dem kurzen Fragment über die „Theorie der Bildung des Menschen". Dort heißt es: „Im Mittelpunkt aller besonderen Arten der Thätigkeit nemlich steht der Mensch, der ohne alle, auf irgend etwas Einzelnes gerichtete Absicht, nur die Kräfte seiner Natur stärken und erhöhen, seinem Wesen Werth und Dauer verschaffen will" (1793/1960, 235). Die allgemeine Bildung richtet sich an den einzelnen Menschen, der aus eigener, ihm an sich zukommender Schaffenskraft zu einer reflexiven, vielseitig orientierten Persönlichkeit „gebildet" werden soll. Nach den allgemeinen Umwälzungen der Gegenwart sei nach HUMBOLDT „allein noch in unserm Innern eine sichere Zuflucht offen" (1797/1960, 506). Eine allseitige, nicht nur auf Wissensvermittlung verengte Anregung einer im Individuum liegenden Schaffens- und Entwicklungskraft vermöge dies anzuleiten. Dies bedarf der Ermöglichung von Freiräumen, um durch geeignete Inhalte Bildungsprozesse vielseitig zu unterstützen. Der Mensch ist als Ganzheit nach seiner Eigenart zu fördern.

Mit Blick auf die soziale Umwelt ergeben sich drei Konsequenzen: Zunächst wird ein deutlicher Widerspruch gegen die zu HUMBOLDTs Zeiten gegebenen sozialen Ungleichheiten deutlich. HUMBOLDT nimmt von ihnen Abstand und setzt ihnen das Idealbild allgemeiner Bildung entgegen. Diese Abstraktion von der realen Umwelt und ihren konkreten Lebensanforderungen wurde ihm immer wieder vorgeworfen. Zweitens erdachte HUMBOLDT im Konzept der Bildung eine harmonisch integrierte Ganzheit, in der gebildete Individuen – über die Nation hinausgehend letztlich bis zur Menschheit – in freier Interaktion stehen. Das Ergebnis der Bildung sei eine freie, national integrierte Öffentlichkeit. Drittens beschreibt Bildung auch einen sozialen Prozess. Einen Menschen alleine zu denken, sei ein Unding, und nur vermittelt über das Bewusstsein des Anderen gelange der Einzelne zu sich. Trotz seiner Orientierung am Einzelnen dachte HUMBOLDT ihn nicht als Einzelwesen. Dem Menschen kam die Aufgabe zu, sich nicht nur als Individuum zu wissen, sondern sich in der Auseinandersetzung mit Anderen einer ideal gedachten, sozial geprägten Individualitätsform anzunähern.

Ermöglicht werde die Vermittlung zwischen der eigenen Person und Anderen v.a. über die Sprache, deren Erforschung sich HUMBOLDT nachhaltig widmete.

Sie erlaube sowohl die Darstellung von Allgemeinheit, in der der Einzelne als Individuum aufgehoben war, als auch die Darstellung von Individualität, in der der Einzelne sich ausdrücken konnte. Diese Vermittlung von Individualität und Allgemeinheit sah HUMBOLDT am reinsten bei den alten Griechen realisiert (s. Abb. 42). Er sah die Orientierung an ihnen weniger als Möglichkeit, um gegen zeitgenössische Krisen vorzugehen, wie dies einige seiner Zeitgenossen vor Augen hatten. Er sah in ihnen eher ein Vorbild mit der Möglichkeit, eigene Schaffenskräfte zu mobilisieren. Die Griechen schienen in ihrer „Nationalgemeinschaft" (1807/1961, 69) eine harmonische Vermittlung von Individualität und Allgemeinheit erlangt zu haben. Dies machte ihre Sprache zu einem wichtigen Gegenstand der Beschäftigung im Bildungsprozess.

Abbildung 42: HUMBOLDTs Vermittlung von Individualität, Sprache und Universalität (BLANKERTZ 1980)

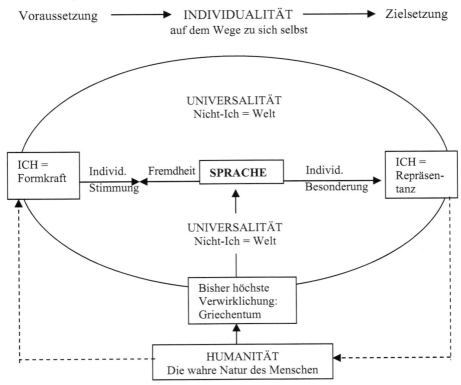

5.4 Wirkungsgeschichte

HUMBOLDTs Bildungstheorie gilt den einen als elitäre, überhebliche Abstraktion von den Erfordernissen der Existenzsicherung und Lebensführung, den anderen als menschenfreundlicher, emanzipatorischer Widerspruch gegen Postulate ökonomischer Nutzenorientierung und gesellschaftlicher Brauchbarkeit. Entsprechend kontrovers wird HUMBOLDT diskutiert. Allerdings setzte die umfangreiche pädagogische Beschäftigung mit seinen Vorgaben erst sukzessive nach seinem Tode ein. Dazu mag beigetragen haben, dass Einiges Fragment blieb, sich aus seiner Bildungstheorie kaum unmittelbare, konkrete Handlungsaufforderungen ableiten lassen und zudem das politische Umfeld sich von dem liberalen Geist, in dem HUMBOLDT tätig war, abwendete. Auf HUMBOLDTs Tätigkeit als Bildungsreformer folgten Phasen restaurativer Politik, und die Industrialisierung setzte in Deutschland erst nach seinem Tode nachhaltig ein (etwa ab den 1840er Jahren). Dennoch wurde HUMBOLDT in jüngerer Vergangenheit gerade von gesellschaftskritischer Seite aus als Klassiker neu entdeckt.

Im Zentrum von HUMBOLDTs liberaler Bildungstheorie steht Individualität. Sie soll zur freien Geltung gebracht werden. Dazu ist zunächst von einer Orientierung der Erziehung an sozialen Positionen abzusehen, damit die Individualität sich frei und vielseitig entwickeln kann. Die Stadien des Unterrichts sind *Elementarunterricht, Schulunterricht und Universitätsunterricht*. Von mittleren, an „realen" gesellschaftlichen Aufgaben ausgerichteten Schulen sieht HUMBOLDT bewusst ab. Jedem soll die Möglichkeit gegeben werden, sich durch das Erziehungssystem zu bilden. Die soziale Vermittlung und die Darstellung von Individualität erfolgt vor allem über die Sprache. Als sprachliches und sozialintegratives Vorbild dienen die Griechen.

Wichtige Begriffe:
- Allgemeine Menschenbildung
- Drei Stadien des Unterrichts
- Sprachtheorie
- Mensch - Bürger, Nation – Staat

Literatur

HUMBOLDTs Arbeiten sind über Werkausgaben zugänglich. Die Sekundärliteratur ist relativ stark gespalten in der Darstellung und Deutung des HUMBOLDTschen Werkes.

Wichtige Arbeiten HUMBOLDTs zu Bildung(sorganisation) und Pädagogik sind:
- „Theorie der Bildung des Menschen" (1793)
- „Der Königsberger und der Litauische Schulplan" (1809)
- „Ideen zu einem Versuch, die Gränzen der Wirksamkeit des Staats zu bestimmen" (1792)

Aus der Sekundärliteratur seien empfohlen:
- Benner, D. (2000): Wilhelm von Humboldts Bildungstheorie. Eine problemgeschichtliche Studie zum Begründungszusammenhang neuzeitlicher Bildungsreform. Weinheim: Juventa.
- Heydorn, H.-J. (1979): Bildungstheoretische Schriften. Bd. 2. Frankfurt: Syndikat.
- Menze, C. (1975): Die Bildungsreform Wilhelm von Humboldts. Hannover: Schroedel.

6 Friedrich Daniel Ernst Schleiermacher (1768-1834)

6.1 Kurzbiographie

FRIEDRICH SCHLEIERMACHER wird 1768 in Breslau geboren. Er wächst in einem Umfeld auf, das pietistisch, namentlich im Sinne der Herrnhuter Brüdergemeinde, geprägt ist. Bei Görlitz besucht SCHLEIERMACHER das Herrnhuter Pädagogium, eine Internatsschule, und anschließend die Theologische Hochschule der Brüdergemeinde, das Seminar in Barby. 1787 wechselt er an die liberalere Universität in Halle. Dort studiert er Theologie und Philosophie. Nach bestandenem erstem Theologischem Examen wird er 1790 in Ostpreußen Hauslehrer bei der in besten Kreisen verkehrenden Familie des Grafen DOHNA ZU SCHLOBITEN. Nach kurzer Tätigkeit als Lehrer in Berlin und nach dem zweiten Theologischen Examen wird er 1794 zunächst Hilfsprediger in Landsberg an der Warthe, um dann als Prediger in Berlin tätig zu werden. Hier gewinnt er Zugang zu gesellig-gebildeten Kreisen und zu romantischem Denken. SCHLEIERMACHER wird angeregt zu seiner Schrift „Über die Religion. Reden an die Gebildeten unter ihren Verächtern" von 1799, durch die er bekannt wird. 1802 wird er Hofprediger in Pommern, im Anschluss übernimmt er 1804 eine Theologie-Professur in Halle. Nach der Auflösung der Universität durch NAPOLEON kehrt SCHLEIERMACHER nach Berlin zurück. 1809 arbeitet er dort als Prediger, zudem beteiligt er sich nachhaltig an den Preußischen Bildungsreformen. 1834 stirbt er in Berlin.

Sein primäres Betätigungsfeld sah SCHLEIERMACHER nicht in der Pädagogik, sondern im Bereich von Religion und Theologie. Dennoch formulierte er – insbesondere durch seine pädagogischen Vorlesungen, die er dreimal, 1813/14, 1820/21 und 1826, hielt und die durch Mitschriften erhalten sind – zentrale Vorgaben für die Pädagogik, die ihn zu einem der wichtigsten und am meisten diskutierten Pädagogen der Neuzeit machen.

6.2 Zeitgeschichte

SCHLEIERMACHER war in mehrfacher Hinsicht aktiv in das kulturelle und wissenschaftliche Leben seiner Zeit eingebunden. Insbesondere als Theologe besaß er hohe Bedeutung, während er die Pädagogik eher nebenbei betrieb. Große Bedeutung erlangte zudem seine anfänglich mit FRIEDRICH SCHLEGEL erarbeitete Platon-Übersetzung, während er daneben auch philosophisch tätig war in der Ästhetik, Dialektik und Hermeneutik. Was die Erziehung betrifft, so betrieb sie SCHLEIERMACHER nicht nur theoretisch; von größerer Bedeutung war zudem seine bildungspolitische bzw. -organisatorische Mitarbeit an den Preußischen Bildungsreformen; SCHLEIERMACHER war von 1810 bis 1815 Mitglied der Preußischen Sektion von Kultus und Unterricht, von 1810 bis 1811 war er Direktor der wissenschaftlichen Deputation für öffentlichen Unterricht. Zudem war SCHLEIERMACHER erster Dekan der Universität Berlin. Weit über den universitären Kontext hinaus prägten die Bildungsreformen – die von Februar 1809 bis Juni 1810 unter der Leitung WILHELM VON HUMBOLDTs durchgeführt wurden – nachhaltig das deutsche Bildungssystem. Sie verfolgten einen Begriff allgemeiner Bildung, der bis heute nachwirkt.

6.3 Kernaussagen

Ein wichtiger Aspekt der Pädagogik SCHLEIERMACHERs lag in der Erkenntnis differenzierten gesellschaftlichen Lebens, das die Erziehung mit unterschiedlichen Anforderungen konfrontierte. Am deutlichsten ausgearbeitet ist dies in den Vorlesungen von 1826 (SCHLEIERMACHER 1826/2000), auf die nachfolgend vorrangig Bezug genommen wird.

HEGEL (1821/1986) bestimmte in seiner „Rechtsphilosophie" die Ausdifferenzierung der Gesellschaft in die Bereiche Familie, bürgerliche Gesellschaft und Staat. SCHLEIERMACHER ging – ohne die Theorie HEGELs und seine Orientierung am Staat zu teilen – noch einen Schritt weiter und bestimmte als gesellschaftliche Teilbereiche Staat, Kirche, Geselligkeit und Wissenschaft. Lediglich in der Familie waren die gesellschaftlichen Teilbereiche noch integriert, in ihr waren „ihrer Natur nach alle großen Lebensgemeinschaften repräsentiert" (SCHLEIERMACHER 1826/2000, 159). Die Eigenlogiken der genannten vier Lebensgemeinschaften hingegen stellten die Erziehung vor spezifische Anforderungen; Erziehung solle den Zögling „abliefern als ihr Werk an das Gesamtleben im Staate, in der Kirche, im allgemeinen freien geselligen Verkehr, und im Erkennen und Wissen" (ebd., 31). Für die Kirche maßgeblich war die „religiöse Besinnung" (ebd., 129) und die Teilhabe am religiösen Leben. Notwendig für geselligen Verkehr sei „Sinn für das Anmutige und Schöne" (ebd., 118) und die Fähigkeit, es aktiv hervorzubringen. Wissenschaftliche Fähigkeiten konnten zwar nicht von jedem eingefordert werden, allerdings hatte Erziehung auf sie vorzubereiten. Für das Leben im Staat bereite Erziehung vor, indem sie den Menschen als Bürger erzieht, der in der Lage ist, als Teil des Ganzen zu handeln und eine Position in ihm zu übernehmen (vgl. SCHLEIERMACHER 1814/2000, 288). Den Staat betreffend teilte SCHLEIERMACHER die Skepsis HUMBOLDTs gegenüber einer möglichen staatlichen Übermacht bei der Prägung des Schulwesens. An sich seien Staat und Erziehung relativ unabhängig voneinander, und

„Erziehung kann sehr gut gedacht werden ohne den Staat und vor ihm" (ebd., 275). Zwar sei Erziehung eine öffentliche Angelegenheit – weswegen SCHLEIERMACHER u.a. HERBARTs Versuch, ein Seminar zur Ausbildung von Hauslehrern einzurichten, ablehnte –, aber der Staat solle nicht alleine die entsprechende Verantwortung wahrnehmen. Erziehung solle auf der Ebene von Kommunen unter Beteiligung der Kirche und des wissenschaftlichen Wissens organisiert werden. Der Einfluss des Staates war somit anzuerkennen, aber er sollte nur indirekt die Erziehung prägen.

Ein weiteres Problem ergab sich für die Erziehung aus der Projektion des „Ablieferns". Denn es war keineswegs SCHLEIERMACHERs Absicht, Erziehung auf die Nützlichkeit des Einzelnen für die Gesellschaft auszurichten und damit die Gesellschaft in ihrer bestehenden Form zu konservieren. Vielmehr sollte Erziehung den Einzelnen mündig machen, selbst gemäß seiner Individualität in die Gesellschaft einzutreten (vgl. SCHLEIERMACHER 1826/2000, 16); sie endete mit der Selbsttätigkeit des Menschen, die Erziehung überflüssig macht. Eine bloße Anpassung an die Gesellschaft konnte damit nicht gefordert sein, und sie wäre mit SCHLEIERMACHERs Erziehungsverständnis unverträglich gewesen. Letztlich war die Erziehung an der Selbsttätigkeit des Einzelnen ausgerichtet, der bereits beim Austritt aus der Familienerziehung mit den Pflichten des öffentlichen Lebens konfrontiert war. Erziehung wurde damit gleichzeitig als Funktion der Gesellschaft konzipiert, da die Einzelnen in den über den Generationenwandel vollzogenen Erneuerungsprozess der Gesellschaft eintraten. Die Orientierung von Erziehung kristallisierte sich entsprechend in der Grundfrage: „Was will denn eigentlich die ältere Generation mit der jüngeren? Wie wird die Tätigkeit dem Zweck, wie das Resultat der Tätigkeit entsprechen?" (ebd., 9).

Für SCHLEIERMACHER war der automatisch-unbewusste Zirkel des Generationenwandels aufgehoben. Es war explizit zu fragen, ob die nachwachsende Generation zur Erhaltung oder Verbesserung des Bestehenden beitragen solle. Seiner Meinung nach durfte Erziehung nicht so eingerichtet sein, dass die bestehende Gesellschaftsform mit ihren Fehlern nur reproduziert wird. Gleichfalls unzureichend wäre es aber auch, Heranwachsende zu aktivistischen Reformern zu erziehen, die am Bestehenden per se kein Interesse haben. Folglich war eine Lösung zu finden, die die Antinomie von Erhaltung und Verbesserung der Gesellschaft aufheben kann: „Die Erziehung soll so eingerichtet werden, daß beides in möglichster Zusammenstimmung sei, daß die Jugend tüchtig werde einzutreten in das, was sie vorfindet, aber auch tüchtig in die sich darbietenden Verbesserungen mit Kraft einzugehen" (ebd., 34).

Man sieht an diesen Beispielen SCHLEIERMACHERs prinzipielle Argumentationsweise. Er ging von *pädagogischen Antinomien* aus, um sie für sich und in ihren Folgen für die Erziehung zu diskutieren. Ziel war nicht die Formulierung rezepthafter Lösungen für pädagogische Probleme, sondern das Aufzeigen von Orientierungsmöglichkeiten angesichts konfliktbehafteter Optionen. In diesem Sinne kann SCHLEIERMACHERs Pädagogik als eine Art reflektierten Kontingenzmanagements verstanden werden. Es war für SCHLEIERMACHER angezeigt, da er die Lösung pädagogischer Probleme nicht axiomatisch festlegen wollte. Angesichts des zeitgenössischen Wissensstandes über das Wesen des Menschen waren hierüber ebenso wenig definitive Entscheidungen möglich wie über die ethische Orientierung von Erziehung. Es gab einzelne Ansätze, die konkurrierten und deshalb nicht als Wahrheit vorauszusetzen sein konnten. Dennoch waren Kenntnisse der Anthropologie ebenso wie ethische Bestimmungen für die Erziehung wichtig, da zu klären war, was Erziehung bewirken solle und wie sie dies könne.

Was die Anthropologie betraf, so stritten pädagogische Optimisten, die meinten, Erziehung könne alles in ihrem Sinn stehende aus dem Zögling machen, mit pädagogischen Pessimisten und ihrer Ansicht, der Mensch sei bei der Geburt mit unveränderbaren Anlagen ausgestattet. SCHLEIERMACHERs Lösung war pragmatisch, kritisch und sittlich zugleich: Er ging von der Unentscheidbarkeit der Streitfrage aus (ebd., 21). Pragmatisch war dies, da die Handlungsfähigkeit von Erziehung vorausgesetzt wurde; kritisch war dies insofern, als Unterschiede zwischen den Menschen nicht negiert wurden, allerdings war die Erziehung nicht an ständischen oder sonstigen Normierungen auszurichten, so dass Erziehung gegen die überlieferten Elemente einer traditional gegliederten Gesellschaft gerichtet war. Sittlich war dies nach Ansicht SCHLEIERMACHERs, da Erziehung die Entwicklungsmöglichkeiten des Einzelnen vielseitig fördern sollte, um die ihm eigenen Neigungen zu entwickeln und anzuregen.

Die Mittel dazu waren die Behütung, die Gegenwirkung und die Unterstützung. Gutes solle bewahrt, Schlechtem entgegengewirkt werden, und v.a. galt es, positive Ansätze beim Zögling fördernd zu unterstützen (ebd., 72ff). In zeitlicher Hinsicht erstreckte sich dies auf die Kindheit, das Knabenalter und die Jugendzeit. Nach der ganzheitlichen Erziehung des Kindes in der Familie beginnt die öffentliche Erziehung im Knabenalter. In bildungsorganisatorischer Hinsicht konzipierte SCHLEIERMACHER hierzu eine Dreiteilung: Heranwachsende sollten zunächst die Volksschule besuchen, später, falls sie eine verantwortungsvollere Tätigkeit anstreben, eine realistisch orientierte Bürgerschule und anschließend die Gelehrtenschule, die für Leitungsfunktionen oder für wissenschaftliches Arbeiten qualifizierte.

Was die ethische Orientierung der Erziehung anbetraf, so ging SCHLEIERMACHER nicht von einem bestimmten ethischen System aus, das der Erziehung bestimmte Normen vorgab. Denn im Streit ethischer Systeme war nicht zu entscheiden, welches richtig war. Die Theorie der Erziehung sei gleichwohl an die Ethik gebunden. Er hielt dies fest in dem Satz: „Die Pädagogik ist eine rein mit der Ethik zusammenhängende, aus ihr abgeleitete angewandte Wissenschaft, der Politik koordiniert" (ebd., 13). Angesichts der fehlenden Einigkeit über die Ethik setzte SCHLEIERMACHER voraus, Erziehung sei dann „gut und sittlich, wenn sie dem sittlichen Standpunkt der Gesellschaft entspricht" (ebd., 31). Dies erscheint auf einen ersten Blick, als ob SCHLEIERMACHER den mehr oder weniger zufällig gerade vorherrschenden Standpunkt der Gegenwart zum Maßstab der Erziehung machte – gemeint ist allerdings etwas anderes. Zum Verständnis ist zu bedenken, dass SCHLEIERMACHER zwar von einer komplexen und differenzierten Gesellschaftsstruktur und von verschiedenen Möglichkeiten ethischer Orientierung ausging. Gleichzeitig aber teilte er mit, „die verschiedenen Gebiete menschlicher Gemeinschaft würden übereinstimmend sein, wenn sie ihrer Idee entsprächen" (ebd., 33). Dies war nicht eine utopische Hoffnung auf einen entfernten Zustand. Vielmehr war die Rückführung der Lebensgemeinschaften auf eine sie einheitlich begründende sittliche Idee laut SCHLEIERMACHER bereits in der Realität zu konstatieren. In der Anbindung an diese „Idee des Guten" (ebd., 33) hatte Erziehung teil am gesellschaftlichen und kulturellen Fortschritt. Die Theorie der Erziehung solle anknüpfen an das Bestehende und „dem natürlichen, sicher fortschreitenden Entwicklungsgang entsprechen" (ebd., 146). SCHLEIERMACHER ging sogar so weit zu behaupten, durch die Versittlichung der Gemeinschaften und die Lösung ihrer Konflikthaftigkeit könne die Erziehung und ihre Reflexion wieder zu einem unbewusst vollzogenen Prozess werden; Erziehung und ihre Theorie würden dadurch obsolet (vgl. ebd., 64f.).

Vor dem Hintergrund dieser optimistischen Haltung wird ersichtlich, warum SCHLEIERMACHER von der „Dignität" (ebd., 11) der Erziehungspraxis gegenüber der Theorie ausging. Theorien hatten sich an der Praxis zu orientieren und fanden in ihr ihren Bezugspunkt. Da in der Praxis bereits eine Tendenz zu Verbesserung des Bestehenden angelegt war, konnte sich die Theorie entsprechend positionieren – eine These, die später insbesondere von Vertretern geisteswissenschaftlicher Pädagogik geteilt wurde.

6.4 Wirkungsgeschichte

SCHLEIERMACHERs Pädagogik blieb zunächst ohne größere Wirkung. Dies mag an verschiedenen Faktoren wie der anfangs schwierigen Zugänglichkeit – erst in der Mitte des 19. Jahrhunderts wurden die Vorlesungsmitschriften publiziert –, der abwägend-reflektierenden Argumentationsweise und schlicht an populäreren zeitgenössischen Alternativentwürfen gelegen haben. Davon unbenommen werden die Vorgaben SCHLEIERMACHERs heute als wichtige Bezugspunkte der Ausarbeitung der Eigenständigkeit der Pädagogik gegenüber anderen Wissenschaften und einer (Meta-)Theorie der Erziehung anerkannt. Nach wie vor besteht ein Bedürfnis und ein Bedarf an der Aufarbeitung seiner Arbeiten.

> SCHLEIERMACHER diskutiert in seinen pädagogischen Vorlesungen Antinomien der Erziehung. U.a. kann Erziehung realisiert werden als Unterstützung, Gegenwirkung oder Behütung, sie kann sich an den Einzelnen oder die Allgemeinheit richten, an die Zukunft oder Gegenwart der Heranwachsenden, an den Erhalt oder die Veränderung des Bestehenden. Die Theorie der Erziehung kann dabei nicht auf letztgültiges anthropologisches oder ethisches Wissen zurückgreifen, da beides umstritten ist. Die Theorie soll sich an dem in der Praxis Gegebenen orientieren, das seine eigene Dignität aufweist. Die Praxis ist bereits in der Realisierung einer positiven Entwicklung begriffen. Die gesellschaftliche Ausdifferenzierung konfrontiert die Erziehung mit besonderen Aufgaben, zumal die Pädagogik die Mündigkeit des Einzelnen fördern muss.
>
> **Wichtige Begriffe:**
> - Pädagogische Antinomien
> - Generationenwandel
> - Dignität der Praxis
> - Pädagogik als ethische, der Politik koordinierte Wissenschaft

Literatur

Maßgebliche pädagogische Veröffentlichungen sind:
- Vorlesungen 1826
- „Versuch einer Theorie des geselligen Betragens" (1798/99)
- „Über den Beruf des Staates zur Erziehung" (1810)

Aufschlussreiche Arbeiten über SCHLEIERMACHER, neben vielen weiteren:
- Fuchs, B. (1998): Schleiermachers dialektische Grundlegung der Pädagogik. Klärende Theorie und besonnene Praxis. Bad Heilbrunn: Klinkhardt.
- Hopfner, J. (Hrsg.) (2001): Schleiermacher in der Pädagogik. Würzburg: Ergon.
- Schurr, J. (1975): Schleiermachers Theorie der Erziehung. Interpretationen zur Pädagogikvorlesung von 1826. Düsseldorf: Schwann.
- Winkler, M. (2000): Einleitung. In: Schleiermacher, F.: Texte zur Pädagogik. Bd. 1. Frankfurt: Suhrkamp, S. VII-LXXXIV.

7 Johann Friedrich Herbart (1776-1841)

7.1 Kurzbiographie

HERBART wurde 1778 in Oldenburg geboren. Er erhält Privatunterricht und besucht dann ein öffentliches Gymnasium. Der als sehr begabt geltende Schüler kommt früh mit philosophischem Denken in Berührung. Für seine Pädagogik wichtig wird insbesondere die Beschäftigung mit KANT. Daneben nimmt HERBART aufmerksam die politischen und gesellschaftlichen Umstürze seiner Zeit wahr, die er schon als Schüler in Reden thematisiert. Ab 1794 studiert HERBART in Jena u.a. bei FICHTE Philosophie, im Anschluss ist er in Bern als Hauslehrer tätig. Er trifft PESTALOZZI und setzt sich mit dessen Pädagogik auseinander.

1804 erscheint als Anhang zu einer Arbeit über „Pestalozzis Idee eines ABC der Anschauung" HERBARTs erste wichtige Schrift zur Pädagogik: „Über die ästhetische Darstellung der Welt als Hauptgeschäft der Erziehung". Sie enthält wesentliche Grundannahmen seines später explizierten pädagogischen Systems. HERBART beschreibt Erziehung als Anleitung zu individueller Selbsttätigkeit. Diese scheinbar paradoxe Aufgabe scheint ihm möglich durch „ästhetische Darstellung"; der Zögling soll unter Mithilfe von Erziehung eigene Urteile entwickeln und sich zu einem selbstverantwortlichen Subjekt bilden.

Nach Promotion, Habilitation und einer Professur für Philosophie in Göttingen wird HERBART 1809 nach Königsberg berufen, wo er zweiter Nachfolger auf dem Lehrstuhl KANTs wird. Er richtet ein pädagogisches Seminar und eine Versuchsschule ein. 1833 kehrt er nach Göttingen zurück, wo er 1841 stirbt. Einzig die Affäre um die sog. „Göttinger Sieben" zeigt eine gewisse politische Dramatik in HERBARTs Lebenslauf. Sieben Göttinger Professoren kritisierten die Wiederherstellung der ständischen Verfassung durch den König von Hannover im Jahre 1833. Als Dekan der philosophischen Fakultät der Universität Göttingen weigerte sich HERBART, seine Kollegen zu unterstützen; 1837 wurden sie ihres Amtes enthoben. Eine 1838 geschriebene Rechtfertigung für seine Haltung in der „Göttingischen Katastrophe" ließ HERBART erst nach seinem Tode drucken: Die Universität brauche vor allem Ruhe, Kontinuität und Vertrauen in ihre Leistung.

7.2 Zeitgeschichtlicher Kontext

HERBART beschäftigten wie viele Pädagogen seiner Zeit nachhaltig politische Großereignisse wie die Französische Revolution und die sich wandelnde gesellschaftliche und politische Struktur. Wie SCHILLER, PESTALOZZI, HUMBOLDT und andere kann auch HERBARTs Pädagogik ohne diesen Bezug kaum verstanden werden – allerdings transformierte HERBART seine Sensibilität für die Aufgabe von Erziehung in diesem Rahmen nicht in eine explizit politische Pädagogik. Während andere Pädagogen versuchten, die neu gegebenen Aufgaben aktiv durch Erziehung zu bearbeiten, trennte HERBART die Pädagogik scharf von politischer Tätigkeit. Eine politisierende Pädagogik war ihm zuwider und zu wichtigen zeitgenössischen Bildungsreformen besaß er ein gespanntes Verhältnis. Dies gilt auch für die staatliche Prägung des Erziehungssystems. HERBART (1810/1964) war exponierter Schulkritiker – was ihm im Übrigen den unberechtigten Vorwurf einbrachte, einer reinen Hauslehrer-Pädagogik zu folgen. Immerhin ging HERBART, der familiale und öffentliche Erziehung aufeinander beziehen wollte, so weit zu behaupten, in Klassen organisierter Unterricht in staatlich verwalteten Schulen ähnele einer Fabrik, in der nur mechanisch gearbeitet werde, während die Einzigartigkeit und Vielseitigkeit des Einzelnen dadurch missachtet werde. Der Staat könne sich so nützlich erscheinende Untertanen heranziehen, aber für die Erziehung sei dies wenig angebracht. Der Trend der Zeit stand dieser Meinung entgegen. Das 19. Jahrhundert zeigt den kontinuierlichen Aufbau eines öffentlichen, staatlich geprägten und kontrollierten Erziehungssystems.

7.3 Kernaussagen und Anthropologie

HERBART gilt als einer der wichtigsten Pädagogen der Moderne, obwohl er zu Lebzeiten nur geringe Resonanz erfuhr. Durch sein Bestreben, die Eigenständigkeit der Pädagogik auszuarbeiten und sie durch ihre „*einheimischen Begriffe*" (1806/1983, 34) zu fundieren, gilt er gleichwohl mit Recht als ein Begründer der wissenschaftlichen Pädagogik.

Im Zentrum seines pädagogischen Systems steht die Förderung der „sittlichen Charakterstärke" des Individuums. Unterstützt durch Erziehung soll der Einzelne zur selbstverantwortlichen Anschauung des Guten und zu darauf aufbauendem sittlichem Handeln angeleitet werden. Die Pädagogik als angewandte Wissenschaft bedarf dazu einer ethisch begründeten Zielvorgabe und psychologischer Kenntnisse der psychischen Prozesse des Zöglings, dessen Bildsamkeit HERBART voraussetzte (s. Abb. 43).

Abbildung 43: HERBARTs Modell der Pädagogik als angewandte Wissenschaft

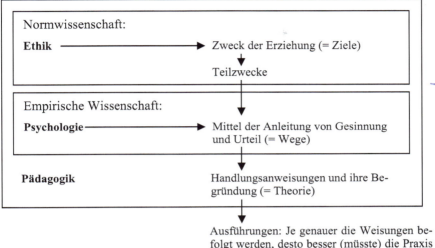

Die pädagogische Kernproblematik hatte HERBART in der „ästhetischen Darstellung" benannt: „*Machen, daß (?) der Zögling sich selbst finde als wählend das Gute, als verwerfend das Böse*: dies oder nichts ist Charakterbildung!" (1804/1964, 108) In anderen Worten war Erziehung mit der Aufgabe konfrontiert, die Individualität des Zöglings und die Autonomie seiner sittlichen Urteile zu respektieren, ihn aber gleichzeitig erziehen zu müssen, um Sittlichkeit anzuleiten. KANT (1803/1964, 711) formulierte das Problem in seinen pädagogischen Vorlesungen in einer klassisch gewordenen Frage: „Wie kultiviere ich die Freiheit bei dem Zwange? Ich soll meinen Zögling gewöhnen, einen Zwang seiner Freiheit zu dulden, und soll ihn selbst zugleich anführen, seine Freiheit gut zu gebrauchen".

HERBART distanzierte sich von KANT – neben weiteren Aspekten – in einem wesentlichen Punkt. KANT ging, pointiert ausgedrückt, nicht von einer durch äußere Einflüsse kausal zu bedingenden Sittlichkeit aus. Der Mensch lebe zwar unter verschiedenen Eindrücken, die ihn prägen, aber Sittlichkeit folge nicht aus empirischen Konstellationen, sondern sei unbedingt. Folglich gebe es neben einem Reich des Empirischen ein Reich des unbedingt Geltenden, des Intelligiblen. Die beiden Reiche könnten zwar vermittelt werden, aber sie gingen nicht ineinander über. Insbesondere sei die Freiheit des Menschen nicht durch äußere

Einflüsse verursacht: Eine Handlung, die extern bedingt sei, sei nicht frei, und nur eine frei gewählte Handlung könne sittlich sein. Freiheit und ebenso Sittlichkeit entstammten folglich nicht empirischen Wirkungen, sondern dem intelligiblen Wesen des Menschen.

Diese geteilte Anthropologie lehnte HERBART insofern ab, als die Annahme einer unbedingten Sittlichkeit des Menschen Erziehung unmöglich mache. Nahm man an, der Mensch handle nur aus sich und seinem Gewissen heraus sittlich, so hat Erziehung keinen Angriffspunkt für die sukzessive Ermöglichung von Sittlichkeit. Wie HERBART (1835/1895, 283) bewusst am Beginn seines letzten großen pädagogischen Werkes, dem „Umriss pädagogischer Vorlesungen", betonte, hatte die Pädagogik aber von der „Bildsamkeit" des Menschen auszugehen. Schon früh hatte HERBART deshalb KANTs Annahme einer „transzendentalen Freiheit" – d.h. einer nur praktisch zu unterstellenden, aber empirisch nicht zu bedingenden und zu diagnostizierenden Freiheit – abgelehnt: „Kein leisester Wind von *transzendentaler* Freiheit darf in das Gebiet des Erziehers durch irgendein Ritzchen hineinblasen", schrieb er unmissverständlich (HERBART 1804/1964, 107). Im Gegenzug wurde es zur Aufgabe des Erziehers, Sittlichkeit hervorzubringen, wenn auch unter strenger Beachtung der Selbsttätigkeit, der Individualität und Vielseitigkeit des Einzelnen, die keinesfalls durch Erziehung verschüttet werden durften. Die „ästhetische Darstellung" schien dazu geeignet, da das ästhetische Urteil nach HERBART notwendigerweise für sich spreche und sich der Urteilende dadurch als sein eigenes Werk hervorbringen könne.

Den Grundgedanken führte HERBART in seinem pädagogischen Hauptwerk „Allgemeine Pädagogik aus dem Zweck der Erziehung abgeleitet" aus dem Jahre 1806 systematisch aus. Bereits der Titel kennzeichnet die Ausrichtung der Erziehung an einem höchsten Ziel, und in diesem Sinne ist HERBARTS Pädagogik normativ. Erziehung ist aus dem Zweck der Erziehung, der Ermöglichung sittlicher Charakterstärke, abzuleiten; sachfremde Interessen dürfen das pädagogische Denken und Handeln nicht infiltrieren.

Erziehung soll Sittlichkeit ermöglichen, wozu ihr die Grundformen „*Regierung*", „*erziehender Unterricht*" und „*Zucht*" zur Verfügung stehen, die in der „Allgemeinen Pädagogik" nicht zufällig in dieser Reihenfolge angeordnet sind. Ohne selbst zu erziehen, übernimmt die *Regierung* eine vorbereitende Funktion der Erziehung. Sie will Ordnung und Ruhe stiften, um Erziehung und Aufnahmebereitschaft für ihre Wirkungen zu ermöglichen. Stärker auf Erziehung und auf eine bildende Wirkung im Gemüt des Einzelnen angelegt ist die *Zucht*. Sie meint nicht im heutigen Sinne Züchtigung, sondern sie soll den Einzelnen unterstützen bei der Möglichkeit, konsequent gemäß seiner sittlichen Urteile zu handeln. Denn dass gelerntes Wissen und sittliches Handeln differieren können, war HERBART sehr wohl bewusst. Um so wichtiger war es, durch die Zucht eine Vermittlung des angeeigneten Wissens mit der Handlungspraxis des Einzelnen zu erreichen. Er sollte lernen, sich nicht nur nicht willkürlich zu verhalten, sondern seinen einmal gewonnenen Einsichten zu folgen. Dies dem Heranwachsenden zu vermitteln, war Aufgabe des *erziehenden Unterrichts*. Dessen Aufbau ergibt sich aus HERBARTs psychologischen Annahmen, denen zufolge die Psyche aus sich verschiebenden, leicht durcheinander zu bringenden Vorstellungsmassen konstituiert sei. Unterricht solle zu einem geordneten Aufbau von Gedankenkreisen beitragen und dabei weder unter- noch überfordern.

Nach HERBART war dazu ein planmäßiges Vorgehen nötig, das die Aufnahmebereitschaft und Interessen des Einzelnen beachten musste und ihm half, seine Vorstellungen systematisch zu entfalten. Unterricht durfte – schon weil in der modernen Gesellschaft die künftigen Aufgaben des Einzelnen nicht vorherzusehen waren – keinesfalls die Freiheit des Einzelnen unnötig beschränken, sondern musste ihm die Möglichkeit lassen, sich seiner Individualität gemäß zu entwickeln. Für die dazu notwendige Unterrichtsmethodik differenzierte HERBART vier Ansatzpunkte, die sich auf einen Wechsel von Vertiefung und Besinnung beziehen. Gemeint sind formale Stufen des Unterrichts mit jeweils anderen Methoden; es ging HERBART nicht – wie später den Herbartianern – um die systematisierte Planung einer Unterrichtsstunde, die noch dazu auf eine ganze Klasse anzuwenden war.

Das konkrete Vorgehen beim Unterricht verweist nach HERBART auf den nötigen *„pädagogischen Takt"* (1802/1964, 129). Dieser vermittelt zwischen pädagogischer Theorie und erzieherischer Praxis, geht aber weder unmittelbar kausal aus jener noch aus dieser hervor: Er bildet sich in der Praxis, folgt aber nicht blindlings ihrer Routine, da er offen ist für eine positiv gemeinte Irritation durch Theorie. In den Worten HERBARTs ist der pädagogische Takt zu verstehen als „eine schnelle Beurteilung und Entscheidung, die nicht wie der Schlendrian ewig gleichförmig verfährt, aber auch nicht, wie eine vollkommen durchgeführte Theorie wenigstens *sollte*, sich rühmen darf, bei strenger Konsequenz und in völliger Besonnenheit an die Regel zugleich die wahre Forderung des individuellen Falles ganz und gerade zu treffen" (ebd., 126).

Die vier Stufen des Unterrichts erklären sich folgendermaßen: Gemäß HERBART (1806/1983) soll sich der Einzelne zunächst in einen Lerngegenstand vertiefen; Ziel ist die Gewinnung von Klarheit über den Gegenstand und seine Bedeutung (*„Klarheit"*). Dann sind die noch vereinzelten Vorstellungen zu verbinden, um so Assoziationen herzustellen (*„Assoziation"*). In der auf diese beiden Vertiefungsphasen folgenden Besinnungsphase soll der Zögling zuerst das neue mit dem bereits bestehenden Wissen verknüpfen (*„System"*). Die vierte Stufe bildet die Anwendung des Gelernten als Ziel des Unterrichts (*„Methode"*). Zugeordnet werden diesen vier formalen Stufen vier Tätigkeiten: der Klarheit die Erläuterung, der Assoziation freie Gespräche, dem System der Vortrag des Lehrers und der Methode die Tätigkeit des Schülers (s. Abb. 44).

Abbildung 44: HERBARTs Formalstufentheorie

	Formalstufen	*Tätigkeiten*
Vertiefung	**1. Klarheit**: Einzelnes klar erfassen	Kurze Worte
Vertiefung	**2. Assoziation**: Einzelnes miteinander verknüpfen	Freies Gespräch
Besinnung	**3. System**: Bezug zum Vorstellungskreis herstellen	Lehrervortrag
Besinnung	**4. Methode**: Anwendung des Lerngewinns	Eigenes Arbeiten

Was die Darbietung von Inhalten des Unterrichts betrifft und ihre Vermittlung mit der Entwicklung des Einzelnen, schien es HERBART sinnvoll, sie an der Entwicklung der Menschheit auszurichten: Neben die *Formalstufen des Unterrichts* treten deshalb die *Kulturstufen des Lehrplans*. Den Anfang sollte die „Odyssee" des Homer bilden, und Knaben hatten entsprechend frühzeitig Griechisch zu lernen. Es sollte Unterricht in Latein folgen, und Kenntnisse in neueren Sprachen sollten dann später im Jugendalter vermittelt werden.

7.4 Wirkungsgeschichte

HERBARTs Pädagogik blieb zunächst wenig beachtet und nahm zeitgenössisch eine Sonderstellung ein. Erst nach seinem Tode entwickelte sich über die Herbartianer (vgl. Kap. C 1) in der zweiten Hälfte des 19. Jahrhunderts bis zum Ende des Ersten Weltkrieges eine bemerkenswerte nationale und internationale Breitenwirkung. Allerdings wählten die Herbartianer aus der Pädagogik HERBARTs bestimmte Elemente aus, die zudem im Zuge der Anwendung auf in Klassen organisierten Unterricht im Rahmen eines ausgebauten Erziehungssystems eine gegenüber HERBART veränderte Qualität bekamen. Die Rezeption HERBARTs wurde noch weiter verzerrt: Die Herbartianer selbst bildeten keine homogene Gruppe und orientierten sich an unterschiedlichen Bereichen der

Pädagogik HERBARTs. Zudem suchten sich Reformpädagogen, Neukantianer, experimentelle Pädagogen und Andere seit Ende des 19. Jahrhunderts von den Herbartianern möglichst deutlich abzusetzen, so dass eine fundierte Aufarbeitung der Vorgaben HERBARTs längere Zeit mit Problemen konfrontiert war. In jüngerer Vergangenheit änderte sich dies deutlich. Eine Reihe von Publikationen erschließen die Pädagogik HERBARTs, ihre Entstehung und Wirkung aus unterschiedlichen Perspektiven.

> Es geht HERBART um die Anleitung der *Charakterstärke der Sittlichkeit*. Der Einzelne soll zu einem sittlichen Menschen werden, der gemäß seiner eigenen moralischen Urteile handelt. Er soll weder durch äußere Einflüsse noch durch seine eigenen Leidenschaften korrumpiert werden, sondern Herr seiner Gedanken sein. Die Erziehung hat die Individualität und Vielseitigkeit des Einzelnen zu beachten und dabei methodisch strukturiert vorzugehen. Die *Ziele der Erziehung diskutiert die Ethik*, das *Wesen des Menschen erklärt die Psychologie*. Die Pädagogik benützt deren Kenntnisse und verwendet sie gemäß ihres spezifischen Interesses, das ausschließlich der Erziehung verpflichtet ist.
>
> **Wichtige Begriffe:**
> - Charakterstärke der Sittlichkeit
> - Vielseitigkeit des Interesses
> - Regierung – erziehender Unterricht – Zucht
> - Formalstufen des Unterrichts – Lehrplan der Kulturstufen
> - pädagogischer Takt

Literatur

HERBARTs Werke sind in Werkausgaben und in Sammlungen pädagogischer Schriften gut zugänglich. Die wichtigsten rein pädagogischen Veröffentlichungen sind:
- „Über die ästhetische Darstellung der Welt als Hauptgeschäft der Erziehung" (1804)
- „Allgemeine Pädagogik aus dem Zweck der Erziehung abgeleitet" (1806)
- „Umriss pädagogischer Vorlesungen" (1835/1841)
- „Die ersten Vorlesungen über Pädagogik" (1802)

Wichtige deutschsprachige Einführungen zu Leben und Werk HERBARTs bieten, neben vielen weiteren:
- Asmus, W. (1968/1970): Johann Friedrich Herbart. Eine pädagogische Biographie. 2 Bde. Heidelberg: Quelle und Meyer.
- Benner, D. (1993): Die Pädagogik Herbarts. Eine problemgeschichtliche Einführung in die Systematik neuzeitlicher Pädagogik. Weinheim: Juventa.
- Geißler, E.E. (1970): Herbarts Lehre vom erziehenden Unterricht. Heidelberg: Quelle und Meyer.
- Klattenhoff, K. (Hrsg.) (1997): „Knaben müssen gewagt werden." Johann Friedrich Herbart gestern und heute. Univ. Oldenburg.
- Müßener, G. (2002): Johann Friedrich Herbart (1776-1841). Hohengehren: Schneider.

8 Ellen Key (1849-1926) und Maria Montessori (1870-1952)

8.1 Kurzbiographien

ELLEN KEY wird 1849 im schwedischen Sundsholm geboren. Ohne selbst eine öffentliche Schule besucht zu haben, arbeitet sie als Lehrerin sowie als Dozentin an einem Arbeiterinstitut; daneben wird sie als Frauenrechtlerin bekannt. Von maßgeblicher Bedeutung für reformpädagogische Strömungen ist ihr 1900 erschienenes Werk „Das Jahrhundert des Kindes", das 1902 auf Deutsch publiziert wird und auf eine breite Leserschaft trifft. 1926 stirbt KEY am Vättersee.

MARIA MONTESSORI wird 1870 bei Ancona in Italien geboren. Sie schlägt eine technisch-naturwissenschaftliche Schullaufbahn ein und studiert in Rom Medizin. 1896 schließt sie das Studium mit der Promotion ab. Sie engagiert sich für die Lage von Frauen, daneben für soziale Reformen und widmet sich schließlich der Psychiatrie, über die sie zur Pädagogik gelangt. Behinderungen interpretiert sie v.a. als Aufgabe der Erziehung, ohne dabei allerdings ihr medizinisches und biologisches Denken abzulegen. Nach einer Tätigkeit als Dozentin in der Lehrerausbildung und nach einem erneuten Studium der Pädagogik und Anthropologie, wird sie Leiterin eines 1907 gegründeten Hauses für benachteiligte Kinder, der „casa dei bambini", auf das bald zahlreiche internationale Einrichtungen folgen. MONTESSORI gibt Ausbildungskurse für Pädagogen, sie und ihre Pädagogik werden weltweit geschätzt. Nach der Machtergreifung der Faschisten in Italien sucht sie sich zunächst mit ihnen zu arrangieren, 1934 kommt es zum Bruch. MONTESSORI wählt – wie schon einmal zuvor – Barcelona als Wohnort, später zieht sie nach Holland. Nach einer längeren Zwischenstation in Indien stirbt MONTESSORI 1952 in Holland.

8.2 Zeitgeschichte

ELLEN KEY und MARIA MONTESSORI zusammen zu erörtern, soll die maßgeblichen Unterschiede zwischen ihnen nicht relativieren. Es soll dem Umstand Rechnung getragen werden, dass beide als wichtige Vertreterinnen einer entwicklungsoptimistischen – sehr ungenau als solcher bezeichneten – „Pädagogik vom Kinde aus" interpretiert werden. Während von Maria MONTESSORIs Vorgaben bis heute große Wirkungen im Bereich praktischer Erziehungsarbeit ausgehen, ist KEY Stichwortgeberin der gegen Ende des 19. und zu Beginn des 20. Jahrhunderts einsetzenden reformpädagogischen Bewegungen. In verschiedenen Bereichen pädagogischer Reformarbeit im ersten Drittel des 20. Jahrhunderts wurde versucht, das Prinzip der Kindorientierung – das in der Pädagogik keineswegs neu ist, vielmehr ihren grundlegenden Topos darstellt – konsequent zu verfolgen. Während längere Zeit von einer Einheit „der" Reformpädagogik ausgegangen wurde, wurde dies in jüngerer Zeit korrigiert. Zentrale reformpädagogische Motive sind älteren Datums, und eine innere Einheit der heterogenen Bewegungen ist kaum zu konturieren. Unstrittig aber ist, dass es zu Beginn des 20. Jahrhunderts international zu Bestrebungen kam, eine „neue Erziehung" zu etablieren. Durch sie wollte man sich in nicht selten emphatischer Sprache von älterem Intellektualismus, einer schulorientierten Unterrichtung, Gelehrtenwissen, einer Unterdrückung der kindlichen Entwicklungskräfte und anderen Fehlentwicklungen distanzieren.

8.3 Kernaussagen

Es ist unzutreffend, als Ausgangspunkt der von KEY und MONTESSORI vertretenen Pädagogik das individuelle Kind zu betrachten. Es steht zwar im Mittel-, aber nicht im Anfangspunkt ihrer pädagogischen Überlegungen. Bei KEY ist dies in besonderem Maße deutlich: Sie geht aus von einer selektiven Zusammenstellung einzelner Theorieelemente, wobei insbesondere der naturwissenschaftliche Evolutionsansatz ihr eindringliches Plädoyer für die Persönlichkeit des Kindes kontrastiert. Auf der einen Seite erklärt sie sich im Verbund mit „harten" Vererbungstheorien – d.h. Ansätzen, die eine Vererbung erworbener Eigenschaften ausschließen – gegen die Erhaltung unnütz erscheinenden Lebens. Ohne Distanzierung referiert sie GALTONs Forderung, „die schlechten Menschenexemplare zu hindern, ihre Laster oder Krankheiten, ihre geistige Schwäche fortzupflanzen" (KEY 1900/1903, 20). Zitiert werden ferner MALTHUS, SPENCER, WEISMANN, AMON und andere, die die entsprechende Tendenz unterstützen. Neben der Eugenik wird von KEY (ebd., 32) unter Ablehnung der christlichen Ethik des Mitleids auch Euthanasie befürwortet. Auf der anderen Seite spricht sich KEY in überschwänglichen Worten – und in Verzerrung von Thesen ROUSSEAUs – für eine Pädagogik des Wachsenlassens aus. Erziehung soll auf normierende und überhaupt auf Eingriffe weitestgehend verzichten und die natürliche Entwicklung des Kindes sich vollziehen lassen. Gegen die „Seelenmorde in den Schulen" (ebd., 221) setzt sie die Unterstützung der Selbstentfaltungskräfte der Natur und postuliert eine Erziehung des Wachsenlassens. Kinder sollen selbsttätig arbeiten und sich je nach ihrer Individualität entwickeln. Nur elementare Wissensbestände und Kompetenzen wie Lesen, Schreiben, Rechnen oder die englische Sprache sollten noch schulisch-unterrichtlich vermittelt werden, während ansonsten auf die Selbsttätigkeit des Kindes und das Lernen durch eigenes Handeln zu vertrauen sei.

Der auf einen ersten Blick auftretende Widerspruch löst sich auf, wenn bedacht wird, dass KEY mit der Forderung des Wachsenlassens nicht beliebige, individuelle Kinder im Blick hat. Mit Hilfe der naturwissenschaftlichen Evolutionstheorie etabliert sie eine Argumentationsbasis, von der aus sie ihre nur vermeintliche Pädagogik vom Kinde aus auf gesunde, eugenisch ausgesuchte und kulturell nützliche Kinder beschränkt. Somit werden von ihr nicht gleichsam „empirische" Kinder angesprochen, sondern das Kind als Repräsentant einer „erbtüchtigen" und gesunden Generation. Dies zeigt sich bereits in der Widmung ihres „Jahrhunderts des Kindes". Dort heißt es: „Allen Eltern, die hoffen, im neuen Jahrhundert den neuen Menschen zu bilden". Der „neue Mensch" ist repräsentiert in dem Kind, das KEY sich entwickeln lässt. Sie kommt auf diese Weise zur emphatischen Wertschätzung der nachwachsenden Generation, deren positiver Entwicklung beispielsweise die Rechte der Eltern untergeordnet werden. Sie sollen sich nur dann vereinen, wenn gesunder Nachwuchs gesichert ist. So prophezeit KEY: „Die Zeit wird kommen, in der das Kind als heilig angesehen werden wird (...); die Zeit, in der jede Mutterschaft als heilig betrachtet wird, wenn sie durch ein tiefes Liebesgefühl veranlasst war und tiefe Pflichtgefühle hervorgerufen hat. (...) Dann wird man das Kind, das in einer lieblosen Ehe geboren oder durch die Schuld der Eltern mit körperlicher oder geistiger Krankheit belastet ist, als Bastard betrachten" (ebd., 42). Symptomatisch ist ihr Hinweis, man sei gegenwärtig dazu aufgerufen, „einen höheren Typus Mensch hervorbringen" (ebd., 5).

MONTESSORIs Pädagogik unterscheidet sich fundamental von den Auslassungen KEYs. Gemeinsamkeiten bestehen allerdings in dem Vertrauen auf die sich selbst entwickelnde, selbsttätige Persönlichkeit des Kindes und in der naturwissenschaftlichen Argumentationsbasis. MONTESSORIs Anthropologie, die pointiert in ihrer „Antropologia pedagogica" von 1910 vorgestellt wird, bezieht sich auf naturwissenschaftliche Kategorien, die neben biologischen und evolutionstheoretischen Gedankenmodellen u.a. auch Arbeiten des belgischen (Moral-) Statistikers Adolphe Quételet berücksichtigen. In der Zusammenschau tendiert dies zu einer Absehung von konkreten Individualitätsformen bei gleichzeitiger Hervorhebung der Entwicklung der Menschheit und einer – im statistischen Sinne Quételets – an Durchschnittswerten orientierten Ausrichtung von Erziehungsmaßnahmen. Dies zielt auf den Menschen als Repräsentant einer überindividuellen Ordnung; Erziehung soll zum ruhigen, arbeitsamen und in der Masse unauffälligen Menschen führen. Er entwickelt sich aufgrund innerer Entwicklungsgesetze, und es zeige sich durch Erziehung „eine andere Menschheit, die sichtbar wird, es ist die tröstliche Erscheinung besserer Menschen" (1932/1973, 18). Diese Ausrichtung auf „den neuen, den besseren Menschen" (ebd., 22) zielt auf einen neuen Typus des Menschen, nicht auf einzigartige Individuen.

Die durch diese Vorgaben konstituierte Normalität – MONTESSORI (1949/1966, 49) spricht vom primären Erziehungsziel der „Normalisierung" – ist ausgerichtet auf Gesundheit und disziplinierte Arbeitswilligkeit, auf „soziale Haltung, freiwillige Disziplin, Gehorsam und Willensstärke" (1934/1965, 18). Insoweit dies im Sinne MONTESSORIs durch natürliche Entwicklungsgesetze begründet ist und realistisch erwartet werden kann, kann direkte Erziehung zurücktreten. Erst auf der Basis der dadurch definierten Normalitätserwartungen kann und soll der Einzelne sich individuell entwickeln. Er kann die in ihm durch einen „Bauplan der Seele" – ein Bauplan, der sich nicht nur auf physische Merkmale, sondern auch auf psychische Eigenschaften bezieht – angelegten Dispositionen zur Geltung bringen. Entwicklung vollzieht sich demnach durch Gesetze, die dem Menschen immanent sind. Zum Tragen kommt hier neben der biologisch fundierten Anthropologie gemäß MONTESSORIs christlicher Haltung auch die Annahme einer von Gott gegebenen Entwicklungsrichtung des Menschen.

Diese Grundlage der Argumentation ist zu bedenken, um die Pädagogik MONTESSORIs angemessen reflektieren zu können. Im Verbund mit dem eben Gesagten fordert sie die Anleitung des Kindes zur Selbsttätigkeit durch indirekt-arrangierende Erziehungsmaßnahmen. Der Erzieher kann im Hintergrund bleiben, wenn eine die kindliche Entwicklung unterstützende Umwelt geschaffen wird. Sie regt das Kind von sich aus zur Tätigkeit an. Der Erzieher wird von MONTESSORI (1949/1966, 19) im Bezug auf FRÖBELsche Kindergärten als „Gärtner" beschrieben, der das im Kind Angelegte entwickelt, ohne selbst direkt in den Entwicklungsgang einzugreifen. Die Freiheit des Kindes ist in diesem Sinne durch eine biologisch gedachte Richtungsgebung strukturiert. Durch geeignete Materialien, die so genannten „MONTESSORI-Materialien", wird die Selbstbeschäftigung des Kindes entscheidend gefördert. Dabei wendet sich MONTESSORI (1936/1967, 170) gegen bloßes Spiel; es handelt sich nicht um Spiel-, sondern um Beschäftigungsmaterialien, die bewusst der Arbeit nahe kommen sollen, denn Arbeit und Arbeitsfähigkeit bilden wesentliche Zielpunkte von MONTESSORIs Pädagogik. Als Prinzip wird dies begründet, indem ein Kindern gegebener „Naturtrieb" (ebd., 259) zur Arbeit angenommen wird. Die Materialien dienen deshalb nicht beliebiger, zweckloser Aktivierung, sondern sie sind ausgerichtet an prinzipiell arbeitsrelevanter Kompetenz- und Fähigkeitsschulung. Sie können sich besonders dann auswirken, wenn sie zu den unwiederbringlich auftretenden Zeitpunkten verwendet werden, zu denen das Kind aufgrund seiner Entwicklungsgesetze in hohem Maße empfänglich ist für die durch sie ermöglichten Reize, wenn sie also in *sensiblen Perioden* zum Einsatz kommen (ebd., 60ff).

Die Beschäftigung führt zur völligen Konzentrationsfokussierung und nimmt das Kind ganz in Anspruch. Es kann dadurch zu einer deutlichen Wesensänderung kommen, MONTESSORI (1916/1995, 17ff) spricht von einer „Polarisation der Aufmerksamkeit", die auch als „*MONTESSORI-Phänomen*" bekannt wurde. Die durch die Polarisation ausgelöste Veränderung der kindlichen Psyche vergleicht MONTESSORI mit einer „Bekehrung" (ebd., 18); dies illustriert den starken Einfluss, den Erziehung selbst als indirekte Einflussnahme auf die Heranwachsenden gewinnen kann und nach MONTESSORI auch gewinnen soll. Durch die Konzentration diszipliniert sich das Kind vordergründig selbst, faktisch erfolgt dies durch indirekte Erziehung.

Das Kind wird durch seine Auseinandersetzung mit den Materialien zu einer Disziplin geführt, die zum einen das Kind betrifft, zum anderen aber seine Integration in eine umfassende Ordnung. MONTESSORI spricht von einer „Universaldisziplin" (1936/1967, 182): Sie entspricht einer göttlichen Ordnung, auf die Erziehung – auch als kosmische Erziehung verstanden – hinarbeitet. Dabei wird eine harmonische Gesamtordnung menschlichen Lebens vorausgesetzt, in die sich das einzelne Kind gemäß der ihm zukommenden Position integriert. Nur im Durchgang durch diese Disziplin könne es frei sein (ebd.).

In diesem christlichen Sinne – der sich von KEYS Haltung deutlich unterscheidet – tendiert MONTESSORI wie KEY zur emphatischen Schätzung des Kindes, das MONTESSORI (1936/1967, 303) beschreibt als *„den ewigen Messias*, der immer wieder unter die gefallenen Menschen zurückkehrt, um sie ins Himmelreich zu führen". In positiver Lesart ausgedrückt, schätzt MONTESSORI trotz biologisch-deterministischer Grundannahmen die Entwicklungsmöglichkeiten von Kindern. Diese an behinderten Kindern gewonnene Einsicht wird von ihr auf gesunde Kinder übertragen, um die Möglichkeiten ihrer selbsttätigen Entfaltung zu betonen.

8.4 Wirkungsgeschichte

KEYS Bedeutung lag vorrangig in der rhetorischen Vermittlung von Stichworten für reformpädagogische Bewegungen. Ohne unumstritten zu sein, traf sie einen Nerv der Zeit, allerdings wurde oftmals ungerechtfertigterweise von dem Gesamtzusammenhang ihrer Argumentation abgesehen.

MONTESSORIs Bedeutung ist anders gelagert. Als Theoretikerin wurde sie schon zu Lebzeiten kritisiert wegen eines Biologismus, Positivismus, Irrationalismus oder Individualismus. Diese widersprüchliche Kritik verweist auf Widersprüche in MONTESSORIs Werk selbst. Obwohl ihre Schriften wissenschaftlichen Anspruch erheben, wird sie nach wie vor v.a. als Praktikerin wahrgenommen, zumal sie auf die Praxis der Erziehung enormen Einfluss ausübte. Dies betrifft vor allem die Kindererziehung, während ihre schulpädagogischen Vorschläge weniger relevant wurden. Schon zu Lebezeiten kam es zu zahlreichen internationalen Gründungen von Einrichtungen, die Kinder im Sinne von MONTESSORI erzogen und bis heute erziehen. Es existieren (inter)nationale MONTESSORI-Vereinigungen, die ihre Pädagogik fördern und sie an veränderte Rahmenbedingungen anzupassen suchen.

Für KEY und MONTESSORI gilt, dass eine selektive Bezugnahme problematisch erscheinen muss. Im Besonderen ist es ungenügend, von einer „Pädagogik vom Kinde aus" zu sprechen, da beide von „empirischen" Kindern abstrahieren und mit der Rede von „dem" Kind überindividuelle Repräsentationsfiguren verfolgen. Die selektive Betonung des emphatischen und entwicklungsoptimistischen Kindheitsbegriffes bei KEY und MONTESSORI und die vor allem praktisch-methodische Bezugnahme auf MONTESSORI führen zu Verzerrungen des ursprünglich gemeinten Sinnes der pädagogischen Vorgaben.

Erziehung richtet sich an die Hervorbringung des „neuen Menschen". Er wird durch Grenzziehungen definiert, in deren Binnenraum sich das einzelne Kind selbsttätig entwickeln und gemäß naturwissenschaftlichem Denken entfalten soll. Das Kind repräsentiert eine über es selbst hinausgehende Ordnung, Generation oder Gesellschaftsform. Um das Kind entsprechend der ihm zukommenden Position anzuleiten, soll es indirekt erzogen werden, d.h. Maßnahmen unmittelbarer Einflussnahme sollen zurücktreten zugunsten einer durch das Umfeld realisierten Erziehung. Sie richtet sich an die Selbsttätigkeit und Schaffenskraft des Kindes.

Wichtige Begriffe:

KEY:
- Heiligkeit der Generation
- Natürliche Erziehung
- „Jahrhundert des Kindes"

MONTESSORI:
- Normalisierung
- Bauplan der Seele
- Polarisation der Aufmerksamkeit
- Montessori-Materialien

Literatur

KEYs mit Abstand wichtigste Schrift, das „Jahrhundert des Kindes", ist problemlos zugänglich. Bei MONTESSORI wirkt sich negativ aus, dass keine kritische Gesamtausgabe existiert. Wichtige pädagogische Werke sind leicht zu erhalten, bezeichnend ist allerdings, dass Veröffentlichungen wie die „Antropologia pedagogica" nach wie vor nicht auf Deutsch erhältlich sind. Auch sind ihre vielen, in unterschiedlichsten Sprachen gehaltenen Vorträge nur zum Teil verfügbar.

Wichtigste pädagogische Publikationen:

KEY:
- „Das Jahrhundert des Kindes" (dt.: 1902)

MONTESSORI:
- „Antropologia pedagogica" (1910)
- „Über die Bildung des Menschen" (1949)
- „Kinder sind anders" (1936)
- „Selbsttätige Erziehung im frühen Kindesalter. Nach den Grundsätzen der wissenschaftlichen Pädagogik methodisch dargelegt" (1909)

Die Sekundärliteratur zu MONTESSORI ist kaum überschaubar, theoretisch gehaltvolle Analysen allerdings sind deutlich seltener als Arbeiten zur Methodik. Empfohlen seien:

Zu KEY:
- Dräbing, R. (1990): Der Traum vom „Jahrhundert des Kindes". Geistige Grundlagen, soziale Implikationen und reformpädagogische Relevanz der Erziehungslehre Ellen Keys. Frankfurt: Lang.
- Andresen, S./Baader, M.S. (1998): Wege aus dem Jahrhundert des Kindes. Tradition und Utopie bei Ellen Key. Neuwied/Kriftel: Luchterhand.

Zu MONTESSORI:
- Böhm, W. (1969): Maria Montessori. Hintergrund und Prinzipien ihres pädagogischen Denkens. Bad Heilbrunn: Klinkhardt.
- Fuchs, B. (2002): Maria Montessori. Ein pädagogisches Portrait. Weinheim: Beltz.
- Harth-Peter, W. (Hrsg.) (1996): „Kinder sind anders". Maria Montessoris Bild vom Kinde auf dem Prüfstand. Würzburg: Ergon.
- Hofer, C. (2001): Die pädagogische Anthropologie Maria Montessoris – oder: Die Erziehung zum neuen Menschen. Würzburg: Ergon.

9 Herman Nohl (1879-1960)

9.1 Kurzbiographie

HERMAN NOHL wird 1879 in Berlin geboren. Den intensiven gesellschaftlichen Wandel, der in der Großstadt spürbar wird, erlebt NOHL im geschützten Umfeld einer Gelehrtenschule, an der sein Vater tätig war und an die Internat und Lehrerwohnung angegliedert waren. Nach Beginn eines Medizinstudiums an der Universität Berlin wechselt NOHL zum Studium der Geschichte und Philologie. Er kommt u.a. in Kontakt mit FRIEDRICH PAULSEN und WILHELM DILTHEY; vor allem DILTHEYs geisteswissenschaftliches und lebensphilosophisches Werk prägt maßgeblich das Denken NOHLs und seine Pädagogik. DILTHEY beeinflusste zudem unmittelbar die akademische Laufbahn NOHLs. NOHL promoviert 1904 bei DILTHEY, und auf dessen Empfehlung arbeitet NOHL in Jena, wo er 1908 bei EUCKEN habilitiert. In Jena schließt NOHL u.a. an DILTHEYs Ausführungen über „die dichterische und philosophische Bewegung in Deutschland" an und entwickelt Vorstellungen über eine „Deutsche Bewegung", die dann posthum 1970 veröffentlicht werden.

Einen maßgeblichen Wendepunkt NOHLs hin zur Pädagogik und Sozialpädagogik bilden die Erfahrungen und Konsequenzen des Ersten Weltkrieges. Nach vorausgehend eher kursorischer Auseinandersetzung mit ihr entdeckt NOHL die Pädagogik als Betätigungsfeld, auf dem die Zerrüttung und Zersplitterung der deutschen Volkes aufgehoben werden kann. Unmittelbar durch die Volkshochschulbewegung und die Jugendbewegung erlebt NOHL, auch durch seine eigene Mitarbeit, Bestrebungen zu pädagogischen Reformen. Durch sie sollen die Krisen der Nachkriegszeit, aber auch allgemeine Kulturkrisen überwunden werden – NOHL stellt entsprechende Parallelen zum Beginn des 19. Jahrhunderts und zur Preußischen Bildungsreform her.

In diesem Kontext wird NOHL zum bekanntesten Interpreten der Reformpädagogik. Seine – heute in Frage gestellte – These lautet, dass die einzelnen Bestrebungen zu pädagogischer Reformarbeit in einem systematischen Bezug stehen und eine einheitliche Reformpädagogik konstituieren. Sein pädagogisches Hauptwerk „Die pädagogische Bewegung in Deutschland und ihre Theorie" erscheint 1933 in Teilen als erster Band des von NOHL und PALLAT editierten „Handbuchs der Pädagogik", das von 1928 bis 1933 in fünf Bänden erscheint. NOHL arbeitet u.a. an der Konstitution der Pädagogik als eigenständige Wissenschaft, an der Begründung einer pädagogischen (Jugend-)Wohlfahrtsarbeit, die er als „Sozialpädagogik" ausführt, an pädagogischer Anthropologie, an Schriften zur Ästhetik, und er gibt verschiedene Zeitschriften heraus, am bekanntesten sind die 1925 mit A. FISCHER, W. FLITNER, T. LITT und E. SPRANGER gegründete Zeitschrift „Die Erziehung" und die 1945 begründete „Sammlung", die mit O.F. BOLLNOW, W. FLITNER und E. WENIGER herausgegeben wird. Nach seiner erzwungenen Emeritierung 1937 nimmt NOHL 1945 die pädagogische Tätigkeit wieder auf. Er stirbt 1960.

9.2 Zeitgeschichte

NOHL versuchte aktiv den zeitgeschichtlichen Kontext in seine pädagogischen Entwürfe zu integrieren, um die Pädagogik entsprechend zu verankern. Sie sollte neben der Politik als entscheidende Säule zur Behebung gesellschaftlicher und insbesondere kultureller Missstände begründet werden. Im Zentrum steht die Suche nach einer neuen geistigen Einheit Deutschlands, die gegen die Erfahrungen kultureller Orientierungslosigkeit gerichtet ist. Der seit den 1870er Jahren in Deutschland realisierte Industrialisierungsschub schien die bis dahin noch gültigen ethischen Orientierungen und gesellschaftlichen Strukturen durcheinander zu bringen. Bevölkerungswachstum, Urbanisierung, der Bedeutungszuwachs der Natur- gegenüber den Geisteswissenschaften, Kulturkampf und Sozialismus lösten kulturelle Selbstverständlichkeiten auf. So spiegelt NOHLs pädagogisches Werk die Krisenerfahrungen wider, die von Zeitgenossen reklamiert wurden: Es zeigen sich Erfahrungen von Antinomien, deren Widersprüchlichkeit kaum noch in eine neue Einheit integriert werden kann, während an der Notwendigkeit der Wiedergewinnung dieser Einheit festgehalten wird.

9.3 Kernaussagen

Den Ausgangspunkt seiner pädagogischen Argumentation beschreibt NOHL anlässlich einer Erörterung der „Einheit der Pädagogischen Bewegung" folgendermaßen: Man könne zu den Reformbestrebungen „von vornherein sagen: handelt es sich bei dem allen überhaupt um etwas Wahres und Lebendiges, dann *muß* eine letzte Einheit da sein, aus der es seinen besten Sinn und seine Lebenskraft bezieht: die Einheit eines neuen Ideals vom deutschen Menschen und von einer höheren geistigen Volkskultur" (1926/1949, 21).

Die vorausgesetzte Einheit wird von NOHL durch eine Krisentheorie begründet, als deren Gewährsmänner die Kulturkritiker NIETZSCHE, LAGARDE und LANGBEHN und daneben historische Bewegungen wie der Sozialismus, die Innere Mission, die Frauenbewegung und die Sozialpolitik fungieren. Sie verweisen in ihrer Kritik an der Gegenwart auf die Missachtung des Menschen. Einzelne, augenscheinlich heterogene pädagogische Reformentwürfe weisen in diesem Sinne auf einen einheitlichen Bezugspunkt. In ihm findet die pädagogische Theorie ihren autonomen Kern und die Praxis der Erziehung ihr spezifisches Ethos.

Grundlage dieser Annahmen ist die der Theorie vorgängige Erziehungspraxis. Pädagogische Theorie normiert die Praxis nicht, sondern trägt zu ihrem Verständnis und ihrer Selbsterhellung bei. Hatte DILTHEY trotz seiner Ablehnung ahistorischer Erziehungsziele noch versucht, wenigstens formal überdauernde Richtlinien für die Erziehung festzulegen, so wird auch dies von NOHL zurückgewiesen. Theorie ist der Praxis prinzipiell nachgeordnet; mit SCHLEIERMACHER geht NOHL von der Dignität der Praxis aus. Pädagogische Theorie ist deshalb verwiesen auf eine Orientierung an der Erziehungswirklichkeit, die freilich nicht im Sinne der empirischen Pädagogik gedeutet wird. Die Wirklichkeit der Erziehung kann nicht in einzelne Kausalfaktoren zergliedert werden. Sie ist in ihrer Ganzheit im dynamischen Wechselspiel mit Bezugnahmen auf ihre kulturelle und historische Rahmung hermeneutisch zu erschließen. Dies gilt für die Erforschung geschichtlicher Phänomene der Pädagogik ebenso wie für einzelne pädagogische Situationen, die in ihrer Ganzheit und Komplexität zu ergründen sind; subjektive Bedeutungen sind ebenso zu berücksichtigen wie objektive Konstellationen. Vom Ganzen aus betrachtet versteht man das Einzelne und vom Einzelnen aus das Ganze.

Auf dieser Basis gewinnt NOHL allerdings eine neue Normativität: Die Analyse der Erziehungswirklichkeit in ihrer Ganzheit und Dynamik kann den Sinn pädagogischer Bewegungen eruieren. Genau dies zeigt NOHLs Interpretation der Reformpädagogik: Selbst wenn den einzelnen Akteuren die Einheitlichkeit der Bewegungen nicht bewusst ist, kann sie analytisch erschlossen werden und den Handelnden zur Orientierung dienen. So kann die Pädagogik zu einem neuen Bildungsideal vorstoßen, das für die Praxis anregend wirkt. Gerade die Situation nach dem Ersten Weltkrieg zeige die Notwendigkeit einer entsprechenden ethisch-kulturellen Neuorientierung (vgl. NOHL 1919/1999).

Einen wichtigen Beitrag zu ihrer Gewinnung intendierte NOHL mit der These einer „Deutschen Bewegung". Sein Lehrer DILTHEY hatte in seiner bekannt gewordenen Antrittsvorlesung in Basel einen Vortrag gehalten über die „dichterische und philosophische Bewegung in Deutschland 1770 bis 1800" (1867/1961). Gemäß seines lebensphilosophischen Ansatzes ging DILTHEY davon aus, zu dieser Zeit habe ein einheitlicher Impuls geherrscht, der sich bei verschiedenen Persönlichkeiten – beginnend bei Dichtern bis hin zur Manifestation in wissenschaftlichen Theorien – in diesem Zeitraum Ausdruck verschaffte. Gemeinsam war ihnen aufgrund der äußeren Lage Deutschlands die Wendung nach innen, die Konzentration darauf, ihr Selbst umzugestalten (vgl. ebd., 15). NOHL verlängerte diese historische Epoche bis in die Gegenwart und bis zu den zeitgenössischen reformpädagogischen Bewegungen. Er betonte ihren gegen die „Wirklichkeit der absterbenden Aufklärung" (NOHL 1970, 93) gerichteten Charakter und interpretierte die verschiedenen pädagogischen und nichtpädagogischen Reformbewegungen, die seit 1860 einsetzten, als „die Erneuerung jener Einheitsbewegung" (ebd., 230), die historisch nur vorübergehend gescheitert war und sich auf die Wiederherstellung der Einheit des Lebens richtete.

Hier findet die Krisenannahme NOHLs ihre eigentliche Legitimation: Die Krise sei begründet in der Missachtung des Lebens selbst, und die Reformpädagogik artikuliere eine Missachtung des in der Moderne partikularisierten Lebens. In diesem Sinne erwächst die Erziehung nicht aus theoretischem oder konzeptionellem Wissen, sondern sie entsteht unmittelbar „aus dem Leben" (1933-35/1963, 119). Die Pädagogik tritt als Reflexion hinzu und verfolgt dabei zwei Möglichkeiten der Betrachtung: Entweder richtet sich der pädagogische Blick auf die Subjektivität des einzelnen Zöglings oder auf die objektiven Mächte der Kultur, die dem Einzelnen als Realität gegenüberstehen. In dieser Dualität von subjektivem Ich und kulturellen Objektivationen liegt nach NOHL „die Grundantinomie des pädagogischen Lebens" (ebd., 127).

Pädagogische Bewegungen übersteigen die Antinomie gemäß ihrem gesetzmäßigen Verlauf. Er besitzt nach NOHL drei Stadien: Zunächst richtet sich eine Bewegung nach der Individualität und Ganzheitlichkeit des Einzelnen, die sie zur Geltung zu bringen sucht. Es folgt eine zweite Phase, in der die Bewegung auf weitere Kreise bzw. die Masse der Bevölkerung ausgedehnt wird, womit sie Breitenwirkung erzielt. Schließlich werde ein neuer Glaube an die Legitimität der objektiven kulturellen Mächte sichtbar, denen sich der Einzelne und die Bewegung unterordnen. In pointierter Form benennt NOHL (ebd., 219) die drei Stadien als „Persönlichkeit", „Gemeinschaft", „Dienst". Insbesondere die dritte Stufe dieses Gesetzes pädagogischer Bewegungen und die Tatsache, dass der „Dienst" gefordert wurde, als die betreffende Schrift erstmals 1935 monographisch erschien, gibt Anlass zu Kritik. Die „pädagogische Bewegung" stellt NOHL explizit in den Dienst des Nationalsozialismus (ebd., 227).

Gegen den Nationalsozialismus gerichtet waren NOHLs Interesse für die Selbstständigkeit des Einzelnen und seine Betonung der Spezifik der Pädagogik als eigenständige kulturelle Macht. Beides verweist auf den von NOHL so genannten **„pädagogischen Bezug"**, den er folgendermaßen definiert: „Die Grundlage der Erziehung ist also das leidenschaftliche Verhältnis eines reifen Menschen zu einem werdenden Menschen, und zwar um seiner selbst willen, daß er zu seinem Leben und zu seiner Form komme" (1933-35/1963, 134).

Erziehung wird als Interaktion zwischen ungleichen Akteuren bestimmt. Im Verlauf der Erziehung nimmt die Ungleichheit ab, Erziehung strebt danach, sich selbst überflüssig zu machen – eine Konstellation, die eine Spezifik pädagogischer gegenüber anderen Bezügen zwischen Menschen beschreibt.

Zum Tragen kommt in dieser dyadischen Grundkonzeption auch die weitreichendere Thematik des Generationenbezuges, den NOHL gekennzeichnet sieht durch eine basale Spannung zwischen der erwachsenen und der nachkommenden Generation (vgl. NOHL 1914/1979). Unabhängig von allen Bildungsidealen bezeichnet der Gegensatz von Generationen das pädagogische Verhältnis an sich. Die Jugendbewegung erscheint als Aktualisierung und Bewusstmachung der an sich spannungsreichen Relation generativer Beziehungen.

Eine wichtige Bedeutung kommt NOHL auch in der Sozialpädagogik zu. Gegenüber konfessioneller oder bürokratischer Arbeit mit Verwahrlosten versuchte er, ein pädagogisches Ethos in der Jugendwohlfahrtsarbeit zu begründen. Gegenüber dem bis dahin üblichen Sprachgebrauch, der „Sozialpädagogik" als soziale Pädagogik verstanden hatte, wie dies am bekanntesten PAUL NATORP gefordert hatte, ging es NOHL um eine Pädagogisierung des Umgangs mit devianten Jugendlichen. In der Jugendwohlfahrtsarbeit habe vielleicht „die pädagogische Bewegung (...) ihr stärkstes Leben". Dort trete „das Wesen des Erzieherischen wieder rein zutage wie einst bei Pestalozzi und Fröbel" (1927, IX). Praktische Reformversuche, die als „sozialpädagogische Bewegung" interpretiert wurden, zeigten u.a. KARL WILKER, CURT BONDY und WALTER HERRMANN, die allerdings nach kurzer Zeit scheiterten. Auf theoretischer Ebene erklärte NOHL Verwahrlosung nicht primär durch soziale Umstände oder durch biologische Argumentation, sondern durch einen defizitären Aufbau der Seele. Wie NOHL in Auseinandersetzung mit PLATO ausführt, sei die Seele vertikal in drei Schichten aufgebaut: Es gebe eine Triebschicht, eine Schicht der vitalen Willensenergie („Thymos") und eine Schicht der freien Geistigkeit („Nus") (vgl. NOHL 1933-35/1963, 160). Letztere wird unterteilt in die Interessen und die Icheinheit der Person. NOHLs hierauf basierende These zur Ätiologie der Verwahrlosung lautet, dass „alle Verwahrlosung der Seele immer von oben nach unten geht, gesellschaftlich angesehen wie in der Einzelseele. Nicht die Begierden vergewaltigen die Seele, sondern die Schwäche des Zentrums ist immer der Grund für den Verfall" (ebd.).

Erziehung verfährt demgegenüber durch den Aufbau von unten nach oben; zuerst werden elementare Bedürfnisse befriedigt, später die höheren geistigen.

Daneben bestimmt NOHL horizontale seelische Prozesse: Zwischen Reizen aus der Umwelt und den Handlungen des Individuums liegen urteilende Reflexionen und gefühlsmäßige Besinnungen des Menschen (ebd., 160ff). In „Charakter und Schicksal. Eine pädagogische Menschenkunde", zuerst erschienen 1938, führt NOHL seine anthropologischen Annahmen aus.

9.4 Wirkungsgeschichte

NOHLs Pädagogik besitzt grundlegende Wirkungen bis in die Gegenwart. Bedeutend wurde NOHL zum einen über seine Monographien, Aufsätze und Reden, daneben durch seine Schüler. Man spricht in Anlehnung an den Ort von NOHLs 1920 übernommenem Lehrstuhl für Philosophie mit Berücksichtigung der Pädagogik – 1922 umgewidmet in einen „Lehrstuhl für Pädagogik" – von der geisteswissenschaftlichen „Göttinger Schule". Neben NOHL sind ihre bekanntesten Vertreter seine Schüler ERICH WENIGER und WILHELM FLITNER.

Während Verdienste wie die Ausarbeitung der Pädagogik als eigenständige Wissenschaft bis heute unbestritten sind, mehrten sich im Zusammenhang mit der Zurückweisung der geisteswissenschaftlichen Pädagogik seit Ende der 1960er Jahre kritische Stimmen gegenüber NOHL. Die Konstruktion einer einheitlichen Reformpädagogik wird ebenso skeptisch betrachtet wie die Annahme einer innerlich geschlossenen „Deutschen Bewegung". In der Sozialpädagogik wird an von NOHL übergangene Traditionen erinnert. Insgesamt wird der gegenüber der bestehenden Wirklichkeit affirmative Charakter der NOHLschen Pädagogik hinterfragt. Am deutlichsten zeigten sich Kritikpotentiale in der unterbleibenden Distanzierung NOHLs von den nationalsozialistischen Machthabern. Auch NOHLs Distanz gegenüber empirischen und quantifizierenden Forschungsmethoden wurde revidiert. Davon unbenommen prägte NOHL – auch nach dem Zweiten Weltkrieg – die deutsche Pädagogik maßgeblich in theoretischer, theoriepolitischer, personeller und praxisbezogener Weise. Seine Vorgaben werden nach wie vor breit diskutiert.

Erziehung kann durch ein spezifisches Interaktionsverhältnis bezeichnet werden, den *„pädagogischen Bezug"*. Er verweist in seiner dyadischen Grundstruktur auf ein spannungsreiches Generationenverhältnis. Die Pädagogik erschließt die historisch realisierte Form von Erziehung und die kulturellen Bildungsideale, ohne unmittelbar die der Theorie vorgängige Praxis zu normieren. Die Pädagogik verfährt dabei hermeneutisch v.a. durch die Interpretation von Texten. Eine hermeneutische Analyse erschließt die Struktur pädagogischer Bewegungen ebenso wie spezifische Erziehungskonstellationen. Die Pädagogik kann entweder subjektive Bildungserfahrungen oder objektive Konstellationen fokussieren.

Wichtige Begriffe:
- Pädagogischer Bezug
- Gesetz pädagogischer Bewegungen
- „Deutsche Bewegung"
- Hermeneutik
- „Sozialpädagogische Bewegung"

Literatur

Im Unterschied zu seinem Lehrer DILTHEY und zu vielen anderen der hier betrachteten Klassiker gibt es nach wie vor keine Gesamtausgabe des NOHLschen Werkes. Neben den Monographien sind die wichtigsten Aufsätze und Vorträge in Sammelbänden zugänglich. Die bedeutendsten Publikationen sind:
- „Die pädagogische Bewegung in Deutschland und ihre Theorie" (1933 bzw. 1935)
- „Pädagogik aus dreißig Jahren" (1949)
- „Jugendwohlfahrt. Sozialpädagogische Vorträge" (1927)
- „Die Deutsche Bewegung. Vorlesungen und Aufsätze zur Geistesgeschichte von 1770-1830" (1970)

Wichtige deutschsprachige Einführungen zu Leben und Werk bieten, neben anderen:
- Finckh, H.J. (1977): Der Begriff der „Deutschen Bewegung" und seine Bedeutung für die Pädagogik Herman Nohls. Frankfurt: Lang.
- Klika, D. (2000): Herman Nohl. Sein „Pädagogischer Bezug" in Theorie, Biographie und Handlungspraxis. Köln: Böhlau.
- Thöny, G. (1992): Philosophie und Pädagogik bei Wilhelm Dilthey und Herman Nohl. Bern: Haupt.

Literatur für Abschnitt B

Comenius, J.A. (1657/1982): Große Didaktik. Stuttgart: Klett-Cotta.
Comenius, J.A. (1960): Pampaedia. Heidelberg: Quelle & Meyer.
Dilthey, W. (1867/1961): Antrittsrede in der Akademie der Wissenschaften. In: ders.: Gesammelte Schriften. Bd. V. Stuttgart: Teubner, 10f.
Dollinger, B. (Hrsg.) (2006): Klassiker der Pädagogik. Die Bildung der modernen Gesellschaft. Wiesbaden: VS.
Hegel, G.W.F. (1821/1986): Grundlinien der Philosophie des Rechts oder Naturrecht und Staatswissenschaft im Grundrisse. Frankfurt: Suhrkamp.
Herbart, J.F. (1802/1964): Die ersten Vorlesungen über Pädagogik. In: ders.: Pädagogische Schriften. Bd. 1: Kleinere pädagogische Schriften. Düsseldorf/München: Küpper, 121-131.
Herbart, J.F. (1804/1964): Über die ästhetische Darstellung der Welt als das Hauptgeschäft der Erziehung. In: ders.: Pädagogische Schriften. Bd. 1: Kleinere pädagogische Schriften. Düsseldorf/München: Küpper, 105-121.
Herbart, J.F. (1806/1983): Allgemeine Pädagogik aus dem Zwecke der Erziehung abgeleitet. Bochum: Kamp.
Herbart, J.F. (1810/1964): Über Erziehung unter öffentlicher Mitwirkung. In: ders.: Pädagogische Schriften. Bd. 1: Kleinere pädagogische Schriften. Düsseldorf/München: Küpper, 143-151.
Herbart, J.F. (1835/1895): Umriß pädagogischer Vorlesungen. In: ders.: Pädagogische Schriften. Bd. 1. Langensalza: Beyer, 279-432.
Herbart, J.F. (1839/1989): An Taute (Brief). In: ders.: Sämtliche Werke. Bd. 19. Aalen: Scientia, 5-7.
Humboldt, W.v. (1792/1960): Ideen zu einem Versuch, die Gränzen der Wirksamkeit des Staats zu bestimmen. In: ders.: Werke in fünf Bänden. Bd. 1. Darmstadt: Wissenschaftliche Buchgesellschaft, 56-233.
Humboldt, W.v. (1793/1960): Theorie der Bildung des Menschen. In: ders.: Werke in fünf Bänden. Bd. 1. Darmstadt: Wissenschaftliche Buchgesellschaft, 234-240.
Humboldt, W.v. (1797/1960): Über den Geist der Menschheit. In: ders.: Werke in fünf Bänden. Bd. 1. Darmstadt: Wissenschaftliche Buchgesellschaft, 506-518.
Humboldt, W.v. (1807/1961): Geschichte des Verfalls und Untergangs der griechischen Freistaaten. In: ders.: Werke in fünf Bänden. Bd. 2. Darmstadt: Wissenschaftliche Buchgesellschaft, 73-124.
Humboldt, W. (1809/1964): Der Königsberger und der Litauische Schulplan. In: ders.: Werke in fünf Bänden. Bd. 4. Darmstadt: Wissenschaftliche Buchgesellschaft, 168-195.
Kant, I. (1803/1964): Über Pädagogik. In: ders.: Werkausgabe Bd. XII: Schriften zur Anthropologie, Geschichtsphilosophie, Politik und Pädagogik 2. Frankfurt: Suhrkamp, 691-761.
Key, E. (1900/1903): Das Jahrhundert des Kindes. Berlin: Fischer.
Locke, J. (1690/1977): Zwei Abhandlungen über die Regierung. Frankfurt: Suhrkamp.
Locke, J. (1693/1980): Gedanken über Erziehung. Stuttgart: Reclam.

Montessori, M. (1932/1973): Frieden und Erziehung. In: dies.: Frieden und Erziehung. Freiburg: Herder, 1-25.
Montessori, M. (1934/1965): Grundlagen meiner Pädagogik. In: dies.: Grundlagen meiner Pädagogik und weitere Aufsätze zur Anthropologie und Didaktik. Heidelberg: Quelle & Meyer, 7-28.
Montessori, M. (1936/1967): Kinder sind anders. Stuttgart: Klett.
Montessori, M. (1949/1966): Über die Bildung des Menschen. Freiburg: Herder.
Montessori, M. (1995): Grundgedanken der Montessori-Pädagogik. Aus Maria Montessoris Schrifttum und Wirkkreis. Freiburg: Herder.
Nohl, H. (1914/1979): Das Verhältnis der Generationen in der Pädagogik. In: Neue Sammlung, 19, 583-591.
Nohl, H. (1919/1999): „Ein Volk, das derart arm und gottverlassen geworden ist...". In: Friedenthal-Haase, M./Meilhammer, E. (Hrsg.): Blätter der Volkshochschule Thüringen (1919-1933). Bd. 1: März 1919 bis März 1925. Hildesheim: Olms, 9.
Nohl, H. (1926/1949): Die Einheit der Pädagogischen Bewegung. In: ders.: Pädagogik aus dreißig Jahren. Frankfurt: Schulte-Bulmke, 21-27.
Nohl, H. (1927): Vorwort. In: ders.: Jugendwohlfahrt. Sozialpädagogische Vorträge. Leipzig: Quelle & Meyer, IXf.
Nohl, H. (1933-35/1963): Die pädagogische Bewegung in Deutschland und ihre Theorie. Frankfurt: Schulte-Bulmke.
Nohl, H. (1970): Die Deutsche Bewegung. Vorlesungen und Aufsätze zur Geistesgeschichte von 1770-1830. Göttingen: Vandenhoeck & Ruprecht.
Pestalozzi, J.H. (1777/1927): Herrn Pestalotz Briefe an Herrn N.E.T. über die Erziehung der armen Landjugend. In: ders.: Sämtliche Werke. 1. Bd. Berlin: de Gruyter, 142-175.
Pestalozzi, J.H. (1780/1930): Ueber Gesetzgebung und Kindermord. Wahrheiten und Träume, Nachforschungen und Bilder. In: ders.: Sämtliche Werke. Bd. 9. Berlin: de Gruyter, 1-181.
Pestalozzi, J.H. (1787/1928): Lienhard und Gertrud. 4. Teil. In: ders.: Sämtliche Werke. Bd. 3. Berlin: de Gruyter.
Pestalozzi, J.H. (1789/1927): Die Abendstunde eines Einsiedlers. In: ders.: Sämtliche Werke. Bd. 1. Berlin: de Gruyter, 263-281.
Pestalozzi, J.H. (1797/1938a): Über Barbarei und Kultur. Fragmente zu einem II. Teil des Buches: Meine Nachforschungen usw. In: ders.: Sämtliche Werke. 12. Bd. Berlin: de Gruyter, 243-259.
Pestalozzi, J.H. (1797/1938b): Meine Nachforschungen über den Gang der Natur in der Entwicklung des Menschengeschlechts. In: ders.: Sämtliche Werke. 12. Bd. Berlin: de Gruyter, 1-166.
Pestalozzi, J.H. (1799/1932): Über den Aufenthalt in Stanz. Brief Pestalozzi's an einen Freund. In: ders.: Sämtliche Werke. Bd. 13. Berlin: de Gruyter, 1-32.
Pestalozzi, J.H. (1802-03/1952): Pestalozzi an sein Zeitalter (Epochen). In: ders.: Sämtliche Werke. 14. Bd. Berlin: de Gruyter, 121-226.
Rousseau, J.-J. (1750/1983): Abhandlung über die Frage: Hat der Wiederaufstieg der Wissenschaften und Künste zur Läuterung der Sitten beigetragen? In: ders.: Schriften zur Kulturkritik. Hamburg: Meiner, 1-59.

Rousseau, J.-J. (1754/1998): Abhandlung über den Ursprung und die Grundlagen der Ungleichheit unter den Menschen. Stuttgart: Reclam.
Rousseau, J.-J. (1762/1971): Emil oder Über die Erziehung. Paderborn: Schöningh.
Rousseau, J.-J. (1762/1977): Vom Gesellschaftsvertrag oder Grundsätze des Staatsrechts. Stuttgart: Reclam.
Rousseau, J.-J. (1772/1931): Betrachtungen über die Verfassung Polens. In: ders.: Die Krisis der Kultur. Leipzig: Kröner, 279-285.
Scheuerl, H. (Hrsg.) (1979): Klassiker der Pädagogik. 2 Bde. München: Beck.
Schleiermacher, F. (1814/2000): Über den Beruf des Staates zur Erziehung. In: ders.: Texte zur Pädagogik. Bd. 1. Frankfurt: Suhrkamp, 272-290.
Schleiermacher, F. (1826/2000): Grundzüge der Erziehungskunst. (Vorlesungen 1826.) In: ders.: Texte zur Pädagogik. Bd. 2. Frankfurt: Suhrkamp.
Tenorth, H.-E. (Hrsg.) (2003): Klassiker der Pädagogik. 2 Bde. München: Beck.

C Pädagogische Strömungen

Wenn man sich mit pädagogischen Theorien beschäftigt, mag es zunächst verwirren, dass sie sich nur zum Teil auf gemeinsame Sachverhalte beziehen. Jede pädagogische Theorie legt Vorstellungen vom Wesen des Menschen zugrunde, beschreibt Modelle sozialen Zusammenlebens, positioniert sich zu Erziehungszielen und spezifiziert bestimmte Begriffe von Erziehung. Andere Themen, wie z.B. die Autonomie der Pädagogik, die Geschichte der Erziehung und ihrer Theorien oder philosophische, soziologische und psychologische Dimensionen von Erziehung spielen bei der einen pädagogischen Theorie eine größere, bei der anderen eine verschwindend geringe Rolle oder entfallen ganz. Somit beschäftigen sich Theorien mit unterschiedlichen Sachverhalten, sie setzen eigene Schwerpunkte und argumentieren auf spezifische Weise.

Allerdings zeigt sich bei genauerer Betrachtung, dass Argumentationsstile nicht beliebig sind. Es gibt grundlegende Ähnlichkeiten von Theoriekonstruktionen. Um sie zu erschließen, spricht KUHN (1976) von „Paradigmen", FLECK (1980) von „Denkkollektiven", MANNHEIM (1995) von „Denkstilen", FOUCAULT (1974) von „Episteme", andere von „Meta-Theorien" usw. Es ist jeweils anderes gemeint, was hier jedoch nicht näher untersucht werden soll (vgl. hierzu BRINKMANN/PETERSEN 1999; KÖNIG 1975; KÖNIG/ZEDLER 1983; KRON 1999; TSCHAMLER 1996).

Einig ist man sich darin, dass es zwischen einzelnen Theorien Entsprechungen der Herangehensweise an Erziehung und ihre Theoretisierung gibt, während gegenüber anderen Theorien markante Unterschiede bestehen. Die Einheiten, die man durch die Aufdeckung der Un-/Ähnlichkeiten sucht, sind nicht immer einfach und zweifelsfrei festzustellen. Immerhin ist zu bedenken, dass man Ähnlichkeiten zeitgenössischer Theorien ebenso berücksichtigen muss wie Ähnlichkeiten historisch auseinander liegender Ansätze. So kann umstritten sein, ob jemand Herbartianer, Geisteswissenschaftler oder anderes war oder nicht. Hinzu kommt, dass Personen ihre Meinungen ändern, und eine nur personale Zuordnung von Strömungen deshalb unbefriedigend wäre. Folglich ist nach wichtigen, trennscharfen Aspekten zu suchen, die eine Strömung charakterisieren. Personen spielen dabei eine wichtige, aber nicht die entscheidende Rolle.

„Charakterisieren" heißt allerdings nicht „festlegen". In der Regel existieren Ähnlichkeiten zwischen den Theorien einer Strömung, aber keine Gleichheit. Auch „der" Herbartianismus oder „die" Geisteswissenschaftliche Pädagogik unterscheiden sich in einzelnen Positionen auf ernst zu nehmende Weise, so dass in Zweifel gezogen werden kann, ob es überhaupt sinnvoll ist, diese Einheitsetikettierungen zu verwenden. Da Ähnlichkeiten faktisch auszumachen sind, würden allerdings Erkenntnismöglichkeiten verschenkt werden, wenn man hierauf ganz verzichtete.

Abbildung 45: Theoretische Strömungen in der Erziehungswissenschaft (in Anlehnung an KRÜGER 2002, 11)

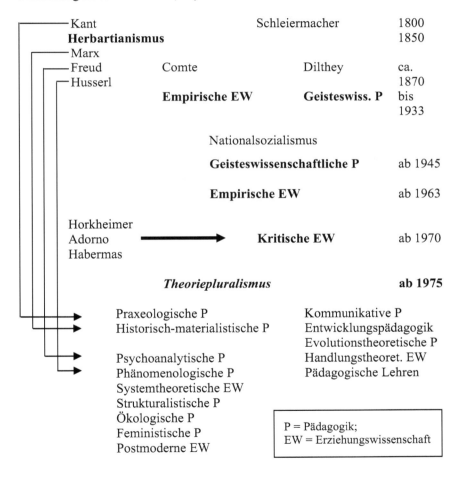

Die Strömungen, die nachfolgend vorgestellt werden, gelten relativ unstrittig als wichtige Erziehungstheorien. Sie unterscheiden sich teilweise deutlich und sind nicht homogen, auch wenn sich Übereinstimmungen in zentralen Punkten finden lassen. In der historischen Rückschau wird dies leicht sichtbar. Die ersten wichtigen und längerfristig wirksamen Strömungen der Pädagogik waren der Herbartianismus und die geisteswissenschaftliche Pädagogik. Gegenwärtig ist es schwieriger, klare Zuordnungen zu treffen, es gibt vielfältige Strömungen, die ein unüberschaubares Feld bieten (s. Abb. 45).

Literatur

Brinkmann, W./Petersen, J. (Hrsg.) (1999): Theorien und Modelle der Allgemeinen Pädagogik. Eine Orientierungshilfe für Studierende der Pädagogik und in der pädagogischen Praxis Tätige. Donauwörth: Auer.
Fleck, L. (1980): Entstehung und Entwicklung einer wissenschaftlichen Tatsache. Einführung in die Lehre vom Denkstil und Denkkollektiv. Frankfurt: Suhrkamp.
Foucault, M. (1974): Die Ordnung der Dinge. Eine Archäologie der Humanwissenschaften. Frankfurt: Suhrkamp.
König, E. (1975): Theorie der Erziehungswissenschaft. Bd. 1: Wissenschaftstheoretische Richtungen der Pädagogik. München: Fink.
König, E./Zedler, P. (1983): Einführung in die Wissenschaftstheorie der Erziehungswissenschaft. Düsseldorf: Schwann.
Kron, F.W. (1999): Wissenschaftstheorie für Pädagogen. München: Reinhardt.
Krüger, H.-H. (2002): Einführung in Theorien und Methoden der Erziehungswissenschaft. Opladen: Leske + Budrich.
Kuhn, T.S. (1976): Die Struktur wissenschaftlicher Revolutionen. Frankfurt: Suhrkamp.
Mannheim, K. (1995): Ideologie und Utopie. Frankfurt: Klostermann.
Tschamler, H. (1996): Wissenschaftstheorie. Bad Heilbrunn: Klinkhardt.

1 Herbartianismus

Von großer Bedeutung für die Etablierung der Pädagogik war in der zweiten Hälfte des 19. Jahrhunderts und noch bis in die 1920er-Jahre der Herbartianismus. Seine Rolle wird nicht selten unterschätzt; ihm kommen – in erster Linie im Bereich der Volksschulerziehung – zentrale Verdienste bei der Entwicklung der Didaktik, der Lehrerausbildung und der Etablierung einer wissenschaftlichen Pädagogik zu. Der Herbartianismus war die erste große pädagogische Strömung, die längere Zeit Einfluss auf die Erziehungswirklichkeit gewinnen konnte. Einem hartnäckigen Vorurteil nach handelte es sich um reine Schulpädagogik. Tatsächlich stand die Schule im Mittelpunkt des Interesses, allerdings bei weitem nicht ausschließlich. Verschiedene Herbartianer wie DÖRPFELD, LINDNER, STOY, REIN und die eher frei an Herbart anschließenden MAGER und WILLMANN nahmen systematisch breitere Perspektiven ein.

1.1 Personen

Ausgangspunkt der Herbartianer ist – wie der Name bereits ausdrückt – die Pädagogik JOHANN FRIEDRICH HERBARTs. Zum Zeitpunkt von HERBARTs Tod im Jahre 1841 war seine Pädagogik wenig populär. Er bekannte selbst, dass ihm der Zeitgeist überall „im Wege stehe" (HERBART 1839/1989, 6). Dies änderte sich für seine zum Teil umtriebigen Schüler, die den Herbartianismus im genannten Zeitraum zur führenden pädagogischen Theorieströmung machten. Der Herbartianismus umfasst zahlreiche Pädagogen, die mehr oder weniger stark an HERBART anschlossen. BALLAUFF und SCHALLER (1973, 157) nennen als wichtigste Vertreter *THEODOR WAITZ* (1821-1864), *TUISCON ZILLER* (1817-1882), *FRIEDRICH WILHELM DÖRPFELD* (1824-1893), *KARL VOLKMAR STOY* (1815-1885) und *WILHELM REIN* (1847-1929). Zu ergänzen sind die eigensinnig an HERBART anschließenden *KARL MAGER* (1810-1858) und *OTTO WILLMANN* (1839-1920).

Hervorzuheben sind ZILLER und REIN: ZILLER trieb maßgeblich und aktiv die Popularisierung der Pädagogik HERBARTs voran; er war längere Zeit der führende Kopf der Herbartianer, u.a. durch die Mitbegründung des „Vereins für wissenschaftliche Pädagogik" im Jahre 1868. REIN hingegen war der prominenteste Herbartianer. Er versuchte im so genannten „Kampf um HERBART" um die Wende vom 19. zum 20. Jahrhundert ihre Modernisierung und setzte sich, letztlich jedoch ohne Erfolg, gegen die aus verschiedenen Lagern stammenden Kritiker zur Wehr. Sieger der damaligen Auseinandersetzungen war die geisteswissenschaftliche Pädagogik. Sie löste den Herbartianismus ab.

1.2 Kernpunkte

HERBART hatte eine Pädagogik vor Augen, die zwischen Familienerziehung und öffentlicher Erziehung vermittelt. Der Erzieher sollte auf vielseitige Entwicklungsmöglichkeiten und die positive Förderung von Individualität größten Wert legen, um den Einzelnen zur „Charakterstärke der Sittlichkeit" zu motivieren. Dieser Respekt vor der Individualität und HERBARTs Aversion gegen Schulerziehung prädestinierten seine Pädagogik keineswegs dafür, ihre spätere, wichtige Rolle zu übernehmen. Dies konnte nur geschehen, indem die Herbartianer jeweils unterschiedliche Elemente der Pädagogik HERBARTs auswählten, ihnen eine neue Qualität gaben und dadurch Pädagogiken formulierten, die Anforderungen ihrer Zeit entgegenkamen. BLANKERTZ (1982, 153ff) nennt als Gründe für den Erfolg des Herbartianismus vier Aspekte:

1. Die Pädagogik HERBARTs war für die Herbartianer eine Fundgrube zur Herausbildung eines eigenständigen, geschlossenen Systems nach ihrem Sinn, aber unter Berufung auf eine pädagogische Autorität.
2. HERBARTs Pädagogik fußte auf der Assoziationspsychologie, die in der zweiten Hälfte des 19. Jahrhundert große Bedeutung erlangte und die Pädagogik ausreichend zu fundieren schien.
3. HERBART hatte im Gegensatz zum Idealismus eine realistische Pädagogik vorgelegt. Gegen Kants Annahme einer von empirischen Verhältnissen aus unzugänglichen, freiheitlich begründeten Sittlichkeit hatte HERBART eine sukzessive Ermöglichung von Sittlichkeit postuliert.
4. HERBARTs Herauslösung des Normfindungsprozesses in die Philosophie ermöglichte die – den impliziten Vorgaben seiner Pädagogik eigentlich widersprechende – Einpassung seiner Pädagogik in verschiedene politische Kontexte.

Man kann diese Aspekte weiterführen zu zentralen Kernpunkten der herbartianischen Pädagogik. Zwar bearbeiteten die Herbartianer eine große Breite pädagogischer Themen (vgl. CORIAND et al. 2003); aber als wichtige Aspekte gelten die Methodisierung des Unterrichts, das Versprechen der Planbarkeit von Erziehungsprozessen und die Begründung der Pädagogik durch eine christliche Individualethik.

Methodisierung des Unterrichts

Der Schulkritiker HERBART wäre nie auf die Idee gekommen, eine Schulklasse im Takt von Unterrichtsstunden gemäß seiner methodischen Vorschläge zu unterrichten – dies wurde erst im Zuge des Herbartianismus realisiert.

Im Zentrum von HERBARTs Erziehungsmethodik steht die psychologische Annahme einer Assoziation von Vorstellungen. HERBART entwickelte sie zu der pädagogischen Aufgabe, eine Ordnung von Gedankenkreisen zu erreichen, um durch *Regierung*, erziehenden *Unterricht* und *Zucht* Sittlichkeit zu erzielen (s. Kap. B 7). Der erziehende Unterricht wurde aus diesem Gesamtkonzept gelöst und in ein Schulstunden-gerechtes System umformuliert. Dazu wurden in Anlehnung an HERBART Schwerpunkte des Lernprozesses zugrunde gelegt. Was gelernt wird, wird zuerst konkret angeschaut, dann abstrakt-begrifflich weiter entwickelt und schließlich angewendet (vgl. JUST 1904, 876). REIN verfolgte darauf aufbauend ein fünfstufiges System aus Formalstufen des Lernvorgangs (vgl. KÖNIG/ZEDLER 2002, 255): Er differenzierte eine Phase der *Vorbereitung* bzw. Vorbesprechung, um die Schüler zu einem Thema zu führen. Es folgen die Phase der *Anschauung*, in der das Neue vorgestellt wird, eine Phase der *Assoziation*, die Altes und Neues verbindet, eine Phase des *Systems*, d.h. der weiterführenden, abstrahierenden Zusammenfassung, und schließlich die *Methodik* als praktische Anwendung.

Entscheidend ist, wie man im Unterricht mit diesem Konzept der Formalstufen umgeht. Entgegen vielfacher Vorurteile verwahrten sich die führenden Herbartianer gegen eine starre Anwendung ihrer Vorgaben; auch ZILLER wollte „die Zeitdauer einer methodischen Einheit variabel halten" (BALLAUFF/SCHALLER 1973, 163). REIN betonte gleichfalls die Notwendigkeit flexibler, sachgemäßer Planung, die der Selbsttätigkeit des Schülers besonderen Raum gibt. Zwar sollte der Unterricht prinzipiell die Stufen anwenden, aber es war für die Herbartianer wichtig, sowohl der Verschiedenheit einzelner Stoffe als auch dem Entwicklungstand der Schüler gerecht zu werden. Dies Betonung der Kreativität des Lehrers formuliert HERBARTs Lehre vom „pädagogischen Takt" (JUST 1904, 880f.), die einer sturen Anwendung didaktischer Prinzipien widersprach.

Allerdings kommt es dort zu einem Schematismus, wo die psychologische Dimension der Erziehung überbetont und der sichere Aufbau geordneter Gedankenkreise in den Vordergrund gestellt wird. Unterrichtsmethoden werden so zur Technologie. Die Aufgliederung des Unterrichts in rigide Formalstufen lässt kaum Raum für Neuerungen und Lebendigkeit. Diese lassen sich nicht aus den Prinzipien der Formalstufen ableiten, sondern sind eher eine Frage der Handhabung des Stoffes durch den individuellen Pädagogen. Die historischen Folgen des Formalstufenkonzeptes waren dann auch eine Zentrierung des Lernvorgangs auf die Vermittlung durch den Lehrer.

Planbarkeit von Erziehung

Die Herbartianer begnügten sich nicht mit der formalen Unterrichtsplanung. Bedeutsam war ebenfalls die Frage, in welcher Reihenfolge Sittlichkeit vermittelt werden sollte. Wie schon bei den Formalstufen war der Grundgedanke, dass Inhalte in einen Zusammenhang gebracht werden müssen, um bildend zu wirken.

Unter den Herbartianern gab es hierzu unterschiedliche Vorstellungen, während man sich im Kern einig war, dass der Heranwachsende in seiner individuellen Entwicklung Stufen nachvollzieht, die der Entwicklung der Kultur entsprechen (vgl. SCHWENK 1963, 33ff). In prominenter Form hatte diesen Gedanken, im freien Anschluss an DARWIN, ERNST HAECKEL in seinem biogenetischen Grundgesetz vorgemacht. Für HAECKEL (1868, 253) war die Ontogenese eine „kurze und schnelle, durch die Gesetze der Vererbung und Anpassung bedingte Wiederholung (Recapitulation) der Phylogenesis oder der Entwicklung des zugehörigen Stammes".

Herbartianer gingen anders als HAECKEL nicht von biologischen, sondern von kulturellen Entwicklungsstufen der Allgemeinheit aus[1]. Ein weiterer Unterschied lag darin, dass es sich in ihrem Sinne nur um eine Modellvorstellung handeln konnte, denn der Zögling war bei seinem Eintritt in die Schule bereits durch kulturelle Einflüsse geprägt. REIN warnte davor, die Herbartianische Annahme, das Kind durchlebe in seiner individuellen Entwicklung die Entwicklung der Gesamtheit, allzu wörtlich zu nehmen; dies sei „nur cum grano salis zu verstehen" (REIN 1888, 83), also nicht wörtlich zu nehmen. Die wissenschaftliche Didaktik solle „den Spuren der menschlichen Entwicklung" nachgehen (ebd., 69) und so dem Heranwachsenden Lernstoffe bieten, die seiner Erkenntnisfähigkeit angemessen sein sollen. Keinesfalls durfte man ihn seiner Kultur und ihrem Entwicklungsstand entfremden.

Der Grundgedanke lag in der evolutiven Annahme, die menschliche Kultur habe sich von relativ einfachen Lebensformen zu komplexen und mitunter verwirrenden Konstellationen weiterentwickelt. Schon dem jungen Schüler die Vielfalt der gegenwärtigen Kultur- und Wissensformen zu vermitteln, würde ihn über-

---

[1] Einem derartigen Missverständnis zu den Kulturstufen gilt es vorzubeugen: Gerade Herbartianer wehrten sich gegen Annahmen eines gleichsam „organischen" Nacherlebens. Es war in der zweiten Hälfte des 19. Jahrhunderts verbreitet, das gesellschaftliche Leben biologisch zu interpretieren. Die Gesellschaft wurde zum „Organismus", der Mensch zur „Zelle", die im Organismus reift und durch seine Gesetze bestimmt wird. OTTO WILLMANN (1882/1988), der dieses Bild diskutierte und teilte, wollte es aber nur als Analogie gelten lassen. Andere Herbartianer folgten ihm (vgl. DOLLINGER 2006, 187ff).

fordern. Deshalb solle man „die Gesamtentwicklung nach ihren Hauptwendepunkten" erschließen, um den Zögling „nach seinen Kräften" (ebd., 70) an der Kultur teilhaben zu lassen um ihn in die selbstverantwortliche Mitarbeit am Werk der Gesamtheit entlassen zu können.

Man wollte wichtige Aspekte der Kultur herausfinden, die man dem Einzelnen gemäß seiner Reflektionsfähigkeit vermitteln konnte, um ihn nach und nach an kompliziertere Themen heranzuführen. ZILLER schrieb dabei historischen Inhalten besonderes Gewicht zu. Sie schienen geeignet, den sittlichen Willen des Einzelnen zu fördern, und er stellte die Gesinnungsfächer in den Mittelpunkt des Unterrichts (vgl. SCHWENK 1963, 35). Die Gesinnungsstoffe waren auf wichtige Fächer konzentriert, um die herum sich andere gruppieren sollten (*Konzentration von Fächern*), damit nicht eine Komplexität und Heterogenität von Inhalten den Zögling überforderte (vgl. MÜLLER 2000). Bei der Auswahl spielten dann nicht immer pädagogische Überlegungen die erste Rolle. Es vermischten sich religiöse und kulturgeschichtliche Inhalte. Ferner ließ es die Eigenständigkeit von Unterrichtsfächern nicht zu, sie alle durch ein derartiges System zu strukturieren. Im Einzelnen waren die Vorschläge umstritten. Auch bei den Herbartianern stießen sie auf Kritik (vgl. SALLWÜRK 1887).

Von der Unrealisierbarkeit dieser Vorstellung ZILLERs abgesehen, waren die Kulturstufen ebenso wie die Formalstufen ein wichtiger Teil des Herbartianischen Paradigmas, Erziehung als Einwirkung auf Heranwachsende mit einem verlässlichen Gewissheitsversprechen auszustatten. Sowohl die Form als auch die Inhalte des Unterrichts sollten nach wissenschaftlichen Standards gegliedert werden und praktisch realisierbar sein. Für Lehrer war dies in einer Zeit, in der naturwissenschaftliche Exaktheit einen immensen Stellenwert gewann, ein deutlicher Prestigegewinn. Sie verfügten über ein psychologisch begründetes System, das mit eigenständigen Positionen der Pädagogik verbunden war und methodische Handlungssicherheit versprach.

Orientierung der Erziehung an christlicher Individualethik

Offen bleibt bislang das Ziel von Erziehung und Unterricht. Es war für die Herbartianer unstrittig, dass Erziehung auf ein ethisch begründetes Ziel hinauslief. Von HERBART war ihnen nicht nur dies, sondern auch die Vorrangstellung des Individuums vorgegeben worden. Es sollte nicht fremden Zwecken dienstbar gemacht werden. Es besaß einen Wert für sich und sollte durch Erziehung zu einem sittlich entscheidungs- und handlungsfähigen Subjekt gebildet werden.

ZILLER (1884, 100f) betonte deshalb in der Erziehung den Vorrang allgemeiner Bildung vor der Vermittlung von Fachkenntnissen und von beruflich nützlichen Fertigkeiten. Dies sollte auch für die Ausbildung von Lehrern gelten, so dass deutlich wird, weshalb der Herbartianismus v.a. in den Volksschulen zur dominierenden pädagogischen Strömung werden konnte. Die höheren und mittleren Schulen waren stärker durch Fachwissen geprägt (vgl. BLANKERTZ 1982, 155).

Die führenden Herbartia ner betonten weniger diese fachspezifische Bildung als die allgemeine Bildung des Individuums. Mit Ausnahme des Katholiken WILLMANN, der sich eher frei an HERBART orientierte, und weniger anderer legten sie dabei v.a. eine protestantische Ethik zugrunde. Der Einzelne war in der sittlich-religiösen Erziehung zu Gott zu führen. Er sollte befähigt werden, über die kulturelle Entwicklung und die zeitgenössische Situation der Gesellschaft zu urteilen, um sich gemäß seinem Entschluss für die Förderung der Kultur einzusetzen. Nach ZILLER (1856, 2) solle die Pädagogik „in dem Einzelnen ihren Ausgangspunkt, ihren Verlauf und ihr Ende haben".

Zudem berücksichtigten die Herbartianer vor dem Hintergrund gesellschaftlicher Krisenerfahrungen soziale Aspekte in der Pädagogik. Etwa WILLMANN (1875/1980) und LINDNER (1889) legten die Notwendigkeit einer sozialwissenschaftlichen Pädagogik dar. WILLMANN wandte sich dann aber immer deutlicher katholischer Pädagogik zu, LINDNER wurde zwar rezipiert, aber kaum seine sozialwissenschaftliche Pädagogik.

Insgesamt gerieten in der Wilheminischen Zeit die ethischen Systeme ins Wanken und die vielfältigen und sich z.T. widersprechenden Optionen, Erziehung normativ auszurichten, wurden deutlich. Dennoch hielten die Herbartianer an ihren ethischen Vorgaben fest. Dies gab ihnen den Anschein, Erziehung gegen den Zeitgeist auf unumstößliche Wahrheiten zu begründen. Wo die „moderne" Evolutionstheorie und die Naturwissenschaften scheinbar ohne teleologische Normen auskamen, hielten sie an der ahistorischen Wahrheit einer christlichen Ethik fest. Man müsse, wie WILLMANN (1903/1912) schrieb, für die immerwährende Wahrheit von Haus und Alter kämpfen und dürfe sich nicht vom Relativismus der Gegenwart anstecken lassen. Auch REIN (1911, 102ff) wehrte sich gegen eine evolutionistische Ethik und stellte gegen sie eine absolute Ethik, für die HERBART, JESUS und KANT einstanden.

Dies trug nicht unwesentlich zu dem Verdacht bei, der Herbartianismus sei antiquiert. Aus HERBARTs Vorschrift, die Selbstständigkeit des Individuums nicht zu missachten und es selbsttätig zu sittlichem Urteil zu befähigen, wurde der Anschein des Festhaltens an einer überkommenen Ethik und einer Indoktrination des Individuums. Tatsächlich nahm die Gegenwartskritik der Herbartianer deutliche Züge an und sie warnten vor den Entartungen und der Entsittlichung des Lebens vor allem in der Großstadt (vgl. BARTH 1894). Dabei riefen sie zu einer Erneuerung der christlichen Grundlagen des Zusammenlebens auf.

Die christliche Ethik der Herbartianer traf sich durchaus mit dem Ziel und der Haltung wesentlicher Teile der Bevölkerung, aber in der wissenschaftlichen Pädagogik war klar, dass die Herbartianer nur eines von mehreren möglichen ethischen Idealen anstrebten. Je mehr es in den Vordergrund gestellt wurde, desto mehr gewann es einen ideologischen Absolutheitsanspruch.

1.3 Das Ende des Herbartianismus

Auch von anderer Seite aus wuchs der Druck auf die Herbartianer: Naturwissenschaftliche und biologische Denkmuster gewannen allgemein an Bedeutung. REIN (1904) musste ihnen gegenüber die Möglichkeit von Erziehung verteidigen. Da die Naturwissenschaften die Möglichkeit von Erziehung insgesamt in Frage stellten, kamen Rein bei der Abwehr noch andere pädagogische Strömungen entgegen. Dies galt aber nicht mehr dort, wo als Orientierung und als Mittel der Erziehung die Gemeinschaft in den Mittelpunkt rückte. Die Herbartianer hielten als Erben HERBARTs an der Schulung des individuellen Willens fest. Ohne die sittliche Erziehung des Individuums als Kernpunkt war Erziehung für sie kaum zu denken. Zwar versuchte Rein, sich dem immer wichtiger werdenden pädagogischen Gemeinschaftsdiskurs anzunähern, indem er in den Neuauflagen seiner wichtigen Schriften Veränderungen vornahm wie z.B. die Ersetzung der Begriffes „Gesellschaft" durch den der „Gemeinschaft" (vgl. DOLLINGER 2004). Dies waren aber eher kosmetische Korrekturen, die nichts daran änderten, dass der Herbartianismus als individualistische Pädagogik diskreditiert wurde. Versuche, den Individualismus wie schon zuvor den Schematismus nur auf ZILLER zu beziehen (vgl. REIN 1902, 78), waren wenig hilfreich angesichts der Kritik, die den gesamten Herbartianismus als bloße Individualpädagogik angriff.

Fasst man die Kritiken zusammen, so war es für den Verbund der Gegner der Herbartianer letztlich relativ einfach, diese zu diskreditieren. Empirische Pädagogik, verschiedene Reformpädagogiken, die Sozialpädagogik, die geisteswissenschaftliche Pädagogik, neukantianische pädagogische Theorien und andere wirkten gegen den Herbartianismus zusammen und trugen zu seinem Untergang bei. Noch zu Lebzeiten REINS, der 1923 emeritiert wurde und 1929 starb, verlor die von ihm vertretene Pädagogik deutlich an Einfluss.

Eine wesentliche Rolle spielten dabei reformpädagogische Ansätze. Sie wehrten sich gegen die (vermeintliche) Herbartianische Unterrichtungspädagogik und setzten gegen sie eine Orientierung am Kind und seiner Entfaltung. In der Rezeption wurde der Bruch mit dem Herbartianismus allerdings in der Regel überzeichnet. So kannte z.B. auch ZILLER eine Unterrichtsmethode, die Schüler aktivieren und zu eigenständiger Problembearbeitung motivieren sollte: die so genannte Disputationsmethode, in der Vorgaben des Lehrers gegenüber den freien Äußerungen der Schüler relativiert waren (vgl. BLOCH 1969, 83ff). STOY und sein Nachfolger in Jena, REIN, propagierten Konzepte wie das Schulleben, Fahrten und Wanderungen, die üblicherweise als Erfindungen der Reformpädagogen gelten (vgl. CORIAND/ WINKLER 1998, 9; OELKERS 1998, 146). Alle drei, ZILLER, REIN und STOY, kritisierten einseitige Unterrichtung. REIN förderte zudem seine späteren theoretischen Gegner auch ganz direkt: HERMANN LIETZ, ein Protagonist der deutschen Landerziehungsheimbewegung, arbeitete bei REIN, der LIETZ auch einen Besuch bei REDDIE in England ermöglichte; zudem habilitierte sich bei REIN (und bei HERMAN NOHL) der geisteswissenschaftliche Pädagoge WILHELM FLITNER. Wie diese noch erweiterbaren Beispiele zeigen, war der Übergang vom Herbartianismus zu den verschiedenen, am Ende des 19. Jahrhunderts einsetzenden reformpädagogischen Strömungen nicht bruchhaft.

Außerdem gaben die Herbartianer selbst ihren Kritikern wichtige Argumente an die Hand, indem sie vor schematisiertem Unterricht warnten und die Selbsttätigkeit des Schülers als Kernpunkt der Erziehung beschrieben. Sie kritisierten intern, wer ihren Vorstellungen nicht entsprach, und versuchten so, eine Erstarrung ihrer Strömung zu verhindern. Insbesondere die ZILLERSCHE Pädagogik wurde von Herbartianern selbst angegriffen, und die Wahrnehmung ZILLERs leidet hierunter bis heute. Von Erfolg gekrönt waren die Modernisierungsversuche Herbartianischer Pädagogik freilich nicht. Die Gründe für ihren Untergang können mit JÜRGEN OELKERS (1989, 92ff) in fünf Aspekten zusammengefasst werden:

1. *Ein Veralterungsverdacht.* Es konnte keine Beziehung mehr zu anerkannten naturwissenschaftlichen oder zu neueren normativen Strömungen gefunden werden.
2. *Fehlende Glaubwürdigkeit*: Die Herbartianer konnten die von ihnen selbst mitbegründete Nachfrage nach fundiertem wissenschaftlichem Wissen nicht länger befriedigen.
3. *Alternative der Lehrerbildung*: Nach der Phase des Aufbaus der Lehrerbildung wurden sukzessive Alternativen zum Herbartianismus deutlich.
4. *Zerfall des Wissenschaftssystems* HERBARTs: HERBART ging von einer durch Ethik und Psychologie begründeten Pädagogik aus. Die Wissenschaf-

ten entwickelten sich auseinander und die Pädagogik HERBARTs verlor ihre Bezugspunkte.
5. *Fehlende Anerkennung der Herbartianischen Terminologie*: Die strenge Begrifflichkeit der Herbartianer fand im ästhetisierenden Zeitgeist der Kulturkritik am Ende des 19. Jahrhunderts keine Anerkennung mehr. Auch die ganzheitlichen, z.T. überschwänglichen Persönlichkeitsvorstellungen widersprachen den Vorgaben HERBARTs.

Die herbartianische Pädagogik wollte Erziehung ethisch orientieren, wobei eine christliche Grundhaltung vorherrschte. Wichtig für die Erziehung waren zudem psychologische Kenntnisse über das Wesen der Zöglinge. Sie wurden genutzt, um Erziehung methodisch zu strukturieren und planbar zu gestalten. Im Bereich des Unterrichts sollten Schulstunden nach Formalstufen aufgebaut werden und der Lehrplan sollte gemäß der Entwicklung der Heranwachsenden nach Stufen des kulturellen Fortschritts („Kulturstufen") organisiert werden. Im Einzelnen ergaben sich dabei größere Unterschiede zwischen den Positionen.

Wichtige Begriffe:
- Formalstufen des Unterrichts
- Theorie der Kulturstufen
- Konzentration von Fächern
- Sittliche Erziehung

Literatur

Ballauff, T./Schaller, K. (1973): Pädagogik. Eine Geschichte der Bildung und Erziehung. Bd. 3: 19./20. Jahrhundert. Freiburg/München: Verlag Karl Alber.
Barth, E. (1894): Die Gliederung der Großstädte. In: Jahrbuch des Vereins für wissenschaftliche Pädagogik, 26, 253-271.
Blankertz, H. (1982): Die Geschichte der Pädagogik. Von der Aufklärung bis zur Gegenwart. Wetzlar: Büchse der Pandora.
Bloch, K.H. (1969): Der Streit um die Lehrerfrage im Unterricht in der Neuzeit. Problemgeschichtliche Untersuchungen. Wuppertal: Henn.
Coriand, R./Winkler, M. (Hrsg.) (1998): Der Herbartianismus – die vergessene Wissenschaftsgeschichte. Weinheim: Deutscher Studien-Verlag.
Coriand, R./Böhme, G./Henkel, K. (2003): Bio-doxographisches Korpus Pädagogischer Herbartianismus – Zwischenergebnisse eines DFG-Projekts als Kooperationsimpuls. In: Coriand, R. (Hrsg.): Herbartianische Konzepte der Lehrerbildung. Bad Heilbrunn: Klinkhardt, 269-296.

Dollinger, B. (2004): Strukturmerkmale sozialpädagogischen Wissens. In: Zeitschrift für Sozialpädagogik, 2, 120-142.
Dollinger, B. (2006): Die Pädagogik der sozialen Frage. Wiesbaden: VS.
Haeckel, E. (1868): Natürliche Schöpfungsgeschichte. Gemeinverständliche wissenschaftliche Vorträge über die Entwickelungslehre im Allgemeinen und diejenigen von Darwin, Goethe und Lamarck im Besonderen, über die Anwendung derselben auf den Ursprung des Menschen und andere damit zusammenhängende Grundfragen der Naturwissenschaft. Berlin: Reimer.
Herbart, J.F. (1839/1989): An Taute (Brief). In: ders.: Sämtliche Werke. Bd. 19. Aalen: Scientia, 5-7.
Just, K. (1904): Formal-Stufen. In: Rein, W. (Hrsg.): Encyklopädisches Handbuch der Pädagogik, Bd. 1, 282-286.
König, E./Zedler, P. (2002): Theorien der Erziehungswissenschaft. Opladen: Leske + Budrich.
Lindner, G.A. (1889): Grundriß der Pädagogik als Wissenschaft. Wien/Leipzig: Pichler.
Oelkers, J. (1989): Das Ende des Herbartianismus. Überlegungen zu einem Fallbeispiel der pädagogischen Wissenschaftsgeschichte. In: P. Zedler/E. König (Hrsg.): Rekonstruktion pädagogischer Wissenschaftsgeschichte. Weinheim: Deutscher Studien-Verlag, 77-116.
Oelkers, J. (1998): Wilhelm Rein und die Konstruktion von „Reformpädagogik". In: R. Coriand/M. Winkler (Hrsg.): Der Herbartianismus – die vergessene Wissenschaftsgeschichte. Weinheim: Deutscher Studien-Verlag, 129-154.
Müller, E. (2000): Das Paradigma des Herbartianismus unter problemgeschichtlichem Aspekt (Diss. PH Erfurt).
Rein, W. (1888): Gesinnungsunterricht und Kulturgeschichte. In: Pädagogische Studien, Bd. 9, 65-87.
Rein, W. (1902): Pädagogik in systematischer Darstellung. Bd. 1: Die Lehre vom Bildungswesen. Langensalza: Beyer.
Rein, W. (1904): Erziehung, ihre Macht und ihre Grenzen. In: W. Rein (Hrsg.): Encyklopädisches Handbuch der Pädagogik. Bd. 2, 578-583.
Rein, W. (1911): Pädagogik in systematischer Darstellung. Bd. 1: Grundlegung. Langensalza: Beyer.
Sallwürk, E.v. (1897): Herbarts Unterrichtsstufen und Zillers Formalstufen. In: Die Deutsche Schule, 1, 76-86.
Schwenk, B. (1963): Das Herbartverständnis der Herbartianer. Weinheim: Beltz.
Willmann, O. (1875/1980): Vorlesung „Allgemeine Pädagogik". In: ders.: Sämtliche Werke. Bd. 4. Aalen: Scientia, 1-145.
Willmann, O. (1882/1988): Didaktik als Bildungslehre nach ihren Beziehungen zur Sozialforschung und zur Geschichte der Bildung. Bd. 1. In: ders.: Sämtliche Werke. Bd. 5. Aalen: Scientia.
Willmann, O. (1903/1912^2): Pro aris et focis. In: ders.: Aus Hörsaal und Schulstube. Gesammelte kleinere Schriften zur Erziehungs- und Unterrichtslehre. Freiburg: Herder, 417-421.
Ziller, T. (1856): Einleitung in die allgemeine Pädagogik. Leipzig: Teubner.
Ziller, T. (1884): Grundlegung zur Lehre vom erziehenden Unterricht. Leipzig: Veit.

2   Geisteswissenschaftliche Pädagogik

„Die" Geisteswissenschaftliche Pädagogik existierte genauso wenig wie „der" Herbartianismus. Allerdings können wiederum markante Ähnlichkeiten zwischen Theorien festgestellt werden, die dafür sprechen, sie unter einer Strömung zu subsumieren.

2.1 Personen

Der wichtigste Vorläufer der Geisteswissenschaftlichen Pädagogik war *WILHELM DILTHEY* (1833-1911). Die Philosophie als Kerndisziplin DILTHEYs beinhaltete für ihn immer eine pädagogische Dimension, aber die eigentlichen pädagogischen Schriften und Vorträge DILTHEYs stehen seinen philosophischen Interessen gegenüber zurück. Dies änderten seine Schüler. In Anlehnung an TENORTH (2000, 229) umfasste ihre erste Generation *HERMAN NOHL* (1879-1969), *THEODOR LITT* (1880-1962), *EDUARD SPRANGER* (1882-1963) und *MAX FRISCHEISEN-KÖHLER* (1878-1923). In der zweiten Generation können vorrangig *WILHELM FLITNER* (1889-1990) und *ERICH WENIGER* (1894-1961) genannt werden.

Am bekanntesten ist in der Gegenwart HERMAN NOHL, der nach dem Ersten Weltkrieg zur Pädagogik fand und in seinem akademischen Weg von DILTHEY gefördert wurde. THEODOR LITT erwarb sich ein besonderes Verdienst u.a. durch seinen offenen Widerstand gegen den Nationalsozialismus.

2.2 Kernpunkte

Bezug auf DILTHEY

Die Geisteswissenschaftliche Pädagogik kann nicht nur durch den Einfluss DILTHEYs erklärt werden, da bei den Genannten weitere Gemeinsamkeiten wie ein bildungsbürgerlicher Hintergrund, eine Prägung durch die Erlebnisse des Ersten Weltkrieges und die Teilhabe an reformpädagogischen Aktivitäten symptomatisch sind (vgl. BLANKERTZ 1982, 263). Dennoch waren DILTHEYs Vorgaben von maßgeblicher Bedeutung. Er legte vielfältige Pfade, auf denen pädagogische Theorien weitergeführt werden konnten. Von ihnen kamen in der geisteswissenschaftlichen Pädagogik nur einige zum Tragen, von denen hier zwei zu nennen sind:

1. Erstens fällt DILTHEYs *Kritik* an einer *ahistorischen, normativen Pädagogik* ins Gewicht. „Nur eine engumgrenzte Zahl von Sätzen" könne in der Pädagogik zu Recht den Anspruch der Allgemeingültigkeit erheben (DILTHEY 1960, 9). Als einen solchen Satz interpretierte DILTHEY die psychologische Annahme einer Teleologie des Seelenlebens. Die Gefühle, Vorstellungen und Antriebe des Menschen werden in seiner Entwicklung in ein Verhältnis zueinander gesetzt, durch das sich der Mensch in die Kultur integriert. Er strebe zielgerichtet (teleologisch) dazu, sich einem Zustand der vollkommenen Ganzheit anzunähern. Abgesehen von diesem formalen Prinzip habe sich jede inhaltlich-normative Festlegung eines überzeitlichen Erziehungszieles „als historisch bedingt erwiesen" (DILTHEY 1888/1962, 57).

2. Zweitens erlangte DILTHEY für die Pädagogik besonderes Gewicht durch seine Versuche, die damit aufgeworfene Orientierungsproblematik von Erziehung zu lösen. *Wenn keine dauerhaft gültigen Normen bestanden, sei Erziehung an etwas anderem auszurichten.* Dass dabei die Teleologie des Seelenlebens als orientierendes Prinzip von Erziehung unzureichend war, kritisierte z.B. HERMAN NOHL (1933-35/1963, 112). Demgegenüber entfaltete DILTHEYs *lebensphilosophischer Ansatz* größte Bedeutung. Ihm zufolge lag der unhintergehbare Bezugspunkt der Geisteswissenschaften im Leben selbst (vgl. RODI 2003, 17ff). Leben war der grundlegende, Menschen verbindende Strukturzusammenhang des Daseins, und zwar unabhängig von räumlichen und historischen Unterschieden und Distanzen (vgl. DILTHEY 1958, 229). In der Orientierung auf die von Menschen hervorgebrachten Leistungen, die kulturellen Objektivationen, konnte ein prinzipieller Bezugspunkt für die Geisteswissenschaften gefunden werden.

Im Rückgriff auf das sich entfaltende Leben und seine Äußerungen offenbare sich eine von geisteswissenschaftlichen Ansätzen fruchtbar zu machende Orientierung. Man konnte das Leben in seiner Entfaltung verstehen, und dieses ***Verstehen***, gegenüber dem naturwissenschaftlichen Prinzip des kausalen ***Erklärens***, beinhalte die methodische Spezifik der Geisteswissenschaft.

Durch das Verstehen lernt sich der Mensch selbst kennen, d.h. das Leben kam zu sich selbst: Im Verstehen wird „das Leben über sich selbst in seinen Tiefen aufgeklärt" (DILTHEY 1958, 87). Hier lag eine Perspektive, wie gegenüber allem Anschein permanenter Veränderung und Orientierungslosigkeit nach dem Verlust normativer Gewissheiten eine neue Perspektive für die Pädagogik zu gewinnen war. Legt man die Erziehungswirklichkeit hermeneutisch aus, so können wieder *Normen* für die Erziehung gefunden werden. Sie sind dann jedoch *nicht ahistorisch*, sondern *situationsvariant* (vgl. KÖNIG 1975).

Die Erziehungswirklichkeit und ihre Geschichtlichkeit

SCHLEIERMACHER (1826/2000, 11), mit dem sich DILTHEY genau beschäftigte, sprach von einer *„Dignität" der Praxis* gegenüber jeder Theorie. Den Ausgang der Pädagogik bildete in diesem Sinne für die geisteswissenschaftliche Pädagogik die Erziehungswirklichkeit. Sie wurde nicht so verstanden wie etwa von der exakten, experimentellen Pädagogik. Während diese – in der Interpretation der geisteswissenschaftlichen Pädagogik – die Ganzheitlichkeit konkreter Erscheinungen zerstückle, sei die Erziehungswirklichkeit in ihrer Gesamtheit zu berücksichtigen.

Daneben muss, um ihre Bedeutung verstehen zu können, die Entwicklung konkreter Erscheinungen bedacht werden. Sie treten als sinnhafte Äußerungen eines strukturellen Gesamtzusammenhangs auf. Damit verwies DILTHEY (1960, 173) die Geisteswissenschaften auf eine Erhellung der Geschichte, denn „was der Mensch sei, erfährt er erst in der Entwicklung seines Wesens durch die Jahrtausende". Um Aufschluss über die Gegenwart zu gewinnen, war deshalb die Erforschung der Geschichte – v.a. geschichtlicher Texte – maßgeblich. Dies beschreibt WILHELM FLITNER (1974, 34): „Alles Geistige also wird geschichtlich – es lebt mit Hilfe der Erinnerung und Überlieferung, es baut fort auf dem Gewesenen, ist unverständlich ohne das Vergangene, wandelt seine Gestalt, weil das Neuerlebte das Vergangene in der Erinnerung aufbewahrt, zugleich verändert und sich in vorher nie bestimmbarer Art als Folge des Vorhandenen erweist".

Daraus ergab sich eine wesentliche Konsequenz: Wenn die Erziehungswirklichkeit geschichtlich zu verstehen und auszulegen ist, dann kann die Pädagogik die Erziehungspraxis nicht wie ältere Theorien, etwa der Herbartianismus, durch ein feststehendes ethisches Ideal normieren. Mit SCHLEIERMACHER wurde von der Erziehungswirklichkeit ausgegangen, die ihre eigene Logik besaß und gegeben war, bevor jemand Theorien über sie aufstellte. Sie hatte eine spezifische Bedeutung, der man in der theoretischen Reflektion entsprechen musste. NOHL (1933-35/1963, 119) schreibt hierzu in seinem pädagogischen Hauptwerk über „die pädagogische Bewegung in Deutschland und ihre Theorie": „Diese Erziehungswirklichkeit in ihrer Doppelseitigkeit von pädagogischem Erlebnis und pädagogischen Objektivationen ist das phaenomenon bene fundatum, von dem die wissenschaftliche Theorie auszugehen hat. Von hier aus ergibt sich die Bedeutung der Geschichte der Pädagogik: sie ist nicht eine Sammlung von pädagogischen Kuriositäten oder ein interessantes Bekanntmachen mit allerhand großen Pädagogen: sondern sie stellt die Kontinuität der pädagogischen Idee dar in ihrer Entfaltung". NOHL formulierte damit *einen Kernpunkt* der geisteswissenschaftlichen Pädagogik: Der Theorie ist eine Praxis vorgegeben. Sie besitzt eine *eigene Dignität* als Ausgangspunkt wissenschaftlicher Reflektionen. Da es sich in der Praxis nicht um irgendeine Wirklichkeit handelt, sondern um eine *Erziehungs*-Wirklichkeit, kann die Pädagogik Bezug nehmen auf Erziehung als spezifische Erscheinung des menschlichen Lebens.

Hermeneutik

Die Grundlage von Geisteswissenschaften ist nicht das (naturwissenschaftlich-kausale) Erklären, sondern das *Verstehen*. DILTHEY stellt es dem naturwissenschaftlichen Kausalitätsdenken gegenüber. In kontrollierter Form kann es wissenschaftlich angewendet werden, obwohl Verstehen natürlich auch im Alltag auftritt. Der methodische Einsatz kann durch den *hermeneutischen Zirkel* veranschaulicht werden, der in der Abbildung 46 am Beispiel eines Textverständnisses dargestellt ist.

Abbildung 46: Hermeneutischer Zirkel (DANNER 1989, 57)

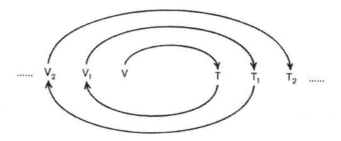

V = Vorverständnis; T = Textverständnis; V_1 = erweitertes Vorverständnis; T_1 = erweitertes Textverständnis usw.

Ausgangspunkt des hermeneutischen Zirkels ist (1.) der *Versuch, eine Erscheinung,* in diesem Beispiel einen Text, *zu verstehen*. Zunächst ist der Text etwas Fremdes, wenn auch ein gewisses Vorverständnis angenommen werden kann. Dieses erste Wissen wird zugrunde gelegt, um den Text zu interpretieren. Dadurch ergeben sich neue Erkenntnisse, und das Vorverständnis wird vertieft. Mit dem nun erweiterten Wissen wird der Text nochmals interpretiert, es kommt wiederum zu einer Verbreiterung des Wissens und so weiter. Der Endpunkt ist erreicht, wenn der Interpret den Text so verstanden hat, wie er vom Schreibenden gemeint war, wenn also die Sinndifferenz zwischen ihnen verschwunden ist. Dies bildet allerdings ein Idealziel, das in der Realität kaum zu erreichen ist.

Eine weitere Möglichkeit der Hermeneutik besteht darin, nicht das Vorwissen auf eine Erscheinung anzuwenden, sondern (2.) eine *Gesamterscheinung in der wechselnden Bezugnahme auf die Gesamtheit und deren Einzelheiten zu verstehen*. Z.B. kann man ein unverständliches Wort in einem Satz durch Bezug auf den Satz erschließen. Umgekehrt gibt der Satz durch die Kenntnis des Wortes einen neuen Sinn.

Gemeinsam ist beiden Fällen die *wechselseitige Bezugnahme zunächst getrennter Bereiche* aufeinander. Die dadurch ermöglichte Wissenserweiterung führt im Interpretationsprozess zu einem *vertieften Verstehen*. Da es sich nicht um eine Kreisbewegung, sondern eine Höherentwicklung handelt, kann treffender als von einem Zirkel von einer hermeneutischen Spirale gesprochen werden. Trotz aller Kritik an der geisteswissenschaftlichen Pädagogik gilt die – in unterschiedlichen Spielarten vertretene – Hermeneutik insbesondere in der qualitativen Sozialforschung derzeit als wichtige Erkenntnismöglichkeit und als maßgebliches methodologisches Prinzip (vgl. LAMNEK 2005, 59ff; HITZLER/HONER 1997; KÖNIG/ZEDLER 2002, 85ff).

Relative Autonomie der Pädagogik und „pädagogischer Bezug"

Die Geisteswissenschaftliche Pädagogik verstand die Pädagogik als relativ autonome kulturelle Erscheinung. Dies bedeutet, dass die Pädagogik durchaus mit anderen Wissens- und Handlungsformen der Gesellschaft in Verbindung steht und mit ihnen kooperiert. Sie kann sich dabei aber auf ein in der Erziehungswirklichkeit gegebenes Phänomen berufen, das nur die Pädagogik kennzeichnet und nicht irgendeine andere Wissenschaft. NOHL beschreibt diese Grundlage der Pädagogik als den „pädagogischen Bezug", der oben (vgl. Kap. B 9) schon vorgestellt wurde. Dieses „leidenschaftliche Verhältnis eines reifen Menschen zu einem werdenden Menschen" baut laut Nohl (1933-35/1963, 134) „auf einer instinktiven Grundlage, die in den natürlichen Lebensbezügen der Menschen und in ihrer Geschlechtlichkeit verwurzelt ist", auf.

Von dieser spezifisch pädagogischen Erscheinung, die aus dem Leben selbst erwächst, kann die Theorie der Erziehung ausgehen. Etwa die reformpädagogischen Strömungen, die NOHL in seinem Umfeld wahrnahm, waren pädagogisch zu reflektieren. Sie waren als eigenständige Erziehungswirklichkeit der Pädagogik – und nicht der Psychologie, der Soziologie oder einer anderen Disziplin – zur Erörterung aufgegeben. Sie sollten in der Pädagogik als Erscheinung der Wirklichkeit zur Geltung gebracht und als Ganzheit verstanden werden. Die Pädagogik griff bei ihren Reflektionen auf konkrete Erziehungsphänomene zurück und entwickelte ihre Begriffe aus dieser Praxis heraus.

Theorie-Praxis-Verhältnis

Das Verhältnis von Theorie und Praxis ist weder eine Beziehungslosigkeit noch eine Normierung, sondern eine theoretisch gehaltvolle Informierung über die in der Praxis wirkenden Kräfte und Strukturen, aus der in der Praxis selbst neue Kenntnisse und neue Handlungsformen hervorgehen können. *Wissenschaft bleibt somit an die Interessen der Praxis gebunden*; FLITNER sprach von einer „réflexion engagée".

Der Unterschied zu einer normativen Pädagogik sollte darin liegen, die Wirklichkeit nicht mit ihr fremden Vorschriften zu konfrontieren. Die theoretisch erschlossenen Strukturen als Grundlagen erzieherischen Handelns lagen vielmehr in diesem Handeln selbst begründet, und an ihnen blieb die Theorie orientiert. Eine Theorie über Erziehung kann es folglich nur geben, wenn es Erziehung gibt, da sie der Theorie ihre Wirklichkeit und Gesetzmäßigkeiten als Tatsache vorgibt. Dadurch erklärt sich das besondere Interesse der geisteswissenschaftlichen Pädagogik für die Alltäglichkeit des Lebens (vgl. THIERSCH 1989, 1121ff). Die spätere Alltagswende in der Pädagogik wurde hier bereits vorgedacht. Man versuchte, – was nicht immer gelang (s.u.) – die Pädagogik am Eigenrecht des Individuums auszurichten und durch nicht-pädagogische Interessen motivierte Eingriffe auf das Leben des Menschen zu verhindern. Es galt, den Alltag in seiner Ganzheit und Komplexität als Tatsache der Erziehung zu berücksichtigen.

Was das Verhältnis von Theorie und Praxis betrifft, so war damit weder gemeint, dass Theorie wirkungslos bleibt, da sie als Selbstaufklärung auf die Praxis wirken sollte, noch wurde ein naives Praxisverständnis unterstellt, demzufolge Menschen ohne Theorien bzw. prätheoretische Konzepte erziehen (und leben). Nach WENIGER (1952, 16) ist ein komplexes Gefüge anzunehmen, „in dem Theorie und Praxis unauflöslich verbunden sind und alle nur denkbaren Beziehungen zwischen beiden aufgewiesen werden können". Um die enge Verzahnung von Theorie und Praxis zu entwirren, typisiert er drei Arten von Theorien (ebd., 16ff):

1. *Theorien ersten Grades:* Sie liegen in der Erziehungspraxis selbst und sind bestimmt durch apriorische, grundsätzliche Prinzipien. In ihnen kommt ein pädagogisches Ethos zum Tragen, das nicht artikuliert oder reflektiert ist.
2. *Theorien zweiten Grades:* Sie sind etwas abstrakter als Theorien ersten Grades und befinden sich im Besitz von Praktikern. Dies kann bewusste Lehrsätze und Schlagworte ebenso umfassen wie implizites praktisches Wissen. Entscheidend ist die Möglichkeit, es zu artikulieren und in logische Zusammenhänge umzuformulieren.

3. *Theorien dritten Grades:* Sie beschreiben die „Theorie des Theoretikers". Ihre streng systematisierte Form wird umso nötiger, je komplexer die Erziehungswirklichkeit ist. Sie erreichen nicht nur abstraktes und für sich bestehendes Wissen, sondern stehen mitten in der Praxis als „stellvertretende Besinnung, als Läuterung der in der Praxis angelegten Theorien, als bewusste Vorbesinnung und bewusste nachträgliche Klärung".

2.3 Kulturelle Integration

Im Prinzip erklärte die geisteswissenschaftliche Pädagogik das Eigenrecht des Heranwachsenden und seine Subjektivität zu wichtigen Orientierungen der Pädagogik. Allerdings führt dies zu einem Problem, und zwar dem der Integration des Individuums in eine überindividuelle Gesamtheit. Dies soll beispielhaft an HERMAN NOHL erörtert werden.

In seinem pädagogischen Bezug sprach sich NOHL für eine individualistische Pädagogik aus. In der Erziehung solle der Einzelne zu *seinem* Leben und zu *seiner* Form gebracht werden. Dies ist allerdings nur eine vordergründige Beschreibung, denn NOHL sah die doppelte Aufgabe der Pädagogik, die am Individuum wie auch an kultureller Integration auszurichten war. Er bezeichnet dies als die „Grundantinomie des pädagogischen Lebens" (NOHL 1933-35/1963, 127). Auf der einen Seite stehe das Individuum, auf der anderen Seite die kulturellen Objektivationen, die von Menschen hervorgebracht waren und denen sich der Mensch eingliedern musste. Dieses Eingliedern war das höchste Ziel der Pädagogik, die es nicht bei der bestehenden Antinomie belassen sollte. Der entscheidende Impuls der Pädagogik war für NOHL, zu einer *neuen kulturellen Einheit* zu gelangen. Sie war insbesondere für Deutschland nach dem Ersten Weltkrieg nötig geworden, um die allgemeine Not zu beheben (vgl. NOHL 1919/1999). Darüber hinaus war sie angesichts kultureller Krisen aber auch prinzipiell bedeutsam. Eine zerspaltete Kultur, wie sie NOHL in seiner Gegenwart diagnostizierte, fordere dazu auf, ein „einheitlich geformtes Leben in den Individuen zu erreichen" (NOHL 1933-35/1963, 141). Nötig dazu sei es, gegen die faktische Gegenwartserfahrung im Erzieher das Bild einer einheitlich integrierten Kultur zu repräsentieren (ebd., 133). In diesem Sinne wurde kulturelle Einheit als Mittel und als Ziel von Erziehung vorausgesetzt und die Pädagogik sollte wesentlichen Anteil daran haben, eine neue Kultur zu schaffen – ein sehr weitgehender Pädagogisierungsanspruch, vor dessen totalen Charakter LITT (1927) warnte.

Was NOHL betraf, so setzte er gemäß der geisteswissenschaftlichen These des Vorrangs der Praxis vor der Theorie die kulturelle Einheit als Tatsache der Erziehungswirklichkeit voraus. Die Einheit sei zwar in der zeitgenössischen Kulturkrise verschüttet, aber die reformpädagogischen und kulturkritischen Bewegungen zeigten für ihn eine Energie, sie wieder herzustellen. Diese Ansicht war nicht geschichtlich rekonstruiert, wie es die geisteswissenschaftliche Haltung eigentlich erforderte, sondern normativ bestimmt (vgl. OELKERS 1997). Die oben bereits angeführte Aussage NOHLs zur Einheit von Reformpädagogiken macht dies kenntlich. Er schrieb zu verschiedenen pädagogischen Reformversuchen, man könne „von vornherein sagen: handelt es sich bei dem allen überhaupt um etwas Wahres und Lebendiges, dann *muß* eine letzte Einheit da sein, aus der es seinen besten Sinn und seine Lebenskraft bezieht" (NOHL 1926/1949, 21).

Die Menschen sollten sich also in die Einheitsbewegung integrieren, die angeblich in der Realität bereits gegeben war. Der pädagogische Bezug setzte voraus, der Zögling könne sich bedenkenlos einer neuen kulturellen Ganzheit hingeben, eine kritische Distanzierung von ungerechter Herrschaftsausübung kannte er nicht (vgl. KRON 1986). Auch pädagogische Reformen, die auf die Individualität oder auf Gemeinschaften setzten, waren gemäß NOHLs Dreistadiengesetz (s. Kap. B 9) nur Übergangsphasen bis zu ihrem Eintritt in den kulturellen Dienst an der Gesamtheit.

Hier zeigt sich die besondere Problematik der Argumentation geisteswissenschaftlicher Pädagogik und ihr gegenüber der gegebenen Kultur affirmativer Charakter: „Die Methode des Verstehens und der historisch-systematischen Rekonstruktion von Lebenswelten und ihrer Bedeutung muss das Überlieferte, das Gegebene, das ‚Wirkliche' immer als das Richtige, Gültige, Vernünftige unterstellen" (HERRMANN 1989, 1148). Im Falle NOHLs zeigt sich dies in der Unterstellung einer Einheit verschiedener kultureller und reformpädagogischer Bewegungen, die als sinnhafte Ganzheit bestimmt werden und auf die hin Erziehung ausgerichtet wird. Diese Einheit musste nicht vollständig rational erklärt werden, sondern sie sollte sich laut NOHL (1933-35/1963, 109) zeigen als die Einheit „eines Ideals, zu vergleichen etwa mit der Einheit eines Kunstwerks". Die affirmative Dimension der geisteswissenschaftlichen Pädagogik traf sich folglich mit einer irrationalistischen Grundhaltung (vgl. SCHONIG 1973).

Fatalerweise kam dies den Nationalsozialisten entgegen. Zwar folgten sie nicht explizit der geisteswissenschaftlichen Pädagogik. Aber deren Vertreter zeigten sich – mit Ausnahmen – nicht in der Lage, grundlegende Kritikmöglichkeiten zu artikulieren. So konnte NOHL (1933-35/1963, 227) schreiben, der „nationalsozialistische Staat" habe „die Überzeugung der pädagogischen Bewegung hinter sich", wenn er in der Lage sei, die noch auftretenden kulturellen Gegensätze zu überwinden, und eine neue kulturelle Einheit hervorzubringen. Dies war im

Jahre 1935 nicht nur unter dem Druck der nationalsozialistischen Diktatur geschrieben, sondern offenbarte ein Theoriedefizit. Die geisteswissenschaftliche Pädagogik definierte prinzipiell das als richtig, was faktisch gegeben war.

2.4 Die Ablösung der Geisteswissenschaftlichen Pädagogik

Die Dominanz der Geisteswissenschaftlichen Pädagogik dauerte in Deutschland etwa von 1920 bis 1970 (vgl. BLANKERTZ 1982, 258). Seit den 1960er-Jahren wuchs die Kritik an ihr. Es kam durch die empirische Erziehungswissenschaft zu einer „realistischen" Wende, die ein gänzlich anderes Modell der Erziehungswirklichkeit, der Forschungsmethoden und auch ein spezifisches Modell von Wissenschaft insgesamt für verbindlich erklärte. Daneben kam es zu einer „emanzipativen" Wende (vgl. THIERSCH 1989, 1117). Die Überwindung des affirmativen Charakters der Geisteswissenschaftlichen Pädagogik wurde hier zum primären Ziel. Dies bedeutete nicht einen derart fundamentalen Bruch, wie ihn die realistisch-empirische Erziehungswissenschaft gegenüber der Geisteswissenschaft mit sich brachte. Theorieelemente wie die Orientierung am handelnden Subjekt und seiner Lebenswelt wurden vielmehr in die kritisch-emanzipatorische Pädagogik mit übernommen. Dort wurden sie allerdings zum argumentativen Mittel, um gegen Postulate kultureller Einordnung in die bestehende (kapitalistische) Gesellschaftsordnung Kritik zu üben. Hatte der Nationalsozialismus offenbart, dass der Geisteswissenschaftlichen Pädagogik kein zufrieden stellendes theoretisches Instrumentarium zur Verfügung stand, um politischen Totalitarismus zu kritisieren, so wurde nun dies und zudem die fehlende pädagogische Distanzierung von systemischen, technologischen oder ökonomischen Verwertungslogiken angeprangert und korrigiert.

Seit der Ablösung der Geisteswissenschaftlichen Pädagogik konnte keine pädagogische Strömung mehr vergleichbare Bedeutung erhalten. Es zeigen sich seitdem verschiedene Orientierungsmöglichkeiten. Diese sollen im Folgenden beschrieben werden.

Die Geisteswissenschaftliche Pädagogik geht von der gegebenen Erziehungswirklichkeit aus. Diese Erziehungswirklichkeit bildet die Basis für die relative Autonomie der Pädagogik. Wie der Wandel von Erziehungszielen und ethischen Systemen zeigt, kann die Pädagogik die Praxis nicht normieren; eine normative Pädagogik ist abzulehnen. Im Gegenzug ist die Pädagogik darauf verwiesen, die Erziehungspraxis über sich aufzuklären. Dazu muss sie der Geschichtlichkeit der Erziehungswirklichkeit und ihrer jeweils besonderen Bedeutung nachgehen. Sie muss versuchen, Erscheinungen der Wirklichkeit hermeneutisch zu verstehen, anstatt sie im Sinne der Naturwissenschaften kausal zu erklären.

Wichtige Begriffe:
- Hermeneutik, Verstehen
- Relative Autonomie der Pädagogik
- Pädagogischer Bezug
- Erziehungswirklichkeit
- Geschichtlichkeit
- Theorie-Praxis-Verhältnis

Literatur

Blankertz, H. (1982): Die Geschichte der Pädagogik. Von der Aufklärung bis zur Gegenwart. Wetzlar: Büchse der Pandora.

Danner, H. (1989): Methoden geisteswissenschaftlicher Pädagogik. München: Reinhardt.

Dilthey, W. (1888/1962): Über die Möglichkeit einer allgemeingültigen pädagogischen Wissenschaft. In: ders.: Gesammelte Schriften. Bd. VI. Stuttgart: Teubner, 56-82.

Dilthey, W. (1958): Der Aufbau der geschichtlichen Welt in den Geisteswissenschaften. Stuttgart. Gesammelte Schriften. Bd. VII. Stuttgart: Teubner.

Dilthey, W. (1960): Pädagogik. Geschichte und Grundlinien des Systems. Gesammelte Schriften. Bd. IX. Stuttgart: Teubner.

Flitner, W. (1974): Allgemeine Pädagogik. Stuttgart: Klett.

Herrmann, U. (1989): Pädagogik, Geisteswissenschaftliche (systematisch). In: Lenzen, D. (Hrsg.): Pädagogische Grundbegriffe. Bd. 1. Reinbek: Rowohlt, 1140-1160.

Hitzler, R./Honer, A. (Hrsg.) (1997): Sozialwissenschaftliche Hermeneutik: Eine Einführung. Opladen: Leske + Budrich.

König, E. (1975): Theorie der Erziehungswissenschaft. Bd. 1: Wissenschaftstheoretische Richtungen der Pädagogik. München: Juventa.

König, E./Zedler, P. (2002): Theorien der Erziehungswissenschaft. Weinheim: Deutscher Studien-Verlag.

Kron, F.W. (1986): Vom pädagogischen Bezug zur pädagogischen Interaktion. In: Pädagogische Rundschau, 40, 545-558.

Lamnek, S. (2005): Qualitative Sozialforschung. Weinheim: Beltz.

Litt, T. (1927): Die gegenwärtige pädagogische Lage und ihre Forderungen. In: Ried, G. (Hrsg.): Die moderne Kultur und das Bildungsgut der deutschen Schule. Leipzig, 1-11.
Nohl, H. (1919/1999): „Ein Volk, das derart arm und gottverlassen geworden ist...". In: Friedenthal-Haase, M./Meilhammer, E. (Hrsg.): Blätter der Volkshochschule Thüringen (1919-1933). Bd. 1: März 1919 bis März 1925. Hildesheim, 9.
Nohl, H. (1926/1949): Die Einheit der Pädagogischen Bewegung. In: ders.: Pädagogik aus dreißig Jahren. Frankfurt: Schulte-Bulmke, 21-27.
Nohl, H. (1933-35/1963): Die pädagogische Bewegung in Deutschland und ihre Theorie. Frankfurt: Schulte-Bulmke.
Oelkers, J. (1997): Herman Nohl (1879-1960). Die geisteswissenschaftliche Pädagogik und das Problem des „historischen Bewusstseins". In: Brinkmann, W./Harth-Peter, W. (Hrsg.): Theorien und Modelle der Allgemeinen Pädagogik. Donauwörth: Auer, 106-133.
Rodi, F. (2003): Das strukturierte Ganze. Studien zum Werk von Wilhelm Dilthey. Weilerswist: Velbrück.
Schleiermacher, F. (1826/2000): Grundzüge der Erziehungskunst. (Vorlesungen 1826). In: ders.: Texte zur Pädagogik. Bd. 2. Frankfurt: Suhrkamp.
Schonig, B. (1973): Irrationalismus als pädagogische Tradition. Die Darstellung der Reformpädagogik in der pädagogischen Geschichtsschreibung. Weinheim: Beltz.
Tenorth, H.-E. (2000): Geschichte der Erziehung. Einführung in die Grundzüge ihrer neuzeitlichen Entwicklung. Weinheim: Juventa.
Thiersch, H. (1989): Pädagogik, Geisteswissenschaftliche (historisch). In: Lenzen, D. (Hrsg.): Pädagogische Grundbegriffe. Bd. 1. Reinbek: Rowohlt, 1117-1140.
Weniger, E. (1952): Die Eigenständigkeit der Erziehung in Theorie und Praxis. Probleme der akademischen Lehrerbildung. Weinheim: Beltz.

3 Empirische Erziehungswissenschaft

3.1 Entstehungszusammenhang und Personen

Neben der Geisteswissenschaftlichen Pädagogik gilt die „empirische Erziehungswissenschaft" als eine wesentliche Strömung des 20. Jahrhunderts (vgl. Abb. 45, S. 156). Es handelt sich bei der „empirischen Erziehungswissenschaft" nicht um einen einheitlichen Theorietyp, wie die verschiedenen Bezeichnungen *experimentelle Pädagogik* (als Begründer im deutschen Sprachraum gelten WILHELM AUGUST LAY und ERNST MEUMANN), *pädagogische Tatsachenforschung* (PETER PETERSEN und ELSE PETERSEN), *deskriptive Pädagogik* (ALOYS FISCHER, RUDOLF LOCHNER) oder *kritisch-rationale Erziehungswissenschaft* (LUTZ RÖSSNER, FELIX VON CUBE, WOLFGANG BREZINKA) (s. Kap. 3.3) zum Ausdruck bringen (vgl. KRÜGER 2002, 44-51). Diesen Ansätzen ist jedoch der Versuch gemeinsam, empirisch-analytische Denkweisen zum zentralen Bestandteil der Erziehungswissenschaft zu machen.

Im Zentrum empirisch-analytischer Ansätze steht die Grundannahme, dass die in den Naturwissenschaften üblichen klassischen Methoden des Experiments und der Beobachtung auch auf die Erziehungswirklichkeit übertragen werden können, um *Erfahrungen* zu gewinnen und die Erziehungswirklichkeit zu *erklären*. Dabei unterscheidet sich das naturwissenschaftliche Wissenschaftsverständnis mit dem Ziel des *Erklärens* von jenem der Geisteswissenschaften mit der Absicht des *Verstehens* (vgl. DILTHEY).

Historisch ist das empirische Wissenschaftsprogramm allerdings nicht jünger als dasjenige der Geisteswissenschaften, wobei beide unabhängig voneinander entstanden. Die Vorgeschichte der empirisch orientierten Pädagogik beginnt bereits im Zeitalter der Aufklärung. So forderte JOHN LOCKE (vgl. Kap. B 2) eine vernunftgemäße Erziehung auf Erfahrung zu gründen. Auf dessen Ideen entwickelte ERNST CHRISTIAN TRAPP in seinem Buch „Versuch der Pädagogik" (1780) eine Theorie der Erziehung, die die planmäßige und sorgfältige Beobachtung des Kindes zur Grundlage macht. Die Geschichte der empirisch pädagogischen Forschung beginnt jedoch erst 100 Jahre später mit den Bemühungen von MEUMANN und LAY um eine experimentell-erfahrungswissenschaftliche Absicherung pädagogischer Aussagen (vgl. KRÜGER 2002, 38ff). Einen Durchbruch des empirischen Wissenschaftsprogramms in der Erziehungswissenschaft haben allerdings die gesellschaftspolitischen Ereignisse der ersten Hälfte des 20. Jahrhunderts und das stark normativ geprägte Klima des 19. Jahrhunderts lange verhindert. Er wurde erst möglich, als 1965 das Ende der Geisteswissenschaftlichen Pädagogik erreicht zu sein schien (vgl. LENZEN 1999, 131ff).

Vor allem war es HEINRICH ROTH, der 1962 in Göttingen (der Wirkungsstätte der geisteswissenschaftlichen Pädagogen NOHL und WENIGER!) die **„realistische Wendung"** in der Erziehungswissenschaft deklarierte und damit den empirischen Methoden endgültig zum Durchbruch verhalf. Die entscheidende wissenschaftstheoretische Fundierung erlangte die „empirische Erziehungswissenschaft" erst durch die Rezeption des Kritischen Rationalismus.

3.2 Wissenschaftstheoretische Programme

Es lassen sich prinzipiell zwei erkenntnistheoretische Programme empirischer (Erziehungs-)Wissenschaft unterscheiden:

- der *Empirismus/Positivismus/Neopositivismus* und
- der *kritische Rationalismus*.

Empirismus/Positivismus/Neopositivismus

Dabei lassen sich in der Geschichte des Empirismus bzw. Positivismus nochmals drei Varianten differenzieren. Die Anfänge des *klassischen Empirismus* („naiver Empirismus") liegen bereits in der Zeit der Aufklärung bei HOBBES, LOCKE, BERKELEY bis HUME. Hauptvertreter waren im 19. Jahrhundert BACON und MILL.

Im *Empirismus* werden alle Erkenntnisse aus Erfahrungen abgeleitet. Der radikale Empirismus lässt dabei allein die Sinneswahrnehmungen gelten. LOCKE differenziert *äußere* (sensation) und *innere* (reflection) Sinneswahrnehmungen.

Fortgeschrieben wurde diese Theorietradition zur gleichen Zeit im *Positivismus* (z.B. COMTE). Im Gegensatz zum *klassischen Rationalismus* (z.B. DESCARTES), der als Erkenntnisquelle ausschließlich die Vernunft ansah, sehen die Empiristen/Positivisten die Welt der Tatsachen und des Gegebenen, also des „Positiven", als Fundament der Erkenntnis.

COMTE begründete das so genannte *Dreistadiengesetz*. Es betrifft die geistige Entwicklung der Menschheit, die jeder einzelnen Wissenschaft sowie die des Individuums. (1) Zunächst besteht ein *theologischer* oder *fiktiver Zustand*, indem der Mensch Erscheinungen in der Welt mit dem Wirken übernatürlicher

Wesen erklärt. (2) Das *metaphysische* oder *abstrakte Stadium* ist im Grunde „verkappte" Theologie, nur werden hier übernatürliche durch abstrakte Wesenheiten ersetzt. (3) Im *wissenschaftlichen* oder *positiven Zustand* wird die Suche nach letzten Ursachen aufgegeben und das Erkenntnisinteresse wendet sich den bestehenden Tatsachen zu. Grundlage ist die Beobachtung, von der ausgehend allgemeine Gesetzmäßigkeiten erkannt werden können. Im Vergleich der Wissenschaftsdisziplinen Mathematik, Physik, Chemie, Biologie und Soziologie hat Mathematik den höchsten Grad an Positivität und Soziologie den niedrigsten Positivitätsgrad, da die Soziologie den höchsten Grad an Komplexität und Kontingenz (Alternativenspielraum) hat.

> Der *Positivismus* ist eine Art des Empirismus, die nichts als „positive" Fakten zulässt und jedes spekulative Zu-Ende-Denken der Erfahrung ablehnt.
> „Der Positivismus lässt nur die Erfahrung als Quelle der Erkenntnis gelten. Jede Wissenschaft wird am Ideal der Naturwissenschaft und ihrer allgemeingültigen Gesetze gemessen. Als legitime Methode für alle Wissenschaften gelten das Experiment und die Beobachtung" (TSCHAMLER 1983, 41).

Eine nochmalige Weiterentwicklung stellt der *Neopositivismus* bzw. *logische Empirismus* dar, der in den ersten Jahrzehnten des 20. Jahrhunderts im „*Wiener Kreis*" (z.B. CARNAP, WITTGENSTEIN) entstand. Er berücksichtigt nun auch das subjektive Moment, das durch den Forscher bei der Beobachtung der Welt in den Forschungsprozess mit eingebracht wird. Das sichere Fundament der Erkenntnis sind zwar auch hier die Sinnesdaten, doch wird die Vorstellung kritisiert, Erkenntnisse ergäben sich unmittelbar aus dem Wahrnehmungsakt.

> Der *Neopositivismus* – auch logischer Empirismus genannt – verbindet den Empirismus/Positivismus mit dem Rationalismus. Der Aufbau aller Erkenntnis geschieht nach logischen Gesetzen und basiert auf der Erfahrung mit dem Ziel der Verifikation (Bestätigung).

Theorien müssen in diesem Wissenschaftsverständnis (1) logisch (Aussagen-, Relationen- und Modallogik), (2) allgemeingültig, (3) wertfrei und (4) nachprüfbar sein (vgl. TSCHAMLER 1983, 42f). Als erkenntnistheoretische Methode (zur Aufstellung von Theorien) wird die *Induktion* angewandt. In Erfahrungswissenschaften sind nur induktive Schlüsse möglich.

> *Induktion* ist das logische Schließen vom Besonderen (Einzelfall bzw. Protokollaussage) zum Allgemeinen (Allsatz, Gesetz, Theorie).

Der Schluss (Konklusion) auf Basis von Erfahrungen birgt allerdings immer das Problem der induktiven Logik (**Induktionsproblem**). Denn die Gewinnung von allgemeingültigen Aussagen aufgrund von Einzelerfahrungen unterliegt immer dem prinzipiellen Problem, dass nicht alle Einzelerfahrungen beobachtet werden können und eine dadurch nötige implizite Voraussage noch nicht beobachteter Einzelfälle nicht zuverlässig sein kann.

> Das bereits klassische Beispiel für die **Unsicherheit induktiver Schlüsse** ist das des *weißen Schwans*: Da Schwäne im Allgemeinen weiß sind, könnte man auf den Gedanken kommen, dass alle Schwäne weiß sind. Doch birgt der Induktionsschluss nun die Gefahr, dass es möglicherweise auch nicht-weiße Schwäne gibt (und tatsächlich gibt es auch schwarze Schwäne), die man allerdings bisher noch nicht beobachtet hat. Die Folgerung (der Allsatz) wäre dann falsch. Bei induktiv-empirisch gewonnenen Sätzen muss stets damit gerechnet werden, dass sie nicht immer und überall gelten. Deshalb muss Erfahrungswissenschaft vorsichtiger formulieren und in diesem Fall sagen: „Bisher scheint es so, dass alle Schwäne weiß sind – aber es können ja jederzeit auch andersfarbige entdeckt werden" (SEIFFERT 1996, 183).

Kritischer Rationalismus

Die Vertreter des kritischen Rationalismus (insbesondere KARL R. POPPER, HANS ALBERT) gehen davon aus, dass das Ziel empirischer Forschungsbemühungen nicht die Verifikation, sondern die **Falsifikation** wissenschaftlicher Aussagen sein kann.

> *Falsifikation* meint die Widerlegung von Hypothesen oder Theorien durch empirische Aussagen, weil sie grundsätzlich nicht verifizierbar sind. Tritt ein Widerspruch zwischen theoretischen und empirischen Aussagen auf, so gilt – da die Empirie die Prüfinstanz ist – die theoretische Aussage als widerlegt. Der Informationsgehalt einer Aussage bemisst sich nach der Zahl der potentiellen *Falsifikatoren*, welche alle Ereignisse sind, die eine Hypothese oder Theorie widerlegen können.

POPPER (1934) hat aufgezeigt, dass zentrale Annahmen des Neopositivismus nicht haltbar sind. Er *kritisiert* vor allem das Induktionsprinzip (s. Induktionsproblem) und die Verifikation, weil sie für die Weiterentwicklung der Wissenschaft nichts leistet. Vielmehr geht POPPER davon aus, dass am Anfang jeglicher Wissenschaft die Theorie steht und sich jede Beobachtung nur im Lichte der Theorie vollzieht (*Scheinwerfertheorie*). Auf reiner Erfahrungsgrundlage können keine neuen Erkenntnisse gewonnen werden, sondern nur durch Aufstellung von Theorien. Theorien beanspruchen unabdingbare Gültigkeit, sie sind allgemeingültig, d.h. unabhängig von allen situativen Bedingungen und von Raum und Zeit. In diesem Sinne ist mit *Rationalismus* gemeint, dass Wirklichkeit nicht einfach nachgezeichnet werden kann, sondern dass die Wissenschaft rationale Konstrukte zur Erklärung dieser Wirklichkeit entwirft.

Kritik heißt im kritischen Rationalismus, Theorien und Gesetze möglichst vielen *Falsifikationsversuchen* auszusetzen (*Falsifikationismus*). Im Zentrum des Forschungsprozesses steht somit die Überprüfung von Hypothesen. Als vorläufig wahr kann gelten, was bisherigen Widerlegungsversuchen standgehalten hat.

Dem Falsifikationismus sind allerdings auch Grenzen im Sinne des wissenschaftlichen Fortschritts gesetzt. So führte dies zu der Unterscheidung eines „naiven" und „raffinierten" Falsifikationismus, welcher mit dem Namen LAKATOS verbunden ist (vgl. LAKATOS/MUSGRAVE 1974; zum Weiterlesen: CHALMERS 1994).

Durch das Erstellen von Hypothesen und deren Überprüfung werden Sachverhalte erklärt und auch Prognosen im Sinne von *Wenn-dann-Hypothesen* entwickelt. Ziel ist es hierbei Sinnzusammenhänge zu erklären.

Erklären heißt, ein Ergebnis aus mindestens einem allgemeinen Gesetz und Randbedingung zu deduzieren.

Die Erklärung erfolgt anhand des so genannten HEMPEL-OPPENHEIM-Schemas (H-O-Schema). Das Ergebnis, das man erklären will, nennt man *Explanandum* (das zu Erklärende, z.B. der Einzelfall) und das, womit erklärt wird, heißt *Explanans* (das Erklärende → nomologisches Aussagensystem, z.B. „Gesetz"). Dazwischen stehen die Bedingungen des einzelnen Falls, die *Antecedens*bedingungen (Randbedingungen). Wir finden also zwei verschiedene Arten von Sätzen, die erst gemeinsam die vollständige kausale Erklärung (das Explanans) liefern (s. Abb. 47).

Abbildung 47: H-O-Schema

Explanans	(1) nomologisches Aussagensystem (2) singuläre *Antecedens*bedingungen
Explanandum	(3) singuläre Aussage

Nach POPPER sind Theorien Systeme von (1) widerspruchslosen Sätzen, (2) allgemeingültigen Sätzen, (3) falsifizierbaren Sätzen, (4) wertfreien Sätzen und (5) nachprüfbaren Sätzen. Als wissenschaftlich allein brauchbar erscheint für ihn die Deduktion. Objektivismus könne nur mit Hilfe der deduktiven Logik gewährleistet werden.

> *Deduktion* ist das logische Schließen vom Allgemeinen zum Besonderen.

3.3 Kritisch-rationale Erziehungswissenschaft

WOLFGANG BREZINKA hat POPPERs erkenntnistheoretischen Ansatz in der Pädagogik fruchtbar gemacht. Zunächst muss sein Verständnis von Pädagogik und Erziehungswissenschaft geklärt werden, damit gesehen wird, unter welchen Aspekten er den Kritischen Rationalismus für die Pädagogik verwendete. BREZINKA betrachtet Pädagogik als eine praktische Theorie. Als solche kann sie sich nicht auf deskriptive Aussagen beschränken. Sie ist abhängig von Werturteilen, Normen und Weltanschauung. Die Pädagogik ist also auf eine Weltanschauung, normative Bindungen bzw. Ideologie angewiesen. BREZINKA bezeichnet die Pädagogik als Erfahrungswissenschaft. Eine erfahrungswissenschaftliche Theorie ist ein logisch geordnetes System von mehr oder weniger gut bestätigten Aussagen über einen Wirklichkeitsbereich. Er schlägt die Unterscheidung pädagogischer Satzsysteme vor, denn Erkenntnis ist in den Wissenschaften am ehesten durch Arbeitsteilung und Spezialisierung möglich. In BREZINKAs Studie „Von der Pädagogik zur Erziehungswissenschaft" (1971) kommt er zu einer Aufteilung der Pädagogik in drei große Arbeitsbereiche: die am erfahrungswissenschaftlichen Erkenntnisideal orientierte Erziehungswissenschaft, die Philosophie der Erziehung und die praktische Pädagogik (s. Abb. 48).

Abbildung 48: Pädagogisches Satzsystem nach BREZINKA

Satzsystem	Wissen	Theorie
Erziehungswissenschaft	wissenschaftliches Wissen	wissenschaftliche Erziehungstheorie
Philosophie der Erziehung	philosophisches Wissen	philosophische Erkenntnistheorie
Praktische Pädagogik	praktisches Wissen	praktische Erkenntnistheorie

Zur Erziehungswissenschaft im eigentlichen Sinne rechnet BREZINKA die Theoretische Erziehungswissenschaft, welche nomologisches Wissen produziert, und die Historiografie der Erziehung, um die Erziehungswirklichkeit im vollen (historischen) Umfang zu erfassen. Fragen nach dem Ziel und Zweck der Erziehung sind philosophische Grundlagen pädagogischer Aussagesysteme. Der Aufgabenbereich der Philosophie der Erziehung ist in eine Erkenntnistheorie pädagogischer Aussagen, welche sich mit der logischen Analyse pädagogischer Sätze und Systeme kritisch beschäftigt, und eine Moralphilosophie der Erziehung, bei welcher die Begründung und Absicherung von pädagogischen Zielentscheidungen im Mittelpunkt steht, unterteilt. Aufgabe der Praktischen Pädagogik ist die Vermittlung zwischen Theorie und Praxis (s. Abb. 49).

Abbildung 49: BREZINKAs Dreigliederung

Erziehungswissenschaft	Philosophie der Erziehung	Praktische Pädagogik
-Nomologisches Wissen -Historiografie	-Erkenntnistheorie -Moralphilosophie	Erziehungspraxis anleiten

Die mit der kritisch-rationalen Erziehungswissenschaft verbundene Forderung nach Wertneutralität der Wissenschaft kann in kritischer Reflexion schnell zu einer beliebig verwertbaren Wissenschaft werden. Skeptisch ist weiterhin das deterministische Erziehungsverständnis (Kausalitätsprinzip der Erziehung) von BREZINKA vor dem Hintergrund systemischer und zirkulärer Betrachtungsweisen zu sehen.

3.4 Standortbestimmung

Die Konzeption der Pädagogik als empirische Wissenschaft bzw. Sozialwissenschaft fordert die Anwendung empirischer Methoden in der Erforschung der Erziehungswirklichkeit. Dies geschieht von einem induktiven oder deduktiven Ansatz aus, wobei sich eine Kombination beider Verfahren durchgesetzt hat.

Gegenwärtig ist eine Expansion empirisch-quantitativer Forschung in der Pädagogik zu konstatieren (vgl. RAITHEL 2006). Dies ist vor allem in der sozialwissenschaftlich orientierten Bildungs- und Sozialisationsforschung der Fall. Die Gefahr ist hier allerdings, dass im Subjekt-Objekt-Verhältnis der Subjektbereich vernachlässigt wird und die vielfältigen Voraussetzungen und Ziele der Forschungspraxis zu wenig reflektiert werden. Eine Assoziierung empirischer Forschung mit theoretisch und historisch fundierter Erziehungswissenschaft ist unbedingt erforderlich, da sie ansonsten, für sich genommen, wenig aussagekräftige Ergebnisse generiert.

Die „empirische Erziehungswissenschaft" als solche gibt es nicht, vielmehr gibt es unterschiedliche Richtungen und Formen, die sich allerdings alle einem empirischen Erkenntnisprogramm zuordnen lassen. Die an empirischer Forschung orientierte Pädagogik unterscheidet sich bezüglich ihrer Methodik grundsätzlich von der Geisteswissenschaftlichen Pädagogik. Innerhalb des empirisch-analytischen Wissenschaftsparadigmas sind die *induktiv-empiristischen* (BACON, COMTE, LOCKE, MILL) und *deduktiv-nomologischen* Erkenntnisprogramme (POPPER, ALBERT) zu unterscheiden. Im Hinblick auf den *induktiven* Ansatz kann von empirisch-deskriptiver Wissenschaft gesprochen werden; der *deduktive* Ansatz verfolgt die Anwendung des kritischen Rationalismus in der Pädagogik (BREZINKA, RÖSSNER). Aufgrund des Problems der induktiven Logik wird als Methode der „empirischen Erziehungswissenschaft" die Deduktion alleine oder die Deduktion in Verbindung mit der Induktion zugelassen.

Wichtige Begriffe:
- Allgemeingültigkeit und Nachprüfbarkeit
- Wertfreiheit
- Deduktion - Induktion
- Rationale Kritik
- Falsifikationismus

Literatur

Brezinka, W. (1971): Von der Pädagogik zur Erziehungswissenschaft. Weinheim: Beltz.
Brezinka, W. (1978): Metatheorie der Erziehung. München: Reinhardt.
Chalmers, A.F. (1994): Wege der Wissenschaft. Einführung in die Wissenschaftstheorie. Berlin: Springer.
Krüger, H.-H. (2002): Einführung in Theorien und Methoden der Erziehungswissenschaft. Opladen: Leske + Budrich.
Lakatos, I./Musgrave, A. (Hrsg.) (1974): Kritik und Erkenntnisfortschritt. Wiesbaden: Vieweg.
Lenzen, D. (1999): Orientierung Erziehungswissenschaft. Reinbek: Rowohlt.
Popper, K.R. (1934): Logik der Forschung. Tübingen: Mohr (1973).
Raithel, J. (2006): Quantitative Forschung. Wiesbaden: VS.
Seiffert, H. (1996): Einführung in die Wissenschaftstheorie 1. München: Beck.
Tschamler, H. (1983): Wissenschaftstheorie. Eine Einführung für Pädagogen. Bad Heilbrunn: Klinkhardt.

4 Kritische Theorie und die Erziehungswissenschaft

4.1 Entwicklung der Kritischen Theorie

Es scheint undurchführbar, die Kritische Theorie auf einen kurzen Begriff zu bringen, da sie keine von ihrem Gegenstand unabhängige Methode oder ein methodologisches System deduktiv-nomologischer Regeln wie beim Kritischen Rationalismus besitzt.

Die Geschichte der Kritischen Theorie beginnt mit der Gründung des „Instituts für Sozialforschung" in Frankfurt im Jahre 1923, dessen Leitung 1931 HORKHEIMER übernahm. Das Institut, das ab dem Jahr 1932 die „Zeitschrift für Sozialwissenschaft" herausgab, entwickelte sich zu einem geistigen Zentrum, in dem interdisziplinär aufgeschlossene Denker zusammentrafen, welche die Zusammenhänge zwischen ökonomischen, psychischen und kulturellen Bedingungen untersuchten. Die fruchtbare Zusammenarbeit wurde Mitte der 1930er-Jahre durch den politischen Druck des Nationalsozialismus unterbrochen; die überwiegend jüdischstämmigen Mitglieder des Instituts waren zur Emigration gezwungen. In diesem Zeitraum verfasste HORKHEIMER (1937) seinen berühmten Aufsatz „Traditionelle und kritische Theorie", der auf wenigen Seiten das erkenntnistheoretische Programm der „Frankfurter Schule" umreißt. Er stellt darin zwei Theorietypen gegenüber, die trotz gewisser Gemeinsamkeiten grundverschiedene Wissenschaftsauffassungen beinhalten (s. Abb. 50).

Abbildung 50: Traditionelle vs. Kritische Theorie (nach HORKHEIMER 1937)

	Traditionelle Theorie	**Kritische Theorie**
Verfahren	Erklären / Verstehen	Gesellschaftskritik
Aufgabe der Wissenschaft	reine Erkenntnis	Veränderung
Ziel der Wissenschaft	Wahrheit	Emanzipation

Die „traditionelle Theorie" verfolge nach HORKHEIMER (1937) das Ziel eines „universellen wissenschaftlichen Systems" und reklamiere die Idee einer Universal- bzw. Einheitswissenschaft, deren Vorbild eine mathematische Naturwissenschaft ist, die sich an Nutzen, Brauchbarkeit und Voraussicht der Erkenntnisse orientiert. Dieses Wissenschaftsmodell betreibe glühende „Tatsachenverehrung" und dadurch notwendigerweise auch eine „Reproduktion des Bestehenden". Die „Traditionelle Theorie", die nach HORKHEIMER das „bürgerliche Denken" „abstrakt" überformt hat, entwickele sich gegen das denkende Subjekt, weil es dieses sowohl von der Selbsterkenntnis abhalte wie es auch den Wissenschaftsprozess in einen merkwürdigen Abstand zur Lebenswelt setze. Die sich verselbstständigende „traditionelle Theorie" wird als „Ideologie" bezeichnet, weil sie die Erfahrungen des Subjekts einer werturteilsfreien Begrifflichkeit unterwirft.

Ganz anders die „Kritische Theorie". Sie durchschaut das falsche Bewusstsein, Vernunft wird zurückgebunden an Selbsterkenntnis und ein kritisches Interesse, welches alles andere als affirmativ ist. Die Selbsterkenntnis des Menschen in der Gegenwart soll nicht der zeitlosen Logik einer mathematischen Naturwissenschaft, sondern einer vom Interesse an einem vernünftigen Zustand der Gesellschaft geleiteten kritischen Theorie folgen. In der Tradition der bürgerlichen Aufklärung stehend und ihrerseits ebenfalls am Anspruch der Wahrheit orientiert, schwebt der Kritischen Theorie als utopisches Ziel die vernünftige, emanzipierte Gesellschaft vor. Sich selbst erkennt die Kritische Theorie als Gewächs der historischen Entwicklung und zugleich als deren Korrektiv.

Die zu verwirklichende Gestalt der Humanität orientiert sich an den Idealen von Freiheit und Gerechtigkeit, wie sie in der Französischen Revolution verkündet, von KANT in der Analyse des moralischen Bewusstseins aufgewiesen und von HEGEL in der Forderung nach praktischer Herstellung der vernünftigen Gesellschaft dargestellt wurden, wo sich die objektive Sittlichkeit in der Tätigkeit der Individuen verwirklicht. Von diesen progressiven Idealen des frühen Bürgertums aus erscheinen die Verhältnisse der bestehenden Gesellschaftsordnung unvernünftig. Die Kritik der politischen Ökonomie ist in dieser Perspektive logische Konsequenz, die der „geniale Denker" MARX aus der Hegelschen Philosophie gezogen hat, ja sie bedeutet erst „die Rehabilitierung eines emphatischen Begriffs von Vernunft, der, der philosophischen Tradition entstammend, freilich erst bei dem durch HEGEL belehrten MARX zu sich selbst kommt: als die dem geschichtlichen Prozess selbst immanente Intention auf Autonomie der Menschen gegenüber der von ihnen gemachten Geschichte, auf Freiheit jedes Einzelnen und auf Anerkennung jedes durch jeden als Person, kurz, auf Aufhebung des geschichtlichen Zwangszusammenhanges in ein zwanglos-dialogisches Zusammenhandeln aller Menschen" (WELLMER 1969, 10). Zugleich wird vor dem historischen Umschlag der Befreiungsbestrebungen in Zwang gewarnt: „Blickte die geheime Utopie im Begriff der Vernunft durch die zufälligen Unterschiede der Subjekte auf ihr verdrängtes identisches Interesse hin, so ebnet die Vernunft, wie sie im Zug der Zwecke bloß als systematische Wissenschaft funktioniert, mit den Unterschieden gerade das identische Interesse ein." (HORKHEIMER/ADORNO 1947, 91).

Entwicklungslinien der Kritischen Theorien sind als Synopse Abbildung 51 zu entnehmen:

Abbildung 51: Historische Stadien der Kritischen Theorie

1. Traditionelle und kritische Theorie (HORKHEIMER 1937)
2. Dialektik der Aufklärung (HORKHEIMER/ADORNO 1947)
3. Erkenntnis und Interesse (HABERMAS 1965; 1968)
4. Negative Dialektik (ADORNO 1966)
5. „Positivismusstreit" (1966/1969; POPPER/ALBERT vs. ADORNO/HABERMAS)
6. Der eindimensionale Mensch (MARCUSE 1967)
7. Technik und Wissenschaft als „Ideologie" (HABERMAS 1968)
8. Theorie und Praxis (HABERMAS 1971)
9. Legitimationsprobleme im Spätkapitalismus (HABERMAS 1973)
10. Theorie des kommunikativen Handelns (HABERMAS 1981)

4.2 Erkenntnis und Interesse

Was HABERMAS in seiner Antrittsvorlesung „über verlassene Stufen der Reflexion" (HABERMAS 1968a, 9) thesenhaft vortrug, entfaltet sein ausführlicheres Opus „Erkenntnis und Interesse" in langwierigen historischen Untersuchungen gegen den Positivismus, der jedoch nicht einmal mehr von Überlebenden des Wiener Kreises ernsthaft vertreten wird.

„Jeder Erkenntnis liegt ein Interesse zu Grunde, das ihre Verbindung mit der Lebenswelt der Gesellschaft darstellt. Das Erkenntnisinteresse ist die transzendentale Voraussetzung für die Erkenntnis und für das Interesse" (TSCHAMLER 1983, 79). HABERMAS (1968a) unterscheidet zwischen einem *technischen, praktischen* und *emanzipatorischen* **Erkenntnisinteresse.**

Wissenschaft wie Erkenntnis werden nach HABERMAS (1968a, 242) von einem nicht hintergehbaren Interesse geleitet, das weder eine psychische, ästhetische noch überhaupt empirische, sondern transzendentale Kategorie ist, die die „Bedingungen möglicher Objektivität" bestimmt: Interessen sind nach HABERMAS „die Grundorientierungen, die an bestimmten fundamentalen Bedingungen der möglichen Reproduktion und Selbstkonstituierung der Menschengattung, nämlich an Arbeit und Interaktion, haften" (ebd., 242). Ein Erkenntnisinteresse „an der technischen Verfügung über vergegenständlichte Prozesse" liegt als *technisches* den Naturwissenschaften und empirisch-analytischen Sozialwissenschaften zugrunde, die Information zur Beherrschung von Natur- und Gesellschaftsprozessen zur Verfügung stellen; ein „Interesse an der Erhaltung und der Erweiterung der Intersubjektivität möglicher handlungsorientierender Verständigung" liegt als *praktisches* den historisch-hermeneutischen Wissenschaften zugrunde, die durch Interpretation den traditionsvermittelten kulturellen Rahmen erfassen; das Interesse an der Befreiung „aus der Abhängigkeit von hypostasierten Gewalten" liegt als *emanzipatorisches* den kritischen Sozialwissenschaften zugrunde, die unter Nutzung der Ergebnisse der systematischen Handlungswissenschaften durch Analyse und Reflexion von durch den institutionellen Rahmen der Gesellschaft verursachten und nicht legitimierbaren Repressionen befreien helfen (HABERMAS 1968b, 153ff) (s. Abb. 52).

Abbildung 52: Erkenntnisinteressen nach HABERMAS

Verhältnis des Menschen zu	Wissenschaften	Interesse	Erkenntnis	Gesellschaft
Natur (Technik, Verwalt.)	Natur wissen. empirisch-analytische W.	Technisches I. (Information)	Technische E.	Arbeit
Geschichte	histor.-hermeneut. Humanw.	Praktisches I. (Interpretation)	Praktisches E.	Sprache
Herrschaftssystemen	Kritische Sozialw.	Emanzipat. I. (Analyse)	Emanzipat. E.	Herrschaft

Im Medium der Sprache komme nach HABERMAS (1968b, 163) das Interesse der Gattung an Mündigkeit, Selbstbestimmung und damit an der Einrichtung einer Gesellschaft, die Mündigkeit und Selbstbestimmung der Menschen garantiert, zum Ausdruck. Bedingungen, die ihrer Verwirklichung im Wege stehen, werden von HABERMAS (1971) in Gestalt einer „Theorie der kommunikativen Kompetenz" entwickelt. Demnach soll sich gesellschaftliche Praxis auf diskursiv gerechtfertigte Verhältnisse beziehen können, denn über „Begründung problematisierter Geltungsansprüche von Meinungen und Normen" (ebd., 117) wird in praktischen Diskursen entschieden. Dabei gilt, „daß wir in jedem Diskurs genötigt sind, eine ideale Sprechsituation zu unterstellen, d.h. kontrafaktisch in derselben Weise zu antizipieren wie die Zurechnungsfähigkeit der handelnden Subjekte in Zusammenhängen der Interaktion" (ebd., 122).

> *Diskurs* (nach MOLLENHAUER 1972):
> Die Form der Verständigung, in der die im kommunikativen Handeln naiv unterstellte Legitimität von Geltungsansprüchen, vor allem die des Anspruchs auf Wahrheit von Aussagen und die der Richtigkeit von Handlungsnormen, problematisiert und begründet wird. Das Ziel eines Diskurses ist die Herbeiführung eines Einverständnisses.

Mündigkeit verweist nach HABERMAS zunächst auf die *Selbstreflexion* des Menschen und sie führt weiter zu seiner *Emanzipation*: „In der Selbstreflexion gelangt eine Erkenntnis um der Erkenntnis willen mit dem Interesse an Mündigkeit zur Deckung. Das emanzipatorische Erkenntnisinteresse zielt auf den Vollzug der Reflexion als solcher" (HABERMAS 1968b, 164).

> *Mündigkeit*
> „Das Interesse an Mündigkeit schwebt nicht bloß vor, es kann a priori eingesehen werden. Das, was uns aus Natur heraushebt, ist nämlich der einzige Sachverhalt, den wir seiner Natur nach kennen können: die Sprache. Mit ihrer Struktur ist Mündigkeit für uns gesetzt. Mit dem ersten Satz ist die Intention eines allgemeinen und ungezwungenen Konsensus unmißverständlich ausgesprochen. Mündigkeit ist die einzige Idee, deren wir im Sinne der philosophischen Tradition mächtig sind" (HABERMAS 1968b, 163).

> Die Emanzipation des Menschen erfolgt auf drei Ebenen:
>
> | | |
> |---|---|
> | Mensch als Gattungswesen: | **Erkenntnisinteresse** |
> | Mensch als Gruppenmitglied: | **Ideologiekritik** |
> | Mensch als Individuum: | **Selbstreflexion** |

4.3 Rezeption der Kritischen Theorie durch die Erziehungswissenschaft

Untersucht man die Stärke der gegnerischen Parteien des zwar in der Soziologie ausgefochtenen, aber maßgeblich in der Pädagogik rezipierten Positivismusstreits (ADORNO et al. 1969), so zeichnet sich ein Übergewicht derjenigen Erziehungswissenschaftler ab, die im Sinne der Frankfurter Schule der Möglichkeit einer vollständig wertneutralen Forschungspraxis skeptisch gegenüberstehen. Dies bedeutet aber freilich nicht, die Annahmen dieser Schule würden konsensuell geteilt.

HABERMAS' Interessenlehre kam den Bestrebungen entgegen, der Erziehungswissenschaft ein neues Selbstverständnis zu vermitteln. Wenn etwa nach MOLLEN-

HAUER (1968) die Erziehungswissenschaft den ideologischen Wissenschaften zugeordnet werden kann, so ist sie zu einer kritischen Sozialwissenschaft zu entwickeln unter den Titeln Kritische Erziehungswissenschaft, Kritische Pädagogik oder Emanzipationspädagogik. In der Erziehungswissenschaft gibt es allerdings mehrere Gruppierungen, die sich forciert mit dem Beiwort „kritisch" schmücken, ohne dass dies per se auf die Frankfurt Schule verweist: Es gibt etwa den *transzendentalkritischen* (W. FISCHER, D.-J. LÖWISCH), den *kritisch-kommunikativen* (K. SCHALLER, W. MOLLENHAUER), den *kritisch-emanzi-patorischen* (H. BLANKERTZ, W. KLAFKI), den *kritisch-materialistischen* (H.-J. GAMM) sowie den *kritisch-rationalistischen* (L. RÖSSNER, W. BREZINKA) Ansatz (vgl. STEIN 1980; KRÜGER 2001).

Als gemeinsame Elemente Kritischer Erziehungswissenschaft im hier gemeinten Sinne können festgehalten werden (vgl. WULF 1977, 138f):
1.) Reflexion der gesellschaftlich-politischen Bedingtheit von pädagogischen Aussagen.
2.) Relativierung der Erkenntnisansprüche von Hermeneutik und Realwissenschaft durch Hinweis auf die sinnhaften Voraussetzungen jeder Wissenschaftspraxis, welche selbst samt ihren Bedingungen analysiert und diskutiert werden müssen.
3.) Problematisierung des Erkenntnisinteresses von Hermeneutik und Erfahrungswissenschaft durch die gesellschaftskritische Analyse der Hintergründe von Problemwahl und -verwertung.
4.) Theorie ist „kritische" Theorie: die Erziehungspraxis wird über sich selbst aufgeklärt, indem technokratische Verfügungsgewalt und ideologische Abschirmungsstrategien durch rationale Diskussion analysiert werden. Erziehungsziele und pädagogische „Verantwortung" sind in ihrer Realisierung in der Praxis zu reflektieren.
5.) Das leitende Erkenntnisinteresse ist das emanzipatorische: ‚Wie ist das pädagogische Feld zu strukturieren, damit die Vernünftigkeit der zu erziehenden Subjekte nicht verhindert, sondern gefördert werde?'

Nur erwähnt seien Weiterentwicklungen konzeptueller oder forschungsmethodischer Orientierung, die z.T. auf andere, eigenständige Traditionsbestände zurückgreifen, -etwa im Rahmen der gesellschaftspolitisch motivierten Handlungs-/Aktionsforschung (HAAG et al. 1972; FIEDLER/HÖRMANN 1978), der phänomenologischen Richtung, im Symbolischen Interaktionismus oder der Ethnomethodologie (vgl. KÖNIG/ZEDLER 2002, 129ff). Hier kommen teilweise unterschiedliche Traditionen und Wissenschaftsverständnisse zusammen.

Derzeit wird die Frage gestellt, ob – unabhängig von ungeklärten Fragen wie der Verwendung und Absicherung empirischen Wissens, begrifflichen Präzisierungsmängeln (Emanzipation als „Leerformel" oder in postmoderner Kritik als „große Erzählung") und uneingelösten Versprechungen – nach dem Abklingen einer ersten Euphorie die „Kritische Erziehungswissenschaft am Neubeginn" (SÜNKER/KRÜGER 1999) steht.

Die kritische Theorie (HORKHEIMER, MARCUSE, ADORNO) begreift die Gesellschaft als dialektische Totalität von Produktion und Reproduktion. Wissenschaft ruht auf dem Fundament der gesellschaftlichen Verhältnisse und erhält dadurch ihren Bezug zur Lebenspraxis. Kritische Erziehungswissenschaft (MOLLENHAUER) geht von einem dialektischen Gesellschaftsbegriff aus, in dem und durch den der Einzelne mit dem Gesellschaftsganzen verbunden ist. Pädagogik kann sich nicht gegen diesen Lebenszusammenhang abgrenzen, sondern muss das dialektische Verhältnis *ungleicher* Kräfte aufnehmen. Das Ziel kritischer Wissenschaft ist die Emanzipation des Menschen, der durch Selbstreflexion die Möglichkeit hat, sich von den gegebenen gesellschaftlichen Verhältnissen zu distanzieren oder die gesellschaftlichen Verhältnisse zu verändern.

Wichtige Begriffe:
- Emanzipation, Mündigkeit
- Gesellschaftskritik, Veränderung
- Konflikt/Widerspruch, Dialektik
- Diskurs (herrschaftsfreie Kommunikation, Metakommunikation)
- Erkenntnisinteresse, Ideologie(-kritik)

Einführungsliteratur (zum Weiterlesen)

Adorno, Th.W. (1970): Erziehung zur Mündigkeit. Frankfurt: Suhrkamp.
Adorno, Th.W. et al (1969): Der Positivismusstreit in der deutschen Soziologie. Neuwied: Luchterhand.
Habermas, J. (1968): Technik und Wissenschaft als 'Ideologie'. Frankfurt: Suhrkamp.
Horkheimer, M. (1970): Traditionelle und kritische Theorie. Frankfurt: Fischer.
König, E./Zedler, P. (2002): Theorien der Erziehungswissenschaft. Weinheim: Beltz.
Mollenhauer, K. (1970): Erziehung und Emanzipation. München: Juventa.
Mollenhauer, K. (1972): Theorien zum Erziehungsprozeß. München: Juventa.
Sünker, H./Krüger, H.-H. (1999): Kritische Erziehungswissenschaft am Neubeginn? Frankfurt: Suhrkamp.

Literatur

Adorno, Th.W. (1970): Aufsätze zur Gesellschaftstheorie und Methodologie. Frankfurt: Suhrkamp.
Adorno, Th. W. (1970a): Erziehung zur Mündigkeit. Frankfurt: Suhrkamp.
Adorno, Th. W. (1966): Negative Dialektik. Frankfurt: Suhrkamp.
Adorno, Th. W. et al. (1969): Der Positivismusstreit in der deutschen Soziologie. Neuwied: Luchterhand.
Blankertz, H. (1971): Pädagogik unter wissenschaftstheoretischer Kritik. In: Oppolzer, S./ Lassahn, R. (Hrsg.): Erziehungswissenschaft 1971 zwischen Herkunft und Zukunft der Gesellschaft. Wuppertal: Henn, 20-33.
Dallmayr, W. (Hrsg.) (1974): Materialien zu Habermas' Erkenntnis und Interesse. Frankfurt: Suhrkamp.
Fiedler, P./Hörmann, G. (Hrsg.) (1978): Aktionsforschung in Psychologie und Pädagogik. Darmstadt: Steinkopff.
Haag, F. et al. (1972): Aktionsforschung. München: Juventa.
Habermas, J. (1968a): Erkenntnis und Interesse. Frankfurt: Suhrkamp.
Habermas, J. (1968b): Technik und Wissenschaft als 'Ideologie'. Frankfurt: Suhrkamp.
Habermas, J. (1971): Vorbereitende Bemerkungen zu einer Theorie der kommunikativen Kompetenz. In: Habermas, J./Luhmann, N. (Hrsg.): Theorie der Gesellschaft oder Sozialtechnologie – Was leistet die Systemforschung? Frankfurt: Suhrkamp, 101-141.
Habermas, J. (1973): Legitimationsprobleme im Spätkapitalismus. Frankfurt a. M.: Suhrkamp.
Hörmann, G. (1976): Gruppendynamik und Gruppenideologien – Zum Problem der sozialen Selbsterfahrung und des Soziopsychologismus. Phil. Diss. Münster, 227-292.
Horkheimer, M. (1970): Traditionelle und kritische Theorie. Frankfurt: Fischer.
Horkheimer, M./Adorno, Th. W. (1947): Dialektik der Aufklärung. Frankfurt: Fischer.
Klafki, W. (1976): Aspekte kritisch-konstruktiver Erziehungswissenschaft. Weinheim: Beltz.
König, E./Zedler, P. (2002): Theorien der Erziehungswissenschaft. Weinheim: Beltz.
Krüger, H.J. (1997): Einführung in Theorien und Methoden der Erziehungswissenschaft. Opladen: Leske + Budrich.
Mollenhauer, K. (1970): Erziehung und Emanzipation. München: Juventa.
Mollenhauer, K. (1972): Theorien zum Erziehungsprozeß. München: Juventa.
Sünker, H./Krüger, H.H. (1999): Kritische Erziehungswissenschaft am Neubeginn? Frankfurt: Suhrkamp.
Stein, G. (1980): Ansätze und Perspektiven kritischer Erziehungswissenschaft. Stuttgart.
Tschamler, H. (1983): Wissenschaftstheorie. Bad Heilbrunn: Klinkhardt.
Wellmer, A. (1969): Kritische Gesellschaftstheorie und Positivismus. Frankfurt: Suhrkamp.
Wulf, Ch. (1977): Theorien und Konzepte der Erziehungswissenschaft. München: Juventa.

5 Neuere Strömungen

5.1 Ausgangspositionen

Die „in deutschen Hochschulen heute vertretenen und zumindest gelehrten Richtungen" sind nach LENZEN (1998, 36f.) die Geisteswissenschaftliche Pädagogik, die erfahrungswissenschaftliche oder kritisch-rationale Erziehungswissenschaft, die kritische und systemtheoretische Erziehungswissenschaft, sowie die historisch-materialistische Konzeption, die sich „nach den Zusammenbrüchen sozialistischer Erziehungsstaaten z.Zt. im Kuraufenthalt (befindet)", welcher LENZEN (1998, 36) indes nicht zu Unrecht ein „Remake" prophezeit, „wenn die historischen Ereignisse des Jahres 1989 und der Blutzoll mancher sozialistischer Experimente in Vergessenheit geraten sind". Daneben existieren eine „Phänomenologische Pädagogik und transzendental-kritische, praxeologische oder prinzipienorientierte Richtungen neben einer Vielzahl weiterer Zugangsweisen (psychoanalytische, interaktionistische, kommunikative, strukturalistische, „humanistische" etc.). Hierbei ist höchst bemerkenswert, dass die in Anlehnung an psychologische Schulen operierenden pädagogischen Richtungen seltsamer Weise die behavioristische Orientierung im theoretischen Überbau (ganz im Kontrast zur praktischen Verwendung in Trainings, z.B. HINSCH/ PFINGSTEN 2002; HÖRMANN 2003a) aussparen, da offensichtlich Behaviorismus und Verhaltensmodifikation bislang nur in orthodoxer Lesart ohne Einbeziehung der kognitiven Wende kolportiert werden (vgl. z.B. die Themen der Sektionen, Arbeitsgruppen und Kommissionen der Deutschen Gesellschaft für Erziehungswissenschaft). Umgekehrt erfahren neuerdings neurowissenschaftliche Modelle in Teilbereichen größere Resonanz („hirngerechtes Lernen", „Neurodidaktik", vgl. SCHENPFLUG/WULF 2006). Ein charakteristisches Merkmal erziehungswissenschaftlichen Umgangs mit dem Theoriepluralismus ist häufig deren selektive Filterung, wenn etwa das Lehrbuch von PLÖGER „Grundkurs Wissenschaftstheorie für Pädagogen" (2003) sich ausschließlich auf „Empirische Wissenschaftstheorie" beschränkt. Um sich Gehör zu verschaffen, wird auch bewusst die eigene Position bereits im Buchtitel markiert (vgl. z.B. TREML 2004, REICH 2000; 2002).

Lange Zeit waren jeweils einzelne Denktraditionen vorherrschend, z.B. wirkte nach dem zweiten Weltkrieg die Geisteswissenschaftliche Pädagogik als „umgreifende Krake" (JANK/MEYER 2002). Nachdem normative Richtungen zusehends an vordergründiger Bedeutung verloren hatten, die Erziehungswissenschaft sich zusehends als „empirische Verhaltenswissenschaft" etablierte, um systemtheoretische Komponenten anreicherte (KÖNIG/ZEDLER 2002) und unter postmoderner und konstruktivistischer Perspektive ausdifferenzieren konnte, wurde diese Stellung allmählich ersetzt durch die kritische Erziehungswissenschaft.

5.2 Weiterentwicklungen

Während sich nach neueren Lehrbüchern die ältere Trias von Geisteswissenschaftlicher Pädagogik, empirisch-analytischer und kritischer Erziehungswissenschaft (WULF 1977, bzw. Konstruktivismus TSCHAMLER 1996) zugunsten einer Vielzahl theoretischer Strömungen und pädagogischer Lehren (KRÜGER 2002, 11) ausgefaltet hat, sind gleichfalls Tendenzen zur Präponderanz einzelner Richtungen in jeweiligen Bereichspädagogiken unverkennbar. Dies betrifft etwa der Präferierung einer konstruktivistischen Erwachsenenpädagogik (ARNOLD/ SIEBERT 1995) oder neuerdings nach (inter-)nationalen Schulleistungsstudien (TIMSS, PISA, IGLU etc.) die empirische Schul-/Bildungsforschung in der Schulpädagogik (LENZEN 2004).

Die einzelnen Positionen stellen sich allerdings nur noch selten in Reinkultur dar, sofern nicht bereits die Ausgangspositionen Mixturen darstellen (etwa die Soziobiologie als Mischung aus Ökonomiegrundvorlesung und anthropomorpher Umgangssprache, vgl. HENSCHEL 2005), sondern vermischen sich synkretistisch und eklektisch mit Versatzstücken aus anderen Konzepten oder weisen verschiedene Etappen auf. So fügt etwa HUSCHKE-RHEIN dem Buchtitel „Systemische Erziehungswissenschaften" (1998) den Untertitel „Pädagogik als Beratungswissenschaft" zu, und plädiert für ein „Konstruktivistisches Verständnis der Systemtheorie" (1998, 217) dank doppelter systemischer Determination des Menschen einerseits als komplexes, sich selbst reproduzierendes und organisierendes autonomes System (Selbstorganisation, Selbstreferenz) und andererseits seiner existenziellen Verwiesenheit auf soziale und ökologische Systeme (Ökosystemische Perspektive). Hierbei gilt „systemisch" als Klammer um eine Vielzahl von Modellen und Elementen aus:

a) Systemtheorie und Kybernetik
b) Der Theorie autopoietischer Systeme
c) (Radikalem) Konstruktivismus
d) Kompetenz-, Ressourcen- und Lösungsorientierten Ansätzen

Als Charakteristika des Systemansatzes werden „nicht trennscharfe Definitionen", sondern konstruktiver Bezug der Begriffe durch eine „Form zirkulärer Vernetzung" (HUSCHKE-RHEIN 1998, 192) bevorzugt. Die Entwicklung des Ansatzes wird in drei Phasen beschrieben:

1. Phase des Objektivismus (Systemtheorie)
2. Phase des Konstruktivismus (Systeme sind grundsätzlich das Produkt des Beobachters; Radikaler Konstruktivismus)
3. Phase der Synergetik (Systeme sind Produkte ihrer (evolutionären) Selbstorganisation, ihre Strukturen können synergetisch genutzt und optimiert werden), (ebd., 215).

5.3 Theorieofferten exemplarisch: Konstruktivismus und Soziobiologie/ „Evolutionäre Pädagogik"

Abgesehen von unterschiedlichen Konstruktivismusvarianten (radikaler, moderater, sozial-kognitiver Konstruktivismus etc.) werden auch hier Verknüpfungen hergestellt, indem etwa REICH eine „Krise der Didaktik in der Postmoderne" diagnostiziert und dem Konstruktivismus zugute hält, dass er „insbesondere drei Mythen der Wissenschaft (kritisiert), die immer wieder zu Begründung [...] wissenschaftlicher Geltungsansprüche herangezogen werden", nämlich den Universalismus, Naturalismus und Realismus (REICH 2002, 27f.). „Kernsprüche" einer konstruktivistischen Didaktik lauten nach REICH (2002, 10-12):
1. „Eine wesentliche Annahme der konstruktivistischen Didaktik ist ihre Begründung des Vorrangs der Beziehungs- vor der Inhaltsdidaktik.
2. Die konstruktivistische Didaktik ist praxisorientiert.
3. Die konstruktivistische Didaktik ist interdisziplinär ausgerichtet.
4. Die konstruktivistische Didaktik verzichtet von vornherein auf den Anspruch, möglichst leicht, schnell verständlich und rezepthaft sein zu wollen, um gute Marktchancen zu haben".

Die Beurteilung der Leistungsfähigkeit einzelner Theorieofferten, etwa aus dem Bereich der Evolutionären Pädagogik (SCHEUNPFLUG 2001; TREML 2004), Soziobiologie (SCHEUNPFLUG/WULF 2006, 103ff; WUKETITS 2002), Eigennutzenmaximierung (WICKLER/SEIBT 1991), Rational Choice (MÜHLFELD 2003), Hirnforschung (SPITZER 2002), „neurowissenschaftlicher Herausforderung der Pädagogik" (BECKER 2006) oder „Neurodidaktik" (FRIEDRICH 2005) im Theorienvergleich steht noch aus, sofern nicht unterschiedliche Konzepte ohnehin als nur semantische Spiegelfechtereien oder Sprachspiele quittiert werden können. Hierbei ist wichtig, den Theorieanspruch der jeweiligen Konzepte zu beachten und gegen Missverständnisse und Verdrehungen in Schutz zu nehmen, was exemplarisch am Beispiel Soziobiologie erläutert werden soll.

> „Unter Soziobiologie verstehen unterschiedliche Leute etwas ganz Verschiedenes. Für die einen ist sie schlicht und einfach das Studium sozialen Verhaltens – von Ameisen über Affen bis zum Menschen – aus der Perspektive der modernen Evolutionsbiologie. Für die anderen ist sie eine Ideologie, konstruiert, um Rassismus zu rechtfertigen oder die Unterdrückung von Frauen – mithin eine moderne Spielart des Sozialdarwinismus" (SOMMER 1992, 51).

Zur Behauptung, Soziobiologie sei normativer Biologismus oder gegenüber der Pauschalisierung je nach ideologischer Ausrichtung oder politischer Überzeugung, als gäbe es zwei „pauschale" Pole biologischer Erklärungen für Verhalten: „Genorientiert" versus „milieuorientiert" oder die Dekretierung, dass „ein falsches Naturbild zwangsläufig mit einem falschen Menschenbild gekoppelt" sei, verdeutlicht SOMMER (1992, 58) die Kampffronten: „Wenn biologischer Determinismus eine Waffe im Klassenkampf ist, dann sind die Universitäten Waffenfabriken". Allerdings bemerkt VOLAND „zur ideologischen Vereinnahmung und Vulgarisierung der Humansoziobiologie" (1993, 18), dass unter der axiomatischen Voraussetzung eines „biogenetischen Imperativs", der offensichtlich an die Stelle älterer Instanzen wie Gott, „Vorsehung", „Demiurg" in Religion, Weltvernunft (STOA) oder Weltgeist (HEGEL) oder der „unsichtbaren Hand" des Markts (ADAM SMITH) getreten ist, „sollte" nie „normativ", sondern immer nur „deskriptiv-prognostisch" gemeint sein (VOLAND 1992, 146ff)!

Ob etwa die Soziobiologie traditionelle Themen, etwa das des alten Seele-Körper-Streits (unsterbliche Seele, körperliche Hülle: vgl. das platonische Sprachspiel der Körper <soma> als Grab <sema> der Seele), lediglich neu formuliert, ersetzt oder deformiert, wenn Gene zwar potentielle Unsterblichkeit, dem Phänotyp, dem vergänglichen Individuum, aber nur die Funktion zugestanden wird, ein kurzlebiges Medium für den evolutionär einzig legitimen Zweck, maximale Genreplikation, zu sein, bleibt dahingestellt. Als Kennzeichen des Theoriekonzepts gilt es zu respektieren, dass etwa die gelegentlich abfällig als „Veterinärsoziologie" titulierte Soziobiologie beansprucht, eine genetische, aber keine deterministische Theorie des Verhaltens zu sein, welche genetische „Neigungsstrukturen" bzw. Propensitäten beachtet mit dem Ziel, nicht nur Befreiung von gesellschaftlicher Determination, sondern souveränen Umgang mit deren Vorschlägen zu erlernen; ferner nicht nur eine deskriptive, sondern auch analytische Wissenschaft zu sein, welche eine Erklärung menschlichen Verhaltens unter evoutionsbiologischer Perspektive gibt.

Gegen den Vorwurf, es handle sich um bourgeoise Ideologie, normativen Biologismus oder lauter naturalistische Fehlschlüsse, betonen Soziobiologen: „Evolutionsbiologen können letztlich nicht verhindern, wenn ihre Konzepte politisch pervertiert werden. Die diesbezüglichen Kritiker müssten anerkennen, dass die Soziobiologie eine Disziplin ist, die sich lediglich anschickt, Sozialverhalten zu *erklären*, nicht zu *rechtfertigen*. In anderen Bereichen der Wissenschaft ist dies unmittelbar einleuchtend: Seismographen erforschen die Ursachen von Erdbeben, ohne dass sie für die katastrophalen Konsequenzen der Beben verantwortlich gemacht werden. Ganz ähnlich werden nur wenige Kritiker auf die Idee kommen, jene Biologen, die das AIDS-Virus erforschen oder Kindestötungen bei Mäusen oder Affen, vorzuwerfen, sie würden die Krankheit AIDS oder Infantizide gutheißen. In diesem Sinne: Wenn Soziobiologen behaupten, eine Verhaltensweise sei biologisch oder evolutionär adaptiv, heißt dies lediglich, daß dieses Merkmal den Reproduktionserfolg seines Trägers fördert – nichts sonst" (SOMMER 1992, 59). Nach der weiteren Klarstellung: „Obwohl Gene grundsätzlich nicht „determinieren", definieren sie doch die Grenzen der Verhaltensplastizität" (SOMMER 1992, 59), gilt auch gegenüber strukturalistischen Konzepten vom Verschwinden des Subjekts (LENZEN 2002, 147ff) oder noch plakativer gegenüber dem „Imponiergehabe" von Hirnforschern (MICHAL/SORG 2005, 41), welche zunächst mit pompösem Getöse (ELGER et al. 2004) ihre Wohltaten anpreisen und dann den freien Willen als Illusion zu entlarven versuchen (GIESINGER 2006), die erfrischende Klarsicht:

> „Die biologische Natur des Menschen macht Vorschläge, nicht Vorschriften" (WEBER 1995, 69).

Statt einen neuen Positivismusstreit (TREML 1996) in der Pädagogik, welche eine notorische Aversion gegen die biologische Dimension hegt, die rasch zur Zerrform des Biologismus verkommt (vgl. LIEGLE 2002), zu beschwören, benennt TREML (2004, 10f.) unter den Anforderungen an eine Theorie: *Kompatibilität* mit dem explosionsartig angestiegenen empirischen Erfahrungswissen über den Menschen und seine soziale Mit- und natürliche Umwelt (Eröffnung der Erfahrung, Perspektivenerweiterung über „einheimische Begriffe" (HERBART) hinaus) und das *Extremalprinzip* („Die rationale Ordnung des gesammelten Erfahrungswissens sollte mit möglichst wenig Voraussetzungen geordnet und erklärt werden können"). Die Evolutionstheorie ist nach seiner Ansicht „heute die wohl umfassendste und bedeutendste Theorie, die im Wissenschaftssystem die breiteste Akzeptanz und Anwendung findet [...] Sie erfüllt paradigmatisch den Anspruch, den wir an eine ‚gute Theorie' anlegen, nämlich die methodisch kontrollierte Erweiterung *und* Reduktion von Komplexität in einem zu leisten" (ebd., 11f.), was zu der Hoffnung berechtigen soll: „Mit Hilfe der (Allgemeinen) Evolutionstheorie verliert das alte Schisma von Natur und Kultur bzw. von Natur und Geist seine allgemeine Überzeugungs- und Geltungskraft, denn die Natur wird als Voraussetzung jeglicher geistiger, kultureller Erkenntnisfähigkeit und der Geist als Voraussetzung jeglicher Naturerkenntnis akzeptiert. Man kann deshalb zu Recht sagen, dass mit der Evolutionstheorie die Natur Geschichte und die Geschichte Natur bekommen hat" (ebd., 13f.). Unabhängig von der Richtigkeit dieser Annahmen oder der Behauptung von LENZEN (2002, 152), dass „die Systemtheorie [...] die derzeit anspruchsvollste und komplexeste wissenschaftliche Theorie in den Geistes- und Sozialwissenschaften (ist)", bleibt gleichwohl zu würdigen, dass eine „Evolutionäre Pädagogik" Erziehung als Produkt der Evolution in einen viel größeren Horizont in zeitlicher (in der vertikalen) und räumlicher (in der horizontalen) Dimension stellt und einen funktionalen Zusammenhang von zeitlich-historischem *Nacheinander* und räumlich-sachlichem *Nebeneinander* ermöglicht (LIEDTKE 2003).

5.4 Pädagogische Wenden und aktuelle Tendenzen

Lange vor der politischen Wende mit der deutschen Wiedervereinigung im Jahre 1989 zeichnete sich die Pädagogik durch eine bemerkenswerte Wendefreudigkeit mit unterschiedlicher Durchschlagskraft der jeweiligen Konzepte (oft fälschlich als „Paradigmata" tituliert) aus (s. Abb. 53).

Die von ROTH im Jahre 1963 propagierte „*realistische Wende*" (ROTH 1963), welche sich untergliederte in eine bildungstheoretische (bis 1970), bildungspolitische (1968 - 1975) und curriculumtheoretische Phase (1970 - 1975), wobei letztere auch selbst als curriculare Wende in Erscheinung trat, wurde materialisiert durch die „emanzipative" Wende (1968ff, Studentenbewegung), gegengesteuert durch die „technologische Wende" (ab 1971, Systemtheorie), pragmatisiert durch die „Handlungsorientierte Wende" (ab 1972, Aktionsforschung), sekundiert durch die „antipädagogische Wende" (ab 1973) oder entpolitisiert durch die „Alltagswende" (ab 1978, Phänomenologie), idealisiert durch die „konstruktivistische" Wende (ab 1988, Systemische Konzepte) und schließlich pluralisiert durch die „Postmoderne Wende" (ab 1990ff) bzw. schlichter „reflexive Wende" (ab 1991) oder peripherer eine „Evolutionäre Wende" (ab 1992). Als vorläufig letzte Station dürfte seit den 1990er-Jahren die „betriebswirtschaftliche Wende" gelten, komplettiert durch eine Renaissance schulorientierter „Empirischer Bildungsforschung" (ab 1997).

Abbildung 53: „Pädagogische Wenden" in der Nachkriegszeit

„realistische" Wende (ROTH 1963)
-bildungstheoretische Phase (bis 1970)
-bildungspolitische Phase (1968 - 1975)
-curriculumtheoretische Phase (1970 - 1975)
„emanzipative" Wende (1968ff, Studentenbewegung)

> „technologische" Wende (ab 1971, Systemtheorie)
> „handlungsorientierte" Wende (ab 1972, Aktionsforschung)
> „antipädagogische" Wende (ab 1973)
> „Alltagswende" (ab 1978, Phänomenologie)
> „konstruktivistische" Wende (ab 1988, Systemische Konzepte)
> „postmoderne" Wende (ab 1990ff)
> „reflexive" Wende (ab 1991)
> „evolutionäre" (soziobiologische) Wende (ab 1992)
> „betriebswirtschaftliche" Wende (ab 1993ff)
> „Schulentwicklungswende" („Empirische Bildungsforschung" ab 1997)

Waren etwa in der realistischen Wende sozialwissenschaftliche Orientierung und Empirie, in der kritischen Erziehungswissenschaft Aufklärung, Mündigkeit, Emanzipation und herrschaftsfreier Diskurs, in der Alltagswende statt Lebensvergessenheit Lebensversessenheit (Lebensweltorientierung) die griffigen Schlagworte, welche die Debatte bestimmten, enthält der aktuelle Wortschatz ganz selbstverständlich Vokabeln wie Management, Organisationsentwicklung, Corporate Identity, Marketing, Wettbewerb, Lean Production, Total Quality, Pädagogische Zielmärkte, „Bildungsmarketing" (GEISSLER 1993), „Humankapital" – ein Begriff, der zwar in Jahre 2005 zum Unwort des Jahres gekürt wurde, ohne dass jedoch dadurch dessen kometenhafte Karriere gebremst werden konnte (ALFRED HERRHAUSEN GESELLSCHAFT 2002). Hegelianisch inspiriert ist man geneigt zu formulieren, nicht länger das System, sondern die Pädagogik sei die Mode in Gedanken gefasst (HÖRMANN 1994, 1). Dabei hat sich die „McKinsey-Gesellschaft, wie das Buch „Unser effizientes Leben. Die Diktatur der Ökonomie und ihre Folgen" von KURBJUWEIT (2005) ursprünglich heißen sollte, aber wegen Einspruch der Beraterfirma McKinsey nicht betitelt werden durfte, nicht nur der Pädagogik bemächtigt, sondern diese im Handstreich ersetzt, denn das Standbein der weltweit operierenden Beratungsfirma ist mittlerweile „die Umerziehung" (ebd., 27). Kommerzialisierung von Bildung und Wissenschaft als Teil der Industriepolitik ist ebenso allgegenwärtig wie Ranking und Ratings (SCHIRLBAUER 2005), Controlling und Effizienz mittels Steuerungsverfahren aus der neueren gesamtgesellschaftlichen Betriebswirtschaftslehre. Zu welchen unseligen Resultaten die Allianzen erziehungswissenschaftlicher „Evaluationskommissare" (PRANGE 2003, 756) und Herrschaftsfunktionäre führen kann, zeigen Beispiele konkreter Evaluationspraxis (HÖRMANN 2002; 2005). Es überrascht nicht, dass mittels bewährter Strategie Psychologisierung, d.h. die Ersetzung argumentativer Diskussion durch psychologisierende Kategorien (vgl. REICHENBACH/OSER 2002), als Immunisierungsstrategie gegen Kritik eingesetzt wird (z.B. TENORTH 2004). Ein „imponierendes Selbstbildnis" (PRANGE 2003, 759) der Beschwörung von „Professionalität und Kompetenz" (OTTO et al. 2002) oder abstrakter Evaluationsrhetorik (MERKENS 2004) mutiert über Deprofessionalisierung (HÖRMANN 2003b) zur „Transprofessionalisierung" (HÖRMANN 2006), einer Aufgabe pädagogischer Identität (RAPOLD 2006) oder „nicht-hierarchischer Verhältnisse menschlicher Gesamtpraxis" (BENNER 2001, 44) zugunsten der Subordination unter partikulare (z.b. psychologische bzw. psychologisierende oder neurophysiologische) Deutungsmuster ohne „kritische Übersetzungen" (MÜLLER 2006, 210ff) oder einer flinken Anpassung an Machtsphären (z.B. Justiz, Ökonomie; vgl. GRUSCHKA et al. 2005; KRAUTZ 2006).

5.5 Standardisierung und Pluralisierung

Da sich aller scheinbaren zentrifugalen Tendenzen zum Trotz gleichwohl eine neue Besinnung auf sog. „Bildungsstandards" (ARTELT/RIECKE-BAULECKE 2004, BECKER 2004), Standardisierungen (GOGOLIN et al. 2005) bzw. Kernkompetenzen herauskristallisiert, bleibt abschließend zu fragen, ob im Gefolge eines positivistischen Werturteilsverdikts oder einer problematischen Hypothek einer allzu forschen, deshalb vehement perhorreszierten „normativen Pädagogik" (LENZEN 2002, 26ff) sowie einer offensichtlich kontroversen und schwierige Debatte über Werteerziehung und Ethik (BEUTLER/HORSTER 1996; HORSTER/OELKERS 2005) alle Ziele und Normen in der Erziehung einfach ausgespart oder ignoriert werden können bis auf die politisch korrekte Dimension von Homogenität und Heterogenität einer Wertekultur, (z.B. DGFE 2004). Da jedoch weiterhin gilt: „Bildung ohne Wertorientierung ist schlechterdings unvorstellbar" (JÜRGENS 2005, 30), ist es nicht verwunderlich, dass populäre Ratgeberliteratur (ROGGE 1998) oder die Massenmedien (Stichwort: „Grenzen in der Erziehung") die Lücke ebenso zu schließen versuchen wie neuere Publikationen etwa zu „Mythen der Pädagogik" (FELTEN et al. 1999), bis hin zum trivialen Slogan „Kinder brauchen Erziehung" (AHRBECK 2004). Gegenüber obsoleter „Antipädagogik" oder Berufung auf den „pädagogischen Hausverstand" (ZANGERLE 2004; 2006) wird schließlich gegen „Kuschelpädagogik" oder „Spaßpädagogik" (WUNSCH 2003) eine „Konfrontative Pädagogik" (WEIDNER/KILB 2004; HÖRMANN/TRAPPER 2006) propagiert oder ein „autoritativ-partizipativer Erziehungsstil" (HURRELMANN 2002, 161), um nur einige neuere Beispiele zu nennen. Offensichtlich werden von eifrigen Apologeten eines Zeitgeistes Fragen von Wissen/Können, Handeln/Sollen, Hoffen/Wollen oder der „systematischen Verdrängung eines pädagogischen Problems", nämlich von „Können und Sollen" (GÖßLING 2003) infolge der Hypothek einer normativen Pädagogik oder jeweiliger unbefriedigender Konkretisierungen (z.B. BRUMLIK 1996) ebenso verdrängt, wie die Frage des Subjektwerdens (GÖßLING 1993) infolge der emphatischen Verabsolutierung eines transzendental-autonomen Individuums für überflüssig erklärt wird (LENZEN 2002, 150).

> Die in der Nachkriegszeit noch dominierende geisteswissenschaftliche Pädagogik wurde seit den 1970er-Jahren zunächst abgelöst durch die kritisch-emanzipatorische Erziehungswissenschaft. Neben einer empirisch-(quantitativen) Orientierung („realistische Wende") breitete sich eine Vielzahl von neueren Strömungen (Handlungsforschung, Systemtheorie, Konstruktivismus, Evolutionstheorie, Postmoderne) und „Wenden" (hauptsächlich emanzipativer, technologischer, handlungsorientierter, konstruktivistischer, biologisch-evolutionstheoretischer und betriebswirtschaftlicher Spielart) aus. Im Spannungsfeld von Homogenität und Heterogenität, moderner „großer Erzählung" und kleiner „postmoderner" Vielfalt, Objektivitätsanspruch und Konstruktivismus formulieren heutige PädagogInnen „Kompetenz und Professionalität" in der Pluralität (von Denktraditionen und Forschungsmethoden) und einer bildungspolitisch forcierten Normierung in „Bildungsstandards".

Einführungsliteratur (zum Weiterlesen)

Brinkmann, W./Petersen, J. (Hrsg.): Theorien und Modelle der Allgemeinen Pädagogik. Eine Orientierungshilfe für Studierende der Pädagogik und in der pädagogischen Praxis Tätige. Donauwörth: Auer.
König, E./Zedler, P. (Hrsg.) (2002): Theorien der Erziehungswissenschaft. Weinheim: Beltz.
Krüger, H.H. (2002): Einführung in Theorien und Methoden der Erziehungswissenschaft. Opladen: Leske + Budrich.

Literatur

Ahrbeck, B. (2004): Kinder brauchen Erziehung. Die vergessene pädagogische Verantwortung. Stuttgart: Kohlhammer.
Alfred Herrhausen Gesellschaft (2002): Wieviel Bildung brauchen wir? Humankapital in Deutschland und seine Erträge. Frankfurt.
Arnold, R./Siebert, H. (1995): Konstruktivistische Erwachsenenbildung. Baltmannsweiler: Schneider.
Artelt, C./Riecke-Baulecke, T. (2004): Bildungsstandards. München: Oldenbourg.
Becker, G. (2004): Bildungsstandards - Ausweg oder Alibi? Weinheim: Beltz.
Becker, N. (2006): Die neurowissenschaftliche Herausforderung der Pädagogik. Bad Heilbrunn: Klinkhardt.
Benner, D. (2001): Allgemeine Pädagogik. Weinheim: Juventa.
Beutler, K./Horster, D. (Hrsg.) (1996): Pädagogik und Ethik. Stuttgart: Reclam.
Brumlik, M. (1996): Autorität, Arbeitsdienst, Vaterland. Die neuen Erziehungs-Befürworter oder: Der Zeitgeist nimmt sich der Pädagogik an. In: Beutler, K./ Horster, D. (Hrsg.): Pädagogik und Ethik. Stuttgart: Reclam, 259-267.
DGfE-Vorstand (2004): Kerncurriculum für das Hauptfachstudium Erziehungswissenschaft. In: Erziehungswissenschaft, 15, 29, 84-88.

Elger, C.E. et al. (2004): Hirnforschung im 21. Jahrhundert: „Das Manifest - elf führende Neurowissenschaftler über Gegenwart und Zukunft der Hirnforschung. In: Gehirn & Geist, 6, 30-37.
Felten, M. et. al. (1999): Neue Mythen in der Pädagogik, Donauwörth: Auer.
Friedrich, G. (2005) Allgemeine Didaktik und Neurodidaktik. Frankfurt: Lang.
Geissler, H. (Hrsg.) (1993): Bildungsmarketing. Frankfurt: Lang.
Giesinger, J. (2006): Erziehung der Gehirne? Willensfreiheit, Hirnforschung und Pädagogik. In: Zeitschrift für Erziehungswissenschaft, 9, 1, 97-109.
Gogolin, I. et al. (2005): Standards und Standardisierungen in der Erziehungswissenschaft. Wiesbaden: VS (Beiheft Erziehungswissenschaft).
Gößling, H.J. (1993): Subjektwerden. Historisch-systematische Studien zu einer pädagogischen Paradoxie. Weinheim: Deutscher Studien-Verlag.
Gößling, H.J. (2003): Sollen und Können. Zur systematischen Verdrängung eines pädagogischen Problems. In: Vierteljahrsschrift für wissenschaftliche Pädagogik, 79, 91-101.
Gruschka, A. et al. (2005): Das Bildungswesen ist kein Wirtschafts-Betrieb. In: PÄD FORUM – unterrichten erziehen 33/24, 361f.
Henschel, U. (2005): Die Moral der Tiere - Kooperation als Evolutionsprinzip. „Von Natur aus gut". Geo Wissen, 35, 28-34.
Hinsch, R./Pfingsten, U. (2002): Gruppentraining sozialer Kompetenzen (GSK). Weinheim: Beltz.
Hörmann, G. (Hrsg.) (1994): Im System gefangen. Zur Kritik systemischer Konzepte in den Sozialwissenschaften. Münster: Bessau (Reprint Eschborn: Dietmar Klotz 1998).
Hörmann, G. (2002): Wo bleibt die Evaluation der Evaluateure (Amateure)? In: PÄD Forum, 30/15, 352-361.
Hörmann, G. (Hrsg.) (2003): Pädagogische Anthropologie zwischen Lebenswissenschaften und normativer Deregulierung.: Baltmannsweiler: Schneider.
Hörmann, G. (2003a): Soziale Kompetenz (- für wen?). In: Sozialwissenschaftliche Literatur Rundschau, 26, 46, 35-42.
Hörmann, G. (2003b): Bamberger G'schichten. In: PÄD Forum: Unterrichten erziehen, 31/ 22, 1, 61.
Hörmann, G. (2006): Deprofessionalisierung als Transprofessionalisierung oder Qualifizierung als Strategie? In: Rapold, M. (Hg.): Pädagogische Kompetenz, Identität und Professionalität. Hohengehren: Schneider, 93-130.
Hörmann, G./Trapper, Th. (Hrsg.) (2006): Konfrontative Pädagogik im inter- und intradisziplinären Diskurs. Hohengehren: Schneider.
Horster, D./Oelkers, J. (Hrsg.) (2005): Pädagogik und Ethik. Wiesbaden: VS.
Hurrelmann, K. (2002): Einführung in die Sozialisationstheorie. Weinheim: Beltz.
Huschke-Rhein, R. (1998): Systemische Erziehungswissenschaften: Pädagogik als Beratungswissenschaft. Weinheim: Deutscher Studien-Verlag.
Jank, W./Meyer, H. (2002): Didaktische Modelle. Berlin: Cornelsen Scriptor
Jürgens, E. (2005): Standards für schulische Bildung? In: Aus Politik und Zeitgeschichte, 12, 26-31.
Krautz, J. (2006): Bildung oder Effizienz? Zur Ökonomischen Usurpation von Bildung und Bildungswesen. In: Forschung & Lehre, 13, 392 f.

Kurbjuweit, D. (2005): Unser effizientes Leben. Die Diktatur der Ökonomie und ihre Folgen. Reinbek: Rowohlt.

Lenzen, D. (1998): Allgemeine Pädagogik – Teil- oder Leitdisziplin der Erziehungswissenschaft? In: Brinkmann, W./Petersen, J. (Hrsg.): Theorien und Modelle der Allgemeinen Pädagogik. Eine Orientierungshilfe für Studierende der Pädagogik und in der pädagogischen Praxis Tätige. Donauwörth: Auer, 32-64.

Lenzen, D. (2002): Orientierung Erziehungswissenschaft. Reinbek: Rowohlt.

Lenzen, D. et al. (Hrsg.) (2004): PISA und die Konsequenzen für die erziehungswissenschaftliche Forschung. Wiesbaden: VS (Beiheft Erziehungswissenschaft).

Liedtke, M. (2003): Biologisch-evolutionstheoretische Anthropologie – Ein Plädoyer für Erziehung. In: Hörmann 2003, 15-37.

Liegle, L. (2002): Ein neuer Meilenstein auf dem Weg zu einer „Biopädagogik". In: SLR, 44, 5-27.

Merkens, H. (Hrsg.) (2004): Evaluation in der Erziehungswissenschaft. Wiesbaden: VS.

Michal, W./Sorg, D. (2005): Wir sind so frei. In: Geo Wissen, 35, 36-41.

Mühlfeld, C. (2003): Eigennutzenmaximierung – Ein zielloser Prozess mit zielbewussten Ergebnissen? Strategische Rationalität als Herausforderung der pädagogischen Anthropologie. In: Hörmann 2003, 151-204.

Müller, T. (2006): Erziehungswissenschaftliche Rezeptionsmuster neurowissenschaftlicher Forschung. In: Scheunpflug, A./Wulf, C. 2006, 201-216.

Otto, H.-U. et al. (Hrsg) (2002): Erziehungswissenschaft: Professionalität und Kompetenz. Opladen: Leske + Budrich.

Plöger, W. (2003): Grundkurs Wissenschaftstheorie für Pädagogen. Paderborn: Fink.

Prange, K. (2003): Rezension von H.U. Otto u.a. Erziehungswissenschaft in Studium und Beruf. In: Zeitschrift für Pädagogik, 49, 756-759.

Rapold, M. (Hrsg.) (2006): Pädagogische Kompetenz, Identität und Professionalität. Hohengehren: Schneider.

Reich, K. (2000): Systemisch-konstruktivistische Pädagogik. Neuwied: Luchterhand.

Reich, K. (2002): Konstruktivistische Didaktik. Neuwied: Luchterhand.

Reichenbach, R./Oser, F. (Hrsg.) (2002): Die Psychologisierung der Pädagogik. Weinheim: Juventa.

Rogge, J.K. (1998): Kinder brauchen Grenzen. Reinbek: Rowohlt.

Scheunpflug, A. (2001): Evolutionäre Didaktik. Weinheim: Beltz.

Scheunpflug, A./Wulf, Ch. (Hrsg) (2006): Biowissenschaft und Erziehungswissenschaft. Wiesbaden: VS (Beiheft 5-06 Zeitschrift für Erziehungswissenschaft).

Sommer, V. (1992): Soziobiologie. Wissenschaftliche Innovation oder ideologischer Anachronismus? In: Voland, E. (Hrsg.): Fortpflanzung: Natur und Kultur im Wechselspiel. Frankfurt: Suhrkamp, 51-56.

Spitzer, M. (2002): Lernen. Berlin: Springer.

Tenorth, H.E. (2004): Wer hat Angst vor den "Evaluationskommissaren"? In: Zeitschrift für Pädagogik, 50, 88-98.

Treml, A. (1966): „Biologismus" – Ein neuer Positivismusstreit in der deutschen Erziehungswissenschaft. In: Erziehungswissenschaft, 7, 14, 85-98.

Treml, A. (2004): „Evolutionäre Pädagogik". Stuttgart: Kohlhammer.

Tschamler, H. (1996): Wissenschaftstheorie. Eine Einführung für Pädagogen. Bad Heilbrunn: Klinkhardt.
Voland, E. (Hrsg.) (1992): Fortpflanzung: Natur und Kultur im Wechselspiel. Frankfurt: Suhrkamp.
Voland, E. (1993): Grundriß der Soziobiologie. Stuttgart: Fischer.
Weidner, J./Kilb, R. (Hrsg.) (2004): Konfrontative Pädagogik. Wiesbaden: VS.
Wickler, W./Seibt, U. (1991): Das Prinzip Eigennutz - zur Evolution sozialen Verhaltens. München: Pieper.
Wuketits, F.M. (2002): Soziobiologie - die Macht der Gene und die Evolution sozialen Verhaltens. Heidelberg: Akad. Verlag.
Wulf, C. (1977): Theorien und Konzepte der Erziehungswissenschaft. München: Juventa.
Wunsch, A. (2003): Abschied von der Spaßpädagogik. München: Kösel.
Zangerle, H. (2004): Einfach erziehen. Wien: Ueberreuter.
Zangerle, H. (2006): Erziehung und Schule heute: zurück zum pädagogischen Hausverstand? In: Klement, K. (Hrsg.): ...trotzdem Zuversicht. Hohengehren: Schneider, 59-80.

D Ausgewählte Subdisziplinen und Fachrichtungen

Eine Differenzierung zwischen Subdisziplinen und Fachrichtungen nimmt LENZEN (1994) vor (vgl. Kap. A 1). Unter *Subdisziplinen* fallen Fächer, die in der Fachstruktur historisch etabliert sind, seit vielen Jahrzehnten bestehen, über eigene Institute (Lehrstühle) verfügen und häufig eigene Studiengänge (bspw. in Form von Studienrichtungen) anbieten (z.B. Allgemeine Pädagogik, Erwachsenenbildung, Schulpädagogik, Sozialpädagogik, Sonderpädagogik). *Fachrichtungen* entstanden eher als Reaktion auf aktuelle Fragestellungen und sind in der Regel nicht institutionalisiert bzw. nur singulär im Hochschulbereich professionalisiert (z.B. Freizeitpädagogik, Gesundheitspädagogik, interkulturelle Pädagogik, Medienpädagogik, Sexualpädagogik, Verkehrspädagogik).

Im Folgenden werden die **Subdisziplinen** Erwachsenenbildung und Sozialpädagogik sowie die **Fachrichtungen** Erlebnispädagogik, Gesundheitspädagogik, Interkulturelle Pädagogik/Migrationspädagogik, Medienpädagogik, Sexualpädagogik, Umwelt-/Ökopädagogik sowie Verkehrs-/Mobilitätspädagogik skizziert. Die Auswahl der Fächer folgt keiner bestimmten Logik oder Systematik, sondern ist aus einem Kompromiss zwischen einem kompakten Einführungsbuch und der Darstellung als gegenwärtig aktuell betrachteter „Spezialpädagogiken" erwachsen. Bei den ausgewählten Fächern besteht keinerlei Wertung nach Bedeutsamkeit oder Wichtigkeit, deshalb ist die Reihenfolge alphabetisch angelegt.

Literatur

Lenzen, D. (1994): Erziehungswissenschaft - Pädagogik. In: Lenzen. D. (Hrsg.): Erziehungswissenschaft. Ein Grundkurs. Reinbek: Rowohlt, 11-41.

1 Erlebnispädagogik

1.1 Begrifflichkeit

Der Begriff der Erlebnispädagogik ist recht heterogen, da er in ganz unterschiedlichen theoretischen Zugängen gesehen und verwendet wird. Erlebnispädagogik stellt bis heute noch keine in sich geschlossene Theorie dar und wird häufiger als eine Methode, nämlich eine handlungsorientierte Methode (vgl. HECKMAIR/MICHL 2004), als eine erziehungswissenschaftliche Teildisziplin verstanden (vgl. ZIEGENSPECK 1992). Im Phänomenbereich von *Erlebnispädagogik* finden sich viele Bezeichnungen, wie beispielsweise Abenteuerpädagogik, Aktionspädagogik, Wanderpädagogik, Erfahrungspädagogik, Outdoor-Pädagogik, Outward-Bound-Pädagogik, Experimental Learning, Wilderness Experience, Outdoor Development, Challenge Programmes, Adventure Programmierung u.a.m., mit denen Erlebnispädagogik (vermeintlich) gleichgesetzt oder assoziiert wird. Erlebnispädagogik bezieht sich auf disperse Zielgruppen, wenngleich ein Schwerpunkt auf der sozialpädagogischen Klientel liegt, und verbindet sich mit unterschiedlichen therapeutischen als auch sozialpädagogischen Ansätzen sowie mit anderen „Spezialpädagogiken" (z.B. Spielpädagogik, Theaterpädagogik).

Diese Vielfalt kann als Stärke eines innovativen, offenen, attraktiven, universal anwendbaren und zeitgemäßen pädagogischen Ansatzes ausgelegt werden. Sie wirft aber in begriffs-systematischer und theoretischer Hinsicht eine ganze Reihe von Problemen auf (vgl. NEUMANN 1996). Aufgrund der Kontingenz der Begrifflichkeit von Erlebnispädagogik und einer beobachtbaren Tendenz zur Entgrenzung innerhalb des erlebnispädagogischen Diskurses ist eine Definition nicht einfach.

> In einer induktiven Begriffsbestimmung lässt sich *Erlebnispädagogik* als spezifische Ausformung des Konzeptes eines offenen, natürlichen und sozialen Erfahrungslernens auffassen. Mit ihrer natursportlichen sowie sozialtherapeutischen Zwecksetzung greift die Erlebnispädagogik auch über traditionelle und etablierte Vorstellungen zum Konzept des Erfahrungslernens hinaus (vgl. FISCHER/ZIEGENSPECK 2000). „Im Zentrum aller erlebnispädagogischer Ansätze steht der Gedanke, einen ganzheitlichen, alle Sinne ansprechenden und vom aktiven Handeln der Lernenden getragenen Lernprozess zu inszenieren" (SOMMERFELD 2001, 394). „Lernen mit Kopf, Herz und Hand" (ZIEGENSPECK 1986) charakterisiert *Erlebnispädagogik als eine handlungsorientierte Pädagogik.*

Ausgehend von prägenden Wirkungen von Erlebnissen *zielt* Erlebnispädagogik auf die Entwicklung einer autonomen, (selbst)verantwortlichen und sozial kompetenten Persönlichkeit ab. Eine komplexe Wechselbeziehung zwischen emotionalen und intellektuellen Potenzialen kommt der Persönlichkeitsentwicklung zugute.

Hört man heute das Wort Erlebnispädagogik, so kann davon ausgegangen werden, dass primär natursportliche Unternehmungen gemeint sind. Diese einseitige Ausrichtung auf „Outdoor-Pädagogik" muss aber in Zukunft zu Gunsten von „Indoor-Pädagogik" abgebaut werden, denn gerade auch in den künstlerischen, musischen, kulturellen und auch technischen Bereichen gibt es vielfältige erlebnispädagogische Entwicklungs- und Gestaltungsmöglichkeiten (vgl. ZIEGENSPECK 2000).

Aufgrund der Abenteuerorientierung in der Erlebnispädagogik – Abenteuer ist das Exempel der Erlebnispädagogik (vgl. THIERSCH 1995) – findet sich mit diesem Begriff auch im wissenschaftlichen Kontext häufiger die Bezeichnung *Abenteuerpädagogik* (vgl. BAUER 2001). Allerdings halten HECKMAIR/MICHL (2004, 99f) die Verwendung dieses Ausdrucks aus zweierlei Gründen für fragwürdig. Zum einen ist sein Gehalt durch die Abenteuerspielplätze und Kindergartenbewegung der 1968er-Generation vorgegeben. Zweitens ist Abenteuer pädagogisch nicht planbar und sollte auch nicht als Ereignis mit vollkommen offenen Ausgang eingeplant werden. Der gelegentlich benutzte Terminus *Aktionspädagogik* verbleibt auf einer zu oberflächlichen Ebene, denn in der Erlebnispädagogik geht es nicht ausschließlich um Aktion oder „Action". Die Aktion ist zwar das Sichtbare und Auffallende, aber wohl kaum das essentielle Moment, eher eine Art pädagogische Dramaturgie bzw. Inszenierung (vgl. HECKMAIR/MICHL 2004, 100).

Erlebnis als prioritäre Kategorie

Erlebnis ist neben Verstehen ein Grundbegriff der geisteswissenschaftlichen Pädagogik und wurde als solcher vor allem von DILTHEY aufgenommen.[2] Er begründete für weite Teile der Geisteswissenschaften, zumal für die Pädagogik, den Vorrang des Erlebens als Methode der Erkenntnis. „In dem Erlebnis wirken die Vorgänge des *ganzen Gemütes* zusammen. In ihm ist Zusammenhang gegeben, während die Sinne nur ein Mannigfaltiges von Einzelheiten darbieten. Der einzelne Vorgang ist von der ganzen Totalität des Seelenlebens im Erlebnis

---

2 NEUBERT (1990) hat den Begriff Erlebnispädagogik in der Rekonstruktion der Lebens- und Kulturphilosophie DILTHEYs entwickelt.

getragen, und der Zusammenhang, in welchem er in sich und mit dem Ganzen des Seelenlebens steht, gehört der unmittelbaren Erfahrung an. Dies bestimmt schon die Natur des *Verstehens* unserer selbst und anderer" (EBBINGHAUS 1895, 172).

Im Rahmen der Reformpädagogik – insbesondere der Kunsterziehungsbewegung – wurde der Begriff in einem psychologisch verengten Horizont aufgenommen und als Unterrichtsmethodik versucht zu entwickeln. *Psychologisch* wird **Erlebnis** als innerer, mentaler Vorgang gesehen, bei dem äußere Reize aufgrund von Wahrnehmung, Vorwissen und Stimmung subjektiv zu einem Eindruck verarbeitet werden. Eher *philosophisch* ist das Erlebnis „durch besondere Intensität oder Nachhaltigkeit, sei es auch nur durch besondere Eigenart" (NEUHÄUSLER 1967, 56), gekennzeichnet. Erlebnisse werden also eher mit dem Neuen, Ungewohnten, Unbekannten, das sich vom Alltag abhebt, verbunden.

1.2 Historie

Folgt man den Vertretern der Erlebnispädagogik, so liegen deren Wurzeln insbesondere bei JEAN-JACQUES ROUSSEAU und DAVID HENRY THOREAU (vgl. FISCHER/ZIEGENSPECK 2000; HECKMAIR/MICHL 2004). Doch bewegen sich diese Beiträge noch auf einem vergleichsweise allgemeinen Niveau, dass nämlich das Leben und insbesondere das Leben in der Natur der beste Lehrmeister sei. Ein Motor im deutschsprachigen Raum ist das auf JOHN DEWEY zurückgehende „experimental learning", das Erfahrungslernen (SOMMERFELD 2001).

Die spezifischeren Wurzeln der modernen Erlebnispädagogik finden sich im Umfeld der bürgerlichen Jugendbewegung und Reformpädagogik (zu Beginn des 20. Jahrhunderts). Als wesentliche Quelle wird oft die Kunsterziehungsbewegung benannt, vor allem aufgrund des vermuteten Zusammenhangs von *Erlebnis* und *Kunstwerk* (vgl. NEUBERT 1925). Aber auch LICHTWARKs Laienerziehung orientierte sich methodisch am herbartianischen Unterrichtsschema, und erst die Verknüpfung mit der Psychologie des Kindes schaffte Raum für den Vorrang des Erlebnisses (OELKERS 1995).

Als der eigentliche Begründer der modernen Erlebnispädagogik gilt allerdings KURT HAHN (1958); sie kann auf dessen pädagogisches Modell „*Erlebnistherapie*" zurückgeführt werden. HAHN als ein Vertreter der Reformpädagogik stand der (bisherigen herbartianisch geprägten) Schule und der Gesellschaft bzw. der Kultur kritisch gegenüber. Nach seiner Auffassung war die Gesellschaft durch vier Verfallserscheinungen gekennzeichnet: (1) den Mangel an menschlicher Anteilnahme, (2) den Mangel an Sorgsamkeit, (3) den Verfall der körperlichen

Leistungsfähigkeit und Tauglichkeit sowie (4) den Mangel an Initiative und Spontaneität (vgl. GALUSKE 2002, 241f.).

HAHN begreift Erziehung als Gegenkraft zu „schädlichen" gesellschaftlichen Prozessen und das Individuum folgerichtig als deren Zielgröße, über das eine „Heilung" der Gesellschaft (durch einige einfache Negationen) möglich erscheint. HAHNS Methode beruht vor allem auf zwei Prinzipien:
1. Nicht Belehren. *Erfahrung bzw. Erleben ist besser als Belehren*. Die Alternative zum Belehren ist das Experimentieren, die eigene aktive Auseinandersetzung.
2. *Erziehung durch Gemeinschaft*. Die Bildung sozialer Kompetenz erfordert soziales Lernen. Werte und sonstige Orientierungen, die soziale Kompetenz bestimmen, müssen im konkreten Handlungsvollzug „er-lebbar" werden (vgl. SOMMERFELD 2001).

Weiterhin stützt sich HAHN dabei auf vier methodische Grundelemente:
- *körperliches Training*: z.B. durch (natur)sportliche Aktivitäten soll die Fitness verbessert werden.
- *Projekt*: in Anlehnung an die von DEWEY und KILPATRICK entwickelte Projektmethode geht es um ein zeitlich befristetes handwerkliches oder künstlerisches Vorhaben, an dessen Ende ein vorab definiertes Produkt steht. Hierbei geht es um die Entwicklung der Genauigkeit.
- Expedition: d.h. die Planung und Durchführung von mehrtägigen Touren in Naturlandschaften (Ausbildung von Initiative und Ausdauer).
- Rettungsdienst, Dienst am Nächsten: Verrichten von sozial gemeinnützlichen Tätigkeiten, die den einzelnen vor ernsthafte Aufgaben stellt (Anteilnahme).

Um das Konzept umzusetzen, gründete HAHN in den 1940er-Jahren die „Outward-Bound-Schule", eine Einrichtung, in der Jugendliche vierwöchige Kurse nach dem Muster der „Erlebnistherapie" unter dem Leitziel „Erziehung zur Verantwortung durch Verantwortung" absolvieren konnten. Um den schädlichen Wirkungen der gesellschaftlichen Erfahrungsräume entgegenzuwirken, entwickelte er die „pädagogische Provinz" (HAHN gründete beispielsweise auch die Internatsschule Salem). Als Orte bzw. Medien zur Ermöglichung intensiver Erlebnisse werden tendenziell menschenfeindliche Regionen mit hohem Herausforderungspotenzial, nämlich die See und die Berge, gewählt („*Inselcharakter*" der HAHNschen Erziehungskonzeption). Auch hier führt eine Negation zur Lösung, nämlich die Negation der modernen urbanen Zivilisation führt zur „Natur".

Die Erfolgskomponenten von HAHNS „Kurzschulen" im Gegensatz zur Regelschule ist (1) die zeitlich befristete Alternative zur normalen Schulerfahrung, (2) ihre herausgehobene und seltene Intensität und dadurch (3) ihr persönlichkeitsbildender Effekt. Alles das wäre in der langen, routinierten Normalzeit von Verschulung nicht möglich, lebt aber vor allem von diesem Kontrast. Das entspricht der Kurzfristigkeit prägender Erlebnisse, die einmalig sein müssen, wenn sie bleibende Wirkungen erzielen sollen (OELKERS 1995).

Im Anschluss an HAHN gründet die Erlebnispädagogik auf zumeist natursportliche Erlebnisse, die „unter die Haut gehen" und dadurch vielfältige persönlichkeitsbildende Auswirkungen haben sollen.

1.3 Theoretische Fundierungen und Menschenbilder

Der Entwicklungsimpuls der modernen Erlebnispädagogik ging von innovativen und alternativen Praxisprojekten aus. Unter den Bedingungen professioneller Erziehung/Bildung und der Professionalisierung der Sozialen Arbeit (in welcher Erlebnispädagogik eine wichtige Rolle spielt) mussten allerdings auch wissenschaftliche Begründungen für diese Praxisform gefunden werden. SOMMERFELD (2001) benennt für diese gleichsam nachträgliche theoretische Fundierung verschiedene Stränge: (1) die im engeren Sinne *erziehungswissenschaftliche* Herkunft, (2) die *sozialwissenschaftliche*, insbesondere entwicklungspsychologisch und psychotherapeutisch orientierte Basis und (3) die *Forschung*. Da es sich unserer Meinung nach allerdings bei der Forschung um keinen Theoriestrang handelt, sondern um eine wissenschaftliche Methode, wird hier auf die erziehungswissenschaftliche und sozialwissenschaftliche Fundierung als wissenschaftstheoretische Verankerungspunkte eingegangen:

(1) *Die erziehungswissenschaftliche Fundierung:* Neben der Rezeption und Auslegung des HAHNschen Werks als primäre Bezugsgruppe ist hier ein Rückbezug vor allem auf die reformpädagogischen Klassiker gemeint. Es sind im wesentlichen Begriffe und damit zusammenhängende Konzeptionen wie (Mit-)Verantwortung, Gemeinschaft, soziales Lernen durch Handeln, pädagogische Provinz, die bei diesen Klassikern in unterschiedlicher Gewichtung und methodischer Umsetzung eine Rolle spielen. Eine geistige Verwandtschaft lässt sich zu „experiential learning" und „Konstruktion pädagogischer Felder" feststellen. „Die hauptsächliche Form erziehungswissenschaftlicher Fundierung der Erlebnispädagogik [...] ist die begrifflich-systematische oder phänomenologische Ausdeutung von Begriffen oder von als relevant vermuteten Strukturelementen der erlebnispädagogischen Handlungsfelder und die argumentative Herstellung von möglichen Zu-

sammenhängen der Deutungen mit den verfolgten Erziehungszielen" (SOMMERFELD 2001, 397).

(2) *Die sozialwissenschaftliche Fundierung:* Auf Basis sozialwissenschaftlicher Theorien wird der Gehalt der erlebnispädagogischen Grundgedanken interpretiert und argumentativ zu unterlegen versucht. Zentral ist hier der Begriff des Handelns als aktive Auseinandersetzung mit der Umwelt zum Zwecke der Problemlösung bzw. Bewältigung von Umweltanforderungen, die den Lern- und Entwicklungsprozess vorantreiben (z.B. Sozialisationstheorie, psychologische Handlungstheorie aber auch Selbstwirksamkeitstheorie oder humanistische Psychologie).

Die Erlebnispädagogik bietet einer Reihe von *Menschenbildern* Platz, die sie von jeweils unterschiedlichen Standpunkten aus beurteilt. MICHL (1995) führt drei Menschenbilder aus und bezieht sich dabei auf die „Lust am Aufstieg" von AUFMUTH (1984), auf das Bedürfnis nach Sicherheit und der Lust am Risiko nach CUBE (1990) sowie auf die „Erlebnisgesellschaft" von SCHULZE (1992)[3].

Nach SCHULZE (1992) wird Leben seit einem guten Jahrzehnt als Erlebnisprojekt verstanden. Der *Erlebniswert von Dingen wird wichtiger* als deren Nützlichkeit und Funktion. Er interpretiert die Erlebnisorientierung als die moderne Suche nach Glück. Im Zeitalter der Individualisierung spielen die Selbstentfaltung, die Ästhetisierung des Alltags und das Erleben eine immer größere Rolle. Da viele Wahlentscheidungen keinen eigentlichen Nutzwert mehr haben, also Gebrauchswertunterschiede relativ bedeutungslos werden, *wird das Erleben vom Nebeneffekt zu einer Lebensaufgabe.*

Während SCHULZE als Soziologe sozusagen den Weg von der Außenwelt zur Innenwelt geht, vollzieht CUBE (1990) den umgekehrten Weg. Er geht davon aus, dass es ein *Streben nach Risiko und Abenteuer* gibt. Der Mensch sucht das Risiko auf, um Sicherheit zu gewinnen. Das Unbekannte wird so zum Bekannten, zum Berechenbaren und zum Vertrauten. CUBE (1990, 12) folgert: „Warum ist Klettern so lustvoll? Weil man bei jedem Schritt Unsicherheit in Sicherheit verwandelt." Das Gefühl der Kontrolle und des Könnens verspricht den Lustgewinn (vgl. CSIKSZENTMIHALYI 1987).

Mit der Lust an Natursportarten am Beispiel des Bergsteigens und der Suche nach Grenzerfahrungen beschäftigt sich AUFMUTH (1984). Ausgehend von der

---

[3] Auch wenn für SCHULZE (1992) das Erlebnis in seiner Arbeit eine zentrale Rolle spielt, so erachtet er es als problematisch, wenn Erlebnis zu pädagogischen Zwecken vorgesehen, zur Absicht wird. Die Planung eines Erlebnisses wird zu einer gewagten Sache, weil das äußere Ereignis nur begrenzt kontrollierbar ist und die Verfassung des Subjekts nicht vorhersehbar ist.

Frage, welchem Vergnügen die Menschen eigentlich in den Bergen nachgehen, ist das Bergsteigen doch mit körperlichen Anstrengungen und Gefahren verbunden, kommt AUFMUTH zu folgender Erklärung: Da für das Funktionieren unserer Gesellschaft viele *Erlebnismöglichkeiten* nicht mehr notwendig sind, der Mensch diese aber braucht, kann er sie beispielsweise beim Besteigen der Berge wieder erfahren. Hier wird der oft vergessene Körper wiederentdeckt und es wird erlebt, dass durch Anstrengung vorher nie gedachte Leistungen erbracht werden. Das Leben wird in solchen erlebnisreichen Situationen besonders intensiv im „Hier und Jetzt" erfahren.

1.4 Ziele und Funktionen der Erlebnispädagogik

Ziele

Die formulierten Ziele in erlebnispädagogischer Literatur sind sehr vielfältig und zum Teil dispers. Zur Systematisierung werden hier Lernziele nach einer psychologisch-entwicklungsbezogen-persönlichkeitsbildenden, sozialen, motorischen, sachlichen und ökologischen Dimension zusammengefasst.

Die *psychologischen, subjektbezogenen Entwicklungsziele* stehen im Mittelpunkt der Erlebnispädagogik; hierzu gehören beispielsweise das Erlangen von Selbstständigkeit und Entscheidungsfähigkeit, eigene Ressourcen und Grenzen zu entdecken, zu fördern bzw. abzubauen, Gefühle wahrzunehmen, auszudrücken und damit umgehen zu lernen, Selbstbewusstsein zu steigern, Ausdauer zu üben und Durchhaltewillen zu stärken.

Die *soziale Lernzieldimension* thematisiert alle Fähigkeiten der Teilnehmer, sich in Gruppenzusammenhänge zu integrieren wie z.B. Rollenverhalten wahrzunehmen und einzuüben, kooperatives Handeln zu trainieren.

Durch die den Körper aktivierenden und „instrumentalisierenden" erlebnispädagogischen Maßnahmen werden *motorische* Fähigkeiten verbessert.

Sachliche Lernziele beziehen sich direkt auf den Erwerb von fachlichen Kompetenzen, z.B. Kenntnisse über Techniken in Sportarten.

Schließlich haben die *ökologischen Lernziele* in den letzten Jahren an Bedeutung gewonnen. Hier geht es z.B. um die sinnliche Wahrnehmung und Entdeckung ökologischer Zusammenhänge oder der Einübung umweltschonenden Verhaltens (vgl. GALUSKE 2002).

Subjektbezogene Funktionen und mögliche Wirkungsweisen

Der Ich-Stärkungs-Optimismus der Erlebnispädagogik beruht auf ihrer Deutung des Abenteuers. Das Abenteuer unterbricht den gewohnten Gang der Dinge. Es hat Ausnahmecharakter. Das Abenteuer als Mitte der Lebenssteigerung beruht auf der Gefahr, die bewältigt werden muss. Es ist eine Prüfung, aus der die Person gestärkt hervorgehen kann, sofern es gut geht.

Die Selbstwertsteigerung durch das Gefühl der Stärke, das sich im Bewältigen der Gefahr einstellt, ist der Grundgedanke erlebnispädagogischer Inszenierungen. Der lebensphilosophische Hintergrund des Abenteuergedankens zeigt sich nicht nur im (problematischen) Ideal des riskanten Lebens, sondern auch im pantheistischen Hintergedanken, dass im Abenteuer das Leben im Ganzen, in seiner Weite aber auch in seiner Begrenztheit fühlbar wird. Das Abenteuer wird erlebt, seinen bleibenden Gehalt und seine Bedeutung erhält es aber aus dem biographischen Rückbezug auf das gewohnte Leben.

Zu Erklärungen einer erlebnispädagogischen Wirksamkeit finden sich folgende Elemente: Lernen durch Erfolg (Feedback im Rahmen von Reflexion), aktive Hilfe bei Problembewältigungen, Identitätsstärkung durch intensive Erlebnisse, Lernen am Modell, Steigerung der Selbstwirksamkeit durch sog. Mastery-Effekte, bewusstes Handeln im Lichte von Zielen und Vereinbarungen. Derzeit wird diskutiert, inwieweit die Transfereffekte durch metaphorisches Lernen (z.B. „Wir sitzen alle in einem Boot!") weiter gesteigert werden können (vgl. JAGENLAUF 2001).

Gesellschaftliche Funktionen

Die Beurteilung der gesellschaftlichen Funktionen der Erlebnispädagogik kann durch die Interpretation dreier Seiten gesellschaftskritischer Semantik erfolgen (FISCHER/ZIEGENSPECK 2000, 297):
1. „über den ideengeschichtlichen Beitrag der Erlebnispädagogik zur Bewahrung der kulturhistorischen Leistungen in Bildung und Erziehung (*Tradition*),
2. über den theoretischen Beitrag der Erlebnispädagogik als generatives Potenzial in zukunftsorientierten Bildungs- und Erziehungsfeldern (*Prospektion*),
3. über den praxis- und anwendungsbezogenen Beitrag der Erlebnispädagogik zu einer lebens- und arbeitsweltorientierten Erziehung, die der Wahrnehmung individueller Lebenschancen dienlich ist (*Allokation*)."

1.5 Merkmale und Modelle der Erlebnispädagogik

GALUSKE (2002) benennt fünf Merkmale, die für die Erlebnispädagogik charakteristisch sind:

1. *Handlungsorientierung und Ganzheitlichkeit:* Der Handlungsbegriff steht in bewusster Abgrenzung zu rein theoretischen Lernarrangements. Ganzheitliches Gestalten meint, dass im Rahmen des Lernprozesses alle Sinne, d.h. „Körper, Seele und Geist" (HUFENUS 1993, 86) angesprochen werden sollen. Neben den kognitiven sind sensomotorische und affektive Lerndimensionen zu berücksichtigen.
2. *Lernen in Situationen mit Ernstcharakter:* Die ideale erlebnispädagogische Lernsituation ist jene, in der sich Lernprozesse aus den Sachzwängen der Gegebenheit notwendig und zwangsläufig entwickeln und die Unmittelbarkeit des Feedbacks, also die Sicht- und Spürbarkeit der Wirkung Lernprozesse fördern (vgl. HUFENUS 1993, 86).
3. *Gruppe als Lerngemeinschaft:* Erlebnispädagogik konkretisiert sich überwiegend als gruppenpädagogisches Angebot. Hierin widerspiegelt sich die soziale Lerndimension, die auf die Förderung von sozialen Kompetenzen und Kooperationsfähigkeit durch das gruppenbezogene Lernarrangement zielt.
4. *Erlebnischarakter:* Für die Erlebnispädagogik ist konstitutiv, dass Lernsituationen einen außergewöhnlichen Charakter besitzen müssen, Grenzerfahrungen ermöglichen und somit in Distanz zum Alltag stehen. Erlebnispädagogik ist auf „vielfältige, nicht alltägliche, reale und ernsthafte Situationen mit Grenzerfahrungsmöglichkeiten" (REINERS 1995, 29) angewiesen. „Mit solchen außerordentlichen und ungewöhnlichen Situationen erhöht sich die Chance, dass aus einem Ereignis ein inneres, bewegendes und nachhaltig wirkendes Erlebnis wird" (GALUSKE 2002, 245).
5. *Pädagogisches Arrangement:* Eine erlebnisträchtige Situation wird erst durch die pädagogisch gezielte und absichtsvolle Planung und Realisierung zu einem erlebnispädagogischen Angebot.

Innerhalb der Erlebnispädagogik lassen sich drei *Modelle* bzw. Konzepte unterscheiden (vgl. REINERS 1995; GALUSKE 2002):

(1) *„The Mountains Speak for Themselves"-Modell:* Bei diesem Modell wird ausschließlich auf den „Sachzwang" der Situation vertraut. Die Situation steht für sich selbst. Sie ist in sich so strukturiert, dass die Lernerträge notwendige Folgen des Handelns sind. Der Pädagoge ist sehr zurückhaltend. Er führt lediglich in die Situation ein und stellt die Aufgaben. Danach überlässt er die Teilnehmer sich selbst in ihrer Situation.

(2) *„Outward Bound Plus"-Modell*: Diese Konzeption geht über die vorherige hinaus. Die Erweiterung liegt im Wesentlichen in einer sich an die „Übung" anschließenden Reflexion. Hier werden die Lernerträge im Vergleich zu den vorab festgelegten Lernzielen reflexiv verdichtet.

(3) *Metaphorisches Modell*: Dem Outward Bound Plus-Modell wurde u.a. vorgeworfen, dass sich die Erlebnispädagogik mit der Verschiebung hin zur Reflexion zu einer therapeutischen Methode entwickle (vgl. REINERS 1995, 61f.). Das metaphorische Modell will zwar auch Reflexion befördern, achtet aber gleichzeitig darauf, dass Erfahrungen und Erlebnisse weder zerredet noch überfrachtet werden. Dieses Konzept zielt im Kern darauf ab, Lernsituationen möglichst isomorph (ähnlich) zur Lebensrealität auszugestalten. Hilfsmittel sind hierbei unter anderem Beispiele, Geschichten und Metaphern, die die Lernrichtung der Teilnehmer beeinflussen sollen. Entsprechende erlebnispädagogische Kurse werden nach den Sequenzen: Einstieg, Planung, Durchführung, Übung und Transferreflexion gestaltet.

Allen erlebnispädagogischen Ansätzen sind drei Momente gemeinsam: (1) individuell-subjektives, (2) nur begrenzt herstellbares Erleben (3) im Rahmen gruppenbezogener Aktivitäten (in [extremen] Naturräumen) (vgl. JAGENLAUF 2001). Die dabei intensiv *erlebten* Erfahrungen fördern die Fähigkeit, bisheriges Verhalten zu reflektieren, neue Verhaltensweisen zu erproben und diese in den Alltag zu übertragen.

1.6 Beispiele erlebnispädagogischer Angebote

Es gibt mittlerweile eine Vielzahl von erlebnispädagogischen Aktivitäten wie beispielsweise Bergwandern, Klettern, Skitouren, Höhlenbegehungen, Kajakfahrten, Fahrradtouren, Kuttersegeln, Solo, City Bound oder Seilgärten. Einen Überblick und Vergleich der genannten Aktivitäten geben HECKMAIR/MICHL (2004, 173-221). Nachfolgend wird auf ein exemplarisches Outward Bound-Angebot und auf das Outdoor Management Development als ein aktuelles Entwicklungsfeld eingegangen.

Outward Bound-Konzeption

Am Beispiel des Segelns – als eine viel diskutierte erlebnispädagogische Maßnahme – werden kognitive, affektiv-emotionale, soziale und motorische Lernziele in Abbildung 54 ausgeführt. Es ist festzustellen, dass sowohl aktivitätsspezifische Inhalte als auch allgemeine Inhalte transportiert werden.

Abbildung 54: Ziele der Outward Bound-Konzeption am Beispiel des Segelns (vgl. ZIEGENSPECK 1995)

Kognitive Lernziele	Seemännische Fertigkeiten und Kenntnisse; handwerkliche Kenntnisse; hauswirtschaftliche Kenntnisse (Küchenarbeit); allgemeine Umweltkunde; Freizeitvorbereitung.
Affektiv-emotionale Lernziele	Förderung der eigenen Identität, Steigerung des Selbstwertgefühls; intrinsische Motivation entwickeln; Versagenserlebnisse ertragen lernen, Frustrationstoleranz entwickeln; mit inneren Impulsen (z.B. Angst) umgehen lernen; Konfliktbewältigung lernen, Kooperations- und Kompromissbereitschaft bilden; Achtung des anderen; sensibel werden, Einfühlung lernen.
Soziale Lernziele	Verantwortung für sich und andere übernehmen und tragen lernen, Zuverlässigkeit, Hilfsbereitschaft und Freundlichkeit als Bedingungen des gemeinsamen Lebens erfahren und schätzen lernen; Regeln akzeptieren; Kooperation und Verantwortungsbewusstsein.
Motorische Lernziele	Durch seegangsbedingte Schiffsbewegungen, das Steigen in den Masten, durch Segelsetzen etc. werden Grob- und Feinmotorik gleichermaßen geschult.

Outdoor Management Development

Für besondere Felder firmeninterner Personalentwicklung stellt sich die Verknüpfung zwischen erlebnispädagogischen Arrangements und betrieblichen Routinen in Form von „Outdoor Management Development" als plausibel dar. Handlungs- und Führungskompetenzen sollen für die Prozesse der innerbetrieblichen Entscheidungsfindung durch Maßnahmen des Erfahrungslernens verstärkt werden. Verhaltenssouveränität konnte im Outdoor-Setting durch die Schaffung veränderter Rollenzuschreibungen praktisch erlernt und in der Bewältigung von Interessenkonkurrenzen überformt werden.

Potenzielle Wirksamkeit von Outdoor Management Development:
1. „Ergebnisse des Experiential Learning und der modernen Lernforschung haben ergeben, dass Menschen dann am besten lernen und das Gelernte umsetzen, wenn der Erkenntnis- bzw. Verhaltensgewinn aus eigener Erfah-

rung resultiert und nicht bloß auf Übernahme fremden Wissens und Verhaltens beruht (entdeckendes, offenes Lernen),
2. sie aktiv in den Lernprozess involviert sind,
3. die Lernsituationen authentisch sind und die Notwendigkeit zu handeln aus der Sache selbst kommt – mit realen Problemen und realen Problemlösungsmöglichkeiten (Motivations-Vorteil),
4. das Lernen in dem Sinne ganzheitlich erfolgt, als dass kognitive, affektive, soziale und motorische Bereiche angesprochen werden und notwendig ineinander greifen müssen. Das führt zur Verankerung der Lernerfahrungen auf verschiedenen Persönlichkeitsebenen,
5. die Lernprozesse in einer stimulierenden Lernumgebung stattfinden, die nach den Prinzipien der Problemorientierung, der Sinn-Orientierung, der Reflexions-Orientierung und des Arbeitsbezuges organisiert sind,
6. zur Bewältigung von Innovation und Wandel das gesamte Team in einem gemeinsamen Lernprozess eingebunden ist und die neuen Erfahrungen und Einsichten nicht nur auf die Vorgesetzten und Experten beschränkt sind. Gegenseitige Lernverpflichtung und Lernunterstützung sowie ein übergreifender Lerntransfer sind dann am größten, und die Qualität der Sozialbeziehungen im Team verbessert sich nachhaltig" (KÖLBLINGER 1995, 42).

1.7 Kritikpunkte

Nachfolgend werden einige zentrale Kritikpunkte aufgeführt:

(1) Problematisch an der Entwicklung der Erlebnispädagogik ist, dass sie sich über ihre Grenzen hinaus ausgedehnt hat und weiter expandiert (HECKMAIR/ MICHL 2004 sprechen provokant von *Wucherungen*). So wird Erlebnispädagogik im Sinne „handlungsorientierten Erfahrungslernens" oder erlebnispädagogische Momente in sehr vielfältigen pädagogischen Kontexten realisiert und in andere erzieherische Systeme importiert, die allerdings nicht die Freiheit der Umstellung ihrer Grundorientierung wie kleine Projekte haben. „Inwieweit eine Klassenfahrt oder der Besuch einer Gedenkstätte bzw. eines Museums oder Brotbacken Erlebnispädagogik ist, ist in meinem (Sommerfelds, d.V.) theoretischen Verständnis nicht nachvollziehbar" (SOMMERFELD 2001, 400).

(2) Ein zentraler Kritikpunkt an der Erlebnispädagogik ist das Transferproblem. Denn in der Distanz zum Alltag liegt zwar die Chance, aber gleichzeitig auch die Grenze (vgl. THIERSCH 1995a, 107). Das Transferproblem resultiert aus dem Umstand, dass erlebnispädagogische Settings mit ihrer bewusst gewählten Alltagsdistanz strukturell eher therapeutischen Situationen als einer alltagsorientierten Pädagogik ähneln. Es ist zu fragen, ob vollzogene Lernerfahrungen auf der

Insel des Erlenbisses bruchlos in den Alltag integriert werden können, wenngleich man nicht sofort die Gegenposition vertreten muss, dass per se keine Erträge für den Alltag entstehen. Gleichwohl verlässt sich die Erlebnispädagogik auf die Tiefe und Kraft des Erlebnisses.

(3) Angesichts der expansiven Dynamik des Marktes für erlebnispädagogische Angebote sind Qualitätskontrollen dringend geboten (vgl. zur wissenschaftlichen Forschung in der Erlebnispädagogik: PAFFRATH/SALZMANN/SCHOLZ 1999). Denn ein häufiger Vorwurf an die Erlebnispädagogik ist, das sie mit unbewiesenen Unterstellungen bezüglich ihrer Wirkungen lebe. Entsprechende Maßnahmen wurden bisher kaum evaluiert und Interventionsstudien mit überzeugendem Untersuchungsdesign fehlen gänzlich. Hier sind vor allem zwei Fragen herauszustellen: Zum einen gelte es, die persönlichkeitsbildenden Effekte und zum anderen die Transferleistungen von Problemlösefähigkeiten zu prüfen. Bei solch einer Wirkungsforschung bzw. Evaluation müsste auch die zeitliche Perspektive berücksichtigt werden (wie lange ist die Verhaltensänderung feststellbar bzw. ist davon auszugehen, dass sie internalisiert/habitualisiert ist).

(4) Der Erlebnispädagogik wird vorgeworfen, sie würde sich zu stark an männlichen Bedürfnissen orientieren und männlichen Idealen huldigen. Dieser geschlechtsspezifisch einseitige Akzent auf Action, Abenteuer, Risiko oder Austesten der Leistungsgrenzen entspricht weniger dem weiblichen Körperkonzept (vgl. RAITHEL 2004). „Die Konzepte der Erlebnispädagogik nehmen den Mann als Norm, ohne sich dies zuzugestehen und auszusprechen. Diese Konzepte werden nach außen hin geschlechtsneutral und geschlechtsunspezifisch formuliert und weitergegeben" (LINDENTHAL 1993, 53).

(5) Ein gravierender Einwand bezieht sich insbesondere auf Langzeitprojekte, die sich häufig als „totale Institutionen" erweisen. So stellte SOMMERFELD (1993) in einer Untersuchung zu Schiffsprojekten fest, dass die soziale Dynamik „an Bord" durch hierarchische Machtverteilung zugunsten der Leiter sowie durch mangelnde Kooperation und Kommunikation gekennzeichnet war.

(6) Kritik erfährt die Erlebnispädagogik aus ökologischer und pädagogischer Sicht, indem ihr vorgeworfen wird, Natur lediglich als Mittel zum Zweck zu missbrauchen bzw. um einem übertriebenen Aktionismus gerecht zu werden. Die Suche nach exklusiven und bisher unberührten Landschaften widerspricht jeglicher Umweltverantwortlichkeit.

(7) Schließlich sei noch auf einen ganz grundlegenden Kritikpunkt verwiesen, nämlich dass sich Erlebnisse nicht pädagogisieren lassen (vgl. OELKERS 1992; s.a. SCHULZE 1992). So weist auch THIERSCH (1995a) im Anschluss an SIMMEL darauf hin, „dass das Abenteuer nicht durch die Struktur von Ereignissen ein-

fach gleichsam objektiv gegeben, sondern eine Form des Erlebens ist" (THIERSCH 1995a, 3). Da Erleben eine subjektive Kategorie ist, kann eine potenziell erlebnisinduzierende Situation nie objektiviert werden. Die Planbarkeit und die Art der subjektiven Verarbeitung eines Erlebnisses bleiben fraglich.

Einführungsliteratur (zum Weiterlesen)

Fischer, T./Ziegenspeck, J.W. (2000): Handbuch Erlebnispädagogik. Von den Ursprüngen bis zur Gegenwart. Bad Heilbrunn: Klinkhardt.
Heckmair, B./Michl, W. (2004): Erleben und Lernen. Einführung in die Erlebnispädagogik. München: Ernst Reinhardt Verlag.
Homfeldt, H.G. (Hrsg.) (1995): Erlebnispädagogik. Geschichtliches – Räume und Adressat(inn)en – Erziehungswissenschaftliche Facetten – Kritisches. Hohengehren: Schneider.

Literatur

Aufmuth, U. (1984): Die Lust am Aufstieg. Weingarten: Drumlin.
Bauer, H.G. (2001): Erlebnis- und Abenteuerpädagogik. Eine Entwicklungsskizze. München: Rainer Hampp Verlag.
Csikszentmihalyi, M. (1987): Das Flow-Erlebnis. Stuttgart: Klett.
Cube, F.v. (1990): Gefährliche Sicherheit. München: Piper.
Ebbinghaus, H. (1895): Über erklärende und beschreibende Psychologie. In: Zeitschrift für Psychologie, 9, 161-205.
Fischer, T./Ziegenspeck, J.W. (2000): Handbuch Erlebnispädagogik. Von den Ursprüngen bis zur Gegenwart. Bad Heilbrunn: Klinkhardt.
Galuske, M. (2002): Methoden der Sozialen Arbeit. Weinheim: Juventa.
Hahn, K. (1958): Erziehung zur Verantwortung. Stuttgart: Klett.
Heckmair, B./Michl, W. (2004): Erleben und Lernen. Einführung in die Erlebnispädagogik. München: Ernst Reinhardt Verlag.
Hufenus, H. (1993): Erlebnispädagogik - Grundlagen. In: Herzog, F. (Hrsg.): Erlebnispädagogik. Schlagwort oder Konzept? Luzern: SZH, 85-99.
Jagenlauf, M. (2001): Erlebnispädagogik. In: Arnold, R./Nolda, S./Nuissl, E. (Hrsg.): Wörterbuch Erwachsenenpädagogik. Bad Heilbrunn: Klinkhardt, 83-84.
Kölblinger, M. (1995): Blut, Schweiß und Training. In: Manager Seminare, 20, 40-49.
Lindenthal, L. (1993): Erlebnispädagogik aus frauenspezifischer Sicht. In: Herzog, F. (Hrsg.): Erlebnispädagogik. Schlagwort oder Konzept? Luzern: SZH, 49-59.
Michl, W. (1995): Anthropologische Grundlagen der Erlebnispädagogik. In: Homfeldt, H.G. (Hrsg.): Erlebnispädagogik. Geschichtliches – Räume und Adressat(inn)en – Erziehungswissenschaftliche Facetten – Kritisches. Hohengehren: Schneider, 203-217.
Neubert, W. (1925/1990): Das Erlebnis in der Pädagogik. Lüneburg: Neubauer.

Neuhäusler, A. (1967): Grundbegriffe der philosophischen Sprache. München: Ehrenwirth.
Neumann, P. (1996): Das Wagnis als sportpädagogische Perspektive. In: Zeitschrift für Erlebnispädagogik, 16, 4, 3-15.
Oelkers, J. (1992): Unmittelbarkeit als Programm: Zur Aktualität der Reformpädagogik. In: Bedacht, 96-116.
Oelkers, J. (1995): „Erlebnispädagogik": Ursprünge und Entwicklungen. In: Homfeldt, H.G. (Hrsg.): Erlebnispädagogik. Geschichtliches – Räume und Adressat(inn)en – Erziehungswissenschaftliche Facetten – Kritisches. Hohengehren: Schneider, 7-26.
Paffrath, H./Salzmann, A./Scholz, M. (Hrsg.) (1999): Wissenschaftliche Forschung in der Erlebnispädagogik. Augsburg: ZIEL.
Raithel, J. (2004): Risikoverhalten, Körperkonzepte und Geschlechtsidentitätsentwicklung im Jugendalter. In: PÄD Forum, 32/23, 3, 148-150.
Reiners, A. (1995): Erlebnis und Pädagogik. München: Sandmann.
Schulze, G. (1992): Die Erlebnisgesellschaft. Frankfurt: Campus.
Sommerfeld, P. (2001): Erlebnispädagogik. In: Otto, H.-U./Thiersch, H. (Hrsg.): Handbuch Sozialarbeit Sozialpädagogik. Neuwied: Luchterhand, 394-402.
Thiersch, H. (1995): Abenteuer als Exempel der Erlebnispädagogik. In: Homfeldt, H.G. (Hrsg.): Erlebnispädagogik. Geschichtliches – Räume und Adressat(inn)en – Erziehungswissenschaftliche Facetten – Kritisches. Hohengehren: Schneider, 38-54.
Thiersch, H. (1995a): Lebenswelt und Moral. Beiträge zur moralischen Orientierung Sozialer Arbeit: Weinheim: Juventa.
Ziegenspeck, J. (1986): Lernen für's Leben – Lernen mit Herz und Hand. Lüneburg: Neubauer.
Ziegenspeck, J. (1992): Erlebnispädagogik. Rückblick – Bestandsaufnahme – Ausblick. Lüneburg: Verlag Edition Erlebnispädagogik.
Ziegenspeck, J. (Hrsg.) (1995): Segeln auf dem Dreimast-Toppsegelschoner. In: Schriften-Studien-Dokumente zur Erlebnispädagogik. Band 3. Lüneburg: Verlag Edition Erlebnispädagogik.
Ziegenspeck, J. (2000): Erlebnispädagogik. In: Stimmer, F. (Hrsg.): Lexikon der Sozialpädagogik und der Sozialarbeit. München: Oldenbourg, 183-187.

2 Erwachsenenbildung

2.1 Begriffsklärung

Die Erwachsenenbildung stellt die Fortsetzung des organisierten Lernens nach der schulischen und beruflichen Erstausbildung dar und wird als tertiärer Bildungssektor (Schulbildung, Berufsaufbildung, Erwachsenen-/Weiterbildung) oder auch quartärer Sektor des Bildungssystems (WITTPOTH 2003) beschrieben. „Mit dem Begriff Erwachsenenbildung werden Bildungsveranstaltungen für Erwachsene bezeichnet, das sind Veranstaltungen, die der Vermittlung von Wissen und Fähigkeiten dienen sollen und deren Teilnehmer Erwachsene sind" (STRZELEWICZ 1974). Der Begriff *Erwachsenenbildung* hat nach 1945 den der Volksbildung abgelöst. Neben dem Erwachsenenbildungsbegriff bestehen Bezeichnungen wie *Erwachsenenpädagogik, Andragogik* (HANSELMANN 1951; REISCHMANN 1995; SCHROGER 2004) oder *Andrologie* (GOTTSCHALCH 1996), die nach beispielsweise DEWE (2001) oder SIEBERT (2001) zwar gelegentlich (synonym) verwendet werden, sich aber insgesamt nicht durchgesetzt haben.

REISCHMANN (2001) bezeichnet *Andragogik* als die Wissenschaft von der lebenslangen und lebensbreiten Bildung der Erwachsenen und damit als einen anderen Begriff für „Wissenschaft der Erwachsenenbildung". Andragogik umfasst die gesamte Breite der intentional gestalteten und sich „en passant" ergebenden Selbst- und Fremdbildung. Nach REISCHMANN (2001) beschreiben die Begriffe Andragogik, Erwachsenenpädagogik und Erwachsenenbildungswissenschaft den gleichen Gegenstandsbereich, jedoch ist Erwachsenenbildung auf institutionalisiertes oder intentionales Lernen enggeführt.

International setzt sich seit einigen Jahren der Begriff des *lebenslangen Lernens* durch, der die biographische Kontinuität des Lernens im Lauf des Lebens betont und außerinstitutionelle Formen des selbst gesteuerten Lernens einschließt.

Neben dem Begriff der Erwachsenenbildung hat sich seit dem Anfang der 1970er-Jahre im Zusammenhang mit dem „Strukturplan für das Bildungswesen" (DEUTSCHER BILDUNGSRAT 1970) der Begriff *Weiterbildung* etabliert. Weiterbildung bestimmt der DEUTSCHE BILDUNGSRAT (1970, 197) „als Fortsetzung oder Wiederaufnahme organisierten Lernens nach Abschluss einer unterschiedlich ausgedehnten ersten Bildungsphase". Heute werden Erwachsenenbildung und Weiterbildung häufig synonym verwendet; in der Bildungspolitik dominiert der Begriff Weiterbildung, in der Pädagogik der Begriff Erwachsenenbildung. Weiterbildung wird aber oft auch in Bezug auf berufliche Qualifizierung benutzt, wenngleich es speziell den Begriff der beruflichen Weiterbildung gibt.

Unterhalb von Erwachsenenbildung bzw. Weiterbildung gibt es die zwei gleichrangig nebeneinander stehende Begriffe *berufliche Weiterbildung* und *allgemeine Erwachsenenbildung*. Der Begriff berufliche Weiterbildung ist in die Unterbegriffe *Fortbildung* und *Umschulung* unterteilt, das heißt, dieser Teil der tertiären Bildung ist durch seine Funktion für die Berufswelt bestimmt. Die allgemeine Erwachsenenbildung ist hingegen auf eine Grundausstattung an Wissen, Können und Ich-Stärke ausgerichtet, auf die dann aufbauend auch wieder beruflich verwertbare Qualifikationen erworben werden können. Die allgemeine Erwachsenenbildung konkretisiert sich in den Unterbegriffen *Grundbildung* und *politische Bildung* (s. Abb. 55).

Abbildung 55: Begriffssystematik zur „Erwachsenenbildung" (WEINBERG 2000, 12)

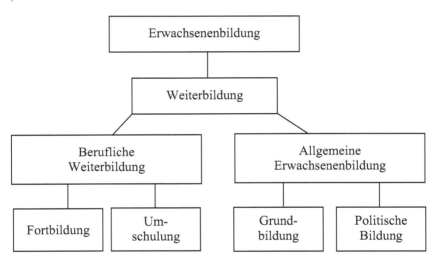

Die *Fortbildung* dient entweder der Anpassung der beruflichen Qualifikationen an den Wandel der Arbeitsanforderungen (Anpassungsfortbildung) oder der Verbesserung der Qualifikation an den beruflichen Aufstieg (Aufstiegsqualifikation). Die *Umschulung* dient hingegen dem Erwerb neuartiger Berufsqualifikationen, die aufgrund tief greifender technischer und ökonomischer (struktureller) Veränderungen von den Arbeitgebern am Arbeitsmarkt nachgefragt oder durch unternehmensbezogene Bildungsmaßnahmen erzeugt werden. Als *Grundbildung* gelten alle Bildungsveranstaltungen, die dem Nachholen und Aufstocken von Schulabschlüssen dienen. Ebenfalls gehören diejenigen Bildungsangebote dazu, die es der Person erlaubt, sich die in der Vergangenheit entgangenen (kompensatorische Bildung) oder die durch den gesellschaftlichen Wandel bzw. angesichts neuer Entwicklungen neu entstandenen Wissensbestände (komplementäre Bildung) anzueignen. Die *politische Bildung* schließlich dient der Information und Urteilsbildung zu den Themen und Problemen, die der öffentlichen Auseinandersetzung und der politischen Entscheidungen bedürfen (vgl. WEINBERG 2000).

2.2 Geschichtliche Entwicklung

Die Entstehung der neuzeitlichen institutionalisierten Erwachsenenbildung erfolgte gegen Ende des 18. Jahrhunderts und hat ökonomische wie gesellschaftliche Ursachen. Zum einen hatte die moderne Industrialisierung der Arbeitswelt einen wachsenden Bedarf an Elementarbildung und beruflicher Qualifikation zur Folge. Zum anderen ging mit der Demokratisierungsbewegung eine berufliche und politische Bildung sowie ständige Weiterbildung im Interesse eines mündigen Bürgers einher. Vor diesem zeitgeschichtlichen Hintergrund differenzierte und institutionalisierte sich das Bildungssystem, wobei sich auch die Erwachsenenbildung herausbildete.

Für die Erwachsenenbildungsgeschichte lassen sich grob drei zeitliche Phasen bestimmen (vgl. SEITTER 1997):
- die moderne *Volksaufklärung/Volksbildung um die Wende des 18. und 19. Jahrhunderts* mit dem Problembezug der Herstellung allgemeiner, wissensgestützter Kommunikationsfähigkeit;

  Innerhalb des 19. Jahrhunderts lassen sich vereinfachend drei Strömungen unterscheiden (vgl. SIEBERT 2001):
    - eine bürgerlich-liberale Volksbildung
    - eine sozialistische Arbeiterbildung
    - eine christlich-karitative Erwachsenenbildung

- eine auf den Institutionalisierungsschub regierende Phase der *Volks-/Erwachsenenbildung um die Jahrhundertwende* (1890-1930) mit dem Problembezug der wohlfahrtsstaatlichen Integration durch aktive Teilhabe der Bevölkerung an Wissenschaft und Kunst;
- eine auf die Modernisierung regierende Phase der *Erwachsenen-/Weiterbildung im Kontext der Bildungsreform* (1960-1975) mit dem Problembezug des Ausbaus der Erwachsenenbildung zur quartären Säule des Bildungswesens und ihrer wissenschaftlichen Begründung.

Erstmalig unter der preußischen Regierung wurden in der Weimarer Zeit die Volkshochschulen finanziell und politisch unterstützt. 1927 gründet SILBERMANN das erste Abendgymnasium in Berlin, das von den staatlichen Schulbehörden beaufsichtigt wurde. Die Nationalsozialisten hatten die bestehenden Einrichtungen zum Teil aufgelöst und zum Teil zu Schulungs- und beruflichen Fortbildungsinstitutionen umfunktioniert oder in die Organisation „Kraft durch Freude" integriert. Unmittelbar nach Kriegsende wurden auf Anregung der Militärregierungen in allen vier Besatzungszonen Volkshochschulen wiedergegründet. Die Alliierten versprachen sich dadurch einen Beitrag zur demokratischen Re-Education der Erwachsenen; die Erfolge dieser Umerziehungsbemühungen blieben jedoch unbefriedigend.

Im Jahr 1948 wurde in Niedersachsen eine von dem Deutschen Gewerkschaftsbund und dem Volkshochschulverband gemeinsam getragene „Bildungseinrichtung Arbeit und Leben" gegründet, die die Bildung der Arbeitnehmer fördern sollte. Daneben wurden in den 1950er-Jahren die ersten Heimvolkshochschulen sowie Abendgymnasien und Kollegs neu oder wieder gegründet. Anfang der 1960er-Jahre zeichnete sich eine so genannte „realistische Wende" (TIETGENS 1981) in der Erwachsenenbildung ab. Die Programme sollten sich nicht mehr an einem idealisierten, zweckfreien Bildungsbegriff, sondern an einem gesellschaftlichen, qualifikationsbezogenen Bedarf orientieren. Spätestens mit dem „Strukturplan" des DEUTSCHEN BILDUNGSRATES (1970) sowie durch Erwachsenenbildungsgesetze in den meisten Bundesländern vor dem Hintergrund des Trends zur Institutionalisierung und Professionalisierung im Bildungswesen, wurde die Erwachsenenbildung zu einem „vierten Bildungssektor". Weiteren Bedeutungszuwachs bekam die Erwachsenenbildung dann auch durch die Einführung eines bezahlten Bildungsurlaubs, der in einigen Bundesländern gesetzlich geregelt wurde, sowie durch eine Verstärkung der Bildungsarbeit für benachteiligte Zielgruppen, insbesondere für Arbeiter (vgl. SIEBERT 2001).

Als eigenständige Wissenschaftsdisziplin etablierte sich die Erwachsenenbildung erst 1965, indem an den Universitäten Berlin und Bochum erstmalig Lehrstühle mit dem Schwerpunkt Erwachsenenbildung eingerichtet wurden. Mittlerweile ist Erwachsenenbildung als eigenständige Studienrichtung an vielen Universitäten innerhalb des Diplomstudiengangs Pädagogik und seit jüngerer Zeit auch als Aufbau- bzw. Weiterbildungsstudium studierbar.

2.3 Struktur und Funktionsperspektiven in der Erwachsenenbildung

Die Erwachsenenbildung als Wissenschaft wurde als erziehungswissenschaftliche Teildisziplin mit interdisziplinärem Zuschnitt konzipiert. Im Mittelpunkt steht die Frage nach der „Bildsamkeit" und den Bildungsbedürfnissen Erwachsener sowie nach erwachsenengemäßen Lehr-/Lernmethoden und Organisationsformen.

Erwachsenenbildung schließt dabei sowohl selbstorganisierte bzw. fremdorganisierte aber frei gewählte Bildungsprozesse als auch einer Verpflichtung unterliegende bzw. oktroyierte Bildungsmaßnahmen ein, die grundsätzlich verstanden werden können als ein an grundständige Bildungsprozesse an Schule und Beruf anschließender institutioneller Modus, der die Heranwachsenden, Erwachsenen, Familienmitglieder, Berufspraktiker, Senioren usw. in die immer stärkeren Ausdifferenzierungsprozessen unterliegenden Segmente der sozialen Wirklichkeit und ihrer Sinnwelten (neue Berufswelten, politische Subkulturen, Selbsthilfegruppen etc.) einweist (vgl. DEWE 2001, 413).

Die Erwachsenenbildung lässt sich nach institutions- und trägerbezogenen Organisationsformen strukturieren. Hier sind ausgehend von der öffentlichen Erwachsenenbildung eine schulische und informelle Erwachsenenbildung sowie die innerbetriebliche Weiterbildung und private Träger zu unterscheiden (s. Abb. 56).

Abbildung 56: Struktur der Erwachsenenbildung (vgl. SIEBERT 2001)

Öffentliche Erwachsenenbildung			
-kommunale VHS -freie, gewerkschaftliche, ländliche, kirchliche Träger -Heimvolkshochschulen			
Schulische EB	**Informelle EB**	**Innerbetriebliche WB**	**Private Träger**
-Berufs-, Fach-, Hochschulen - 2. Bildungsweg -Alphabetisierung	-soziale Bewegungen -Selbsthilfegruppen -Internet	-öffentlicher Dienst -Betriebe -Berufsverbände -Bundeswehr	-Stiftungen -kommerzielle Institute -Fernlehrinstitute

Institutionalisierte Bildungsprozesse, wie sie im Feld der Erwachsenenbildung vorzufinden sind, besitzen immer eine bestimmte Funktion. So liegt die Bildungsabsicht beispielsweise in der Persönlichkeitsbildung oder einer betriebsbe-

zogenen Mitarbeiterschulung. DEWE (2001, 413f.) unterscheidet folgende bildungsprozessbezogene Funktionsperspektiven der Erwachsenenbildung:
- *adaptive Bildungsprozesse* (z.B. Anpassungsqualifizierung, karriereneutrale Fortbildung, reaktives Lernen angesichts technologischen Wandels und „Wissensveralterung")
- *regulative Bildungsprozesse* (z.B. organisationsinterne Mitarbeiterschulung, Lernen als Unternehmenskulturarbeit, legitimitätsbegründendes Führungskräftetraining, motivstiftendes Coaching)
- *antizipatorische Bildungsprozesse* (z.B. Aufstiegsweiterbildung, Zweiter Bildungsweg, biographieplanende Bildungsprozesse, Lernen zwecks zielgerichteter Bewältigung von Übergangssituationen)
- *kontemplative Bildungsprozesse* (z.B. kulturelle Persönlichkeitsbildung, „zweckfreie Bildung", musisch-ästhetische Weltaneignung)
- *(sinn-)rekonstruktive Bildungsprozesse* (z.B. Selbsterfahrungsgruppen, „Identitätslernen", Gesundheitsbildung, Lernen als unbewusste Psychotherapie)
- *sozial-rehabilitative Bildungsprozesse* (z.B. Motivationskurse gemäß AFG, MBSE als wohlfahrtsstaatliche Intervention, berufliches Resozialisationslernen)

2.4 Theoretische Orientierungen der Erwachsenenbildung

Betrachtet man das Feld des Lernens im Erwachsenenalter systematisch, so lassen sich theoretische Zugänge unterscheiden. Zugänge sind erkenntnisleitende Orientierungen der Theoriebildung. Die diversen Paradigmen der Erwachsenenbildung treffen jeweils Aussagen über die Legitimation, Ziele und Funktionen, didaktische Konzepte, Lehr- und Lernverhalten sowie Organisationsformen der Bildungsarbeit. Abbildung 57 gibt einen Überblick zu Paradigmen der Erwachsenenbildung.

Abbildung 57: Paradigmen der Erwachsenenbildung

KADE/NITTEL/SEITTER (1999)	SIEBERT (2001)
• Institutions- und professionszentriert	• Technokratisch
• Subjektorientiert	• Gesellschaftskritisch
• Lebenslauforientiert	• Ökologisch
• Bildungszentriert	• Bildungstheoretisch

KADE/NITTEL/SEITTER (1999) unterscheiden vier typische theoretische Zugänge zum Lernen Erwachsener unter dem Gesichtspunkt des Verhältnisses von Institution und Subjekt, und zwar:
- „ein *institutions- und professionszentrierter Zugang*, für den der Zugang zum Lernen Erwachsener von den Einrichtungen der Erwachsenenbildung aus charakteristisch ist, wobei die Bildung der Adressaten als damit harmonisierbar unterstellt wird. Leitend ist dabei die Vorstellung einer *Einheit* von Erwachsenenbildungseinrichtungen und subjektiven Bildungsprozessen. Dieser Zugang ist eng mit dem Konzept *Erwachsenenbildung/ Weiterbildung* verknüpft;
- ein *bildungszentrierter Zugang*, für den der Zugang zum Lernen Erwachsener unter dem Gesichtspunkt von Bildung charakteristisch ist, und zwar in *Differenz*, ja, Gegensatz zu dem, was beim institutionszentrierten Zugang den Ausgangspunkt bildet. Dieser Zugang ist eng mit dem Konzept *Bildung Erwachsener* verknüpft;
- ein das Konzept Erwachsenenbildung/Weiterbildung dynamisierender *lebenslauforientierter Zugang*, für den ein doppelter Zugang zum Lernen Erwachsener charakteristisch ist, nämlich von den Institutionen und – in *Addition* – von den Subjekten her, wobei allerdings die Institutionen letztlich der übergreifende Bezugspunkt bleiben. Dieser Zugang ist eng mit dem Konzept des *Lebenslangen Lernens* verknüpft; und schließlich
- ein *subjektorientierter Zugang*, für den der Zugang von den Subjekten her charakteristisch ist, und zwar von den Erwachsenen in *Relation* zu Vielfalt der Institutionalisierungsformen des Lernens Erwachsener. Gegenüber dem institutions- und dem lebenslaufbezogenen Zugang verschiebt sich beim subjektorientierten Zugang die Thematisierungsperspektive von der Institutionen- zur Aneignungsseite. Dieser Zugang ist eng mit dem Konzept der *Aneignungsverhältnisse* verknüpft" (KADE/NITTEL/SEITTER 1999, 61-62).

SIEBERT (2001) unterscheidet ebenfalls vier Theorierichtungen, wenn auch andere, die auf je verschiedenen gesellschaftstheoretischen, anthropologischen und bildungstheoretischen Annahmen basieren:
- Die *technokratische Orientierung* ist als „Qualifizierungsoffensive" in der derzeitigen Bildungspraxis vorherrschend. Die Notwendigkeit ständiger Weiterbildung wird mit ökonomischen Sachzwängen und der technologischen Entwicklung begründet. Hier ist die Erwachsenenbildung ein Subsystem der Wirtschaft, ihre Begründungen sind primär ökonomisch und arbeitsmarktpolitisch, sie wird an ähnlichen Effizienzkriterien gemessen wie die Arbeitswelt selbst.

- In der Tradition der Arbeiterbildung ist auch für die *gesellschaftskritische Orientierung* Erwachsenenbildung kein eigenständiger Bildungsbereich, sondern sie hat einen Beitrag zu Gesellschaftsveränderung und zu Überwindung des Gegensatzes von Kapital und Arbeit zu leisten. Vor dem Hintergrund „neuer Technologien" und der damit einhergehenden Benachteiligung von Frauen, Arbeitern, Ausländern, Älteren usw. wird eine technische Höherqualifizierung gefordert, verbunden mit einer Befähigung zur betrieblichen Mitbestimmung und zur Technologiefolgeabschätzung.
- Vertreter der *ökologischen Orientierung* stimmen der gesellschaftskritischen Analyse weitgehend zu und kritisieren darüber hinaus an der modernen naturwissenschaftlich-technologischen Industriegesellschaft die damit einhergehende Naturausbeutung und Zerstörung unserer ökologischen Lebensgrundlagen. Die gesellschaftlichen Institutionen – auch Erwachsenenbildungseinrichtungen – haben zur Entfremdung der Menschen von ihrer Lebenswelt beigetragen. Es wird deshalb eine entschulte, lebensweltorientierte, alternative Bildungsarbeit insbesondere im Kontext der neuen sozialen Bewegungen gefordert. Eine solche Bildungsarbeit beschränkt sich nicht auf eine vordergründige Umwelterziehung, sondern sie hat einen prinzipiellen Beitrag zur Wende des Wahrnehmens und Denkens zu leisten. Erwachsenenbildung hat keinen Beitrag zur weiteren Modernisierung, sondern zur Überwindung der Moderne im Interesse der Zukunft zu erbringen.
- Ausgehend von einer Problematisierung der Instrumentalisierung der Erwachsenenbildung und der Frage nach einer Eigenlegitimation dieses Bildungsbereichs formierte sich eine *bildungstheoretische Orientierung* der Erwachsenenbildung. Hier steht der Diskurs um den Bildungsbegriff als Legitimationsbasis für die Ziele, Inhalte und Methoden der Erwachsenenbildung im Fokus. Bildung ist ohne Lernen nicht denkbar; allerdings reicht ein instrumentelles Lernen im Sinne einer Qualifizierung nicht aus, sondern erfordert ein reflexives, d.h. kritisches, selbst-bewusstes, „metakognitives" Lernen (vgl. SIEBERT 2001).

2.5 Forschungsfelder

Forschung zum Lernen im Erwachsenenalter wird nicht nur innerhalb der erziehungswissenschaftlichen Subdisziplin Erwachsenenbildung betrieben, sondern insbesondere auch in der Bildungssoziologie und Lernpsychologie bzw. Pädagogischen Psychologie. Die Schwerpunkte der neueren *Lehr-Lernforschung, didaktischen Konzeptentwicklung, Teilnehmerforschung, Professionsforschung* sowie *Institutions- und Organisationsforschung* liegen jedoch in der Erziehungswissenschaft (vgl. KADE/NITTEL/SEITTER 1999).

Einführungsliteratur (zum Weiterlesen)

Dewe, B. (2001): Handbuch der Erwachsenenbildung. Münster: Votum.
Wittpoth, J. (2003): Einführung in die Erwachsenenbildung. Opladen: Leske + Budrich.

Literatur

Deutscher Bildungsrat (Hrsg.) (1970): Strukturplan für das Bildungswesen. Stuttgart: Klett.
Dewe, B. (2001): Erwachsenenbildung. In: Otto, H.-U./Thiersch, H. (Hrsg.): Handbuch Sozialarbeit Sozialpädagogik. Neuwied: Luchterhand, 411-437.
Gottschalch, W. (1996): Konvergenzen und Divergenzen zwischen Pädagogik und Andrologie. Bussum.
Hanselmann, H. (1951): Andragogik. Wesen, Möglichkeiten, Grenzen der Erwachsenenbildung. Zürich: Rotapfel.
Kade, J./Nittel, D./Seitter, W. (1999): Einführung in die Erwachsenenbildung/Weiterbildung. Stuttgart: Kohlhammer.
Reischmann, J. (1995): Lernen »en passant« – die vergessene Dimension. In: Grundlagen der Weiterbildung Zeitschrift (GdWZ), 6, 8, 200-204.
Reischmann, J. (2001): Andragogik. In: Arnold, R./Nolda, S./Nuissl, E. (Hrsg.): Wörterbuch Erwachsenenpädagogik. Bad Heilbrunn: Klinkhardt, 19-20.
Schroger, W. (2004): Andragogik? Zur Begründung einer Disziplin von der Erwachsenenbildung/Weiterbildung. Baltmannsweiler: Schneider.
Seitter, W. (1997): Geschichte der Erwachsenenbildung. In: Harnes, K./Krüger, H.-H. (Hrsg.): Einführung in die Geschichte der Erziehungswissenschaft und der Erziehungswirklichkeit. Opladen: Leske + Budrich, 311-329.
Siebert, H. (2001): Erwachsenenbildung und Weiterbildung. In: Roth, L. (Hrsg.): Pädagogik. Handbuch für Studium und Praxis. München: Oldenbourg, 704-713.
Strzelewicz, W. (1974): Erwachsenenbildung. In: Wulf, C. (Hrsg.): Wörterbuch der Erziehung. München: Pieper, 183-186.
Tietgens, H. (1981): Die Erwachsenenbildung. München: Juventa.
Weinberg, J. (2000): Einführung in das Studium der Erwachsenenbildung. Bad Heilbrunn: Klinkhardt.
Wittpoth, J. (2003): Einführung in die Erwachsenenbildung. Opladen: Leske + Budrich.

3 Gesundheitspädagogik

3.1 Der Gesundheitsbegriff und weitere zentrale Begriffe

Was *Gesundheit* ist, beschäftigt die Wissenschaft wie Öffentlichkeit seit jeher. ENGELHARD (1998) charakterisiert die Geschichte des Gesundheitsbegriffs als eine „Idee": „diese Geschichte steht immer in einem Zusammenhang mit der medizinischen Praxis und der soziokulturellen Wirklichkeit, mit der Gesundheitspolitik und der Gesundheitserziehung eines Landes oder einer Epoche" (ENGELHARD 1998, 113). Hier wird deutlich, dass Gesundheit ein Wertbegriff ist, der eng mit individuellen und kollektiven Wertvorstellungen und normativen Urteilen verbunden ist. In dieser Perspektive seien Gesundheit und Krankheit Urteile über physische, psychische, soziale oder geistige Erscheinungen, die vom Arzt und von der Gesellschaft gefällt würden. Der Gesundheitsbegriff ist somit aber immer von dem gesellschaftlichen Wandel der Kultur abhängig.

> Die wohl am häufigsten zitierte *Gesundheitsdefinition* ist die der Weltgesundheitsorganisation (WHO) aus dem Jahre 1948: *„Gesundheit ist der Zustand des völligen körperlichen, geistigen und sozialen Wohlbefindens und nicht nur das Freisein von Krankheiten und Gebrechen."*

Eine wesentliche Kritik der WHO-Gesundheitsdefinition richtet sich auf die Festlegung von Gesundheit als einem statischen Zustand und auf die utopische Ausrichtung (vgl. HURRELMANN 1988; SCHWANITZ 1990). Inzwischen hat die WHO diese Problematik thematisiert. So wird auf die Wandlung des Zustandsbegriffs hin zum Ressourcenbegriff in der Ottawa-Charta zur Gesundheitsförderung von 1986 hingewiesen. Gesundheit wird nicht mehr als ein gegebener statischer Zustand verstanden, sondern vielmehr wird die Dynamik und Prozesshaftigkeit thematisiert. Zudem wird hier ergänzend herausgestellt, dass heute auch die spirituelle Dimension von Gesundheit zunehmend erkannt wird (WHO 1998). In dieser gegenwärtigen Diskussion stellt HÖRMANN (1999; 2002) vor allem den Lebensstil (vgl. RAITHEL 2004a) und die Behandlung von Krankheiten als Einflussgrößen auf die Erhaltung und Wiederherstellung von Gesundheit heraus.

Angesichts der Vielzahl bestehender *Gesundheitsbegriffe* lassen sich nach soziokulturellen und historischen Einflüssen und Veränderungen drei grundsätzliche Gesundheitsdefinitionen unterscheiden (vgl. WULFHORST 2002):

1. Gesundheit als Abgrenzungskonzept, das eng mit der medizinischen Deutung und Diagnostik von Krankheit verknüpft ist und auf ein biomedizini-

sches Paradigma rekurriert. Gesundheit wird in diesem Zusammenhang als „Abwesenheit von Krankheit" oder „Noch-nicht-Krankheit" beschrieben (Definitionsmonopol der Medizin).

2. Gesundheit als Funktion, in der sie einerseits für Leistungs- und Arbeitsfähigkeit in körperlicher und sozialer Hinsicht und andererseits für Rollenerfüllung steht. Zu dieser Kategorie gehören zudem alle homöostatischen Gesundheitsvorstellungen eines körperlich-seelischen Gleichgewichts oder einer flexiblen Anpassung von Körper und Selbst an sich verändernde Umweltbedingungen.

3. Gesundheit als Wert im Sinne von Gesundheit als höchstes Gut. Hierunter fällt die WHO-Definition von 1948. Kritisch ist hier anzumerken, dass, wenn Gesundheit als absoluter Richtwert gesehen wird, daraus auch Ansätze zu einem „Gesundheitszwang" legitimiert werden könnten.

> *Gesundheit* bedeutet neben der Funktionsfähigkeit der Physis und dem psychischen und sozialen Wohlbefinden in objektiver und subjektiver Hinsicht auch Anpassungsfähigkeit und Normenerfüllung; ebenso bedeutet sie Selbstverantwortung, Selbstbestimmung und Selbstverwirklichung in einem lebensgeschichtlich dynamisch verlaufenden Prozess, welcher prinzipiell auf Homöostase zwischen eigenen körperlich-psychologischen Möglichkeiten und äußeren Lebensbedingungen hin ausgerichtet ist. Dieses Fließgleichgewicht ist entscheidend durch ökologische, ethnisch-kulturelle, ökonomische, soziale (auch Rollenanforderungen) und individuelle Faktoren (z.B. biogenetische, körperliche, motorische, affektive und kognitive Dispositionen) determiniert und ist für die Entwicklung einer stabilen Identität und Persönlichkeit konstitutiv (vgl. HURRELMANN 1988; WALLER 2002).

Im pädagogischen Bereich kommt Gesundheit im Kontext folgender Begriffe vor:

Gesundheitsaufklärung/Gesundheitsinformation: Bereitstellung von Informationen zum Erwerb handlungsrelevanten Wissens (spezifisch oder unspezifisch).

Gesundheitserziehung: Anspruch, auf der Basis konkret vermittelten Wissens zur Einstellungs- und Verhaltensänderung zu motivieren und diese in konkreten Übungsprogrammen zu erproben und zu stabilisieren.

Gesundheitsbildung: Aneignung von Kenntnissen und Fertigkeiten zur Ausformung eines „kultivierten Lebensstils" (gesundheitliches Wohlbefinden in Selbstbestimmung).

Gesundheitsberatung: Interaktion zwischen Berater und Ratsuchendem mit dem Ziel der Vermittlung handlungsrelevanten Wissens und der Motivierung zur Einstellungs- und Verhaltensänderung.

Gesundheitsförderung: Vermittlungsstrategie zwischen Mensch und Umwelt zur Synthesefindung zwischen persönlicher Entscheidung und sozialer Verantwortlichkeit mit dem Ziel der aktiven Gestaltung einer gesünderen Zukunft.

3.2 Geschichte der Gesundheitserziehung

Das Gesundheitsmotiv hat seine erste Blüte im Zeitalter der Aufklärung erfahren. Als im Prozess der Säkularisierung das Jenseits verschwand, wanderten die Paradieshoffnungen ins Diesseits. Gesundheit wurde zum zentralen Thema, Krankheit der religiösen Sphäre entzogen. Wunderwerke erwartete der Mensch fortan nicht mehr von Gott, sondern immer mehr von sich selbst. Gesundheit und langes Leben wurden Garanten und Bedingungen der Möglichkeit seiner irdischen Utopie. In dieser Zeit gewann der Ärztestand enorm an Ansehen und Macht, seine priesterliche Funktion wird im Laufe der Zeit durch die Religionsgemeinschaft der Versicherten komplettiert (vgl. LENZEN 1996, 105).

Es gibt zwei prototypische Vorläufer der modernen Gesundheitserziehung, oder wie es früher hieß, der physischen Erziehung, Gesundheitslehre, Hygiene, Diätetik und Gesundheitspflege (vgl. SÜNKEL 1994; STROSS 1995, 170) bzw. der neuzeitlichen Gesundheitsbildung (SCHIPPERGES et al. 1988; HAUG 1991, 109ff): Erstens der „Gesundheits-Katechismus zum Gebrauch in den Schulen und beym häuslichen Unterricht" des Arztes BERNHARD CHRISTOPH FAUST aus dem Jahre 1794, zweitens die „Akademische Rede vom Volkselend als der Mutter der Krankheiten" des Arztes und Autors des monumentalen Werkes „System einer vollständigen medicinischen Polizey" JOHANN PETER FRANK aus dem Jahre 1790 (vgl. HÖRMANN 1986). Weniger wegen ihrer Gemeinsamkeiten, etwa der gemeinsamen rigorosen aufklärungsbezogenen Haltung, als vielmehr aufgrund ihrer Verschiedenheit bleiben die Positionen von FAUST und FRANK auch heute, unter grundlegend gewandelten Bedingungen, unvermindert aktuell. Der unentwegte Optimismus des Aufklärers veranlasste FRANK, im Bereich des Gesundheitswesens vorausplanendes staatliches Handeln zu verpflichten und jenen Krankheitsursachen nachzuspüren, die in den sozialen Bedingungen der Gesellschaft liegen. Dieser Betonung von Gesundheitspolitik und Verhältnisprävention steht FAUST mit dem Akzent auf gezielter Verhaltensbeeinflussung gegenüber. Wenn als frühe Repräsentanten von Verhaltens- und Verhältnisprävention hier unbefangen Ärzte fungierten, blieb es nicht aus, dass im Laufe der Zeit professionsgebundene Interessen und Kompetenzstreitigkeiten entstanden.

Die Geschichte der Gesundheitserziehung lässt sich in drei Phasen einteilen:

In einer *ersten Phase von 1770-1800* galt unter der Perspektive von Moral und Gesundheit, wie sich in der apodiktischen und appellativen Form des Gesundheitskatechismus von FAUST exemplarisch zeigt, ein Verständnis von Gesundheit, welches diese als Resultat und Ausdruck einer richtigen Lebensweise, Produkt eigener Leistung und Krankheit als Reaktion auf Unmäßigkeiten in der Lebensführung begreift. Neben der Vermeidung in der Schule auftretender Krankheiten galt das Interesse der Verhinderung eines unmoralischen Lebenswandels und der Förderung eines Volkswohls mit unbefangenen Hinweisen auf die Notwendigkeit kriegstüchtiger Soldaten (vgl. STROSS 1995, 174).

In einer *zweiten Phase* der professionellen Differenzierung und „Medizinisierung" *von 1860-1910* verschiebt sich das Verhältnis von Medizin und Pädagogik durch Professionalisierungsbestrebungen im Bereich der Volksschulen (Lehrerausbildung), Institutionalisierungstendenzen der schulischen Gesundheitserziehung sowie durch professionsgebundene wissenschaftliche und technologische Fortschritte der Medizin. Neben der zwar nicht unbestrittenen Dominanz von Krankheitsorientierung und „Medizinisierung" von gesundheitsbezogenen Inhalten gelangte u.a. die Schule nicht nur unter dem Aspekt ihrer positiven Möglichkeiten, sondern als eigene Ursache für die Notwendigkeit von Gesundheitserziehung und der Beseitigung krankheitsverursachender Faktoren (wie Kurzsichtigkeit, Haltungsschäden etc.) besonders beim Gymnasium in das Bewusstsein von Experten und Öffentlichkeit. Forderungen nach Einrichtung von Gesundheitserziehung als eigenständiges Lehrfach wurden etwa mit dem Argument der „Überbürdung" von Schülern wiederholt zurückgewiesen.

In einer *letzten Phase* der „Repädagogisierung" *zwischen 1910 und 1930* rückte Prävention mit normierenden Vorstellungen und normativen Vorgaben bis hin zu eugenischer und sozialhygienischer Ausrichtung mit didaktischer Aufbereitung und Methodenvielfalt in den Vordergrund. In der dritten Reichsschulkonferenz 1920 wird schließlich den Lehrern die Zuständigkeit für Gesundheitserziehung im Unterricht erteilt und somit das jahrzehntelang umstrittene Terrain der Gesundheitserziehung in den Schulen „rückerobert" (vgl. STROSS 1995, 180).

In der Folgezeit verstärkte sich wieder die medizinische Orientierung der Inhalte in schulischen und außerschulischen Formen der Gesundheitserziehung. Der medizinischen Dominanz wird allerdings seit Anfang der 1990er-Jahre durch die Entwicklung gesundheitswissenschaftlicher Konzepte (besonders der *New Public Health*) gegenzusteuern gesucht (vgl. HAUG 1991, 176ff). Allerdings reklamieren Mediziner in neuester Zeit angesichts von Kostendämpfungsmaßnahmen im Gesundheitswesen und ungünstigerer Arbeitsmarktsituationen zunehmend psychosoziale Aufgabenfelder wie Gesundheitsberatung, Prävention oder kreieren in professionsspezifischer Profilierung individuelle Gesundheitsdienstleistungen (IGEL, vgl. KRIMMEL 1998).

3.3 Zum Stellenwert der Gesundheit in der Bildungsdiskussion

Gesundheit ist auch eine kulturelle Leistung. Es geht um weit mehr als körperliche Funktionstüchtigkeit oder die Behandlung von Krankheiten. Kultur beruht zwar auf Wissen, doch wie alle anderen kulturellen Leistungen auch wird sich Gesundheit niemals allein durch die Vermittlung von Informationen einstellen. Geht Wissen nicht in Verhalten über, bleibt alle Gesundheitsaufklärung vergebens. Gesundheit verlangt nun einmal nach einer ihr angemessenen Lebensweise, der *Salutogenese* (ANTONOVSKY 1997; SCHÜFFEL et al. 1998). Erwächst aber aus Wissen und Fertigkeiten ein sinnvolles Verhalten, das der Person in ihrer Ganzheit entspricht, ist gemeinhin von Bildung die Rede. Um kulturelle Leistungen einer Gesellschaft zu erhalten und zu entwickeln, ist Bildung unverzichtbar. Für Musik, Theater oder Literatur wird dies niemand bezweifeln. Die Einsicht aber, dass auch und gerade Gesundheit ohne Bildung nicht zu haben ist, fällt mitunter noch schwer.

Gesundheitsbildung setzt anders an als die herkömmliche Prophylaxe, die der Verhütung drohender Krankheiten dient. Gesundheitsbildung definiert Gesundheit positiv. Sie bindet sich ein in Konzepte der Gesundheitsförderung (NAIDOO/ WILLS 2003) und in gesellschaftliche Entwicklungsprozesse. Zu deren Entfaltung bedarf es systematischer Anstrengungen, wie sie auch andere ernsthaft verfolgte Bildungsziele erfordern. Ärzte, Krankenschwestern, Therapeuten, Heilpraktiker, Krankenkassen und viele mehr bemühen sich täglich um die Weitergabe von Krankheitswissen an ihre Klientel. Allzu oft aber erscheint deren Verhalten jeder Aufklärung gegenüber resistent. Hier ist zu bedenken, dass die „Krise des Gesundheitssystems" als eine „verkannte Bildungskrise" (HÖRMANN 2002) gedeutet werden kann, bzw. weniger provokativ formuliert: Wir brauchen eine wirksame Gesundheitspädagogik, die strukturelle Barrieren des Zugangs zu Gesundheit ebenso ernst nimmt wie die subjektive Lebensführung der Individuen.

3.4 Das Umfeld von Gesundheit und Krankheit

In der abendländischen Tradition wird Gesundheit idealtypisch einerseits als etwas verstanden, das durch den Lebensstil erhalten, andererseits als etwas, das durch die

Behandlung von Krankheiten wiederhergestellt wird: Die altgriechischen Mythen von Hygieia („Hygiene" als Förderung eines gesunden Geistes in einem gesunden Körper) und Äskulap (Heiler von Krankheiten, vgl. Äskulapstab der Ärzte) symbolisieren die zwei verschiedenen Standpunkte seit alters in der Medizin (vgl. MCKEOWN 1982, 25f). Die Bezeichnung für unser Gesundheitswesen hieße wohl zutreffender „Krankheitsverwertungswesen" (so GOEPEL im Interview in Psychologie heute 10/2001, 49), da es hauptsächlich um die Behandlung von Krankheiten geht. Nicht nur der offizielle „Gesundheitsbericht für Deutschland" (1998) befasst sich überwiegend mit den großen Krankheitsgruppen wie Herz-Kreislauf-Erkrankungen, bösartigen Neubildungen, Krankheiten des Bewegungsapparates, psychiatrischen und neurologischen Krankheiten, Erkrankungen der Atemwege, des Stoffwechsels und der Verdauungsorgane, des Urogenitalsystems, Allergien, Infektionskrankheiten (AIDS, Tuberkulose, Hepatitis B) und Verletzungen (ebd., 159-286); weiterhin mit Einrichtungen (sog. „Ressourcen") der Gesundheitsversorgung wie öffentlichem Gesundheitsdienst, ambulanter, stationärer und teilstationärer Versorgung, pharmazeutischer und medizintechnischer Industrie sowie Krankenversicherung, nicht zuletzt mit Leistungen und Inanspruchnahme des Gesundheitswesens sowie Ausgaben, Kosten und Finanzierungsströmen. Auch die aktuellen Debatten um Gesundheitsreformen kreisen weniger um die Förderung von Gesundheit als vielmehr um die Eindämmung von Krankheit und ihrer Kosten etwa durch Budgetierung, Deckelung oder Rationalisierung von Ausgaben oder Verschreibungsprozeduren für Medikamente durch Negativ-, Positiv-Listen, Standardisierung ärztlicher Leistungen durch Fallpauschalen und Entgelte, standardisierte Abrechnungssysteme wie Diagnose-Related-Systems (DRS), „Disease-Management" usw.

Gegenüber der starken Orientierung an Krankheit hat sich in neuerer Zeit gleichwohl die Herausbildung eines positiven Gesundheitsideals etabliert. Wohl am bekanntesten ist die quasi offiziellste aller Umschreibungen geworden, nämlich die berühmte Definition der Weltgesundheitsorganisation (WHO) von der Gesundheit als einem „Zustand vollständigen körperlichen, geistigen und sozialen Wohlbefindens und nicht nur die Abwesenheit von Krankheit und Gebrechen". Diese Definition hat wegen des Einbezugs sozialer und psychischer Dimensionen zwar begeisterten Beifall, aber auch berechtigte Kritik gefunden, nicht zuletzt wegen ihres statischen und perfektionistischen Anspruchs, welcher letztlich eine gigantische Therapeutisierung aller dem hehren Ideal eines Zustands vollständigen körperlichen geistigen und sozialen Wohlbefindens nicht genügenden Menschen bewirken würde. Im weiterentwickelten Gesundheitsförderungsansatz der WHO (vgl. OTTAWA CHARTA 1986, FRANZKOWIAK/SABO 1993; KOLIP 2001) werden gegenüber der traditionellen Betonung auf **Verhaltensprävention** (Schutz vor *Risikofaktoren*) **Verhältnisprävention** und *Schutzfaktoren* (soziale und personale Ressourcen);

(vgl. HURRELMANN 1998, 49; KOLIP 2001; s. Abb. 58) betont. Die Gesundheitsförderungsstrategie versteht sich daher als (bildungs-)politisches und emanzipatorisches Konzept, das sich nicht nur auf Chancengleichheit und Solidarität stützt, sondern die Befähigung und Ermächtigung („Empowerment") von Bürgerinnen und Bürgern und die Unterstützung von Anliegen, gesundheitsförderliche Lebenswelten zu schaffen, anstrebt.

Abbildung 58: Einfluss von Risiko- und Schutzfaktoren auf das Gesundheits-/Krankheitskontinuum (KOLIP 2001, 524)

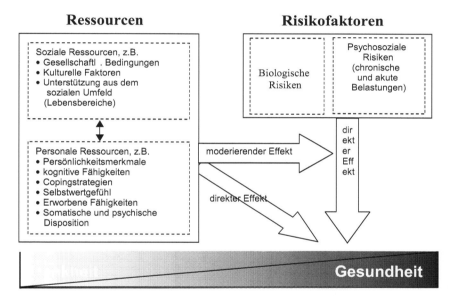

Im Gesundheitsbericht (1998) findet der Gesundheitsförderungsansatz einen ersten bescheidenen Niederschlag, indem neben der Einbeziehung individueller Aspekte von Gesundheit (subjektiver Gesundheitszustand und Beschwerden, S. 58ff) oder Funktionen der Laien- und Selbsthilfe (ebd., 301ff) gesundheitsbeeinflussende Lebensweisen am Beispiel gesundheitsrelevanter Einstellungen, Ernährungsverhalten, Konsum von Tabak, Alkohol und Drogen erörtert und mit „Risikomerkmalen" der sozialen Lage, der Umwelt sowie der Arbeitswelt, der Freizeit und des Verkehrs verglichen werden.

Neben Einkommens- und Wohnungsverhältnissen, Arbeitslosigkeit und Gewalt wird auch **Bildung** unter „Risikomerkmalen der sozialen Lage" diskutiert. Eindringlich werden Zusammenhänge zwischen allgemeinem Bildungsniveau und Gesundheit aufgezeigt. Wie durch weitere sozialepidemiologische Befunde vielfach bestätigt wird, sahen sich Männer mit Hochschulabschluss nur halb so oft gesundheitlich beeinträchtigt wie Geschlechtsgenossen ohne abgeschlossene Lehre. Auch bei Frauen offenbart sich dieser Zusammenhang, wenn auch etwas weniger stark ausgeprägt. Beim Vermeiden gesundheitsschädlicher Verhaltensweisen wie Rauchen, regelmäßigem Alkoholkonsum, Teilnahme an der Krebsfrüherkennung und regelmäßigen Zahnuntersuchungen zeigt sich ebenfalls diese Tendenz. Geringes Bildungsniveau, gemessen mit den Indikatoren Schulabschluss und Berufsausbildung, stellt in der Einschätzung des Gesundheitszustandes, des Gesundheitsverhaltens, bei Risikofaktoren für Herz-Kreislauf-Erkrankungen und Mortalität deutliche Risikomerkmale dar.

Trotz der Problematik, dass Bildung, operationalisiert am Bildungsniveau, nur eine Dimension von sozialem Status beschreibt und mit weiteren Merkmalen wie Einkommen, Beruf, sozioökonomischen, sozialen und personalen Ressourcen konfundiert ist, werden aus dem deutlichen Einfluss der Bildung auf den Gesundheitszustand der Bevölkerung gesundheitspolitische Forderungen zielgruppenspezifischer Maßnahmen und Programme abgeleitet.

3.5 Gesundheit im Kontext von Erziehung und Bildung

Gegenüber der älteren *Gesundheitsaufklärung* und dem traditionellen Feld der *Gesundheitserziehung*, dem häufig im Alltagsverständnis ein eher belehrender und autoritärer Charakter zugeschrieben wird, hat sich vornehmlich im Bereich der Erwachsenenarbeit der Begriff *Bildung* durchgesetzt. Als Bereiche einer *Gesundheitsbildung* für Körper und Seele seien hier stellvertretend die Bereiche Ernährung, Bewegung, Entspannung, Selbsterfahrung und Verhalten, Gesellschaft und Umwelt, Erkrankung, Heilung sowie Leben mit Krankheiten und Abhängigkeiten mit jeweils zugeordneten Aktivitätsformen genannt. Obwohl Gesundheitsaufklärung einige Erfolge aufzuweisen hat, etwa bei Anti-Raucherkampagnen, Verlagerung der bislang in höheren Positionen verorteten sog. „Managerkrankheiten" auf niedrigere Bildungsstufen, welche bislang durch gezielte Informationskampagnen weniger erreicht wurden, und in einigen Bereichen (wie der AIDS-Prävention) bislang die wirksamste Alternative nicht nur in Entwicklungsländern darstellt, wird ihr Ertrag gleichwohl zumeist als unbefriedigend eingeschätzt. Da die Vermittlung von Kenntnissen bei gefährdeten Bevölkerungsgruppen nicht zu einem veränderten Verhalten geführt hat, zeichnen sich Programme der Gesundheitserziehung durch den pädagogisch fundierten Ansatz aus, auf der Basis konkret vermittelten Wissens zur Einstellungs- und Verhaltensänderung zu motivieren, diese in konkreten Trainingsprogrammen zu erproben und zu stabilisieren.

Während **Erziehung** aus der Sicht des Erziehers im Sinne einer umfassenden **Didaktik** (als **Lehrkunst**) Anregungen und Lernmöglichkeiten eröffnet und strukturiert, bedeutet **Bildung** aus der Sicht des Edukanden im Sinne einer **Mathetik** (als **Lernkunst**) selbstgesteuerte Gestaltung (lat. „eruditio" als Überwindung eines unverarbeiteten Rohzustandes). *Gesundheitsbildung* bedeutet somit Aneignung von Kenntnissen und Fertigkeiten zur Ausformung eines „kultivierten Lebensstils" (als gesundheitliches Wohlbefinden in Selbstbestimmung). Wenn auch unter ökonomischen Aspekten eine solide Kosten-Nutzen-Analyse von Gesundheitserziehung aussteht (vgl. JERUSALEM/MITTAG 1994, 858), halten Hinweise auf die Auswirkung gesundheitserzieherischer Aktivitäten insbesondere in Konkurrenz mit anderen Verwendungszwecken der knappen Mittel bei einer nüchternen Bilanzierung von direkten, indirekten und intangiblen Kosten durchaus stand (vgl. OBERENDER 1987, 520).

Die Bedeutung von pädagogischen Maßnahmen ergibt sich aus einer Verschiebung des Krankheitspanoramas zu den sog. „Zivilisationskrankheiten" und einer mit zunehmendem Alter steigenden Anzahl chronischer Krankheiten wie etwa vielfältiger Formen von Demenzen bzw. neurologischen Krankheiten sowie der Verbreitung psychischer und Verhaltensstörungen als „Epidemie des 21. Jahrhunderts?" (WEBER/HÖRMANN/KÖLLNER 2006). Medizinischer Erfolg wird in gewisser Hinsicht zum Pyrrhussieg, wenn chronische Krankheiten als Ergebnis des medizinischen Fortschritts oder des verlängerten Lebens zunehmen. Auch die Bedeutung von Risikofaktoren für die Entstehung von Krankheiten ist offensichtlich, wie dies selbst in offiziellen Statistiken zu den Kosten von Über- oder Falschernährung regelmäßig dokumentiert wird (vgl. KOHLMEIER et al. 1993; TRAPP/ NEUHÄUSER-BERTHOLD 2001).

3.6 Gesundheits-, Medico- und Krankenpädagogik

An Gesundheitserziehung knüpft sich zunächst die Hoffnung, dass entsprechende Gesundheitsrisiken durch die Einleitung planmäßiger Lernprozesse wenigstens ansatzweise ausgeschaltet bzw. förderliche Gesundheitsressourcen entwickelt werden können. Die Zielorientierung erzieherischen Handelns scheint vorauszusetzen, dass es jemanden gibt, der weiß, aus welchem Grund und zu welchem Zweck ein anderer sich einer bestimmten (Be-)Handlung zu unterziehen hat. Dieses Wissen stützte sich anfänglich hauptsächlich auf Erkenntnisse und Verfahrensweisen der naturwissenschaftlichen Medizin. Während sich die somatisch orientierte Medizin um die kurativen Aspekte der Krankheitsbewältigung kümmerte, konzentrierte sich die Gesundheitserziehung ergänzend darauf, den Menschen Informationen zu vermitteln, wie sie bestimmte Erkrankungen und Funktionsstörungen durch die Einhaltung sanitärer und hygienischer Gepflogenheiten vermeiden könnten, wie dies am Beispiel der Kampagnen zur Zahngesundheitserhaltung verdeutlicht werden kann. Neben der somatischen Krankheitsvermeidung bedeutete Gesundheitserziehung das Trainieren des menschlichen Körpers und Geistes für eine optimale Anwendung biomedizinisch begründeter Erkenntnisse und Verfahren mit Hilfe kognitiver und emotionaler Methoden (wie Abschreckung, Angstappelle) und kann gegenüber einer umfassenderen Gesundheitspädagogik eher als „Medicopädagogik" verstanden werden (s. Abb. 59).

Abbildung 59: Merkmale und Teilbereiche der Gesundheits-, Medico- und Krankenpädagogik

Gesundheitspädagogik	Medicopädagogik	Krankenpädagogik
-Gesundheit und Krankheit ergänzen sich -Gesundheit und Krankheit als Prozess -Gesundheit als „kulturelle Leistung"	-Gesundheit und Krankheit schließen sich aus -Gesundheit und Krankheit als Zustand -Gesundheit als medizinische Norm	*wie Medicopädagogik*
-Gesundheitsaufklärung, -erziehung, -bildung, -beratung, -förderung	-medizinische Aufklärung	-„Krankenbildung" -„Psychoedukation" -Schule für Kranke

Dieses Modell von Gesundheitserziehung, das vorrangig an der Verhütung medizinisch vordefinierter Krankheiten orientiert ist, wobei deren Entstehung individuellem Fehlverhalten zugeschrieben wurde, sowie die bloße Vermittlung krankheitsspezifischer Informationen erfüllten – trotz vereinzelter unbestreitbarer Erfolge – jedoch insgesamt nicht die hochgesteckten Erwartungen. Unabhängig von der Vernachlässigung von Fragen der Lebensqualität und des Wohlbefindens, welche in den auf spezielle Risiken wie Konsum legaler und illegaler Drogen, Tabak- und Alkoholkonsum, HIV-Infektion gerichteten Programmen eher selten zur Sprache kommen, wurden als strukturelle Mängel dieser Varianten von Gesundheitsbildung neben der Kritik an seinem ausgeprägten Individualismus die verdeckte Krankheitsorientierung, ein nicht minder ausgeprägter Autoritarismus sowie die Assoziation mit einem asketischen und langweiligen

Lebensstil angeprangert. Schließlich wird kritisiert, dass alters- und entwicklungsspezifische Verhaltensmerkmale sowie die psychosoziale Funktionalität von Risikomerkmalen unberücksichtigt blieben, was angesichts der differenten Gesundheitssemantik in unterschiedlichen Lebensaltern eine unzureichende Effektivität erklärt. Schließlich wird bei gesundheitspädagogischen Interventionsschwerpunkten die wichtige Erweiterung um sozial- und persönlichkeitspsychologische Komponenten (wie soziale Immunisierung, Verhaltensimpfung, Entwicklung von Bewältigungskompetenzen, Coping und Life-Skills) und den Einbezug der Perspektive der Lebensweisen (HÜNERSDORF 1997, 57ff) betont.

Gegenüber einer Medicopädagogik mit der Orientierung auf medizinische Aufklärung und Prävention rückt neben der stärker die symmetrische Interaktion betonenden **Gesundheitsberatung** eine „**Gesundheitsbildung**" (HAUG 1991) als Gesunderhaltung oder gesundheitsorientierte Lebensweise („Salutogenese", vgl. ANTONOVSKY 1997) in den Vordergrund mit einer grundsätzlichen Abgrenzung gegen eine Prophylaxe, welche lediglich die Verhütung von bereits drohender Krankheit intendiert. Neben der positiven Bestimmung von Gesundheit und der Betonung protektiver Faktoren, wie sie in der Resilienz- und Invulnerabilitätsforschung, gesundheitlichen Kontrollüberzeugungen, Selbstwirksamkeitserwartung und Widerstandsfähigkeit herausgearbeitet wurden (BZgA 1998), wird **Gesundheitsförderung** zusätzlich an die Lebenswelt und die gesellschaftlichen Entwicklungsprozesse gebunden, insbesondere in den Sektoren, die für den gesundheitlichen Zustand der Bevölkerung von besonderer Bedeutung sind.

Als Erweiterung des gesundheitsbezogenen Horizontes geraten nicht zuletzt auch chronische Krankheiten in das Blickfeld als pädagogische Handlungsfelder, wie z.B. Schulung bei Stoffwechselkrankheiten wie Diabetes, Atemwegserkrankungen, Mucoviscidose (Zystische Fibrose), Magen-Darmkrankheiten wie Morbus Crohn oder Colitis ulcerosa. Während im Bereich der Psychologie in Abkehr von der ätiologisch und tiefenpsychologisch-psychoanalytisch orientierten Psychosomatik sich die Verhaltensmedizin der Bewältigung und Verarbeitung von Krankheiten annimmt (vgl. PETERMANN 1997), wird eine Krankenpädagogik zumeist noch im eingeschränkten Sinne als sonderpädagogische Teildisziplin der Schule für Kranke verstanden. Gleichwohl ist Krankenpädagogik neben Patientenschulung und -training (vgl. PETERMANN 1997) als Teilgebiet einer Gesundheitspädagogik wahrzunehmen, welche primär das Ziel verfolgt, den Umgang mit Krankheit und ihre Bewältigung zu lernen.

Angesichts der zumeist nach Alter, Geschlecht und Bildungsniveau zu differenzierenden Gewichtung von Wissensvermittlung ist Gesundheitswissen zwar eine notwendige, aber keinesfalls hinreichende Bedingung zur Veränderung gesundheitsbezogener Einstellungen und zur Entwicklung gesundheitsförderlicher Verhaltensweisen. „Die beste Voraussetzung für eine erfolgreiche Intervention liefern Programme, die einen übergreifenden Ansatz verfolgen: allgemeine Persönlichkeitsförderung in sozialer, kognitiver und emotionaler Hinsicht, Berücksichtigung des Lebenskontextes von Jugendlichen; integrative Maßnahmen im Hinblick auf Wissen, Einstellungen und Verhalten mit handlungsorientiertem Schwerpunkt; Peers als Programmvermittler und regelmäßige ‚booster sessions' (i.e. Auffrischungsaktionen, d.V.)" (JERUSALEM/MITTAG 1994, 865).

Neben der Einbeziehung von Krankenpädagogik unterscheidet sich Gesundheitspädagogik von einer als Erfüllungsgehilfen der Medizin titulierten Medicopädagogik oder „Psychoedukation"[4] durch Reflexion von Zielen und Inhalten gesundheitlicher Thematiken. Gegenüber einem Verständnis von Gesundheitspädagogik, welches diese auf eine Didaktik im engeren Sinne als einem Arsenal wirksamer Techniken und Methoden zur Vermittlung medizinischer Inhalte oder eines technokratisch organisierten health care business beschränkt oder die vorrangige Orientierung auf Prävention und Effektivierung in den methodischen Verfahren richtet, werden Ziele und Aufgaben gesundheitlicher Arbeit zwar im interdisziplinären Dialog, aber keineswegs ohne eigenständige Reflexion diskutiert (WULFHORST 2002; ZWICK 2004).

3.7 Perspektiven und Ausblick

Sicherlich wäre es verkürzt, Gesundheitsbildung oder die Einführung eines Unterrichtsfaches Gesundheit in der Schule nur deshalb zu fordern, weil Gesundheit ansonsten bald ein unbezahlbares Gut wird. Gesundheitspädagogik muss auch eine kritische Kompetenz schärfen. So charakterisierte (der bekannte Erziehungswissenschaftler) DIETER LENZEN mit dem Buchtitel „Krankheit als Erfindung" (1991) ein treffliches Phänomen. Entsprechend den Strategien der Krankheitserfinder (BLECH 2003) werden zunächst aufwändige Awareness-Kampagnen zu Aufmerksamkeit und Bekanntmachung mittels Marketing-, Schulungs- und medizinischen Ausbildungsprogrammen („Medizinerziehung", „Medico-Pädagogik", vgl. HÖRMANN 1999, 11; Abb. 54) gestartet mit folgenden operativen Strategien: 1. Normale Prozesse des Lebens werden als medizinisches Problem verkauft. 2. Persönliche und soziale Probleme werden als medizinisches Problem verkauft. 3. Risiken werden als Krankheit verkauft. 4. Seltene Symptome werden

---

[4] Trefflich wird ein Bericht über den 2. Deutschen Psychoedukations-Kongress überschrieben als „Psychoedukation als Schrittmacher" (NeuroTransmitter 5/2005, S. 41f.) für die medizinische Behandlung.

als grassierende Seuchen verkauft. 5. Leichte Symptome werden als Vorboten schwerer Leiden verkauft (vgl. Beispiele bei HÖRMANN 2004, 21ff).

Der Wirbel um umstrittene, mit großem Werbeaufwand betriebene Medikamente weist nicht nur auf den unbefriedigenden Zustand hin, dass die ärztliche Fortbildung von der Pharma- und Medizintechnikindustrie gesponsert wird und zur Umsatzsteigerung und Karriereförderung selbst Datenmanipulationen und Fälschungen betrieben werden. Hier ist nicht nur der „mündige Patient" (REIBNITZ et. al. 2001) gefordert, sondern auch der gebildete Konsument.

Sicherlich ist es paradox, dass gerade angesichts der Zunahme psychosozialen Beratungs- und Bildungsbedarfs die ohnehin minimalen Ausgaben für Prävention und Gesundheitsbildung seit 1997 stetig gesenkt wurden. Durch die 1996 erfolgte Abschaffung bzw. Reduktion der Gesundheitsförderung im Sozialgesetzbuch (SGB V, § 20, vgl. KIRSCHNER/RADOSCHEWSKI/KIRSCHNER 1995) auf „medizinisch notwendige", gleichwohl höchst umstrittene (vgl. BORGERS 1997) Maßnahmen wurden weitere potentielle gesundheitspädagogische Arbeitsfelder zunächst zurückgedrängt (vgl. ROBERTZ-GROSSMANN/PRÜMEL-PHILIPPSEN 1996). Mit der Gesundheitsreform 2000 wurde der § 20 SGB V (Prävention und Selbsthilfe) zwar wieder eingeführt und Prävention als wichtige, vierte Säule im Gesundheitswesen neben Kuration, Rehabilitation und Pflege propagiert. Nachdem aber ein geplantes Präventionsgesetz vorerst am Einspruch des Bundesrates wegen strittiger Finanzierungsregelungen gescheitert ist (CARL 2005), bleibt dahingestellt, ob es sich bei den halbherzigen Aktivitäten oder entsprechenden Willensbekundungen um mehr als den berühmten Tropfen auf den heißen Stein handelt. Es ist daher unausweichlich, nicht nur die Wirkungen von Gesundheitsbildung, also das Wie, Warum, Wodurch einer empirischen Überprüfung auszusetzen, sondern auch die gesellschaftliche Funktion des Gesundheitsmotivs und gesellschaftlicher bzw. wissenschaftsdisziplinärer Interessengruppen unter Einbezug des medizinischen Systems in vergleichender Perspektive zu reflektieren. Trotz der Bedeutsamkeit von Gesundheitsförderung ist letztlich bei nüchterner Würdigung und Gewichtung bedeutsamer Erziehungsziele vor einem grassierenden „Gesundheitskult" zu warnen (DÖRNER 2002), in dessen Gefolge eine zwar gut gemeinte, der pädagogischen Selbstkritik jedoch entbehrende, quasi-normative Gesundheitsbildung lediglich einem törichten „Gesundheitsfanatismus" Vorschub leistet (vgl. HÖRMANN 1989).

Nicht selten arbeitet die Werbung zur Propagierung angeblich gesundheitsförderlicher Lebensmittel oder Life-Style-Medikamente mit Ängsten, Zwängen und Irreführungen. Wenn schon Experten längst nicht mehr überschauen, wo sinnvolle Angebote und wo Humbug im Spiel sind, verliert sich der Laie in der Gestaltung seiner autodidaktischen Gesundheitsbildung. Eine erfolgreiche Gesundheitspädagogik würde die Wissensgrundlagen schaffen, das verwirrende Angebot einzuordnen. Noch aber wirkt die Gesundheitserziehung der alten Art nach. Diese knüpfte sich zunächst an die Hoffnung, Gesundheitsrisiken ließen sich durch die Einleitung planmäßiger Lernprozesse wenigstens ansatzweise ausschalten. Eine solche Zielorientierung erzieherischen Handelns setzt allerdings voraus, dass irgendjemand weiß, aus welchem Grund und zu welchem Zweck ein anderer sich für ein bestimmtes (Be-)Handeln erwärmen soll. Dieses Wissen stützte sich anfänglich hauptsächlich auf Erkenntnisse und Verfahrensweisen der naturwissenschaftlichen Medizin. Der Ansatz war gut gemeint: Die Menschen sollten durch Wissenstransfer lernen, wie sie bestimmte Erkrankungen und Funktionsstörungen durch die Einhaltung sanitärer und hygienischer Gepflogenheiten vermeiden. Die klassische Gesundheitserziehung bleibt allerdings gegenüber der weitaus umfassenderen Gesundheitspädagogik eingeschränkt, da sie sich an der Verhütung medizinisch vordefinierter Krankheiten orientiert und deren Entstehung individuellem Fehlverhalten zurechnet. Die bloße Vermittlung krankheitsspezifischer Informationen aber konnte – trotz der vereinzelten Erfolge – kaum die hohen Erwartungen erfüllen. Stattdessen setzt Gesundheitspädagogik im Sinne der Gesundheitsförderung in salutogenetischer Perspektive am Verhalten und den Verhältnissen an. Davon zu unterscheiden ist Prävention als unmittelbar normorientierter Versuch, unerwünschtes Verhalten frühzeitig zu unterdrücken oder in seiner Intensität zu mindern (s. Abb. 60).

Abbildung 60: Interventionsansätze (KOLIP 2001, 528)

	Gesundheitsförderung	**Prävention**
Ansatzpunkt: Verhalten	• Steigerung des Selbstwertgefühls • Erweiterung der sozialen Kompetenz	• Individuelle Tabakprävention (z.B. Widerstand gegen Gruppendruck)
Ansatzpunkt: Verhältnisse	• Schaffung anregender Schulumwelten • Partizipation (z.B. Kinder- und Jugendparlamente)	• Werbeverbot für Tabakprodukte • Verbot von Raucherecken auf Schulhöfen

Statt der Krankheit steht die Gesundheit im Mittelpunkt ihres Bemühens, und dazu zählen auch Fragen der Lebensqualität und des Wohlbefindens. Die Gesundheitspädagogik vermeidet autoritäres Auftreten und die falsche Assoziation, Gesundheit sei nur mit einem asketischen Lebensstil möglich. Gesundheitspädagogik bezieht alters- und entwicklungsspezifische Verhaltensmerkmale sowie die psychosoziale Funktionalität von Risikomerkmalen immer mit ein (RAITHEL 2001; 2004). Die drängenden Probleme des Gesundheitswesens erfordern ein Aktionsprogramm für Gesundheitspädagogik, wenn nötig auch gegen den Widerstand der etablierten Medizin und des Pharmabetriebs. Neben der im Gesundheitsmodernisierungsgesetz (GMG 2004) festgelegten Befreiung von der Praxisgebühr für zahnärztliche Kontrollbesuche, Vorsorge-, Früherkennungstermine und den für „Mitnahmeeffekte" geeigneten Bonusprogrammen der Krankenkassen sind nicht nur Anstrengungen für ein Präventionsgesetz zu forcieren statt die Ausschreibung eines Deutschen Präventionspreises bloß als Alibi bzw. symbolischen Akt zu benutzen, oder gesundheitspädagogische Projekte auszubauen (HÖRMANN 2003).

Der Zustand schulischer Gesundheitspädagogik bleibt verbesserungsfähig (hierzu HÖRMANN 1999-2004), es liegen teils alarmierende Befunde zum Gesundheitszustand von Kindern und Jugendlichen (HURRELMANN et al. 2003) und zur Lehrergesundheit (WEBER 2001; HILLERT/SCHMITZ 2003) sowie zur Gesundheit im Beruf (WEBER/HÖRMANN 2006) vor. Wenn „humanistisch gesprochen Bildung die Befreiung des Menschen zu sich selber, zu Urteil und Kritik ist" (BLANKERTZ 1974, 68), so bleibt vor diesem Hintergrund gegnug Anlass zu Kritik und zur Förderung von Mündigkeit in Fragen der Gesundheit.

Einführungsliteratur (zum Weiterlesen)

Homfeldt, H.G. et al. (Hrsg.) (2002): Studienbuch Gesundheit. Neuwied: Luchterhand.
Hurrelmann, K./Laaser, U. (Hrsg.) (1998): Handbuch Gesundheitswissenschaften. Weinheim: Juventa.

Literatur

Antonovsky, A. (1997): Salutogenese. Zur Entmystifizierung der Gesundheit. Tübingen: Dgvt.
Blankertz, H. (1974): Bildung – Bildungstheorie. In: Wulf, C. (Hrsg.): Wörterbuch der Erziehung. München: Piper, 65-69.
Blech, J. (2003): Die Krankheitserfinder. Frankfurt: Fischer.
Borgers, D. (1997): Cholesterin. Das Scheitern eines Dogmas. Berlin: Sigma.
Bundesvereinigung für Gesundheit (Hrsg.) (2000): Gesundheit: Strukturen und Handlungsfelder. Neuwied: Luchterhand.

BZgA (Bundeszentrale für Gesundheitliche Aufklärung) (1998): Was erhält Menschen gesund? Köln: BZgA.
Carl, G. (2005): Präventionsgesetz – Wunderwerk oder Bürokratismus? In: Neuro-Transmitter, 6, 16f.
Dörner, K. (2002): In der Fortschrittsfalle. Leiden an der Gesundheit. In: Deutsches Ärzteblatt 99, A 2462-2466.
Engelhard, D.v. (1998): Gesundheit. In: Korff, W. (Hrsg.): Lexikon Bioethik. München, 111-114.
Franzkowiak, P./Sabo, P. (Hrsg.) (1993): Dokumente der Gesundheitsförderung. Mainz: Sabo.
Gesundheitsbericht für Deutschland (1998) (Hrsg.): Statistisches Bundesamt. Wiesbaden: Poeschl.
Haug, Ch. V. (1991): Gesundheitsbildung im Wandel. Bad Heilbrunn: Klinkhardt.
Hillert, A./Schmitz, E. (Hrsg.) (2003): Psychosomatische Erkrankungen bei Lehrerinnen und Lehrern. Stuttgart: Schattauer.
Hörmann, G. (1986): Perspektiven der Gesundheitserziehung. In: Pädagogische Rundschau 40, 465-486.
Hörmann, G. (1989): Gesundheit und Körper: Kultur oder Kult? In: Widersprüche, 30, 7-16.
Hörmann, G. (1998): Gesundheitserziehung. Korff, W. (Hrsg.): Lexikon Bioethik. München, 114-117.
Hörmann, G. (1999): Gesundheitspädagogik in der Ausbildung von Berufsschullehrern und Berufsschullehrerinnen. In: ISB, S. 92-95.
Hörmann, G. (1999): Gesundheitserziehung. In: ZfE, 2, 5-30.
Hörmann, G. (2001): Gesundheitspädagogik in der Ausbildung von Berufsschullehrer/innen. In: Reibnitz u.a., 145-156.
Hörmann, G. (2002): Die Krise des Gesundheitssystems: eine verkannte Bildungskrise. In: Bildung, 1, 1, 24-30.
Hörmann, G. (2003): Gesundheit im Kontext von Erziehung und Bildung – „Ein zukunftsorientiertes Reformmodell der Lehrerbildung" für das Lehramt an beruflichen Schulen. In: Pflegemagazin, 4, 5, 24-37.
Hörmann, G. (2004): Pillen für den Störenfried. In: Bündnis für Familie (Hrsg.): Pillen und Pädagogik. Nürnberg, 19-30.
Homfeldt, H.G. (Hrsg.) (1991): Erziehung und Gesundheit. Weinheim: Deutscher Studien-Verlag.
Hurrelmann, K. (1988): Sozialisation und Gesundheit. Weinheim: Juventa.
Hurrelmann, K. (Hrsg.) (1998): Gesundheitswissenschaften. Berlin: Springer.
Hurrelmann, K./Klocke, A./Melzer, W./Ravens-Sieberer, U. (Hrsg.) (2003): Jugendgesundheitssurvey. Weinheim: Juventa.
Jerusalem, M./Mittag, W. (1994): Gesundheitserziehung in Schule und Unterricht. In: ZfPäd, 40, 51-869.
Kirschner, W./Radoschewski, M./Kirschner, R. (1995): § 20 SGB V Gesundheitsförderung, Krankheitsverhütung. St. Augustin: Hippe.
Kohlmeier, L./Kroke, A./Pötzsch, J./Kohlmeier, M./Martin, K. (1993): Ernährungsabhängige Krankheiten und ihre Kosten. Baden-Baden (Schriftenreihe des Bundesministeriums für Gesundheit, Bd. 27).

Kolip, P. (2001): Gesundheitsförderung und Prävention. In: Keupp, H./Weber, K. (Hrsg.): Psychologie. Reinbek: Rowohlt, 523-531.
Krimmel, L. (1998): Individuelle Gesundheitsleistungen: Mit dem „IGEL" aus der Grauzone. In: Deutsches Ärzteblatt, 95, 445-448.
McKeown, T. (1982): Die Bedeutung der Medizin. Frankfurt: Suhrkamp.
Lenzen, D. (1991): Krankheit als Erfindung. Frankfurt: Fischer.
Lenzen, D. (1996): Gesundheit und Krankheit als kulturelle Erfindungen. In: GesundheitsAkademie Bremen/Landesinstitut für Schule und Weiterbildung NRW (Hrsg.): Neue Provokationen zur Gesundheit. Frankfurt, 91-108 (gekürzter Wiederabdruck: Die priesterliche Funktion des medizinischen Gewerbes. In: Dr. med. Mabuse, 22 (1997), Nr. 105, 45-51).
Naidoo, J./Wills, J. (2003): Lehrbuch der Gesundheitsförderung. Gamburg: Verlag für Gesundheitsförderung.
Oberender, P. (1987): Ökonomie der Gesundheitserziehung - grundsätzliche Bemerkungen zur Gesundheitserziehung. In: Öff. Gesundh.Wes., 49, 517-521.
Petermann, F. (Hrsg.) (1997): Patientenschulung und Patientenberatung. Göttingen: Hogrefe.
Raithel, J. (Hrsg.) (2001): Risikoverhaltensweisen Jugendlicher. Opladen: Leske + Budrich.
Raithel, J. (2004): Jugendliches Risikoverhalten. Eine Einführung. Wiesbaden: VS.
Raithel, J. (2004a): Gesundheitsrelevantes Verhalten und Lebensstile Jugendlicher. Lengerich: Pabst.
Reibnitz, Ch.v./Schnabel, P.E./Hurrelmann, K. (Hrsg.) (2001): Der mündige Patient. Weinheim: Juventa.
Robertz-Grossmann, B./Prümel-Philippsen, U. (1996): „Prävention,, statt „Gesundheitsförderung,, – Ver-Kehrtwendung der Gesundheitspolitik? In: PÄD Forum, 24/9, 342-348.
Schipperges, H. et al. (1988): Die Regelkreise der Lebensführung. Gesundheitsbildung in Theorie und Praxis. Köln: Deutscher Ärzte-Verlag.
Schüffel, W. et al. (Hrsg.) (1998): Handbuch der Salutogenese. Wiesbaden: Ullstein Medical.
Schwanitz, H.J. (1990): Der Kranke und seine Gesundheit. In: MMG, 15, 109-114.
Stross, A. (1995): „Gesundheitserziehung,, zwischen Pädagogik und Medizin. Themenkonjunkturen und Professionalisierungsprobleme in Deutschland 1770-1930. In: Zeitschrift für Pädagogik, 41, 169-184.
Sünkel, W. (1994): Diätetik. Zur kategorialen Vorgeschichte der Gesundheitserziehung. In: Sünkel, W. (Hrsg.): Im Blick auf Erziehung. Bad Heilbrunn: Klinkhardt, 25-39.
Trapp, U./Neuhäuser-Berthold, M. (2001): Riskantes Ernährungsverhalten im Jugendalter. In: Raithel, J. (Hrsg.): Risikoverhaltensweisen Jugendlicher. Formen, Erklärungen und Prävention. Opladen: Leske + Budrich, 155-170.
Waller, H. (2002): Gesundheitswissenschaft. Stuttgart: Kohlhammer.
Weber, A. (2001): „Macht Schule Krank? Zur Problematik krankheitsbedingter Frühpensionierungen von Lehrkräften. In: Bayerische Schule, 54, 214f.
Weber, A./Hörmann, G./Köllner, V. (2006): Psychische und Verhaltensstörungen: Die Epidemie des 21.Jahrhunderts? In: Dtsch Arztebl, 103, 13, 834-41.

Weber, A./Hörmann, G. (Hrsg.) (2006): Psychosoziale Gesundheit im Beruf. Stuttgart: Gentner.
Wulfhorst, B. (2002): Theorie der Gesundheitspädagogik. Weinheim. Juventa.
Zwick, E. (2004): Gesundheitspädagogik. Münster: Lit.

4 Interkulturelle Pädagogik/Migrationspädagogik

4.1 Begriffe

„Kultur ist die Gesamtheit der kollektiven Deutungsmuster einer Lebenswelt (einschließlich materieller Manifestationen)" (Nieke 2000, 50). Dabei ist Begriff *Migration* umfassender als der der *Einwanderung* und wird somit einem weiteren Spektrum an Wanderungsphänomenen gerecht (vgl. Mecheril 2004, 18).

„Akkulturation bezeichnet die – freiwillige oder auch unter Druck unfreiwillige – Übernahme von Elementen der Majoritätskultur durch die Individuen der Minoritätskulturen, ohne dass es deshalb zu Integration oder zu Assimilation kommen muss. Eine Akkulturation kann auch zur Herausbildung einer neuen Migrantenkultur führen, wenn Elemente der Majoritätskultur mit der Minoritätskultur verbunden werden" (NIEKE 2000, 79). Akkulturation meint eine durch Kulturkontakt hervorgerufene, wechselseitige, aber *nicht gleichgewichtige Veränderung* von Werten, Normen, Einstellungen, Verhaltensweisen und Lebensstilen. Akkulturation bedeutet also Annäherung der Minderheit an die Mehrheit, die aber auch bestimmte Elemente der Minderheitskultur aufnimmt (HECKMANN 1992).

Assimilation „meint den Prozess der vollständigen Anpassung der Zuwanderer an die Lebensformen der Einheimischen unter Aufgabe der eignen, so dass am Ende jeder Unterschied verschwunden ist" (NIEKE 2000, 79). Assimilation bedeutet die *Aufgabe der Abstammungskultur.*

Integration meint „die Eingliederung der Zuwanderer in das soziostrukturelle Gefüge der Aufnahmegesellschaft, vor allem in das ökonomische, das politische und das System der öffentlichen Daseinsvorsorge (also vor allem das Bildungssystem) und zwar unabhängig von einer kulturellen Anpassung. Eine vollständige Integration wäre erreicht, wenn die Zuwanderer den Einheimischen in den Chancen gleichgestellt wären" (NIEKE 2000, 79). Integration zielt auf eine *gleichberechtigte kulturelle Doppelorientierung* der Herkunfts- und Aufnahmegesellschaft ab (BERRY 1996).

Die Begriffe „Emic" und „Etic"
In der kulturvergleichenden Forschung lassen sich kulturspezifische psychische Gegebenheiten nach zwei Sichtweisen unterscheiden. In eine „*emische*" (kulturangepasste) und eine „*etische*" (kulturübergreifende) Perspektive (vgl. TROMMSDORF 1984). Diese Unterscheidung stammt von dem Linguisten PIKE (1966),

der sie zur Beschreibung der Lautstruktur von Sprachen entwickelte (Phonemik vs. Phonetik). Für den Kulturvergleich heißt dies, dass der *emische* Ansatz die funktional relevanten Aspekte innerhalb eines bestimmten kulturellen Kontextes zu erfassen sucht, während der *etische* Ansatz universell gültige Vergleichsmaßstäbe anzuwenden bestrebt ist (s. Abb. 61).

Abbildung 61: Emisches und etisches Vorgehen im Vergleich (nach BERRY 1980a)

	Emisches Vorgehen	**Etisches Vorgehen**
Der Forscher nimmt einen Standpunkt	innerhalb des Systems	außerhalb des Systems
Die Untersuchung	beschränkt sich auf eine Kultur	vergleicht mehrere Kulturen
Der Forscher	deckt eine bereits bestehende Struktur auf	schafft selbst die Struktur
Die Ordnungsgesichtspunkte	orientieren sich an systemimmanenten Merkmalen	sind absolut und universell

Formen ethnischer Minderheiten

In der Literatur wird der Begriff der Minderheit oder ethnischen Minderheit(en) zumeist undifferenziert für eine Vielzahl unterschiedlicher Gruppen verwendet. Sein Gebrauch ist jedoch nicht willkürlich, sondern steht für bestimmte Gemeinsamkeiten von Gruppen. Folgende Typen von ethnischen Minderheiten sollen unterschieden werden (vgl. HECKMANN 1992, 59ff): Nationale Minderheiten, regionale Minderheiten, Siedlungswanderer, Arbeitsmigranten und kolonisierte Minderheiten.

Nationale Minderheiten: Der Entstehung nationaler Minderheiten liegen Wandelungsprozesse vom Territorialstaat zum Nationalstaat zugrunde. Die im „fremden" Staatsgebiet wohnenden Bevölkerungsgruppen abweichender ethnischer Identität wurden damit zu ethnischen Minderheiten. Nationale Minderheiten sind sozialstrukturell heterogene Bevölkerungsgruppen, die in Folge der Konstitution des Nationalstaats aufgrund historischer Siedlungsstrukturen oder Staatsgebietsveränderungen innerhalb eines in Bezug auf ihre ethnische Identität, Kultur und Geschichte fremden Staatsgebiet wohnen.

Regionale Minderheiten: Diese haben sich ihre eigene ethnische Identität gegenüber kulturellen Vereinheitlichungs- und ethnischen Akkulturations- und Assimilationsprozessen bewahrt oder als ethnische oder politische Bewegung „verschüttete" ethnische Traditionen und Kulturformen der Vergangenheit wiederentdeckt und wiederbelebt. Regionale Minderheiten sind Bevölkerungsgruppen in modernen Nationalstaaten, deren gegenüber dem Staatsvolk „abweichende" ethnische Identität historisch überkommen ist oder die sich in regionalistischen Bewegungen durch einen historischen Bezug auf vor-nationalstaatliche Verhältnisse kulturell und politisch formieren.

Siedlungswanderer (Einwandererminderheit): Siedlungswanderer sind agrarisch-mittelständische Gruppen mit zunächst unsicherer ökonomischer Lage, die die Gefahr des Abstiegs in einen Lohnarbeiterstatus in sich birgt. Von ethnischen Minderheiten lässt sich sprechen, wenn es Siedlungswanderern gelingt, ein ethisches Institutionensystem zu errichten oder wenn über Ketten- oder Gruppenmigration „mitgebrachte" Kulturmuster und Institutionen im Einwanderungskontext fortgeführt werden.

Arbeitsmigranten (Einwandererminderheit): Arbeitsmigranten sind Personen, die aus wirtschaftlichen und oft sozialen Gründen ihre Herkunftsgesellschaft verlassen und zum Zwecke der Arbeitsaufnahme in eine andere Gesellschaft wandern. Arbeitsmigration kann temporär oder als dauerhafte Wanderung erfolgen. Arbeitsmigranten sind zumeist Bevölkerungsgruppen ländlicher Herkunft, die im Einwanderungsland überwiegend als „unterste Schicht" der industriellen Lohnarbeit beschäftigt sind und sich in diskriminierenden Lebensverhältnissen befinden. Von einer ethnischen Minderheit lässt sich dann sprechen, wenn sie ein eigenständiges sozialkulturelles System entwickeln.

Kolonisierte Minderheiten: Kolonisierte Minoritäten sind Nachkommen der Urbevölkerung kolonial eroberter und besiedelter Territorien, denen in einem Prozess der Beraubung, Liquidierung und Verdrängung ihre überkommene ökonomische Lebensgrundlage genommen und deren Sozialstruktur und Kultur weitgehend zerstört wurde.

Begriffe zum Verhältnis von Majoritäts- und Minoritätskultur

Majoritätskultur	Minoritätskultur
Mehrheitskultur	Minderheitenkultur
Aufnahmegesellschaft	Zuwanderer
Autochthone Gesellschaft	Allochthone Gesellschaft

4.2 Entwicklungslinien

Als chronologischer Abriss (MECHERIL 2004, 83ff) lassen sich folgende Stadien der migrationsspezifischen Diskussionen benennen:

a) 1960er-Jahre: Dekade diskursiver Stille

b) 1970er-Jahre: Dekade des Defizitdiskurses

c) 1980er-Jahre: Dekade des Differenzdiskurses

d) 1990er-Jahre: Dekade des Dominanzdiskurses

Noch in den 1960er-Jahren gibt es keine nennenswerten pädagogischen Reaktionen auf Konsequenzen der „Gastarbeit". Erst in den 70er-Jahren des letzten Jahrhunderts wird die migrationsspezifische Thematik in Form von *Ausländerpädagogik* diskutiert. Hier werden allerdings „Ausländer" noch als „defizitär" angesehen. Seit Anfang der 1980er-Jahre findet das Wort „interkulturell" im Zusammenhang mit Bildung, Erziehung und Pädagogik Verwendung. *Interkulturelle Pädagogik* war zunächst ein positiver Ausdruck, in dem die programmatische Absetzung von der als paternalistisch und defizitorientiert bezeichneten Ausländerpädagogik oder des weniger bekannten Begriffs *Assimilationspädagogik* (PRENGEL 1995, 74ff) markiert und die erforderliche Anerkennung gegebener kultureller und ethnischer Differenzen betont wurde.

Allerdings handelt es sich bei der kulturellen Differenz, die im Rahmen Interkultureller Pädagogik zum Thema wird, um migrationsbedingte Unterschiede (vgl. MECHERIL 2004), wie dies in folgenden Zitaten zum Ausdruck kommt: „Interkulturelle Pädagogik versucht der Tatsache Rechnung zu tragen, dass unser Bildungswesen von Angehörigen verschiedener Kulturen und Ethnien besucht wird" (PRENGEL 1995, 64). „Die Interkulturelle Pädagogik [...] geht auf Folgen der Arbeitsmigration in der zweiten Hälfte des 20. Jahrhunderts zurück. Ihre Entwicklung ist – nicht nur in Deutschland – von dieser Migrationsbewegung angestoßen worden, die eine neue Art von Multikulturalität mit sich gebracht hat" (AUERNHEIMER 2003, 9).

Nach MECHERIL (2004) besteht das Grundproblem der Bezeichnung *Interkulturelle Pädagogik* darin, dass der Versuch, einer „Verschiedenheit Rechnung zu tragen" (PRENGEL), eine spezifische Andersartigkeit immer schon voraussetzt und damit Differenz befördert. In einem dominanzspezifischen Diskurs bezeichnet *Migrationspädagogik* dagegen einen Blickwinkel, unter dem Fragen gestellt und thematisiert werden, die bedeutsam sind für eine Pädagogik unter den Bedingungen einer Migrationsgesellschaft. Unter dem Leitbegriff der Migrationspädagogik kommen durch Migrationsphänomene angestoßene Prozesse der Pluralisierung und der Vereinseitigung, der Differenzierung und der Ent-Differenzierung, der Segregation und der Vermischung des Sozialen in den Fokus (vgl. MECHERIL 2004, 18). Vor diesem Hintergrund etabliert sich die interkulturelle Pädagogik als Migrationspädagogik als eigenständiges erziehungswissenschaftliches Fachgebiet.

4.3 Migrationstheorien

In der migrationstheoretischen Diskussion unterscheidet man das (eher klassische) Assimilationskonzept (vgl. GORDON 1964; ESSER 1980; NAUK 1985) von dem Akkulturations- und Integrationskonzept (vgl. EISENSTADT 1954; BERRY 1980; 1984).

Abbildung 62: „Phasen" des Assimilierungsprozesses (GORDON 1964, 71)

Subprozess bzw. Bedingung	Typ bzw. Stadium der Assimilation
1) Wandel der kulturellen Verhaltensmuster in Richtung der Aufnahmegesellschaft	Kulturelle oder verhaltensmäßige Assimilation (Akkulturation)
2) Eintritt in Cliquen, Vereine und Institutionen des Aufnahmesystems auf der Basis von Primärbeziehungen	Strukturelle Assimilation
3) Inter-ethnische Heirat	Verwandtschaftliche Assimilation (Amalgamation)
4) Entwicklung eines Zugehörigkeitsgefühls zur Aufnahmegesellschaft	Identifikatorische Assimilation
5) Verschwinden von Vorurteilen	Akzeptanz-Assimilation
6) Verschwinden von Diskriminierungen	„Gleichbehandlungs-Assimilation"
7) Verschwinden von Wert- und Machtkonflikten	Zivile Assimilation

GORDON (1964) benennt sieben Dimensionen des Assimilierungsprozesses, die als Phasen begriffen werden können (s. Abb. 62). Akkulturation versteht er als einen Teilaspekt der (vollständigen) Assimilierung, wobei die kulturelle Assimilation also die Akkulturation von allen Unterprozessen zuerst einsetzte. In konkreten Assimilisierungsprozessen kann der Gesamtprozess und jeder der einzelnen Dimensionen/Phasen in unterschiedlichem Grade verwirklicht werden. Nach GORDON ist nicht die kulturelle Assimilation (Akkulturation) der entscheidende Einfluss auf den Gesamtprozess der Assimilierung, sondern die strukturelle Assimilierung ist der „Schlüsselstein für Assimilierung" (GORDON 1964, 81), also das Eindringen in die Akzeptanz der Institutionen der Einwanderungsgesellschaft auf der Ebene der Primärgruppe.

ESSER (1980) beschreibt in seinem Grundmodell der Assimilation von Wanderern ein Zusammenspiel von Personen- und Umgebungsmerkmalen (s. Abb. 63). Die Assimilation vollzieht sich anhand eines kognitiven, identifikativen, sozialen und strukturellen Aspekts.

Abbildung 63: Grundmodell der Assimilation von Wanderern (vgl. ESSER 1980)

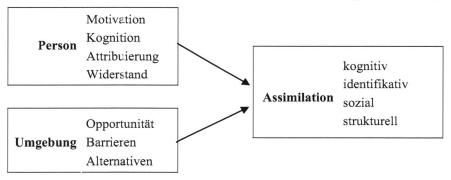

EISENSTADT (1954) hat den Gesamtprozess der Akkulturation in drei Phasen bzw. Elemente eingeteilt: (1) die Wanderungsmotivationen, (2) der eigentliche Wanderungsvorgang und (3) die Absorption als Abschluss des Eingliederungsvorgangs (s. Abb. 64). Auswanderungsmotive erwachsen aus Frustrationen und aus im Heimatland nicht erfüllbaren Erwartungen. Diese Motive sind bedeutsam, da sie die Erwartungen und Einstellungen gegenüber dem Einwanderungsland mitbestimmen und die Bereitschaft für Akkomodation und Akkulturation stark beeinflussen. Der eigentliche Wanderungsvorgang bedeutet gegenüber dem bisherigen Leben der Migranten einen Verlust an Rollen, sozialen Beziehungen und an gesellschaftlicher Partizipation. Die Migranten werden auf die Primärgruppe begrenzt, in deren Kontext die Wanderung erfolgte. Mit der Migration sind Wertveränderungen sowie Wertverluste verbunden, ohne dass sich schon ein kohärentes System neuer Wertvorstellungen herausbilden kann. Die Unsicherheiten des Wanderungsprozesses führen zu Ungewissheit und Angst, welche allerdings Ausgangspunkt für die Veränderungsbereitschaft und Akkulturation sind. Der damit einhergehende individuell erfahrene soziale Wandel führt zu einer „Resozialisierung", zur Neuformung der sozialen Identität und des Wertesystems. In der dritten Phase der Absorption stehen zu Beginn Lernvorgänge (Akkomodation), danach das Erlernen neuer Rollen und schließlich erfolgt die eigentliche Akkulturation, in welcher das Selbstbild und die soziale Identität über den Erwerb neuer Werte restrukturiert wird und diese in neuen Rollen ausprobiert werden (vgl. HECKMANN 1992, 174ff).

Abbildung 64: Akkulturationsmodell (nach EISENSTADT 1954)

Phasen	Merkmale
1. Phase **Auswanderungsmotive**	-Frustration -unerfüllbare Erwartungen im Heimatland
2. Phase **Wanderungsvorgang**	-Verlust an Rollen, sozialen Beziehungen und an gesellschaftlicher Partizipation -Begrenzung auf die Primärgruppe -Wertveränderungen und Wertverluste -> Unsicherheit und Angst -> Akkulturationsbereitschaft -> „Resozialisierung" (EISENSTADT)
3. Phase **Absorption**	a) Erwerb von Qualifikationen für das Aufnahmeland (Akkomodation) b) Erlernen neuer Rollen c) „Rekonstruktion" („eigentliche Akkulturation") des Selbstbilds und der sozialen Identität über den Erwerb neuer Werte

Eines der bekanntesten Akkulturationsmodelle ist das von BERRY (1990) entwickelte Akkulturations-Schema. Dieses Modell beinhaltet Prozesse der individuellen Veränderung, die als Antwort auf zwei Fragen zu verstehen ist (s. Abb. 65). Hiermit lässt sich das Spektrum anhand der Pole Integration und Marginalisation sowie zwischen Assimilation und Separation spannen.

Abbildung 65: Akkulturations-Schema (SIX 1999, 129)

		Wird es als wertvoll erachtet, die *eigene kulturelle Identität* aufrechtzuerhalten?	
		Ja	Nein
Wird es als wertvoll erachtet, *Kontakt zu anderen Gruppen* zu haben?	Ja	Integration	Assimilation
	Nein	Separation (Segregation)	Marginalisation

Eine Weiterführung der Akkulturationstheorien in marginalitätsspezifischer Hinsicht stellen die Hypothesen von HECKMANN (1992) dar, der unterschiedliche Formen der ethnischen Orientierungen in marginalen Positionen in synoptischer Absicht zusammenführt (s. Abb. 66). Hierbei geht es um spezifische Formen der subjektiven „Bewältigung" oder des Scheiterns im Umgang mit den Konfliktlösungsanforderungen aufgrund der ethnisch marginalen Position.

Abbildung 66: Unterschiedliche Orientierungen bzw. Reaktionsformen in marginalen Positionen (vgl. HECKMANN 1992, 204ff).

Assimilierung	Vollständiger kultureller, bewusstseins- und verhaltensmäßiger Bezug auf die Mehrheitskultur und „Aufgabe" der Minderheitskultur
Überanpassung	Leugnung und Verdrängung eines wichtigen Teils der eigenen Biographie mit neurotischen Zügen
Herkunftsorientierung	Orientierung an der Minderheitenkultur trotz arbeits- und kommunikationsfunktionaler Anpassung an die Mehrheitskultur (Akkomodation möglich)
Marginalität	Ambivalenter Bezug auf Mehrheits- und Minderheitenkultur; gekennzeichnet durch Verhaltensunsicherheit, Stimmungslabilität, Orientierungszweifel; neurotische Form des Verhaltens
Duale Orientierung	Verhaltensmäßiger und „ideologischer" Bezug auf Minderheiten- wie Mehrheitskultur ohne Assimilierung
Politisierung	Aktives Eintreten für die Rechte und Interessen der unterdrückten Minderheit(en), um deren Position zu verbessern

In Abbildung 67 finden sich vereinfachend Grundzüge drei prominenter migrationswissenschaftlicher Perspektiven bezogen auf Migrationsverläufe und -phänomene, die für den pädagogischen Diskurs über Migration bedeutsam sind (MECHERIL 2004, 55). Diese Perspektiven stellen analytische Abstraktionen im Schnittfeld phänomenaler Aspekte, theoretisch-explanativer Blickwinkel sowie präskriptiver Ideen dar.

Abbildung 67: Migrationswissenschaftliche Perspektiven (MECHERIL 2004, 55)

	Immigration	**Multikulturelle Gesellschaft**	**Transmigration**
Phänomenale Ebene	Aus- und Einwanderung	Kulturell-ethnische Minderheiten	Pendelmigration, Mehrfachzugehörigkeit
Explanative Ebene	Stufen der Eingliederung	Kulturelle Identität	Transnationale Räume, hybride Identität
Normative Ebene	Assimilation	Anerkennung von Differenz	Anerkennung des Mehrwertigen

Immigration weist auf den in der insbesondere soziologischen Migrationsforschung diskutierten Wanderungsverlauf hin, der als das klassische Modell gelten kann. Das zentrale Phänomen in dieser Perspektive ist das der Einwanderung (meist stufenförmiger Prozess). Unter normativen Gesichtspunkten kommt ein Prozess der assimilativen Angleichung in den Blick. *Transmigration* stelle eine eher neue Perspektive der Migrationsforschung dar. Unter dieser Perspektive rücken Facetten und Phänomene der Mehrfachzugehörigkeit in den Vordergrund. Mehrfachzugehörigkeit ist in transnationalen Räumen bzw. Kontexten situiert. Unter normativen Gesichtspunkten kann die Anerkennung von nicht eindeutigen, mehrwertigen Phänomenen als Konsequenz dieses Ansatzes verstanden werden. Zwischen diese Perspektiven rückt die der *multikulturellen Gesellschaft*. Diese Sichtweise stammt in erster Linie nicht aus dem migrationssoziologischen Diskurs, stellt aber einen bedeutsamen Bezugspunkt pädagogischer Debatten dar. Hierbei handelt es sich im Vergleich zur Immigration um keine Entwicklungsperspektive, da die Gruppen einer multikulturellen Gesellschaft einfach da sind. Es rücken Gegebenheiten unterschiedlicher kultureller und ethnischer Gruppen und insbesondere die Existenz von Minderheiten und die kulturelle Differenz/Identität in den Blick. Folglich findet eine Essenzialisierung von kultureller Identität statt (vgl. MECHERIL 2004).

In einem Phasenmodell der kulturellen Kompetenzentwicklung beschreibt BENNETT (1993) einen sequentiell-linearen Entwicklungsverlauf von einer ethnozentrischen Position, in welcher „Fremdes" negiert wird, bis hin zu einem interkulturellen Selbstverständnis (höchste Stufe des Ethnorelativismus) mit der höchsten kulturellen Kompetenz (s. Abb. 68). Allerdings werden die Stufen 5 und 6 nur von wenigen verwirklicht, wenngleich sie als erstrebenswert anzusehen sind.

Abbildung 68: Developmental Model of Intercultural Sensitivity (BENNETT 1993)

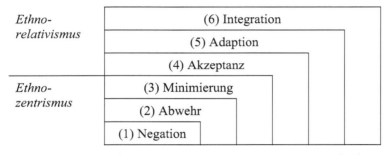

4.4 Pädagogische Konzepte und Methoden

In dem interkulturellen bzw. migrationsspezifischen pädagogisierten Bereich trifft man auf unterschiedliche Begriffe. Diese sind multikulturelle Erziehung, multi-ethnische Erziehung, antirassistische Erziehung (vgl. NIEKE 2000, 26ff) oder interkulturelle Erziehung (vgl. NIEKE 2000, 202ff). Nicht mehr gebräuchliche Bezeichnungen sind Assimilationspädagogik (PRENGEL 1995, 74ff) – welche sowieso selten war – und Ausländerpädagogik (vgl. Punkt 4.2 Entwicklungslinien).

In Abbildung 69 erfolgt der Vergleich der beiden prominentesten migrationsthematischen pädagogischen Konzepte. *Ausländerpädagogik* beabsichtigt die Förderung der Kinder und Jugendlichen ausländischer Herkunft. *Interkulturelle Pädagogik* zielt hingegen auf die Vorbereitung auf ein Leben in einer dauerhaften multikulturellen Gesellschaft.

Abbildung 69: Vergleich von Ausländerpädagogik und Interkultureller Pädagogik (MECHERIL 2004, 90)

	Ausländerpädagogik	**Interkulturelle Pädagogik**
Konzept des Anderen	Spezifischer Anderer	Universeller Anderer
Unterscheidungskriterium	Pass/Herkunft	Kultur
Thematischer Fokus	(Sprach-)Kompetenz	Identität
Relationierungsform	Defizit	Differenz
Behandlungsperspektive	Assimilation	Anerkennung
Behandlungskonzept	Förderung, Kompensation	Begegnung, Verstehen

ALLEMANN-GHIONDA (1999) unterscheidet drei Konzepte interkultureller Erziehung in der Schule (s. Abb. 70). In einer Form wird von biographischen Bedingungen ausgegangen, weswegen diese als ein subjektbezogener Ansatz zu bezeichnen ist. In einem dem soziologischen Konzept verpflichteten Ansatz sind die gesellschaftlichen Wandlungsbedingungen der Pluralisierung, Multikulturalität und Internationalisierung Bezugspunkte für eine interkulturelle Erziehung. Im bildungstheoretischen Ansatz werden Pluralität und Multiperspektivität im Sinne einer Persönlichkeitsentwicklung vermittelt.

Abbildung 70: Konzepte interkultureller Erziehung in der Schule (vgl. ALLEMANN-GHIONDA 1999)

Interkulturelle Erziehung in der Schule		
Bezug auf die verschiedenen *biographisch* bedingten kulturellen und sozialen Hintergründe der Kinder	Pluralisierung, Multikulturalität und Internationalisierung der *Gesellschaft* als Ausgangspunkt	Pluralität und Multiperspektivität der *Bildungsinhalte*

Für den außerschulischen Bereich differenziert AUERNHEIMER (2003) vier Ansätze interkulturellen Trainings: den Verständigungsansatz, Diversity-Ansatz, Anitrassismus-Ansatz und interkulturellen Kompetenz-Ansatz (s. Abb. 71).

Abbildung 71: Ansätze interkulturellen Trainings im außerschulischen Bereich (vgl. AUERNHEIMER 2003, 123ff)

Ansätze interkulturellen Trainings			
Verständigungs-Ansatz	*Diversity-Ansatz*	*Antirassismus-Ansatz*	*Interkultureller Kompetenz-Ansatz*
Ziel: Abbau von Barrieren durch Kontakt und Austausch	Ziel: Bewusstsein für die Bedeutung von Differenz in der Vielfalt	Ziel: Sensibilität für alltägliche strukturelle Diskriminierungen	Ziel: Verbesserung der Kommunikationsfähigkeit

Eine Hierarchisierung von Zielsetzungen interkulturellen Lernens hat AUERNHEIMER (2003, 126) auf Grundlage von NIEKE (2000) entworfen (s. Abb. 72). Dabei ist die Befähigung zum Dialog das letztliche Ziel. Ganz am Anfang, als erstes Ziel interkulturellen Lernens, steht das Vermitteln von Offenheit und Kontaktbereitschaft. Dies eröffnet das Erkennen von Stereotypisierungstendenzen in unserer Gesellschaft. Darauf aufbauend geht es um das Wecken der Einsicht, dass jegliches menschliches Verhalten kulturgebunden ist. Im nächsten Schritt folgt die Befähigung zum interkulturellen Verstehen und Kommunizieren, was letztendlich auf der Basis aller Stufen zu einer interkulturellen Dialogkompetenz führt.

Abbildung 72: Stufenweise Zielsetzungen interkulturellen Lernens von AUERNHEIMER (2003, 126):

1.	*Offenheit, Kontaktbereitschaft*, Bemühen um Verständnis, Ernstnehmen, Anerkennung des bzw. der Anderen
2.	*Erkennen von Stereotypisierungstendenzen*, Reflexion eigener Vorurteile, Aufmerksamkeit gegenüber rassistischen Strukturen
3.	*Generelle Einsicht in die Kulturgebundenheit menschlichen Verhaltens*, Dezentrierung, Eingeständnis eigenen Befremdens, Umgang mit Angst
4.	*Fähigkeit interkulturellen Verstehens und Kommunizierens* im Bewusstsein um Machtasymmetrien
5.	*Befähigung zum Dialog*

Ein ebenfalls hierarchisches Modell stellt das Spiralenmodell interkulturellen Lernens von FÜHRING (1996, 128) dar. Dieses geht von einem primären Ethnozentrismus aus und zielt über verschiedene Lernschritte (Wahrnehmung anderen Verhaltens, Erkenntnis der eigenen Grenzen, Anerkennung der Gleichwertigkeit, Respekt/Toleranz als Verstehensprozess und Neugier, Bewertung, selektive Anpassung, Assimilation, Dialog- und Konfliktfähigkeit) eine autonome partnerschaftliche Persönlichkeit mit differenzierter Einstellungs- und Handlungskompetenz an. Von einer Spirale wird deshalb gesprochen, weil der Verlauf nicht nur in eine positive Richtung gehen kann, sondern auch zu sekundärem Ethnozentrismus, Überheblichkeit, Fundamentalismus, Leugnung von Vielfalt, Pauschalisierung/Abwertung/Abschottung, Überidentifikation oder Rassismus führen kann.

4.5 Forschungsperspektive

Ein erziehungs- bzw. sozialwissenschaftlicher Forschungsschwerpunkt im Zusammenhang mit Migration sind neben einen rassismustheoretischen Diskurs und der Problematik des Rechtsextremismus die psychosozialen Folgen der Migration für die Migranten. Ziel ist es dabei, den Migrationsprozess aus der Sicht der Migranten zu betrachten. Im Fokus stehen hier beispielsweise migrationsbedingte innerpsychische Stress- und Belastungssituationen, wie existentielle Unsicherheit(en), Orientierungsstörungen, Akkulturationsstress oder psychosomatische Erkrankungen (vgl. HAN 2005, 206ff; ASSION 2004; KRÄMER/PRÜFER-KRÄMER 2004), interethnische Konfliktkonstellationen zwischen autochthoner und allochthoner Bevölkerungsteilen (vgl. HEITMEYER/DOLLASE 1998; RAITHEL 2002) sowie jüngst die Situation der Migrantin – der Frau (vgl. HAN 2003).

Existentielle Unsicherheit(en) und Orientierungsstörungen als Folgen migrationsbedingter Entwurzelung und Desozialisierung sind als entscheidende Ausgangskonstellation für eine problematische Entwicklung der Migranten zu sehen. Als zentrale Ursachen sind (a) das Verlassen des umfassenden Sinnzusammenhangs sozialer Handlungen, (b) das Verlassen der zugehörigen Sprachgemeinschaft und (c) das Verlassen des identitätsbildenden Interaktionsrahmens bedingt durch die Emigration zu identifizieren (vgl. HAN 2005). Desozialisierung meint den Vorgang, in dem die Lerninhalte, die im Herkunftskontext angeeignet und internalisiert wurden, ihre allgemeine soziale und gesellschaftliche Gültigkeit verlieren.

Das Leben in der Anfangsphase der Migration kann damit insgesamt struktur- und orientierungslos werden. Erforderlich ist eine generelle Re-Orientierung in der neuen Lebensumwelt, der völlige Neubeginn im Sinne der Re-Sozialisierung, die umfassende Re-Definition sozialer Rollen und die grundlegende und mit den Anforderungen der neuen soziokulturellen Situation der Residenzgesellschaft kompatible Transformation ihrer Identität und Existenz. In dieser Phase ist die psychosoziale Unterstützung von außen besonders notwendig, um die Überforderungen kompensieren zu können. Den koethnischen Kolonien in der Aufnahmegesellschaft kommt hier eine eminent wichtige Bedeutung zu. Können nämlich die auf die Desozialisierung notwendigen Re-Aktionen nicht produktiv realisiert werden, intensivieren sich dadurch die migrationsbedingten Unsicherheiten und Orientierungsschwierigkeiten. Durch die entwurzelungsbedingten Probleme (Sprachprobleme führen zwangsläufig zu kommunikativer Einschränkung und Isolation) werden das Unsicherheitsgefühl und die Orientierungsprobleme noch weiter verstärkt – es kommt zu einer doppelten existentiellen Unsicherheit und existentiellen Orientierungsstörung (vgl. HAN 2005).

Einführungsliteratur (zum Weiterlesen)

Auernheimer, G. (2003): Einführung in die Interkulturelle Pädagogik. Darmstadt: Wissenschaftliche Buchgesellschaft.
Han, P. (2005): Soziologie der Migration. Stuttgart: Lucius & Lucius.
Mecheril, P. (2004): Einführung in die Migrationspädagogik. Weinheim: Beltz.
Nieke, W. (2000): Interkulturelle Erziehung und Bildung. Wertorientierungen im Alltag. Opladen: Leske + Budrich.

Literatur

Allemann-Ghionda, C. (1999): Schule, Bildung und Pluralität. Sechs Fallstudien im europäischen Vergleich. Bern: Huber.
Assion, H.-J. (2004): Migration und seelische Gesundheit. Berlin: Springer.
Auernheimer, G. (2003): Einführung in die Interkulturelle Pädagogik. Darmstadt: Wissenschaftliche Buchgesellschaft.
Berry, J.W. (1980): Acculturation as varieties of adaption. In: Padilla, A. (Ed.): Acculturation, theory, models and some new findings. Colorada: Westview Press.
Berry, J.W. (1980a): Introduction to methodology. In: Triandis, H.C./Berry, J.W. (Eds.): Handbook of cross-cultural psycholgy, Vol. 2. Boston: Allyn & Bacon, 1-28.
Berry, J.W. (1984): Cultural relations in plural societies: Alternatives to segregation and their sociopsychological implications. In: Miller, N./Brewer, M. (Eds.): Groups in Contact. New York: Academic Press.
Berry, J.W. (1990): Psychology of acculturation. In: Berman, J. (Ed.): Crosscultural perspectives. Nebraska symposium on motivation 1989. Lincoln: Nebraska University, 201-234.
Berry, J.W. (1996): Acculturation and Psychological Adaptation. In: Bade, K. (Hrsg.): Migration – Ethnizität – Konflikt. Osnabrück: Rasch, 171-186.
Eisenstadt, S.N. (1954): The Absorption of Immigrants. London: Routledge & Kegan.

Esser, H. (1980): Aspekte der Wanderungssoziologie. Assimilation und Integration von Wanderern, ethnischen Gruppen und Minderheiten. Eine handlungstheoretische Analyse. Darmstadt: Luchterhand.
Führing, G. (1996): Begegnung als Irritation. Ein erfahrungsgeleiteter Ansatz in der entwicklungsbezogenen Didaktik. Münster: Waxmann.
Gordon, M.M. (1964): Assimilation in American Life. The Role of Race, Religion and National Origin. New York: Oxford Univ. Press.
Griese, H.M. (2004): Kritik der „Interkulturellen Pädagogik". Münster: Lit.
Han, P. (2003): Frauen und Migration. Stuttgart: Lucius & Lucius.
Han, P. (2005): Soziologie der Migration. Stuttgart: Lucius & Lucius.
Heckmann, F. (1992): Ethnische Minderheiten, Volk und Nation. Soziologie interethnischer Beziehungen. Stuttgart: Enke.
Heitmeyer, W./Dollase, R. (1998) (Hrsg.): Die bedrängte Toleranz. Ethnisch-kulturelle Konflikte, religiöse Differenzen und die Gefahren politisierter Gewalt. Frankfurt: Suhrkamp.
Krämer, A./Prüfer-Krämer, L. (2004) (Hrsg.): Gesundheit von Migranten. Weinheim: Juventa.
Mecheril, P./Miandashti, S./Plößer, M./Raithel, J. (2001): Aspekte einer dominanzempfindlichen und differenzkritischen Arbeit mit Migranten und Migrantinnen. In: Neue Praxis, 31, 3, 296-311.
Mecheril, P. (2004): Einführung in die Migrationspädagogik. Weinheim: Beltz.
Nauk, B. (1985): Arbeitsmigration und Familiensoziologie. Eine Analyse der mikrosozialen Folgen von Migrationsprozessen. Frankfurt: Campus.
Nieke, W. (2000): Interkulturelle Erziehung und Bildung. Wertorientierungen im Alltag. Opladen: Leske + Budrich.
Pike, R. (1966): Language in relation to a united theory of the structure of human behavior. Den Haag: Mouton.
Prengel, A. (1995): Pädagogik der Vielfalt. Opladen: Leske + Budrich.
Raithel, J. (2002): Ethnisch-kulturelle Konfliktpotenziale unter Jugendlichen im (groß)städtischen Raum. Ein Vergleich zwischen deutschen und türkischen Jugendlichen. In: Soziale Probleme, 13, 1, 54-79.
Six, B. (1999): Akkulturation von Aussiedlern. In: Bornewasser, M/Wakenhut, R. (Hrsg.): Ethnisches und nationales Bewusstsein – Zwischen Globalisierung und Regionalisierung. Frankfurt: Lang, 125-145.
Trommsdorf, G. (1984): Familiale Sozialisation im kulturellen Vergleich. Japan und Deutschland. In: Zeitschrift für Sozialisationsforschung und Erziehungssoziologie, 4, 79-97.

5 Medienpädagogik

5.1 Medienbegriff

Mit TULODZIECKI (1997, 33ff) lässt sich *Medium* als ein Mittel oder etwas Vermittelndes verstehen, durch das in kommunikativen Zusammenhängen bestimmte Zeichen mit technischer Unterstützung übertragen, gespeichert, wiedergegeben oder verarbeitet und in abbildhafter oder symbolischer Form präsentiert werden. Die Zeichen fungieren dabei als Träger von Bedeutungen für die an der Kommunikation beteiligten Personen.

Unter *Kommunikation* ist wiederum eine Form des sozialen Handelns zwischen Personen gemeint, die sich etwas mitteilen wollen. Damit dies gelingt, muss der Prozess der Zeichenübertragung sowie der Enkodierungsleistung des Senders und der Decodierungsleistung des Empfängers hinreichend abgestimmt werden können (vgl. BAACKE 1997).

Medienkategorisierungen

TULODZIECKI (1997, 22f.) unterscheidet *sieben Medienbereiche*. Diese sind: Presse (Zeitung und Zeitschrift), Buch, Rundfunk, Film, Tonträger, Computersoftware und Telekommunikation.

Als *Medienarten* lassen sich visuelle Medien, Printmedien, auditive Medien, audiovisuelle (multimediale) Medien und elektronische Medien differenzieren. Mediale Darstellungsformen lassen sich nach Sinnesmodalität (auditiv vs. visuell) und Codierungsart (abbildhaft vs. symbolisch) systematisch unterscheiden (s. Abb. 73).

In historischer Betrachtung ist eine Unterteilung der Medien anhand der Präfixe primär, sekundär und tertiär möglich (s. Abb. 74), wobei die Wahrnehmung primärer Medien die Anwesenheit des Senders wie Empfängers voraussetzt. Die Verwendung sekundärer Medien erfordert auf der Seite des Senders eine bestimmte Technik bzw. Apparatur, die der Empfänger allerdings nicht besitzen muss. Für die Kommunikation mittels tertiärer Medien benötigen sowohl Sender als Empfänger eine technische Einrichtung.

Abbildung 73: Übersicht verschiedener medialer Darstellungsformen (TULOD-ZIECKI 1997, 39)

Sinnesmodalität		auditiv	visuell	
Codierungsart			statisch	dynamisch
abbildhaft	realgetreu	aufgezeichnete Originaltöne	Bild	Film
	schematisch bzw. typisierend	aufgezeichnete künstlich erzeugte akustische Nachbildungen	Skizze, Grafik	Zeichentrick, Animation
symbolisch	verbal	aufgezeichneter gesprochener Text	schriftlicher Text	Laufschrift
	nicht-verbal	aufgezeichnete nicht-sprachliche akustische Symbole	nicht-sprachliche optische Symbole	bewegte optische Symbole

Abbildung 74: Einteilungsformen von Medien (vgl. PROSS 1972)

Medienbezeichnung	*Beispiele*	*Merkmale*
Primäre Medien	Sprache, Mimik, Gestik	setzen Anwesenheit voraus
Sekundäre Medien	Zeitungen, Rauchzeichen	Sender benötigt Technik
Tertiäre Medien	Telefon, Fernseher, Fernschreiber, Computer	Sender und Empfänger benötigen Technik

Ebenfalls in historischer Betrachtung sind in Abbildung 75 Stationen der Medientechnologie dargestellt. Diese beginnt mit der Oralität über die Literalität und den Druck bis zu der heutigen Elektronik. Für diese Entwicklungsstadien besteht eine jeweils spezifische Organisation des Wissens, ein spezielles Medium zur Codierung und/oder Speicherung sowie eine typische Kommunikationsform.

Abbildung 75: Stationen der Medientechnologie (ASSMANN/ASSMANN 1994, 131 aus VOLLBRECHT 2001, 20)

	Oralität	Literalität	Druck	Elektronik
Organisation des Wissens	-geschlossene Struktur -absolute Vergangenheit	-offene Struktur -Geschichtsbewusstsein	-Steigerung: Wissensexplosion -Neue Wissenschaften	-Sprengung von Bildungskanones -sprachfreies rechnergestütztes Denken -sekundärer Analphabetismus
Medium = Codierung und Speicherung	-Körpernähe und Flüchtigkeit des Mediums -Multimedialität	-Trennung von Medium und Träger -autonome Existenz des Textes -Vereinseitigung des Visuellen	-Steigerung der Zeichenabstraktion -Standardisierung	-Wiederkehr der Stimme -maschinelle Resensualisierung unter Umgehung eines Zeichencodes -Dynamisierung des Textes
Kommunikationsformen, Zirkulation	-rituelle Inszenierungen gemeinsamer Partizipation -begrenzte Reichweite	-Rezitation und Lektüre -Raum- und Zeittransparenz	-einsame Lektüre und Öffentlichkeit -Massenkultur	-Interaktion in einem Netz -Globalisierung

5.2 Entwicklung und Konzepte der Medienerziehung

In medienpädagogischen Debatten des 20. Jahrhunderts sind nach VOLLBRECHT (2001, 5ff) zwei Grundtendenzen auszumachen, eine verbreitete Richtung der Abwehr und Ablehnung und eine medienakzeptierende Gegentendenz, die sich wiederum in eine funktionale und ab den 1960er-Jahren entwickelte kritisch-reflexive Perspektive differenzieren. Die bewahrpädagogische Kontroll-Orientierung gegen „Schmutz und Schund" in der Trivialliteratur, der eine jugendgefährdende Wirkung zugesprochen wurde, wurde zunächst auf die Kinodebatte am Anfang des 20. Jahrhunderts verlängert, wobei die Kritik am Kino einherging mit kulturpessimistischem Affront gegen großstädtische Vermassung und technische Zivilisation. „Verbrechen, sexuelle Verirrungen und Wahnsinn – so lauten die Menetekel dieser Kinodebatte" (VOLLBRECHT 2001, 34). Während die Schunddiskussionen zu Aktivitäten der Reformpädagogen führten (u.a. dem

Reichsspielgesetz von 1920), fand das Kino zwischen den Weltkriegen zunehmende Akzeptanz als Kunst und wurde als anschauliches Volksbildungsmittel von reformpädagogischen Bestrebungen genutzt. Nach bereits konstatierbarem Interesse des Staates an den Wirkungsmöglichkeiten des Films in den letzten Jahren des Ersten Weltkrieges für propagandistische Absichten als Mittel gegen die überlegene Feindpropaganda wurde das gesamte Filmwesen mit der Machtübernahme der Nationalsozialisten propagandistischen Zielen unterworfen vom „Reichsministerium für Volksaufklärung und Propaganda" unter Goebbels nach dessen Maxime, dass die "beste Propaganda" diejenige sei, „die sozusagen unsichtbar wirkt, das ganze öffentliche Leben durchdringt, ohne dass das öffentliche Leben überhaupt von der Initiative der Propaganda irgend eine Kenntnis hat" (REDE VOR DER REICHSFILMKAMMER 1941, zit. nach ALBRECHT 1969, 468), was etwa dem Film „Die große Liebe" mit Zarah Leander aus dem Jahre 1942 (HÖRMANN 2005) als „Erziehungsfilm" (THIELE/RIETZEL 1991, 312) die Prädikate „staatspolitisch, künstlerisch und volkstümlich wertvoll" BEYER 1991, 190) einbrachte und dafür sorgte, dass „Schmutz und Schund" weder im herkömmlichen noch systemkritischen Sinne zugunsten unterschwelligem faschistischen und antisemitischen Tenor nicht mehr in die Kinos gelangte.

Nachdem in der Nachkriegszeit das Interesse der Jugend an Filmen von vielen Pädagogen zunächst auf Skepsis stieß, wurde neben dem Ausbau des Jugendschutzes (1951 Gesetz zum Schutz der Jugend in der Öffentlichkeit JÖSchG, novelliert 1957 und 1985; Gesetz über die Verbreitung jugendgefährdender Schriften (GjS), novelliert 1997 mit dem Zusatz „und Medien" sowie den Bereich der freiwilligen Selbstkontrolle der Filmwirtschaft <FSK>) in der Filmerziehung und medienerzieherischen Praxis die alte Tradition der Volkserzieher wieder aufgenommen. Neben einer kritisch-reflexiven Medienpädagogik, welche die Beiträge der pädagogisch-psychologischen Forschung zum „richtigen Gebrauch" des Films als Kunstwerk nutzte, ging es den kritisch-emanzipatorischen Konzepten der 1960er- und 1970er-Jahre um Aufdeckung der gesellschaftlichen Hintergründe der kapitalistischen Produktionsbedingungen einer Kultur- oder Bewusstseinsindustrie in gesellschaftlich-kritischer Absicht, den ideologischen Schleier der Klassengesellschaft zu durchschauen und soziale Ungerechtigkeiten zu erkennen. Subjektorientierte Konzepte der 1980er- und 1990er-Jahre orientieren sich an den Stichworten Identifikation als Grundlagen des Filmerlebens, als Hilfe zum Erkennen der eigenen Persönlichkeit, sowie Faszination und Genuss als Möglichkeit der Wahrnehmungsbildung, was insbesondere vor dem Hintergrund bedeutsam wird, dass heute ausgerechnet für die Altersgruppe der Jugendlichen, die es einmal vor den Gefahren besonders zu schützen gegolten hatte, das Kino zum beliebtesten und auch von den Eltern akzeptierten Freizeitort geworden ist (VOLLBRECHT 2001, 52).

Neben der Betrachtung der Wirkung audiovisueller Medien werden neuerdings Zusammenhänge zwischen Gehirnentwicklung und Mediennutzung bei Kindern thematisiert (SPITZER 2005). Während Untersuchungen über die Auswirkungen des Fernsehkonsums auf Kinder und Jugendliche angesichts der Frage, ob bestimmte Fernsehinhalte eine Neigung zu bestimmten Verhaltensweisen wie beispielsweise Gewalt verstärken, wegen der vielen Faktoren schwierig zu belegen sind, scheint sich wohl eher zu bestätigen, dass längerer Fernsehkonsum schon bei Kleinkindern sich negativ auf kognitive Leistungen auswirkt.

Idealtypisch lassen sich nach TULODZIECKI (1997, 83ff) fünf Konzepte der **Medienerziehung** in Anlehnung an FRÖHLICH (1982) in historischer Sicht unterscheiden:

- *Behütend-pflegende Medienerziehung* (bewahrpädagogische Ansätze): Hier steht das Bewahren und Behüten der Kinder und Jugendlichen vor den vermuteten Gefährdungen wie beispielsweise Reizüberflutung oder Vermittlung moralisch negativer Werte durch die Medien im Mittelpunkt. Es wird von einer monokausalen direkten Medienwirkung (Stimulus-Response-Modell) ausgegangen. Bewahrpädagogische Überlegungen führten u.a. zur „Freiwilligen Selbstkontrolle" der Filmwirtschaft (1949) und zum „Gesetz der Verbreitung jugendgefährdender Schriften" (1953). Vertreter bewahrpädagogischer Medienerziehung sind z.B.: KEILHACKER/ KEILHACKER (1955) und WASEM (1969).

- *Ästhetisch-kulturorientierte Medienerziehung*: Die Heranwachsenden sollen durch die Kultivierung des ästhetischen Empfindens vor Gefahren geschützt werden und den Film als Kunstform wertschätzen lernen. Die ästhetisch-kulturorientierte Medienerziehung soll zur kritischen Reflexion von Filminhalten, das Kennenlernen der Elemente der Filmsprache und deren Verwendung unter ästhetisch-künstlerischen Aspekten befähigen. Vertreter sind beispielsweise: CHRESTA (1963) und PETERS (1963).

- *Funktional-systemorientierte Medienerziehung*: Die Medien sollen zur Information und Bildung genutzt werden und so einen mündigen und kritikfähigen Rezipienten fördern sowie zur Demokratie und Kultur beitragen. Zielsetzung ist hier das Verstehen und Beurteilen von Medienangeboten und die eigene Einordnung in den massenkommunikativen Zusammenhang. Vertreter: KERSTIENS (1971).

- *Kritisch-materialistische Medienerziehung*: Unter dem Einfluss der Frankfurter Schule (ADORNO; HORKHEIMER; MARCUSE) und der Kritik an der kapitalistischen Warengesellschaft werden die Funktionen von Medien, Bewusstseinsmanipulation und Herrschaftsverhältnisse problematisiert. Die

Emanzipation von Herrschaftsbeziehungen erfordert die Befreiung von den Einflüssen der Bewusstseinsindustrie (ENZENSBERGER) bzw. Kulturindustrie (ADORNO). Die Analyse von Medieninhalten soll vor allem benachteiligten Gesellschaftsgruppen ihre Manipulation bewusst machen. In gezielten Aktionen werden Medien zur Herstellung von Gegenöffentlichkeiten eingesetzt. Vertreter z.B.: HOLZER (1974).

- *Handlungs-/interaktions- bzw. kompetenzorientierte Medienerziehung*: Es wird von der Fähigkeit zur aktiven Teilnahme an idealen Kommunikationsgemeinschaften (vgl. HABERMAS) und einem aktiven Rezipienten ausgegangen. Die Befähigung zu einem kompetenten Umgang mit den Medien soll über aktive (produktions- und handlungsorientierte) Medienarbeit erfolgen. Die Zielsetzungen lassen sich klar von bewahrpädagogischen Ansätzen abgrenzen, wohingegen Anknüpfungspunkte zu den ideologiekritischen Ansätzen bestehen, die z.T. weiterentwickelt wurden. Vertreter sind beispielsweise: BAACKE (1980), DOELKER (1989) und TULODZIECKI (1997).

Ergänzend könnte man angesichts neuerer Befunde aus Längsschnittstudien zum Zusammenhang von Fernsehkonsum und Hirnentwicklung (vgl. BORZEKOWSKI/ROBINSON 2005; HANCOX/MILNIE/POULTON 2005; ZIMMERMANN/CHRISTAKIS 2005), wonach exzessiver Fernsehkonsum einen Angriff auf das Gehirn darstellt, im Sinne der Neurodidaktik (SPITZER 2002, 2003) das Konzept einer *hirngerechten Medienerziehung* postulieren.

5.3 Systematik(en) der Medienpädagogik und Medienkompetenz

Was unter Medienpädagogik zu verstehen ist und welche Teilbereiche dazu gezählt werden, ist recht heterogen. Die beiden nachfolgenden Abbildungen 76 und 77 zeigen zwei verschieden Systematiken von Medienpädagogik. „Medienpädagogik meint die Gesamtheit aller pädagogisch relevanten handlungsleitenden Überlegungen mit Medienbenutzung einschließlich ihrer medientechnischen und medientheoretischen bzw. empirischen und normativen Grundlagen" (TULODZIECKI 1997, 45).

Kernbereiche der Medienpädagogik sind Mediendidaktik und Medienerziehung:

Die *Mediendidaktik* beschäftigt sich mit der Frage, wie Medien in Lehr- und Lernprozessen eingesetzt werden müssen um die Zielsetzungen von Unterrichtseinheiten zu unterstützen.

Medienerziehung ist die Summe all jener Bemühungen, mit denen versucht wird, Heranwachsenden einen bestimmten Umgang mit Medien nahe zu bringen. Eine wesentliche Zielkategorie ist das Vermitteln einer Medienkompetenz.

Tabelle 76: Teilbereiche von Medienpädagogik nach MERKERT (1999)

Medienpädagogik			
Medienkunde	Mediendidaktik	Medienerziehung	Medienforschung

Tabelle 77: Teilgebiete der Medienpädagogik nach TULODZIECKI (1997, 46)

Medienpädagogik		
Mediendidaktik	Medienerziehungstheorie	Medientheorie
Medientechnik	Medienpraxis	Medienforschung

Nach TULODZIECKI (1997, 45) kann das Feld aller Überlegungen zu dem Problemkreis, welche erziehungs- und bildungsrelevanten Ziele im Zusammenhang mit Medienfragen angestrebt werden sollen und wie dies pädagogisch umgesetzt werden kann als *Medienerziehungstheorie* bezeichnet werden. In der *Medientechnik* werden technische Bedingungen und Voraussetzungen für medienpädagogisches Handeln dargestellt. Die *Medientheorie* stellt ein System von Aussagen zu soziologischen, psychologischen, rechtlichen, politischen o.ä. Zusammenhängen im Medienbereich dar. Die *Medienforschung* umfasst alle wissenschaftlich-forschenden Aktivitäten in deskriptiver, hypothesen-prüfender und zusammenhangsanalytischer Hinsicht. *Medienpraxis* ist schließlich das Feld, in dem sich medienbezogenes Handeln als Mediengestaltung, Medienverwendung oder Medienerziehung vollzieht.

Medienkompetenz als Zielkategorie medienpädagogischen Handelns

Der Begriff Medienkompetenz kann auf BAACKES Adaption des Konzepts Kommunikative Kompetenz von HABERMAS (1971) zurückgeführt werden. Inhaltlich wird BAACKES Konzept der Medienkompetenz durch Medienkunde, Medienkritik, Mediennutzung und Mediengestaltung bestimmt (s. Abb. 78).

Der Teilbereich *Medienkunde* ist im Hinblick auf Wissen und Können zu verstehen (informativ = klassische Wissensbestände; instrumentell-qualifikatorisch = Fähigkeit, Mediengeräte bedienen zu können). *Medienkritik* umfasst dabei eine analytische Dimension (problematische gesellschaftliche Prozesse erkennen), eine reflexive Dimension (analytisches Wissen auf sich selbst anwenden) und eine ethische Dimension (analytisches Denken und reflexive Rückbezüge sozial verantworten). Der Teilbereich *Mediennutzung* beinhaltet die Dimension der vorrangig rezeptiven Anwendung von Medien als auch die Dimension der interaktiven Nutzung von Medienangeboten. Die *Mediengestaltung* differenziert sich in eine innovative Dimension (Veränderung und Weiterentwicklung des Mediensystems) und eine kreative Dimension, bei der es um ästhetische Varianten geht und die somit über die Kommunikationsroutine hinausgeht.

Abbildung 78: Teilbereiche von Medienkompetenz (BAACKE 1996)

Medienkompetenz			
Medienkunde	*Medienkritik*	*Mediennutzung*	*Mediengestaltung*
-informativ -instrumentell-qualifikatorisch	-analytisch -reflexiv -ethisch	-rezeptiv -interaktiv	-innovativ -kreativ, ästhetisch

Es gibt eine Reihe anderer, konkurrierender Ausdifferenzierungen von Medienkompetenz, die hier nicht im Einzelnen vorgestellt werden können. PÖTTINGER (1997) unterscheidet drei Dimensionen der Medienkompetenz (s. Abb. 79) und SCHORB (1998) differenziert vier Dimensionen der Medienkompetenz (s. Abb. 80).

Tabelle 79: Dimensionen von Medienkompetenz (PÖTTINGER 1997)

Medienkompetenz		
Wahrnehmungskompetenz	*Nutzungskompetenz*	*Handlungskompetenz*
Strukturen, Gestaltungsformen, Wirkungsmöglichkeiten von Medien durchschauen	Medienangebote zielgerichtet und angemessen nutzen	Medien als Ausdruck seiner Persönlichkeit, Interessen und Anliegen aktiv gestalten

Abbildung 80: Dimensionen von Medienkompetenz (SCHORB 1998)

Medienkompetenz			
Orientierungs- und Strukturwissen	*Kritische Reflexivität*	*Handlungsfähigkeit*	*Fähigkeit zur kreativen, sozialen Interaktion*

5.4 Medienwirkungsforschung: Medientheorie und Gewaltwirkungsforschung

Medientheorien

BAACKE (1979, 56ff) benennt vier medientheoretische Ansätze (vgl. TULODZIECKI 1997, 82):

- das *Stimulus-Response-Konzept*, das durch die Sichtweise geprägt ist, dass die Massenmedien verschiedene Reize bzw. Stimuli aussenden, die zu bestimmten Reaktionen auf Seiten des Empfängers bzw. Rezipienten führen,

- das *systemtheoretisch-funktionalistische Konzept*, das auf den Gedanken basiert, dass die Massenmedien und die Rezipienten sich nicht einfach in isolierter Weise gegenüberstehen, sondern als funktionale „Elemente" in einem Systemzusammenhang wirken, der durch gesamtgesellschaftliche Bezüge beeinflusst wird,

- das *kritisch-materialistische Konzept*, in dem Massenkommunikation als Mittel der Bewusstseinskontrolle und Herrschaftssicherung im kapitalistischen Gesellschaftssystem verstanden wird,

- das *interaktionistisch-handlungstheoretische Konzept*, in dem die Nutzung von Medien als absichts- und sinnvolles Handeln interagierender Subjekte in einem sozialen Kontext gedeutet wird.

Gewaltwirkungsforschung

Unter *Gewalt* wird die bewusste, beabsichtigte oder in Kauf genommene Schädigung von Personen (sowie Tieren und teilw. Gegenständen) verstanden (vgl. THEUNERT 1996). GALTUNG (1975) unterscheidet *personale* und *strukturelle Gewalt*, die jeweils physisch, psychisch, objektlos und objektbezogen sein kann. Die Gewaltformen können weiterhin manifest oder latent sowie intendiert oder nicht-intendiert sein.

SELG (2003) differenziert den Bereich der Gewaltwirkungsforschung in Medien-Ohnmacht, Risikothese und Medien-Allmacht. Unter den Annahmen der *Medien-Allmacht* finden sich sowohl optimistische bzw. positive (vgl. NOBLE 1975) wie pessimistische bzw. negative Wirkungsunterstellungen (vgl. POSTMAN 1983; GLOGAUER 1991) in Bezug auf das Aggressionspotenzial und die Gewaltausübung. Hingegen geht beispielsweise DEGEN (1988) von einer *Medien-Ohnmacht,* also einer Wirkungslosigkeit der Medien aus (s. Abb. 81).

Abbildung 81: Hypothesen in der Gewaltwirkungsforschung

"Medien-Allmacht"		"Medien-Ohnmacht"
"negative" Wirkung (Aggressionsbereitschaft nimmt zu)	*"positive" Wirkung* (Aggressionsbereitschaft nimmt ab)	
- Imitationsthese - Stimulationsthese - Habitualisierungshypothese	- Katharsishypothese - Inhibitionshypothese	- Wirkungslosigkeitsthese

- *Katharsishypothese:* Bei der Katharsishypothese wird davon ausgegangen, dass durch die Projektion der eigenen Handlungsimpulse auf den im Medium gewalttätig Handelnden die eigenen Aggressionen ausgelebt werden könnten. Die sich permanent bildenden aggressiven Impulse können hier in sozial akzeptierter Weise abgebaut werden. Die Bereitschaft zur eigenen Gewaltanwendung wird dadurch vermindert (vgl. NOBLE 1975; BETTELHEIM 1988). Diese Hypothese ist die bisher am besten erforschte und mittlerweile eindeutig widerlegt; sie stellte sich als Irrtum heraus (vgl. SELG 2003).

- *Inhibitionshypothese*: Nach der Inhibitionshypothese führt das Miterleben von Gewalt zu Angst oder Schuldgefühlen beim Rezipienten und zum Verzicht auf eigene Gewalthandlungen. Diese Hypothese gilt ebenfalls als widerlegt.

- *Stimulationsthese/Erregungsthese*: Diese These geht davon aus, dass mediale Gewaltdarstellungen – besonders nach frustrierenden Erlebnissen – zum gewalttätigen Handeln anregen (vgl. BERKOWITZ 1969). Im Zustand emotionaler Erregung durch Frustration (und unter bestimmten persönlichkeitsspezifischen und situativen Bedingungen) führt der Gewaltkonsum kurzfristig zu einer gesteigerten Aggressionsbereitschaft (KREBS 1994, 367).

- *Imitationsthese*: Hier wird vom Modelllernen ausgegangen. BANDURA et al. (1973) weisen experimentell nach, dass Kinder aggressives Verhalten von Modellen in Abhängigkeit von den Handlungskonsequenzen nachahmten. Belohnung fördert die Nachahmung und Sanktionierung hemmt sie. Modelle werden um so eher nachgeahmt, je realitätsnäher und je stärker sie dem Rezipienten ähneln.

- *Habitualisierungs- und Kultivierungshypothese*: Annahme dieser Hypothese ist, dass ständiges Sehen von Gewaltdarstellungen langfristig zu Veränderungen des Weltbilds führen. So wird der Eindruck einer gewalttätigen Welt vermittelt. Dies führe zu unangemessener Angst (Kultivierung) bzw. zur Gewöhnung und Abstumpfung sowie zur Herabsetzung von Empathie (Habitualisierung).

- *These der Wirkungslosigkeit der Medien*: Es wird von einer Medien-Ohnmacht ausgegangen. Der Konsum von Medieninhalten bliebe völlig wirkungslos (vgl. DEGEN 1988). Diese These würde natürlich auch die Wirkung der allgegenwärtigen Werbung in Frage stellen. Zudem würde auch niemand die positiven Wirkungen von Kindersendungen bestreiten, die pädagogisch als besonders wertvoll gelten und wozu auch viele empirische Belege vorliegen (vgl. LAMNEK 1995).

Forschungsbrennpunkt: Mediale Gewalt – virtuelle Gewalt – reale Gewalt

Ein existierender Zusammenhang zwischen Mediengewalt und Gewalthandeln wird in der empirischen Medienwirkungsforschung mit Hilfe einer „Verstärkerhypothese" diskutiert. Die Rezeptionswirkung von Medien ist hierbei allerdings immer *persönlichkeits- und sozialisationsabhängig*. Das bedeutet, dass eine vorhandene Gewaltbereitschaft bzw. aggressive Kognitionen (bei Kindern und Jugendlichen) durch mediale Gewaltdarstellungen verstärkt werden können (*Risikothese*). Als eine entscheidende Größe hinsichtlich potenziell negativer Effekte von Mediengewalt auf Kinder und Jugendliche wird die *familiäre Situation* angesehen. Neben der familiären Sozialisation haben sich Alter, Geschlecht (geschlechtsspezifische Sozialisation), Intelligenz, Bildung, subjektive Verarbeitungskompetenz, Nutzungs-/Konsumdauer, entwickeltes Wertesystem sowie Aggressionsneigung als maßgebliche Moderatoren der Medienwirkung herausgestellt (vgl. MERTEN 2003; RAITHEL 2003; SELG 2003).

Eine gewaltverstärkende Wirkung der in den Medien dargestellten Gewalthandlungen hängt weiterhin davon ab, ob sie innerhalb der jugendlichen Lebenssituation *anschlussfähig* sind. Wirklichkeitsferne Horrorfilme sind darum auch bei „hyperrealistischer" Darstellung weniger gefährlich als Actionfilme, die die Lebenslage von Jugendlichen (in modernen Städten) zum Ausgangspunkt nehmen (vgl. ECKERT 1993). Neben der Einschätzung des Realitätsgehalts von Filmen ist auch die *Identifikation* mit dem aggressiven „Helden" (je stärker die Identifikation, desto größer die Wirkung) eine potenzielle Wirkungsgröße (vgl. SELG 1997).

Bei dem Zusammenhang von virtueller Gewalt (qua Computerspielen) und realer Gewaltausübung sind im Vergleich zur Mediengewalt zum einen der *Aspekt der Realitätsferne* und zum anderen der *Aspekt der Interaktivität* zu berücksichtigen: Der Aspekt der Realitätsferne der virtuellen Gewalt führt zu einer einschränkenden Annahme bezüglich eines Wirkpotenzials (vgl. FRITZ/FEHR 1997). Hingegen kommt den Computerspielen im Gegensatz zum passiven Filmkonsum eine aktive Komponente zu, der potenziell eine stärkere Wirkung zugesprochen wird (vgl. STECKEL/TRUDEWIND 1997).

SACHER (1993) kommt nach der Auswertung mehrerer Untersuchungen zum Ergebnis, dass gerade in den methodisch sorgfältigeren Studien keine aggressionsfördernden Wirkungen aggressiver Spiele nachgewiesen werden konnten. In einer experimentellen Untersuchung von STECKEL UND TRUDEWIND (1997) zur Wirkung virtueller Gewalt zeigte sich hingegen, dass die Spieler nach aggressiv aufgeladenen Computerspielen auf emotional berührende mediale Reize nur in geringem Maß empathisch reagierten. KÜRTEN UND MÜHL (2000) stellen fest, dass reale Gewalt, mediale Gewalt und virtuelle Gewalt in einem deutlichen Verhältnis zueinander stehen. RAITHEL (2003) stellte fest, dass die jugendliche Gewaltdelinquenz am stärksten mit innerfamiliären Gewalterfahrungen und dem Sehen von Horror- und Kriegsfilmen korrespondiert, der Zusammenhang mit Ego-Shootern (virtuelle Gewalt) ist in solchen multifaktoriellen Analysen eher gering.

Neben der rezipientenorientierten Frage nach den Wirkungen und der kommunikationsorientierten Frage nach den Inhalten bleibt schließlich auch die Frage nach den sozialen Bedeutungen und Funktionen der Gewaltdebatte für die Selbstvergewisserung der Gesellschaft oder einer Selbstverständigung über Ethik und Moral, Verantwortlichkeit, Beeinflussbarkeit oder Wehrlosigkeit sowie das spannungsreiche Verhältnis von Gewalttätigem (im privaten oder öffentlichen Bereich, vgl. „Staatsgewalt") und Alltagsleben.

Einführungsliteratur (zum Weiterlesen)

Tulodziecki, G. (1997): Medien in Erziehung und Bildung. Bad Heilbrunn: Klinkhardt.
Vollbrecht, R. (2001): Einführung in die Medienpädagogik. Weinheim: Beltz.

Literatur

Albrecht, G. (1969); Nationalsozialistische Filmpolitik. Stuttgart: Enke.
Assmann, A./Assmann, J. (1994): Das Gestern im Heute. Medien und soziales Gedächtnis. In: Merten, K./Schmidt, S.J./Weischenberg, D. (Hrsg.): Die Wirklichkeit der

Medien. Eine Einführung in die Kommunikationswissenschaft. Opladen: Westdeutscher Verlag, 114-140.

Baacke, D. (1979): „Medienpädagogik" unter den Konstitutionsbedingungen sozialwissenschaftlicher und medientheoretischer Annahmen. In: Wodraschke, G. (Hrsg.): Medienpädagogik und Kommunikationslehre. München: Ölschläger, 51-65.

Baacke, D. (1980): Kommunikation und Kompetenz. München: Juventa.

Baacke, D. (1996): Medienkompetenz als Entwicklungs-Chance. In: medien + erziehung, 40, 4, 202-203.

Baacke, D. (1997): Kommunikation/Massenkommunikation. In: Hüther, J./Schorb, B./Brehm-Klotz, C. (Hrsg.): Grundbegriffe Medienpädagogik. München: KoPäd-Verlag.

Bandura, A. et al. (1973): Stellvertretende Bekräftigung und Imitationslernen. In: Hofer, M./Weinert, F.E. (Hrsg.): Pädagogische Psychologie; 2. Lernen und Instruktion. Frankfurt a. M.: Fischer, 61-74.

Berkowitz, L. (Hrsg) (1969): Roots of Aggression. A Re-Examination of the Frustration-Aggression Hypothesis. New York: Atherton.

Bettelheim, B. (1988): Brauchen Kinder Fernsehen? In: Televizion, 1, 1, 4-7.

Beyer, F. (1991): Die UFA-Stars im Dritten Reich. Frauen für Deutschland. München: Heyne.

Borzekowski, D.L.G/Robinson, Th.N. (2005): The Remote, the Mouse, and the No. 2 Pencil. The Household Media Environment and Academic Achievement Among Third Grade Students. In: Arch Pediatr Adolesc Med, 159, 607-613.

Chresta, H. (1963): Filmerziehung in Schule und Jugendgruppe. Solothurn: Schweizer Jugend-Verlag.

Degen, R. (1988): Medienwirkung: Der große Bluff. In: Psychologie heute, 15, 3, 20-27.

Doelker, C. (1989): Kulturtechnik Fernsehen. Analyse eines Mediums. Stuttgart: Klett.

Eckert, R. (1993): Gesellschaft und Gewalt – ein Aufriß. In: Soziale Welt, 44, 3, 358-374.

Fritz, J./Fehr, W. (1997): Gewalt, Aggression und Krieg. Bestimmende Spielthematiken in Computerspielen. In: Fritz, J./Fehr, W. (Hrsg.): Handbuch Medien: Computerspiele. Bonn: BzpB, 277-288.

Fröhlich, A. (1982): Handlungsorientierte Medienerziehung in der Schule. Tübingen: Niemeyer.

Galtung, J.G. (1975): Strukturelle Gewalt. Reinbek: Rowohlt.

Glogauer, W. (1991): Kriminalisierung von Kindern und Jugendlichen durch Medien. Baden-Baden: Nomos.

Habermas, J. (1971): Vorbereitende Bemerkungen zu einer Theorie der kommunikativen Kompetenz. In: Habermas, J./Luhmann, N. (Hrsg.). Theorie der Gesellschaft oder Sozialtechnologie – Was leistet die Systemforschung. Frankfurt: Suhrkamp, 101-141.

Hancox, R.J./Milnie, B.J./Poulton, R. (2005): Association of Television Viewing During Childhood With Poor Educational Achievement. In: Arch Pediatr Adolesc Med, 159, 614-618.

Hörmann, G. (2005): „Davon geht die Welt nicht unter". In: Musik-, Tanz- und Kunsttherapie, 14, 4, 198-204.

Holzer, H. (1974): Kinder und Fernsehen. Materialien zu einem öffentlich-rechtlichen Dressurakt. München: Hanser.
Keilhacker, M./Keilhacker, M. (1955): Kind und Film. Stuttgart: Klett.
Kerstiens, L. (1971): Medienkunde in der Schule. Lernziele und Vorschläge für den Unterricht. Bad Heilbrunn: Klinkhardt.
Krebs, D. (1994): Gewalt und Pornographie im Fernsehen – Verführung oder Therapie? In: Merten, K. (Hrsg.): Die Wirklichkeit der Medien. Opladen: Westdeutscher Verlag.
Kürten, C./Mühl, A. (2000): Die Wirkung von Computerspielen auf Jugendliche im Alter von 11 bis 18 Jahren. Ein empirisches Modell der Einflußgrößen auf die Computerspielauswahl. In: Bühl, A. (Hrsg.): Cyberkids. Empirische Untersuchungen zur Wirkung von Bildschirmspielen. Münster: Lit, 71-162.
Lamnek, S. (1995): Gewalt in Massenmedien und Gewalt unter Schülern. In: Lamnek, S. (Hrsg.): Jugend und Gewalt. Devianz und Kriminalität in Ost und West. Opladen: Leske + Budrich, 225-256.
Lenssen, C. (1997) Blaue Augen, Blauer Fleck. Kino im Wandel von der Diva zum Girlie. Potsdam: Parthas.
Merkert, R. (1999): Medienpädagogik. In: Reinhold, G./Pollak, G./Heim, H. (Hrsg.): Pädagogik-Lexikon. München: Oldenbourg.
Merten, K. (2003): Gewalt aus Medien? Fakt oder Fiktion? In: Unsere Jugend, 55, 4, 157-169.
Noble, G. (1975): Children in Front of the Small Screen. London: Constable.
Peters, J.M. (1963): Grundlagen der Filmerziehung. München: Juventa.
Postman, N. (1983): Das Verschwinden der Kindheit. Frankfurt: Fischer.
Pöttinger, I. (1997): Lernziel Medienkompetenz. München: KoPäd. Verlag.
Pross, H. (1972): Medienforschung. Darmstadt: Habel.
Raithel, J. (2003): Medien, Familie und Gewalt im Jugendalter. Zum Zusammenhang von Gewaltkriminalität, Erziehungserfahrungen, Fernsehkonsum und Computerspielnutzung. In: Monatsschrift für Kriminologie und Strafrechtsreform, 86, 4, 287-298.
Sacher, W. (1993): Jugendgefährdung durch Video- und Computerspiele? In: Zeitschrift für Pädagogik, 39, 2, 313-333.
Schorb, B. (1998): Stichwort: Medienpädagogik. In: Zeitschrift für Erziehungswissenschaft, 1, 7-22.
Selg, H. (1997): Gewalt in Medien – Möglichkeiten von Eltern zur Vermeidung negativer Auswirkungen. In: Kindheit und Entwicklung, 6, 79-83.
Selg, H. (2003): Mediengewalt und ihre Auswirkungen auf Kinder. Stellungnahme zu einer alten Streitfrage und zu angeblich kontroversen Befunden. In: Unsere Jugend, 55, 4, 147-156.
Spitzer, M. (2002): Lernen. Gehirnforschung und die Schule des Lebens. Heidelberg: Klett.
Spitzer, M. (2003): Neurodidaktik – Medizin für die Pädagogik. In: Die Zeit 39/2003 (abrufbar unter: http://www.zeit.de/2003/29/Neurodidaktik (Stand 31.07.2006).
Spitzer, M. (2005): Vorsicht Bildschirm. Elektronische Medien, Gehirnentwicklung, Gesundheit und Gesellschaft. Stuttgart: Klett.

Steckel, R./Trudewind, C. (1997): Aggression in Videospielen: Gibt es Auswirkungen auf Spieler? In: Fritz, J./Fehr, W. (Hrsg.): Handbuch Medien: Computerspiele. Bonn: BzpB, 217-227.

Theunert, H. (1996): Gewalt in den Medien – Gewalt in der Realität. München: KoPäd.

Thiele, J./Ritzel, F. (1991): Poltische Botschaft und Unterhaltung – Die Realität im NS-Film: DIE GROSSE LIEBE (1942). In: Faulstich, W./Korte, H. (Hrsg.): Fischer Filmgeschichte. Band 2. Frankfurt: Fischer, 310.-323.

Tulodziecki, G. (1997): Medien in Erziehung und Bildung. Bad Heilbrunn: Klinkhardt.

Vollbrecht, R. (2001): Einführung in die Medienpädagogik. Weinheim: Beltz.

Wasem, E. (1969): Medien in der Öffentlichkeit. Düsseldorf: Schwann.

Zimmermann, F.J./Christakis, D.A. (2005): Children's Television Viewing and Cognitive Outcomes. A Longitudinal Analysis of National Data. In: Arch Pediatr Adolesc Med, 159, 619-625.

6 Sexualpädagogik

6.1 Sexualität als Gegenstand von Sexualpädagogik

Im Zuge der Verbürgerlichung kam in den Industriegesellschaften des 19. Jahrhunderts der Begriff „Sexualität" für geschlechtliche Vorgänge in Gebrauch. Während sich dieser zunächst neutrale Begriff auf biologische und botanische Aspekte bezog, wurde er bald nur noch auf menschliches Verhalten angewendet. Er blieb jedoch bis weit in dieses Jahrhundert hinein lediglich in einer engen Sichtweise auf den Koitus mit der Fortpflanzungsfunktion beschränkt. Diese ehemals enge Beschreibung von Sexualität schloss die Lust- und Sozialfunktion aus.

Mit dem heutigen sinnvollerweise weitgefassten Begriff der Sexualität wird in erster Linie Liebe, Begegnung, Beziehungspflege und Kommunikation assoziiert. „Sexualität findet nicht nur im Fortpflanzungsgeschehen ihre Sinnerfüllung, sie ist auch nicht nur ein lustvolles Erlebnis, sondern in erster Linie Ausdruck der Liebe und Mittel der Kommunikation - eine Möglichkeit der Begegnung und der Beziehungspflege" (KENTLER 1982, 5). Unter Sexualität können alle Verhaltensweisen und Handlungen verstanden werden, die der Mensch mit anderen oder mit sich selbst ausübt, die ihn als Geschlechtswesen betreffen (vgl. USSEL 1977). Sexualität wird heute immer deutlicher als soziokulturelle Kategorie verstanden.

Der Sexualität kommt als personal verantwortete, menschliche Grundbefindlichkeit ein Eigenwert zu, und sie bedarf der Integration in die Gesamtheit der Person. Obwohl es sich hier scheinbar um ein ganz individuelles Phänomen handelt, ist sie nicht rein privater Natur, sondern auch in gesellschaftliche Zusammenhänge verflochten.

In der Auseinandersetzung mit sexualwissenschaftlichen Konzeptionen lassen sich vier Sinnkomponenten von Sexualität bestimmen, welche nicht als voneinander losgelöst zu betrachten sind, sondern sich wechselseitig bedingen; diese sind der *Identitätsaspekt*, der *Beziehungsaspekt*, der *Lustaspekt* und der *Fruchtbarkeitsaspekt* der Sexualität. Diese Aspekte sind in unterschiedlicher Gewichtung Gegenstand von Sexualitätsverständnissen. Weiterhin ist der *Kommunikationsaspekt* als eine Funktion von Sexualität zu nennen, der auch im Zusammenhang mit dem Beziehungsaspekt stehen kann. Neben diesen eher positiven Funktionen ist allerdings auch ein möglicher negativer Aspekt der Sexualität, nämlich der *Macht und Last* (z.B. bei sexueller Hörigkeit oder auch Gewalt), nicht auszublenden (s. Abb. 82).

Abbildung 82: Funktionen von Sexualität

Aspekte/Funktionen von Sexualität:
- Fortpflanzung
- Partnerbezug/Liebe
- Persönlichkeitsbildung/Identität
- Lust
- Kommunikation
- Macht/Last

Da das Verständnis von Sexualität von der Zielsetzung der jeweiligen sexualpädagogischen Richtung abhängt, ist keine einheitliche Definition möglich. Dennoch wird zur Beurteilung der verschiedenen sexualpädagogischen Positionen von dem weitgefassten Begriff von Sexualität ausgegangen.

Es ist noch auf geschlechtsspezifische Definitionsunterschiede zur Sexualität hinzuweisen, denn das bisherige Verständnis von Sexualität sowohl im Alltagsgebrauch als auch in der wissenschaftlichen Beschäftigung wird hauptsächlich von der männlichen Sexualität und Lebensform bestimmt. Sexualität bedeutet aber für Frauen etwas anderes als für Männer. Sexualität ist also keineswegs eindeutig, sondern verschieden definiert.

6.2 Phasen der Sexualpädagogik

Als Phasen der Sexualpädagogik bezeichnet MÜLLER (1992) als kritische Bilanz zwischen 1968 bis 1990:

a) *„Der Siegeszug"* (1968-1974): 1968 ist die Geburtsstunde einer flächendeckenden, obligatorischen Sexualerziehung. In dieser ersten Phase wurden an die (schulische) Sexualerziehung hohe pädagogische Ziele geknüpft und sie wurde als wichtiger Teil der Gesamterziehung gesehen, was im ersten Satz der Empfehlungen der Kultusministerkonferenz deutlich wurde: „Sexualerziehung als Erziehung zu verantwortlichem geschlechtlichen Verhalten ist Teil der Gesamterziehung". Durch gezielte Sexualerziehung sollten Werte vermittelt und entwickelt werden, die Jugendlichen sollten ihren Platz in der Gesellschaft erkennen und finden. Trotz der allgemeinen gesellschaftlichen Brisanz des Themas herrschte doch ein fast erstaunlicher Konsens und ein hohes Maß an grundsätzlicher Übereinstimmung, das seitdem nicht wieder erreicht worden ist.

b) *„Grabenkämpfe"* (1975-1977): Obwohl es von Anfang an Gegner der Sexualerziehung gab, wurden deren kritische Stimmen doch erst Mitte der 1970er-Jahre laut und sie begannen aktiv für ihre Ziele einzutreten (vgl. ebd. S. 24). Das Thema Sexualerziehung geriet zunehmend in die politische Diskussion und wurde auch zu Wahlkampfzwecken instrumentalisiert. Dabei ging es jetzt nicht mehr vorwiegend um die Inhalte der Sexualerziehung, sondern um ihre Legitimation selbst. Waren Lehrer, Eltern und Schüler durch den Schwebezustand ohnehin schon verunsichert, wurde diese Unsicherheit durch die „Verhärtung der ideologischen Fronten [...] noch verstärkt" (MÜLLER 1992, 26).

c) *„Rückzugsgefechte"* (1978-1985): Infolge des richterlichen Urteils vom 21.12.1977 war eine rege Gesetzgebungstätigkeit in allen Bundesländern (einzige Ausnahme: Nordrhein-Westfalen) zu verzeichnen, wodurch in Fachkreisen die Hoffnung auf eine Verbesserung der Lage aufkeimte. Die Realität jedoch sah anders aus. „Denn im wesentlichen waren diese legislativen Maßnahmen mehr oder weniger parlamentarische Pflichtübungen [...]", in einigen Fällen wurde die neue Gesetzgebung sogar dazu genutzt, „[...] um den bis dahin zumindest auf dem Papier bestehenden sexualpädagogischen Auftrag der öffentlichen Schule rigoros zu beschneiden" (ebd., 31). Als Anzeichen dafür können zum Beispiel Umbenennungen von Sexualerziehung in Geschlechtserziehung oder Familienerziehung gewertet werden. Mit den äußerlichen Veränderungen gingen natürlich auch inhaltliche und thematische Eingrenzungen einher. Insgesamt war ein deutlicher Rückzug der Schuladministration auf dem gesamten Gebiet der Sexualerziehung festzustellen.

d) *„Neue Vorstöße in Folge von AIDS"* (1986-1990): Nach Bekanntwerden der Immunschwäche AIDS und der vorwiegenden Übertragungsweise durch Sexualkontakte wurde der seit 1977 unverkennbar gewordene administrative Rückzug aus der Sexualerziehung abrupt gestoppt. Man war sich einig, dass zur Prävention und Bekämpfung der Krankheit vor allem eine breite Aufklärungsarbeit nötig sein würde und dass die Schulen eine wichtige Rolle bei dieser Arbeit spielen sollten. Um das Jahr 1986 setzte eine fast unüberschaubare Fülle sexualpädagogischer Aktivitäten ein, deren Ausmaß sogar den „Boom" der 1968er-Jahre übertraf (vgl. ebd., 42). Erneut keimte die Hoffnung auf Verbesserung eines flächendeckenden Sexualunterrichts auf, allerdings hat sich am grundsätzlichen Dilemma schulischer Sexualerziehung nichts geändert.

6.3 Sexualpädagogische Hauptrichtungen in historischer und systematischer Sicht

Innerhalb der Sexualpädagogik lassen sich vereinfacht vier Hauptrichtungen charakterisieren (s. Abb. 83), wobei in den meisten Überblicken die skeptische Sexualpädagogik unberücksichtigt bleibt (vgl. HOPF 1984; MÜLLER 1992). Obwohl jeder Versuch einer systematischen Einteilung sexualpädagogischer Positionen der Gefahr unterliegt, dass er pauschalisierend ist und von idealtypischen Positionen ausgeht (innerhalb einer sexualpädagogischen Position gibt es zahlreiche Vertreter und somit auch vielfältige Nuancen), ist er jedoch aufgrund seiner synoptischen Funktion angebracht.

Die Sexualpädagogik kann einerseits als Instrument der Bevormundung missbraucht werden oder andererseits die Heranwachsenden zur eigenständigen Gestaltung ihrer Intimität bemündigen.

Abbildung 83: Hauptpositionen der Sexualpädagogik

Sexualpädagogische Hauptrichtungen			
traditionell-repressiv	affirmativ- bzw. vermittelnd-liberal	emanzipatorisch (I) -politisch (II) -individuell	skeptisch

Diskussionen über Sexualpädagogik erfolgen immer im Kontext grundlegender erziehungswissenschaftlicher Auseinandersetzungen und haben Pädagoginnen und Pädagogen unterschiedlicher Richtungen und zu unterschiedlichen Zeiten zur Stellungnahme aufgerufen. Dabei verändern sich Zielsetzungen und deren Begründungszusammenhänge sowie Inhalte und zentrale Fragestellungen der Sexualpädagogik im Kontext kultureller und sozioökonomischer Entwicklungen, was zu einzelnen sexualpädagogischen Positionen geführt hat. Hieraus ergeben sich Kontroversen und Widersprüchlichkeiten zwischen den sexualpädagogischen Positionen. Welche Ziele, Aufgaben und Anforderungen Sexualpädagogik an sich stellt, wird nachfolgend ausgeführt. Dazu werden die sexualpädagogischen Hauptrichtungen aus dem deutschsprachigen Raum, die sich seit den 1950er-Jahren entwickelt haben, in ihren zentralen Thesen dargestellt und ihr Sexualitätsverständnis sowie ihre Ziele, Werte und Normen kritisch reflektiert. Da mit jeder einzelnen sexualpädagogischen Richtung ein jeweiliger Sexualitätsbegriff eng verbunden ist, wird das Sexualitätsverständnis mit dem in der Einleitung zugrunde gelegten verglichen.

a) Die traditionell-repressive Sexualpädagogik

Vor allem beinhaltet diese Richtung zentrale Aussagen, die sich auf die Wahrung traditioneller Werte unter Einbeziehung (christlich-) religiöser Orientierungen beziehen, welche von staatlicher und kirchlicher Seite, insbesondere von der katholischen Amtskirche vertreten werden. Hier wird Sexualität primär unter dem Aspekt der Fortpflanzung gesehen und findet ihren Platz ausschließlich in der Ehe. Die traditionell-repressive Sexualerziehung zielt auf eine Beherrschung des Sexualtriebs durch eine auf Ehe- und Familienfähigkeit reduzierte Erziehung. Wichtige Vertreter sind MEVES (1979; 1980; 1989), NAUJOKAT (1976; 1980) und AFFEMANN (1976; 1978). Erziehung als Triebabwehr ist ebenfalls Gegenstand der schwarzen Pädagogik (vgl. RUTSCHKY 1984, 299-375).

Da nach dieser Auffassung die Sexualität einen gefährlichen, brisanten Trieb darstellt, sie als ein instinktiv ablaufendes Verhalten gilt, muss das Kind/der Jugendliche durch strenge Moralvorschriften und Erziehungsmaßnahmen von ihm abgelenkt werden. Die menschliche Sexualität wird als endogentriebdeterminierend festgelegt und als ein biologisch bedingtes Fixum behandelt. Die Existenz vielfältiger Zusammenhänge zwischen gesellschaftlichen Strukturen und der Organisation von Sexualität wird nicht beachtet.

Kennzeichnend für diese Sexualerziehung sind das Ignorieren von Kinder- und Jugendsexualität, das Vermeiden frühzeitiger Konfrontation mit der Sexualität (rigides Verbot von frühkindlichen sexuellen Spielereien), die Förderung sexueller Abstinenz, die Mystifizierung und Umschreibung sexueller Tatbestände, die massive Sanktionierung von Selbstbefriedigung, die Unterstützung zur verantwortungsbewussten Liebes-, Ehe- und Familienfähigkeit sowie die Stabilisierung tradierter Geschlechterstereotypen.

Der Abwehrkampf gegen die Onanie ist „Hauptprogramm" der schwarzen Pädagogik; das Ausschließen von angeblichen Gefahren der Onanie für den „Zögling" erfordert das Nachspionieren und das Absuchen nach körperlichen und seelischen Malen. Alles pädagogische Handeln richtet sich auf Aufsicht und Kontrolle sowie Zensur von Lektüre. „Alle Lust ist tabu und kann sich nur – gleichsam pervers – in der Askese und Kasteiung des Körpers einen regressiven Ausgang suchen" (RUTSCHKY 1984, 299).

Die Förderung von Liebes-, Ehe- und Familienfähigkeit wird als zentrales Ziel von Sexualerziehung genannt, womit vor allem dauerhafte Bindungsfähigkeit gemeint ist, doch eine Beschränkung von Sexualität ausschließlich auf die Ehe entspricht zumeist nicht mehr den gesellschaftlichen Realitäten. Voreheliche Sexualkontakte gelten im Jugendalter als selbstverständlich und dienen der Entwicklung und Entfaltung der Persönlichkeit. Doch ist eine Förderung nach

Akzeptanz individueller Schamgrenzen sinnvoll, um so die Intimsphäre zu schützen und sexuelle Grenzüberschreitungen zu vermeiden.

Besonders kritisch in diesen Zielsetzungen ist die Ablehnung jeglicher Sexualität im Kindes- und Jugendalter zu bewerten. Hiermit wird einer Entwicklung zur selbstbestimmten und befriedigenden Sexualität entgegengewirkt. Die Sexualität Heranwachsender wird nicht akzeptiert und eigene Erfahrungen werden nicht zugelassen. Diese „fernhaltende" Sexualerziehung spricht den Heranwachsenden ihre Sexualität ab und verhindert so eine Entwicklung von Sexualität.

Auf einem biogenen Sexualverständnis werden traditionelle Geschlechterstereotypen zugrunde gelegt. Diese stehen heute jedoch im krassen Gegensatz zu erkennbaren gesellschaftlichen Entwicklungen hinsichtlich geschlechtsspezifischer Identitätsentwicklungen und Lebenskonzepte sowie zu der Diskussion um eine Orientierung an einem Androgynitätskonzept. Die Entwicklung sexueller Identität wird nicht als ein aktiver, lebenslanger Prozess gesehen, sondern vielmehr wird eine gezielte Anpassung an tradierte Geschlechterstereotypen gefordert. Durch diese Fixierung wird eine freie und autonome Gestaltungsmöglichkeit der Sexualität eingeschränkt. Geschlechterstereotypen präformieren hierarchische Partnerschaftsbeziehungen und prägen die Sexualität entsprechend.

Diese sexualpädagogische Position lehnt eine institutionalisierte Sexualerziehung, beispielsweise in der Schule, strikt ab, denn sie bedeute eine seelische Vergewaltigung von Kindern und Jugendlichen und/oder eine Verlockung und Stimulierung. Hier spiegelt sich das biogene Sexualitätsverständnis wider. Sexualität wird nicht als soziokulturelle Kategorie bestimmt und sexuelle Identitätsfindung wird nicht als Entwicklungsaufgabe der Jugendphase gesehen.

b) Die politisch-emanzipatorische Sexualpädagogik

Diese Position, welche sich im Gefolge der Schüler- und Studentenrevolten der späten 60er Jahre konstituierte, richtet sich gegen die Ziele und Inhalte der bis dahin herrschenden sexualfeindlichen Erziehung. Sie hat sich als Reaktion auf die traditionell-repressive Sexualerziehung im Kontext sozial- und gesellschaftskritischer Bestrebungen entwickelt, die vor allem die Befreiung des Individuums aus gesellschaftlichen Zwängen forderten. Sie weist damit auf die politische Dimension von Sexualität und Sexualpädagogik hin und auf eine Einbindung sexueller Emanzipation in gesellschaftliche Reformbestrebungen.

Als Hauptvertreter ist Helmut KENTLER (1969; 1970; 1976) zu nennen, welcher diese „nichtrepressive" und „emanzipierende Sexualerziehung" grundlegend ausführte. In diese Konzeption sind neben Elementen der Psychoanalyse und

Ideen der marxistischen Gesellschaftskritik auch Gedanken der Humanistischen Psychologie eingeflossen. Die Überlegungen KENTLERS wurden maßgeblich von MARBURGER und SIELERT (1980) weiterentwickelt.

Es wird davon ausgegangen, dass die Sexualität durch Erziehungs- und Lernprozesse vermittelt wird und im Weiteren durch die Umwelt, die Gesellschaft und die geltenden Normen und Werte mit geprägt wird. Die Sozial- und Lustfunktion der Sexualität wird in dieser Richtung der Sexualerziehung betont.

Als das oberste Ziel ist die sexuelle und auch gesellschaftliche Emanzipation zu nennen, zu welcher ein Abbau von Unterdrückung, Bevormundung, Rollenstereotypen und -zwängen, sowie eine Entstigmatisierung von sexuellen Randgruppen gehören. Emanzipation, als generelle Zielvorstellung, kann als Befähigung zum autonomen Handeln, zur Selbstbestimmung und als Befreiung aus fremder Abhängigkeit begriffen werden, wobei dieser Begriff von dem der Mündigkeit unterschieden wird, denn letzterer impliziere eher konformistische Elemente.

Grundlegend für eine Förderung sexueller und gesellschaftlicher Emanzipation sind die Bestimmung von Sexualität als sozial bedingter Teil menschlichen Lebens, ein Abbau tradierter Geschlechterstereotypen, die Akzeptanz einer selbst gestalteten und lustvollen Sexualität Jugendlicher, eine kritische Reflexion des Standpunktes der Sexualerziehenden und eine Unterstützung familialer, schulischer und außerschulischer Sexualerziehung.

Sexualität wird in dieser sexualpädagogischen Richtung als Resultat von Sozialisationsprozessen begriffen und damit als erlernbar bestimmt. Die Sexualität wird vor allem für den Lustgewinn und damit auch für soziale Beziehungen als wichtig erkannt. Eine verantwortliche Empfängnisverhütung ist als pädagogische Zielsetzung wichtig, um somit eine angstfreie und lustvolle Sexualität erfahren und entwickeln zu können. Die sexualbejahende Sexualerziehung fordert eine Akzeptanz von Homosexualität und kämpft gegen Vorurteile und Diskriminierung.

Ein Abbau traditioneller Geschlechterrollen bedeutet, dass geschlechtsspezifische Erfahrungen und Erwartungen Jugendlicher berücksichtigt und thematisiert, eine gleichberechtigte Partnerschaft und eine partnerschaftliche Ehe gefordert und auch andere Formen des Zusammenlebens aufgegriffen und dargestellt werden. Die Ehe wird nicht zur Norm erhoben, sondern als eine mögliche Partnerschaftsform begriffen. Eine kritische Reflexion tradierter Geschlechterstereotypen und die Befürwortung einer Parität der Geschlechter ist ein sinnvolles Erziehungsziel.

Die politisch-emanzipatorische Sexualerziehung will Jugendliche befähigen, die Sexualität selbstbestimmt zu leben. Hierbei stellt der Koitus nur eine Form der sexuellen Befriedigung dar. Eine zwanghafte Fixierung auf bestimmte sexuelle Praktiken würde eine freie und autonome sexuelle Identitätsentwicklung einschränken und stören. Die Akzeptanz einer eigenständigen und selbstbestimmten Sexualität ist in einer sich verlängernden Jugendphase wichtiger denn je.

Als eine wesentliche Voraussetzung für eine selbstbestimmte Sexualität gilt die Schaffung eines angstfreien Klimas. Eine weitere wichtige Voraussetzung wird in der Kommunikation zwischen den Jugendlichen gesehen. Sexuelle Wünsche und Gefühle artikulieren zu erlernen sieht diese sexualpädagogische Position als eine wichtige Aufgabe an. Auch dass Sexualität und Sexualerziehung nicht in einem freien Raum stattfinden, sondern von gesellschaftlichen Strukturen und Normierungen beeinflusst werden, verdeutlicht diese sexualpädagogische Position.

c) Die affirmativ-liberale Sexualpädagogik

Hiermit wird ein Mittelweg zwischen den Extrempositionen beschrieben. Die Gruppe um OESTERREICH (1973; 1976) bezeichnet sich nach eigenem Verständnis als „progressive Mitte". Weitgehend wendet sie sich nicht nur gegen die traditionell-repressive Sexualerziehung, sondern ebenso gegen die politisch-emanzipatorische Sexualerziehung, da diese als zu progressiv, zu utopisch und zu sehr dem Gedanken der politischen Systemveränderung verhaftet ist. Als Grundprinzipien gelten für die vermittelnd-liberale Sexualerziehung: politische Neutralität, Wissenschaftsorientierung, pluralistische Meinungsvielfalt und ein demokratisches Staatswesen. Als weitere Vertreter dieser sexualpädagogischen Richtung sind MASKUS (1976; 1979) und PÖGGELER (1976) zu benennen.

Die Sexualität wird als triebbestimmter und zu kultivierender Verhaltensbereich bestimmt. Zwar wird Sexualität als Ergebnis von Sozialisationsprozessen gesehen, doch sie gilt durch genetische Anlagen vorgegeben. Sublimierung und Kultivierung des Triebs werden gefordert, denn erst durch die Beherrschung des Sexualtriebs sei Liebe möglich. Das Lustprinzip sollte dementsprechend nicht im Mittelpunkt des Lebens stehen. Sexualität wird also nicht auf ihre Fortpflanzungsfunktion reduziert, jedoch bleibt die Fortpflanzung auf die Ehe beschränkt. Sexualität bleibt ebenso auf die Heterosexualität beschränkt.

Ein zentrales Ziel dieser sexualpädagogischen Position ist eine Förderung soziopersonaler Gesellschafts-Partnerschaft. Individuelle Emanzipationsbestrebungen sollen den gesellschaftlichen Zielsetzungen untergeordnet werden, ohne dabei die emanzipatorischen Bestrebungen einzelner auszuschließen. Zwischen persönlichen Emanzipationsbestrebungen und gesellschaftlich-strukturellen Bindungen soll sich ein konstruktives Gleichgewicht, eine so genannte „Gesellschafts-Partnerschaft" entwickeln, welche dem Ziel der Emanzipation übergeordnet wird. Die Überbetonung der Integration ist kritisch zu sehen, denn diese sexualpädagogische Position lässt kaum Platz für den ebenso wichtigen Individuationsprozess.

Die Geschlechterstereotypen werden als anlagebedingt und kulturell ausgeformt begriffen. Partnerschaft gilt als Begegnung und Ergänzung gleichberechtigter, komplementär gedeuteter Zweigeschlechtlichkeit. Statt die Entwicklung der Geschlechtsidentität zu fördern, wird eine Anpassung an traditionelle Geschlechterrollen bewirkt. Traditionell-repressive geschlechtshierarchische Strukturen werden damit verschleiert und fortgeschrieben.

Ebenso wie die politisch-emanzipatorische Sexualpädagogik fordert auch die vermittelnd-liberale Sexualpädagogik eine Akzeptanz von Jugendsexualität und vorehelichen Sexualkontakten. Für den Prozess der Integration in die Gesellschaft und der Entwicklung sexueller Mündigkeit wird der Dialog zwischen Jugendlichen und Erwachsenen als zentral benannt, mit dem Ziel der Entwicklung einer verantwortlichen und angstfreien Sexualität.

Erziehung im Allgemeinen und Sexualerziehung im Besonderen wird als Entscheidungshilfe gesehen. Um eine selbstständige Entwicklung der sexuellen Identität zu ermöglichen und eine Entmündigung zu vermeiden, sollen den Jugendlichen ihre Entscheidungen nicht abgenommen werden. Sie sollen jedoch eine umfassende pädagogische Unterstützung erfahren, was sich in der Betonung der Kommunikation zwischen Jugendlichen und Erwachsenen widerspiegelt.

d) Die individuell-emanzipatorische Sexualpädagogik

Diese sexualpädagogische Hauptrichtung stellt das Individuum in den Mittelpunkt und basiert auf Grundpositionen der politisch-emanzipatorischen Sexualpädagogik, jedoch mit dem Ziel der Überwindung deren Mängel, vor allem der Überbetonung sozioökonomischer Bedingungen und der gesellschaftlichen Relevanz von Sexualität sowie der Ausblendung von körperlich emotionalen Aspekten. So wird die gesellschaftliche Emanzipation der individuellen, sexuellen Emanzipation untergeordnet, womit den Individualisierungsprozessen Rechnung getragen wird.

Sexualpädagogik müsse die Individualisierung sexueller Erfahrungswelten ins Zentrum der Betrachtungen rücken und von einer Politisierung der Sexualerziehung Abstand nehmen. Die Forderung nach Emotionalität, Zärtlichkeit, individueller Sicherheit und Selbstbestimmung sowie der Abbau der tradierten Geschlechterrollen sind für diese sexualpädagogische Richtung kennzeichnend (vgl. SIELERT 1989; 1990; 1993; SIELERT/KEIL 1993).

Sexualität wird als sinnvielfältige Lebensenergie bestimmt. Das bedeutet, dass Sexualität als eine Lebensenergie verstanden wird, welche in allen Lebensphasen körperlich, geistig-seelisch und sozial wirksam ist, als kulturell wie psychosozial bedingt gilt, nicht auf Geschlechter festgelegt ist und hetero-, homo- und bisexuelle Lebensformen umfasst. Sexualität wird als ein ambivalent besetzter Teil menschlichen Lebens begriffen. Sie ist einerseits schön, lustvoll-leidenschaftlich, sozial-fürsorglich, identitäts- und beziehungsfördernd, andererseits aber auch schmerzhaft, leidvoll, identitäts- und beziehungszerstörend. Die Betrachtung der negativen Seiten der Sexualität wird als notwendig erachtet.

Da sexuelle Verhaltensweisen und deren Motivationen als erlernbar begriffen werden, sollte Sexualpädagogik sich des Einflusses der Sozialisationsinstanzen bewusst werden und ein Lernen organisieren. Für die sexuelle Identitätsentwicklung werden Körpererfahrung und sinnliche Selbsterfahrungsarbeit als hilfreich gesehen. Durch sinnliche Körpererfahrung und Selbstliebe soll die eigene Körperlichkeit bejaht werden und somit auch das Selbstwertgefühl gestärkt werden. Dafür müsse das Interesse und der Spaß an körperlichen Empfindungen und Begegnungen gefördert werden. Hierfür ist es notwendig, dass emotionale Blockaden, welche eine emotionale und/oder kognitive Entwicklung verhindern, abgebaut werden. Sinnlichkeit, Zärtlichkeit und Emotionalität, der Kern der Sexualität, sollen wieder belebt und gepflegt werden.

Die zentrale Forderung nach Sinnlichkeit und Individualität führt jedoch dann zu ungewollten Folgen, wenn die Aufforderung zur Selbstliebe die Begegnungs- und Partnerschaftsfähigkeit schädigt oder sogar zerstört. Die Forderung zur allgegenwärtigen Zärtlichkeit wird durch die thematisierten Ambivalenzen von Sexualität relativiert.

Die Forderung nach Selbstbestimmung und Selbstverwirklichung ist neben der Achtung der eigenen Person, des Partners und des neuen Lebens eine zentrale ethische Ausgangsposition der individual-emanzipatorischen Sexualpädagogik. Um sich sexuell selbst zu verwirklichen und um die eigene Sexualität zu verantworten, sollen Jugendliche Eigensinn entwickeln. Diese Entwicklung des Eigensinns und der Prozess der argumentativen Auseinandersetzung mit anderen Lebensumständen, Sexualitätsvorstellungen und Wertmaßstäben gelten als besonders wichtig. Jugendliche sollen bestärkt werden, sich mit tradierten Werthaltungen auseinander zu setzen und ihren Eigensinn auch gegen Zwang und Konventionen zu behaupten. Sie sollen selbstbestimmte und selbstverantwortete Werte entwickeln und diese in Auseinandersetzungen durchsetzen oder aber revidieren. Sexualpädagogik soll den Prozess der eigenen Wertfindung begleiten, eigene Erfahrungen zulassen und die Entwicklung einer befriedigenden Sexualität mit den ihr zugrunde liegenden eigenen Wertmaßstäben fördern.

Als besonders sinnvoll für die Umsetzung der Ziele wird die außerschulische Jugendarbeit erachtet, denn sie erlaubt im hohen Maße eine Orientierung an den jeweiligen Interessen und Erfahrungen der Jugendlichen.

Die Zielbestimmungen der individual-emanzipatorischen Sexualpädagogik sind besonders umfassend. Die geforderte geschlechtsspezifische, emanzipatorische, bedürfnis- und erfahrungsorientierte Jugendarbeit ist als eine bestimmende und grundlegende Forderung an Sexualpädagogik zu verstehen. Ebenso liefert das umfassende Sexualitätsverständnis, die geforderte Gleichberechtigung zwischen den Geschlechtern und das Verständnis der Entwicklung von sexueller Identität als ein aktiver Prozess vielfältige und gewinnbringende Ansatzpunkte.

e) Skeptische Sexualpädagogik und postmoderne Entgrenzungen

Sexuelles als "Problemgenerator" mit der erfolgreichen Suche nach Neoproblemen bewirkt, dass angeblich jährlich etwa ein sexueller Missstand hinzukomme (LAUTMANN 1993, 152f.). „Behauptet wird von verschiedenen Autoren, dass sich die Definitionen sexueller Gewalt entgrenzen und die Schwellen, oberhalb derer ein Handeln als sexuelle Gewalt definiert würde, sinken würden" (PETERS 2003, 408f.). Ohne die Frage zu verfolgen, ob männliche Sexualität per se als Gewalt zu sehen ist, wie manche Radikalfeministinnen behaupten am Beispiel der Penetration von Körpern, die gemeinhin als sexuelle Handlung angesehen wird, ist nicht nur sexuelle Gewalt definitionstheoretisch zu problematisieren, sondern Sexualität insgesamt. Schauen wir uns etwa Ausführungen zu Funktionen und Etappen von Sexualität in kanonisierter Literatur zur Sexualpädagogik an, so wird gebetsmühlenartig in einschlägigen Büchern bis heute unverdrossen der sexualpädagogische Siegeszug gefeiert, im Ausgang von der repressiven über den Durchgang der bürgerlichen, entweder liberalen, „scheinaffirmativen" oder konservativen Richtung bis zum krönenden Endpunkt der triumphalistischen „emanzipatorischen Sexualpädagogik". Erst zögerlich stellt sich in neueren sexualpädagogischen Lehrbüchern eine realistischere Einstellung ein (z.B. SIELERT/VALTL 2000) und der Versuch, Sexualpädagogik weiter zu denken unter dem Blickwinkel postmoderner Entgrenzungen und sexualwissenschaftlicher Orientierungssuche (TIMMERMANNS et al. 2004; SCHMIDT 2004).

Sexualität als Ausdruck von Macht und Abhängigkeitsbeziehungen, als Mittel zur Denunziation, gar als Waffe kommen in den philanthropischen pädagogischen Erbauungsbüchern neben AIDS und Geschlechtskrankheiten höchstens als Zerrformen, periphere Randströmungen, Betriebsunfälle oder Schattenseiten vor. Gegen den herrschenden „Logozentrismus", die Tendenz zur sprachlichen Uniformität, die sprachliche Usurpation des Nichtsprachlichen, Verharmlosung und Verzerrung des sexualpädagogischen Gegenstandes ist vehement WERNER MÜLLER mit seinem, in – pädagogischen Kreisen allerdings schlichtweg ignorierten – Buch „Skeptische Sexualpädagogik" (MÜLLER 1992) zu Felde gezogen. In den beiden Konzepten, sowohl in den sexualaffirmativen als auch hedonistischen Prämissen der emanzipatorischen Sexualpädagogik wird seiner messerscharfen Analyse nach nämlich vorausgesetzt, „daß die sexuelle Unterweisung und Erziehung der Beförderung des Glücks des Einzelnen, der Gesellschaft oder gar der Menschheit zu dienen habe [...] Im ersten Fall gilt ein repressionsfreies, natürliches Liebes- und Sexualleben dafür als wesentliche Voraussetzung, im zweiten Fall ein wie auch immer definierter ‚rechter', ‚verantwortlicher', ‚humaner' Umgang mit Sexualität und Liebe. Im ersten Fall geht es primär um das gegenwärtige, im zweiten stärker um das zukünftige Glück. So selbstverständlich der eudämonistische Topos auf den ersten Blick auch erscheinen mag, er beruht auf einem dezidierten Verständnis von Sexualität und Liebe, das nicht voraussetzungslos gilt. In ihm wird unterstellt, dass das Glücklichsein – neben der Fortpflanzung – quasi zur immanenten Teleologie von Sexualität/Liebe gehöre, daß ‚richtig', d.h. ‚verantwortlich' bzw. ‚repressionsfrei' praktizierte Sexualität und Liebe zwangsläufig zur Vergrößerung des individuellen und kollektiven Glücks beitragen" (MÜLLER 1992, 151f.).

Die Frage war längst überfällig: „Wie läßt sich dieses Verständnis vom ‚Gegenstand' schulischer Sexualerziehung mit der offenkundigen Tatsache vereinbaren, daß Sexualität und Liebe auch eine der Hauptquellen tiefsten Unglücklichseins, schwersten Leides, heftigster Qualen und Schmerzen, von Kummer, Haß, Wut, Eifersucht, Ekel, Angst, Aggression, Gewalt, Unterdrückung usw. darstellt? Wie läßt es sich mit der unterstellten eudämonistisch-teleologischen Grundstruktur in Einklang bringen, daß im Namen und im Zeichen von Sexualität und Liebe nicht selten Handlungen begangen werden, die alles andere als die Glückseligkeit der Menschen begünstigen, sondern sie zur Verzweiflung, in Not, Elend, Krankheit und Verderben, ja sogar zu Mord und Selbstmord treiben?" (ebd.).

Unter der unhinterfragten Eudämonismus-Prämisse kommen solche Momente nur als „Schattenseiten" des „Gegenstandes" pädagogischer Sexualerziehung in Betracht, als negative und zu überwindende Begleiterscheinungen von Sexualität und Liebe, wo doch nur an die aus dem Alltag bekannten sprichwörtlichen Redensarten „durch die Liebe den Kopf/Verstand verlieren", „Liebe macht blind", „verhängnisvolle Affäre" erinnert zu werden brauchte. Solche Momente tauchen „in den Curricula für die Sexualerziehung höchstens am Rande, z.B. unter den Rubriken ‚Konfliktmöglichkeiten', ‚sexuelle Schwierigkeiten und Probleme' auf, oder sie werden wie z.B. die Themen Exhibitionismus oder Formen sexueller Gewalt als ‚abartiges Sexualverhalten', ‚sexuell motiviertes Fehlverhalten' und ‚sozial nicht tolerierbare Formen der Sexualität' eingestuft. Im Zentrum stehen gleichsam die ‚Sonnenseiten' von Sexualität und Liebe: ‚Glück', ‚Zufriedenheit', ‚Zärtlichkeit', ‚Lust', ‚Spaß', ‚Partnerschaft', ‚Treue', ‚Freundschaft', ‚Respekt', ‚Kameradschaft', ‚Wahrhaftigkeit', ‚Würde' und ‚Gesundheit'" (ebd., 153), die „hässlichen", „gewaltsamen", „feindseligen" und „aggressiven" Komponenten der Sexualität kommen in der Sexualerziehung notorisch zu kurz.

Ohne Rücksicht auf die aus Weltanschauungen, Menschenbildern und Gesellschaftsutopien abgeleiteten erzieherischen Aspirationen, Klein- und Großhoffnungen käme es für eine dialektisch aufgeklärte Sexualpädagogik daher darauf an, nicht allein Sexualität als ihr „'Gegenstandsfeld' so lange zu ‚beforschen, veredeln, zergliedern und zurechtkneten, bis es gefahrenlos in jede Schultasche paßt', sondern diese in all ihrer Bizarrheit, Doppelbödigkeit und Imponderabilität, in ihrer Banalität und Extravaganz, Normalität und Exzentrität, prosaischen und poetischen Form zumindest teilweise zur Sprache zu bringen (ebd., 166). Unter der vorherrschenden „Diktatur der Zärtlichkeit" und „friedfertigen Idylle" verschwinden ansonsten die „dämonisch-tragischen Strukturen" von Sexualität und Liebe. Bedauerlicher Weise hat allerdings auch MÜLLER seine Klarsicht nicht durchgehalten, sondern als Moderator eines Schwerpunktes von PÄD-Forum (Heft 3/2000) dem uniformen Trend gehuldigt und getitelt: „Erziehung zu Lust und Liebe", wo es doch realistischer hätte heißen müssen: „Erziehung zu Lust und Last der Liebe".

Neben der Abkehr von einem dem Projekt Moderne verpflichteten uniformierten Vernunft- und Fortschrittsdenken ohne Wissen um die Dialektik der Aufklärung (HORKHEIMER/ADORNO 1947) erfolgen Anregungen für sexualpädagogische Diskussionen aus der Queer Theory, welche die Gültigkeit der Dichotomie normal vs. abweichend ebenso in Frage stellt wie die Kategorie der Perversität (z.B. Transgenderism, Body Modification, Sadomasochismus, vgl. BAUER 2004). Die Propagierung von heteronormativ geprägten gesellschaftlichen Vorstellungen von Geschlechtern und „gesunder Sexualität" wird ebenso thematisiert, wie die Entpathologisierung „abweichender" Praktiken gefordert. Entgegen einer geläufigen Tendenz von Therapeutisierung im Gefolge einer umtriebigen Riege medizinischer „Krankheitserfinder" (vgl. BLECH 2003) oder psychotherapeutischer Pathologisierung (etwa der inflationären Postulierung einer Posttraumatischen Belastungsstörung <PTBS> nach allerlei unerfreulichen Ereignissen) wird von psychiatrischer Seite in der renommierten Fachzeitschrift "Nervenarzt" zur Diskussion von „Zoophilie zwischen Pathologie und Normalität" konstatiert, dass die Zoophilie als eine auf Tiere bezogene sexuelle Präferenz „heute nicht mehr von vornherein mit schweren psychischen Störungen und Defekten in Verbindung gebracht werden kann.... Es besteht heutzutage zunehmend die Tendenz, die Zoophilie – vergleichbar der Homosexualität – als eine Variante im breiten und bunten Spektrum menschlicher Sexualität zu betrachten, die keiner speziellen Behandlung bedarf" (DITTERT et al. 2005). Dem von SIGUSCH (2000) festgestellten Strukturwandel der Sexualität gegen Ende des 20. Jahrhunderts, welche in Abgrenzung von der „sexuellen Revolution" am Ende der 1960er-Jahre als „neosexuelle Revolution" beschrieben wird, korrespondiert die von SCHMIDT (2004) propagierte „Modernisierung des Sexuellen" mit der Vision einer „Intimate Citizenship", wonach selbst im Bett sich allmählich Regeln der Bürgergesellschaft etablieren und Liebe gemacht wird nach Spielregeln, die zwischen den Beteiligten jederzeit neu verhandelt werden können.

6.4 Problemfelder

Neben AIDS, riskantem Sexualverhalten (Raithel 2003), ungewollten und Teenager-Schwangerschaften, Gewalterfahrungen (HÖRMANN/RAPOLD 2004) hat insbesondere der seit Anfang der 1980er-Jahre avancierte öffentliche Diskurs über sexuellen „Kindesmissbrauch" (RAPOLD 2002) zu einer geradezu lawinenartig angestiegenen Literatur mit soliden handbuchartigen Übersichten (BANGE/ KÖRNER 2002; KÖRNER/LENZ 2004; DEEGENER/KÖRNER 2005) geführt.

Einführungsliteratur (zum Weiterlesen)

Müller, W. (1992): Skeptische Sexualpädagogik. Weinheim: Deutscher Studien-Verlag.
Schmidt, G. (2004): Das neue DER DIE DAS. Über die Modernisierung des Sexuellen. Gießen: Psychosozial.
Sielert, U./Valtl, K. (Hrsg.) (2000): Sexualpädagogik lehren. Weinheim: Beltz.
Timmermanns, St./Tuider E./Sielert, U. (Hrsg.) (2004): Sexualpädagogik weiter denken. Postmoderne Entgrenzungen und pädagogische Orientierungsversuche. Weinheim: Juventa.

Literatur

Affemann, R. (1976): Unterricht in Sexualkunde oder personale Sexualerziehung? In: Kluge, N. (Hrsg.): Sexualerziehung als Unterrichtsprinzip. Darmstadt: Wissenschaftliche Buchgesellschaft, 240-249.
Affemann, R. (1978): Seelische Verarmung und Lebensersatz des Menschen unserer Zeit. Kassel: Verlag des Weißen Kreuzes.
Bange, D./Körner, W. (Hrsg.) (2002): Handwörterbuch Sexueller Missbrauch. Göttingen: Hogrefe.
Bauer, R. (2004): SM, Gender Play und Body Modification als Techniken zur (Wieder-) Aneignung des eigenen Körpers... In: Timmermanns, St./Tuider E./Sielert, U. (Hrsg.): Sexualpädagogik weiter denken. Postmoderne Entgrenzungen und pädagogische Orientierungsversuche. Weinheim: Juventa, 241-262.
Blech, J. (2003): Die Krankheitserfinder. Frankfurt: Fischer.
Deegener, G./Körner, W. (Hrsg.) (2005): Kindesmisshandlung und Vernachlässigung. Ein Handbuch. Göttingen: Hogrefe.
Dittert, S./Seidl, O./Soyka, M (2005): Zoophilie zwischen Pathologie und Normalität. In: Der Nervenarzt 76, 61-67.
Hopf, A. (1984): Drei idealtypische Positionen der Sexualpädagogik – eine Gegenüberstellung. In: Hopf, A. (Hrsg.): Theorie und Praxis der Sexualpädagogik, Bd. 1. Oldenburg: Univ. Oldenburg, 51-59.
Hörmann, G./Rapold, M. (Hrsg.) (2004): Gewalt – Geschlecht – Diskurs. Hohengehren: Schneider.
Horkheimer, M./Adorno, Th.W. (1947): Dialektik der Aufklärung. Frankfurt: Fischer.
Kentler, H. (1969): Repressive und nicht-repressive Sexualerziehung im Jugendalter. In: Kentler, H. et al. (Hrsg.): Für eine Revision der Sexualpädagogik. München: Juventa, 9-48.
Kentler, H. (1970): Sexualerziehung. Reinbek: Rowohlt.
Kentler, H. (1976): Die Empfehlungen der Kultusminister. In: Kluge, N. (Hrsg.): Sexualerziehung als Unterrichtsprinzip. Darmstadt: Wissenschaftliche Buchgesellschaft, 250-257.
Kentler, H. (1982): Taschenlexikon Sexualität. Düsseldorf: Schwann.
Körner, W./Lenz, A. (Hrsg.) (2004): Sexueller Missbrauch. Band 1. Göttingen: Hogrefe.
Lautmann, R. (1993): Die Sexualität wird wieder böse, und im Strafrecht liegt das Heil. In: Böllinger, L./Lautmann, R. (Hrsg.): Vom Guten, das noch stets das Böse schafft. Frankfurt a. M.: Suhrkamp, 149-160.
Marburger, H./Sielert, U. (1980): Sexualerziehung in der Jugendarbeit. Frankfurt/Berlin: Diesterweg.
Maskus, R. (1976): Kommentare zu H. Kentlers Grundsatzthesen der Sexualerziehung. In: Eggers, P./Steinbacher, F.J. (Hrsg.): Sexualpädagogik. Bad Heilbrunn: Klinkhardt, 101-110.
Maskus, R. (1979): 20 Beiträge zur Sexual- und Geschlechtserziehung. Ein Rechenschaftsbericht mit Dokumentation. Sankt Augustin: Richarz.
Meves, C. (1979): Erziehung zur Reife und Verantwortung. Wegweiser für geschlechtliche Erziehung, gegen Aufklärungsdiktatur. Kassel: Verlag des Weißen Kreuzes.

Meves, C. (1980): Erziehung zur Frau. Pädagogik und freie Schule. Köln: Adamas.
Meves, C. (1989): Glücklich ist, wer anders lebt. Freiburg: Herder.
Müller, W. (1992): Skeptische Sexualpädagogik. Weinheim: Deutscher Studien Verlag.
Naujokat, G. (1976): Weg und Wesen der gleichgeschlechtlichen Neigung. In: Mumm, R. et al. (Hrsg.): Vom Sinn gesellschaftlicher Partnerschaft. Kassel: Verlag des Weißen Kreuzes, 9-68.
Naujokat, G. (1980): Liebe - Ehe - Elternschaft. Maßstäbe biblischer Ethik. Kassel: Verlag des Weißen Kreuzes.
Oesterreich, H. (1973): Sexualpädagogik - progressiv oder radikal. Neuburgweier: Schindele.
Oesterreich, H. (1976): Sexualpädagogik – progressiv oder radikal? In: Eggers, P./Steinbacher, F.J. (Hrsg.): Sexualpädagogik. Bad Heilbrunn: Klinkhardt, 9-25.
Peters, H. (2003): Ist sexuelle Gewalt schlimmer geworden? Versuch einer definitionstheoretisch begründeten Antwort. In: Lamnek, S./Boatcă, M. (Hrsg.): Geschlecht – Gewalt – Gesellschaft. Opladen: Leske + Budrich, 407-417.
Pöggeler, F. (1976): Sexualerziehung vor dem Anspruch eines pädagogischen Minimums. In: Eggers, P./Steinbacher, F.J. (Hrsg.): Sexualpädagogik. Bad Heilbrunn: Klinkhardt, 125-136.
Raithel, J. (2001): Sexualpädagogik gestern, heute und morgen. In: Der pädagogische Blick, 9, 2, 109-119.
Raithel, J. (2003): Sexuelles Risikoverhalten und Risikolagen im Jugendalter. In: Unsere Jugend, 55, 1, 2-11.
Rapold, M. (2002): Schweigende Lämmer und reißende Wölfe, moralische Helden und coole Zyniker. Zum gegenwärtigen öffentlichen Diskurs über „Sexuellen Kindesmissbrauch" in Deutschland. Herbolzheim: Centaurus.
Rutschky, K. (1984): Schwarze Pädagogik. Frankfurt: Ullstein.
Schmidt, G. (2004): Das neue DER DIE DAS. Über die Modernisierung des Sexuellen. Gießen: Psychosozial.
Sielert, U. (1989): Lebendiges Lernen und lebendige Sexualität. Sexualpädagogische Reflexionen mit Hilfe der humanistischen Axiome themenzentrierter Interaktion. In: Themenzentrierte Interaktion, 2, 22-31.
Sielert, U. (1990): Besinnung auf Moralität als Verhaltensprinzip. Jugend und Sexualmoral. In: Kluge, N. (Hrsg.): Jugendsexualität. Frankfurt: dipa, 163-175.
Sielert, U. (1993): Sexualpädagogik. Konzeption und didaktische Anregungen. Weinheim: Beltz.
Sielert, U./Keil, S. (Hrsg.) (1993): Sexualpädagogische Materialien für die Jugendarbeit in Freizeit und Schule. Weinheim/Basel: Beltz.
Sielert, U./Valtl, K. (Hrsg.) (2000): Sexualpädagogik lehren. Weinheim: Beltz.
Sigusch, V. (2000): Strukturwandel der Sexualität in den letzten Jahrzehnten. In: Fortschritte der Neurologie, Psychiatrie, 97-106.
Timmermanns, St./Tuider E./Sielert, U. (Hrsg.) (2004): Sexualpädagogik weiter denken. Postmoderne Entgrenzungen und pädagogische Orientierungsversuche. Weinheim: Juventa.
Ussel, J. van (1977): Sexualunterdrückung. Geschichte der Sexualfeindschaft. Gießen: Focus-Verlag.

7 Sozialpädagogik

7.1 Begriff

Es wird z.T. nicht mehr unterschieden zwischen der vor allem aus der Tradition der Armenpflege und -fürsorge erwachsenen *Sozialarbeit* (vgl. HAMMERSCHMIDT/TENNSTEDT 2002; HERING/MÜNCHMEIER 2003; WENDT 1995) und der aus dem pädagogischen Diskurs stammenden *Sozialpädagogik*.

> Drei Möglichkeiten, die Beziehung von *Sozialpädagogik* und *Sozialarbeit* zu bestimmen, sind relevant:
> (1) Erstens die These, es handle sich bei ihnen um identische oder zumindest sehr ähnliche Bereiche („*Identität*"), da Sozialarbeit und Sozialpädagogik auf Notlagen reagierten und z.B. die Sozialarbeit stets, einem sehr weiten Verständnis nach, auch Erziehung im Blick hat. Ein Blick auf die geschichtlich unterschiedlichen Entstehungszusammenhänge zeigt allerdings, dass Identität nicht überzeugend angenommen werden kann.
> (2) Zweitens trennen andere Autoren die Begriffe systematisch. Sozialarbeit und Sozialpädagogik werden damit entsprechend ihrer historischen Unterschiede auch heute noch als eigenständige Wissens- und Handlungsformen wahrgenommen („*Differenz*"). Allerdings bleibt damit die faktische Entwicklung unterbestimmt, als deren Resultat dieser Unterschied derzeit oft nicht mehr bewusst ist. Von ihrer ursprünglichen Geschichte hat sich die heutige Sozialpädagogik bei weitem nicht ganz, aber immerhin entfernt.
> (3) Manche Autoren verwenden deshalb den Oberbegriff „*Soziale Arbeit*", um sowohl die Sozialpädagogik als auch die Sozialarbeit anzusprechen. Damit wird von einer Tendenz der Annäherung ausgegangen, die frühere Unterschiede überlagert („*Konvergenz*"). Problematisch am Konvergenzansatz, dem relativ viele Autoren folgen, erscheint, dass er unterschiedliche Sachverhalte in einem Begriff zusammenbringt.

Zusammenfassend stehen sich *Konvergenz-, Differenz- und Identitätsannahmen* gegenüber (vgl. MERTEN 1998). Relative Einigkeit besteht derzeit darin, dass von historischen Unterschieden auszugehen ist, deren gegenwärtige Relevanz aber umstritten ist. Da es hier nur um die Sozialpädagogik geht, muss diese Problematik hier nicht weiter verfolgt werden.

Was die Sozialpädagogik betrifft, so kann zumindest formal bestimmt werden, dass sie mit der erzieherischen und bildungsorientierten Bearbeitung sozialer Problemlagen befasst ist. Sobald man nach genaueren Inhalten fragt, ergeben sich Uneinigkeiten. Denn ebenso wie umstritten ist, was z.B. Erziehung meint (vgl. OELKERS 1985, 75), wird „das" Soziale sehr unterschiedlich wahrgenommen; entsprechend unklar ist, wie sich in der historischen Rekonstruktion besonders deutlich zeigt, was mit Sozialpädagogik gemeint ist. Letztlich kann dies nicht überdauernd auf einer inhaltlichen Ebene festgestellt werden. Es gibt einen Diskurs der Sozialpädagogik, der sich auf die *erzieherisch-unterstützende Ermöglichung von Lebensoptionen* in konkreten sozialen Kontexten bezieht. Welche Optionen dabei im Einzelnen wahrgenommen und angestrebt werden, differiert je nach soziokulturellen, politischen und historischen Rahmenbedingungen. Immerhin aber lässt sich mit WINKLER (1988) sagen, dass der sozialpädagogische Diskurs auf die Referenzen der Subjektivität („Subjekt") und auf räumliche Bezogenheiten („Ort") fokussiert ist.

7.2 Geschichte

Die Geschichte der Sozialpädagogik bezieht sich auf das pädagogische Vermittlungsproblem von Individuum und Gemeinschaft bzw. Gesellschaft (vgl. REYER 2002). Problemgeschichtlich verweist dies auf die in der modernen Gesellschaft aufgebrochene Erfahrung der Freisetzung des Individuums aus tradierten ständischen Strukturen und die geforderte Aufnahme sozialintegrativer Fragestellungen in die Pädagogik (vgl. DOLLINGER 2004; 2006). In begriffsgeschichtlicher Sicht erstreckt sich dies auf KARL MAGERS (1844/1989, 171) erstmalige Verwendung des Terminus *„Social-Pädagogik"* in einer Rezension aus dem Jahre 1844. Die von ihm konzipierte Sozialpädagogik unternimmt eine dialektische Vermittlung der individualistischen und kollektivistischen Pädagogik. Diese zwischen Individuum und Kollektiv intermediär ausgerichtete Sozialpädagogik verweist auf Widerstände gegen staatliche Herrschaftsansprüche durch das selbstbewusste Bürgertum, aber auch auf dessen Versuch, die wachsende Arbeiterklasse in assoziative Sozialstrukturen einzubinden.

Gleichfalls auf diese Erfahrungen, wenn auch mit anderem theoretischen Bezug, reagiert DIESTERWEG (1850, 124), der im Jahre 1850 von einer „Sozial-Pädagogik" spricht. Sie reagiert unmittelbar auf unterschiedliche Problemkreise der sozialen Frage und der Industrialisierung, steht aber in Bezug zur Formulierung einer an kulturellen Erfordernissen ausgerichteten Pädagogik. In der Folgezeit nahm u.a. DÖRPFELD sozialpädagogische Fragestellungen auf. Der Begriff „Sozialpädagogik" selbst wurde von 1850 bis 1880 kaum verwendet (vgl. GOTTSCHALK 2004, 247f). Eine breite Diskussion ergibt sich etwa ab 1890: Die von Herbarts Pädagogik ausgehende Sozialpädagogik (REIN; WILLMANN; TRÜPER) konkurrierte u.a. mit neukantianischen (NATORP) und biologistisch-induktiven Sozialpädagogiken (BERGEMANN) sowie mit einer sozial engagierten

Lehrerschaft und ihren Vertretern (TEWS; RISSMANN), die sich vom Herbartianismus abzusetzen suchten. Bekanntester Vertreter der Herbart-kritischen Positionen ist NATORP, der 1899 ein System der „Sozialpädagogik. Theorie der Willensbildung auf der Grundlage der Gemeinschaft" (1974) publizierte. Er definierte als Thema der Sozialpädagogik: „Die sozialen Bedingungen der Bildung (...) und die Bildungsbedingungen des sozialen Lebens, das ist das Thema dieser Wissenschaft" (NATORP 1899/1974, 98).

Gegen Ende der 1920er-Jahre wird „Sozialpädagogik" allmählich zu einer Sammelbezeichnung der pädagogischen Bearbeitung v.a. jugendlicher Verwahrlosung und Delinquenz. Bis in die 1960er-Jahre blieb der weitere Begriffsgehalt verbreitet, schließlich setzte sich die engere Semantik mehr oder weniger stark durch (vgl. KRONEN 1978, 228). War die Sozialpädagogik zuvor eng mit Fragen der Familien- und Schulpädagogik befasst, so erschließt sie im Anschluss an die „sozialpädagogischen Bewegung" (HERRMANN 1956) der 1920er-Jahre vorrangig Versuche der reformpädagogisch inspirierten Erziehung von Fürsorgezöglingen und jugendlichen Gefangenen. Insbesondere gegenüber konfessioneller Fürsorgeerziehung, aber auch gegen bürokratisierte Jugendarbeit sollte eine Form von Erziehung realisiert werden, die die Selbsthilfepotenziale des Zöglings mobilisiert durch personale Bezüge und durch Programme der Gemeinschaftserziehung. Bekannte Reformversuche wurden von WILKER auf dem Lindenhof, HERRMANN und BONDY im Jugendgefängnis Hahnöfersand und BERNFELD mit dem Kinderheim Baumgarten verfolgt. Gegenüber dem von MAGER, REIN oder NATORP verwendeten Begriff von Sozialpädagogik wurde er nun eingeschränkt und auf praxisfeldbezogener Ebene weitergeführt. Eine bekannte, auf Erziehungsinstitutionen konzentrierte Definition lieferte GERTRUD BÄUMER (1929, 3), die Sozialpädagogik definierte als „Ausschnitt: alles was Erziehung, aber nicht Schule und nicht Familie ist. Sozialpädagogik bedeutet hier den Inbegriff der gesellschaftlichen und staatlichen Erziehungsfürsorgen, sofern sie außerhalb der Schule liegt". Von diesem Verständnis von Sozialpädagogik aus gerät retrospektiv eine Geschichte der Sozialpädagogik in den Blick, die außerhalb des akademisch-pädagogischen Diskurses liegt. Als wichtige Vertreter der Sozialpädagogik gelten entsprechend neben den oben Genannten z.B. auch WICHERN, BOSCO oder KOLPING.

Obwohl die Geschichte der Sozialpädagogik seit den 1920er-Jahren eine Verschiebung zeigt, wird aus historischer Sicht als ihr strukturelles Thema die *pädagogische Bearbeitung sozialer und kultureller Problemerfahrungen* sichtbar. Auf verschiedenartig gelagerte Krisendeutungen soll mit Erziehung geantwortet werden. Dies legt der Sozialpädagogik die besondere Frage des Verhältnisses von öffentlichen Erziehungseinrichtungen und den sie umgebenden und begründenden gesellschaftlichen Lebensformen nahe. Dem versuchte u.a. der Fürsorgetheoretiker CHRISTIAN JASPER KLUMKER nachzukommen, der 1920 die erste ordentliche Professur für Fürsorgewesen und Sozialpädagogik inne hatte.

7.3 Arbeitsgebiete, Professionalität und Methoden

Arbeitsgebiete (Systematik)

Die Geschichte der Sozialpädagogik ist vielschichtig und heterogen. Genauso komplex sind die aktuellen sozialpädagogischen Arbeitsfelder. Der ursprüngliche Sinngehalt von „Sozialpädagogik" als *soziale Pädagogik* ist zwar gegenwärtig teilweise in Vergessenheit geraten. In jedem Fall aber sind der Bezug auf jugendliche Normbrecher und eine Beschränkung auf Praxisbereiche außerhalb von Schule und Familie zu erweitern. Es wird in der Sozialpädagogik eine Tendenz zur Ausuferung sozialpädagogischer Zuständigkeiten in Folge einer „Entgrenzung des Pädagogischen" (HAMBURGER 2003, 153) diskutiert. Man kann soweit gehen zu sagen, dass die *Natorpsche Perspektive* der Frage nach sozialen Implikationen von Bildungsprozessen und von Bildungsbedingungen des sozialen Lebens neu aufgenommen wird. Zwar beschreibt die im Kinder- und Jugendhilfegesetz (KJHG; SGB VIII) rechtlich begründete Kinder- und Jugendhilfe einen zentralen Arbeitsbereich der Sozialpädagogik; sie ist in diesem Sinne, gemäß einer älteren Formulierung von HENTIGS (1967, 383), orientiert auf verschärfte, radikalisierte „Fälle" der Erziehung Heranwachsender. Aber die Sozialpädagogik umfasst weit mehr Arbeitsfelder und thematische Bezüge, als sie in der – ihrerseits heterogenen (vgl. JORDAN/SENGLING 2000) – Kinder- und Jugendhilfe zusammengefasst sind.

Einen *Versuch zur Systematisierung* von Sozialpädagogik und Sozialarbeit unternimmt das 2001 in der zweiten Auflage erschienene „Handbuch Sozialarbeit/ Sozialpädagogik" (OTTO/THIERSCH 2001). Die Herausgeber geben dem Buch eine systematische Gliederung vor. Sie umfasst: Theorien und Theoriebezüge der Sozialen Arbeit, den Wohlfahrtsstaat, die Sozialpolitik, rechtliche Themen, die Bereiche Erziehung und Bildung, die Forschung, Geschichte und Theoriegeschichte der Sozialen Arbeit, Lebenslauf und Biographie, Gesellschaftstheorie und soziale Probleme, Professionsfragen, Methoden, Organisationsbelange, einzelne Handlungsfelder der Sozialen Arbeit und der Kinder- und Jugendhilfe, den Bereich des psychischen und physischen Wohlbefindens sowie die Internationale Soziale Arbeit. Angesichts der Vielfältigkeit dieser Themen kann nur schwer von einer inneren Systematik gesprochen werden. Auch die Nennung von 14 Handlungsfeldern der Sozialen Arbeit und von weiteren 19 Handlungsfeldern der Kinder- und Jugendhilfe lässt keine zufrieden stellende inhaltliche

Systematisierung zu. Die Beratung tritt neben die Altenarbeit, die Sterbebegleitung neben die Thematik „Sport und Soziale Arbeit" u.a.m.

Einen anderen, auf Praxisfelder der Sozialen Arbeit bezogenen Überblick geben CHASSÉ und WENSIERSKI (2002). Sie unterteilen die von ihnen erschlossenen Felder anhand der Zugehörigkeiten zur Kinder- und Jugendhilfe, zu den Erziehungs- und Familienhilfen, der Altenhilfe und den Problemkreisen „Soziale Arbeit, Frauen und Frauenbewegung", „Soziale Arbeit, Benachteiligung und Armut im Sozialstaat" sowie „Soziale Arbeit in spezifischen Bereichen". Sie konstatieren dabei selbst, aufgrund der Entwicklung von Sozialarbeit und Sozialpädagogik habe sich „ein überaus heterogener und ausdifferenzierter Handlungszusammenhang Sozialer Arbeit" etabliert, der nur „vielleicht pragmatisch" zu systematisieren sei (ebd., 10).

Einen anderen Weg geht BÖHNISCH (2001), der die Komplexität von Tätigkeitsbereichen im Rahmen einer „Sozialpädagogik der Lebensalter" systematisiert. Ausgehend von der Feststellung einer „Verschränkung von Sozialarbeit und Sozialpädagogik in der Sozialisations- und Biografieperspektive" (2001, 20) beschreibt BÖHNISCH vier Lebensalter: Kindheit, Jugend, Erwachsenen-/Erwerbsalter und das höhere Alter. Anhand der Grundthematik der „biografischen Lebensbewältigung" (ebd., 29ff) werden sozialpädagogische Handlungsoptionen diskutiert. Im Mittelpunkt steht die Frage nach biographischer Entwicklung und Lebensbewältigung im Rahmen einer individualisierten und differenzierten Gesellschaft. Dabei wird unter der Perspektive der Bewältigung deutlich, dass die Sozialpädagogik zwar mit besonderen Problemlagen konfrontiert ist. Aber angesichts permanenten sozialen Wandels und der Vielschichtigkeit von Lebensverläufen und Biographien ist eine nähere inhaltliche Bestimmung der gesellschaftlichen Position und Aufgabe der Sozialpädagogik – vor allem in der Relation zu anderen Institutionen – nur schwer zu leisten.

Überblickt man die drei Beispiele, so erscheint vor allem der Versuch BÖHNISCHs tragfähig für eine erste Orientierung, aber eine weitergehende inhaltliche Systematik kann auch er nicht geben. SCHILLING (2005, 260) hält zurecht fest: „Eine Systematisierung von Berufsfeldern der Sozialpädagogik gibt es nicht und erscheint auch aufgrund der Vielfältigkeit des Arbeitsfeldes als nicht machbar. Die Differenziertheit der Tätigkeitsbereiche ist ein Teil des Spezifikums der Sozialpädagogik". Die Heterogenität zeigt demnach eine positive Entwicklungsmöglichkeit, allerdings konfrontiert sie die Sozialpädagogik – nicht zuletzt durch ihre Abhängigkeit von sozialpolitischen Vorgaben – mit der Notwendigkeit, positive öffentliche Präsenz zu gewinnen und ihre Leistungsfähigkeit stets neu auszuweisen. Dies leitet über zur sozialpädagogischen Professionalität.

Verberuflichung/Professionalisierung

Im Verlauf des 20. Jahrhunderts ergab sich eine deutliche Expansion der in sozialen Berufen tätigen Personen. Von sehr wenigen Beschäftigten am Anfang stieg ihre Anzahl auf fast eine Million am Ende des vorigen Jahrhunderts (vgl. RAUSCHENBACH 1999, 104). Die zunehmende Ausweitung von Arbeitsfeldern steht in Zusammenhang mit einer stark steigenden Beschäftigtenzahl. Gestiegen ist dabei im letzten Drittel des vorigen Jahrhunderts auch der Anteil der akademisch Ausgebildeten, bevor sich ab 1990 eine Trendwende einstellte. Waren 1988 15,8% der in sozialen Berufen tätigen Personen akademisch gebildet, waren es 1997 noch 14,1%.

Die Ausweitung der Beschäftigtenzahlen ist dennoch eindrücklich. Am Ende des 20. Jahrhunderts „arbeitet bereits fast jeder 8. Erwerbstätige und mehr als jede 5. erwerbstätige Frau in Deutschland im Segment der Sozial-, Erziehungs- und Gesundheitsberufe" (ebd., 112). Betrachtet man nicht die sozialen Berufe, sondern grenzt die Perspektive auf sozialpädagogische Kernbereiche ein, zeigt sich in der jüngeren Vergangenheit ebenfalls eine Expansion (vgl. CLOOS/ ZÜCHNER 2002, 709f). Je nach regionalen und arbeitsfeldbezogenen Besonderheiten fallen die Tendenzen allerdings sehr unterschiedlich aus. Zudem dürfte unstrittig sein, dass gegenwärtige Umstrukturierungsprozesse des Systems sozialpolitischer Unterstützungsleistungen für die Sozialpädagogik Folgen haben (vgl. im Einzelnen Seelmeyer 2008). Bedeutsam erscheinen insbesondere kostenreduzierende Maßnahmen, die im Zuge eines sozialpolitischen Aktivierungsdiskurses zu Lasten von Integrationsperspektiven verfolgt werden (vgl. DAHME et al. 2003).

Die bisher vorliegenden Erkenntnisse über die sozialpädagogische Professionalität werden sehr unterschiedlich gewertet. Auf der einen Seite wird eine „Normalisierung der Sozialpädagogik" (LÜDERS/WINKLER 1992) vermutet, derzufolge die Sozialpädagogik ihr älteres „Aschenputtel"-Image revidieren konnte. Aus verschiedenen Indikatoren schließen LÜDERS und WINKLER (1992, 364), „dass das Vorhandensein und die Inanspruchnahme von Sozialpädagogik mittlerweile auf allen Ebenen und in nahezu jeder Hinsicht zur Normalität geworden ist bzw. gerade wird".

Auf der anderen Seite wird die Annahme einer Normalisierung kritisiert. SCHAARSCHUCH (1996) verweist auf zunehmende soziale Spaltungen der Gesellschaft. Sie belegen keinen Funktionswandel Sozialer Arbeit, sondern die nun in verschärfter Form notwendig gewordene und politisch gehaltvolle Aufgabe des *„Managements der gespaltenen Gesellschaft"* (ebd., 860). Aus kontrolltheoretischer Sicht argumentieren DOLLINGER (2003) und BECKMANN (2001) vergleichbar. Aus systemtheoretischer Sicht konstatieren BOMMES und SCHERR (1996) die Aufgabe der Vermittlung von Inklusion und Exklusion bzw. der „Exklusionsvermeidung" und der „Exklusionsverwaltung". Demnach ist Soziale Arbeit nach wie vor auf problembehaftete Lebenskonstellationen konzentriert, wenn auch in heterogener Form.

Diese Diskussionen kreisen bezüglich der Professionsthematik um eine zentrale Frage: Ist die Sozialpädagogik als Profession oder „nur" als Beruf wahrzunehmen? Dass Soziale Arbeit „verberuflicht" ist, steht außer Frage, wie die oben beschriebene Entwicklung des 20. Jahrhunderts zeigt. Auch ist die akademische Ausbildung von Sozialpädagogen seit Beginn der 1970er-Jahre gesichert; an Universitäten ist die Sozialpädagogik an die Pädagogik bzw. Erziehungswissenschaft rückgebunden, daneben wird an Fachhochschulen sozialpädagogisches Wissen vermittelt.

Der Begriff „Profession" meint allerdings etwas weitergehendes (s. oben A 3.4 und 3.5). Er bezieht sich auf einen besonderen Teilbereich von Berufen, der sich auszeichnet durch „eine hochgradig spezialisierte, verwissenschaftlichte und sozial orientierte Aufgabenerfüllung" (LAMNEK 2002, 418). Neben anderen Merkmalen gilt dabei, wie LAMNEK (ebd.) in Bezug auf HESSE feststellt, als besonders wichtiges Attribut einer Profession ein hoher gesellschaftlicher Status, „was sich sowohl auf den sozialen Einfluss und die *Qualifikation* als auch auf das *Prestige* und das Einkommen beziehen kann". Dass diese klassischen Qualitäten einer Profession von der Sozialpädagogik nicht erreicht werden, gilt als Konsens der seit längerer Zeit intensiv geführten Professionalisierungsdiskussion (vgl. DEWE/OTTO 2001). Sowohl in Sachen Prestige, Einkommen, Entscheidungsautonomie und Konturierung eines spezifischen Handlungsfeldes zeigen sich gegenüber Professionen wie Ärzten oder Juristen Defizite. Zur Illustration sei angemerkt, dass in einer 2005 durchgeführten Umfrage unter Sozialpädagogik-Studierenden der Universität Bamberg von 208 Befragten nur 1,9% voll der Aussage zustimmten, Soziale Arbeit „hat ein hohes Prestige in der Gesellschaft"; 5,3% stimmten eher zu. Die Ablehnung war überdeutlich: Insgesamt 92,8% stimmten gar nicht oder eher nicht zu. Ein wesentlicher Aspekt, der hiermit in Zusammenhang steht, ist das Image der Klientel: 83,5% der Befragten waren der Ansicht, die Adressaten Sozialer Arbeit rekrutierten sich vor allem aus sozialen Problemmilieus (vgl. DOLLINGER/RAITHEL 2005).

Während die „klassischen" Professionsmerkmale also keine Anwendung auf die Sozialpädagogik finden können, wird z.B. nur von einer Semi-Profession gesprochen oder es werden neuere, alternative Professionskonzepte diskutiert (vgl. BIERMANN 2004; DEWE/OTTO 2001; B. MÜLLER 2002). Letztlich ist es wenig erkenntnisfördernd, die Tätigkeit von Sozialpädagogen an axiomatischen Kriterien der Professionalität zu messen. Es muss darum gehen, die Besonderheiten und hohen Anforderungen an sozialpädagogische Unterstützungstätigkeiten in den Blick zu nehmen. Ein professionalisierungstheoretischer Konsens ist bislang aber (noch) nicht gefunden (vgl. im Überblick Cloos 2008, 11ff).

Methoden

Für eine gewisse Zeit konnte versucht werden, den Prozess der Professionalisierung durch die technologische Orientierung an Methoden und ihr immanentes Versprechen auf Handlungssicherheit und Spezialwissen voranzutreiben. Dies war allerdings weder erfolgreich noch entsprach es den praktischen und theoretischen Anforderungen an Soziale Arbeit (vgl. B. MÜLLER 2002, 740ff). Der neuere Methodendiskurs hat sich von diesen Tendenzen distanziert (vgl. auch DOLLINGER/RAITHEL 2006).

Betrachtet man die Geschichte der seit den 1920er-Jahren auf besondere Problemlagen bezogenen Sozialpädagogik, so zeigen sich als wichtige frühe Methoden der *pädagogische Bezug*, wie ihn HERMAN NOHL konzipierte, und die Gemeinschaftserziehung, die in den Reformkonzepten der sozialpädagogischen Bewegung dominierte. Beiden ist gemeinsam, dass die Zöglinge in ihrer Ganzheit umfasst, durch ein (sozial-)pädagogisches „Ethos" (WENIGER 1930, 752) geprägt und – gemäß eines Bildes von NOHL (1928/1965, 48) – zurück auf die „Schienen" gesellschaftlicher Normalität geführt werden sollten. Wie diese Vorgaben, so war auch die Schrift zur „sozialen Diagnose von ALICE SALOMON aus dem Jahre 1926 gegen technologische Haltungen gerichtet. Schon der Begriff der Diagnose beinhalte „eine methodische Anweisung" (SALOMON 1926/1927, 7). Zu beachten sei eine ganzheitliche Erfassung des Einzelfalles unter der Beachtung seiner Vielschichtigkeit. Der Sozialarbeiter könne von den Methoden anderer Wissenschaften lernen, aber er müsse letztlich „seine eigenen Methoden erarbeiten" (ebd., 8).

Nach diesen Vorarbeiten entwickelten sich nach dem 2. Weltkrieg unter dem Einfluss der amerikanischen „social work" die *Einzelfallhilfe*, die *Gruppenarbeit* und die *Gemeinwesenarbeit* zur *„klassischen" Methodentrias* (vgl. C. W. MÜLLER 2001). Sie wurde etwa von 1968 bis 1975 einer Kritik unterzogen, bevor sich in den achtziger Jahren eine Ausdifferenzierung der Methoden einstellte (SCHILLING 2005, 227ff). Verschiedene Einflüsse führten zu dieser Erweiterung, die zu einer gegenwärtig *unübersichtlichen Methodenvielfalt* führte: Der frühe Methodenoptimismus wurde revidiert und die Komplexität alltäglicher „Fälle", mit denen die Sozialpädagogik zu tun hat, steht einem engen Methodenspektrum entgegen. Zudem sind Methoden nicht nur praxisorientiert, sondern sie sind theoretisch sehr viel gehaltvoller, als es auf einen ersten Blick scheint. Deshalb resultiert aus einer lebendigen Theoriediskussion ein vielgestaltiges methodisches Spektrum. Ferner sind Methoden abhängig von sozialen, personalen, institutionellen und organisatorischen Rahmenbedingungen (vgl. GALUSKE 2003, 23ff). Je komplexer diese werden, desto komplexer werden Überlegungen zu Methoden und damit die Methoden selbst. Ohne prinzipielle und methodologische Reflektionen können Methoden nicht – zumindest nicht dauerhaft – eingesetzt werden, da sie zielorientiert und kontextsensitiv sein müssen. Ihre Voraussetzungshaftigkeit ist demnach auszuarbeiten, ohne dass eine entsprechende Klärung zu einer technologischen Praxisnormierung führen könnte.

GALUSKE (2003, 61f) führt die Methodendiskussion vor diesem Hintergrund zu drei Schlussfolgerungen eines *bescheidenen Methodenverständnisses*:
- Erstens gibt Soziale Arbeit produktiv-unterstützende Anregungen, ohne dabei die Handlungen von Adressaten bestimmen zu können und zu wollen.
- Zweitens muss soziale Arbeit ein Selbstmisstrauen etablieren, das auf die Notwendigkeit theoretischen Wissens verweist und gegen vorschnelle Kategorisierungen schützt.
- Drittens ist die Fähigkeit gefordert, situationsangemessen zu agieren, d.h. Situationen arrangieren, deuten und beeinflussen zu können.

Methoden sind in diesem Sinne keine passgenauen Technologien, sondern voraussetzungsvolle Hilfen zu planvollem Handeln, die je nach Personen und Kontexten eingesetzt und spezifiziert werden müssen und die zu wissensbasierter Selbstreflexivität aufrufen.

7.4 Sozialpädagogische Theorien

Methoden belegen das Ineinandergreifen von Theorie und Praxis. Es handelt sich dabei gegenwärtig allerdings um ausdifferenzierte Perspektiven. Sie irritieren sich wechselseitig und hängen voneinander ab: Praxis ist stets theoretisch gehaltvoll und Theorie ist auf Praxis bezogen. Es sind mithin gleiche Bezugspunkte gegeben, sie werden jedoch unter verschiedenen Perspektiven und Rahmenbedingungen verfolgt. Eine unmittelbare Überbrückung der Distanz von Theorie und Praxis ist nicht möglich, immerhin aber ist von einer reziproken Beeinflussung auszugehen.

Der Theoriediskurs ist mittlerweile sehr ausdifferenziert (vgl. May 2008). Kennzeichnend für die Sozialpädagogik ist dabei ein Theorieimport aus verschiedenen Disziplinen. Dies ist nicht mit einer Abhängigkeit von diesen Disziplinen gleichzusetzen, sondern die Sozialpädagogik stellt durch die Verwendung zunächst disziplinfremder Theoriekonstruktionen spezifische Fragen und entwickelt eigenständige, auf ihre Gegenstände und (Erkenntnis-) Interessen fokussierte Sichtweisen. Abbildung 84 gibt eine Annäherung an die gegenwärtige Theorielandschaft, wobei zu bedenken ist, dass es sich nicht um eine klare Abgrenzung handeln kann, sondern um Schwerpunkte der Argumentation, die sich z.T. überlagern.

Abbildung 84: Neuere Theorieströmungen der Sozialen Arbeit (in Anlehnung an THOLE 2002, 33; mit Ergänzungen)

Ansatz	*Kurzcharakteristik*
Systemtheorien (R. MERTEN; M. BOMMES/A. SCHERR u.a.)	Die Gesellschaft wird als Ausdifferenzierung einzelner Teilsysteme betrachtet. Ob Soziale Arbeit ein eigenständiges, autonomes Teilsystem ist, ist Diskussionspunkt.
Ökosoziale Theorien (W.R. WENDT u.a.)	Menschen werden durch die soziale Umwelt und durch strukturelle Faktoren geprägt. Der Ursprung liegt in der amerikanischen Sozialarbeitsbewegung und in sozialpsychologischen Thesen.
Dienstleistungsansätze (T. OLK; A. SCHAARSCHUCH u.a.)	Soziale Arbeit wird als Gewährungsinstanz sozialer Dienstleistungen aufgefasst. Thematisiert werden die entsprechenden sozialen, politischen und institutionellen Voraussetzungen für Soziale Arbeit und die Adressaten.
Lebensweltansätze (H. THIERSCH u.a.)	Weiterführung v.a. älterer geisteswissenschaftlicher, wissenssoziologischer und phänomenologischer Theorien. Frage nach der Option gelingender Lebenspraxis.
Reflexive Perspektiven (H.-U. OTTO/B. DEWE; L. BÖHNISCH u.a.)	Die hierunter subsumierten, heterogenen Ansätze verfolgen z.B. Annahmen reflexiver Modernisierung für die Sozialpädagogik oder analysieren Möglichkeiten der Lebensbewältigung in der anomischen Gegenwartsgesellschaft.
Diskurstheorien (M. WINKLER, F. KESSL u.a.)	Sozialpädagogische Wissens- und Handlungsformen werden in der Verschränkung diskursiver Strukturen reflektiert. Besonderes Gewicht erhält die Frage nach Macht und die Etablierung von Subjektivität im sozialräumlichen Rahmen.

Zur Vorgeschichte der Theoriearbeit ist anzumerken, dass die Sozialpädagogik bis gegen Ende der 1960er-Jahre stark *geisteswissenschaftlich* geprägt war. Trotz der zu diesem Zeitpunkt einsetzenden Kritik durch *kritische* (bzw. kritisch-materialistische) *Theorien* wurden geisteswissenschaftliche Theorieelemente länger verfolgt, z.T. bis heute. Zu denken ist u.a. an den Ausgang von der ganzheitlich konzipierten, der Theoriebildung vorausgehenden Handlungspraxis eigenwilliger Subjekte im sozialen Rahmen. Die in der Sozialpädagogik relevanten *marxistischen Theorien* haben gegenwärtig an Bedeutung verloren, sie werden allerdings in der neueren, ausdifferenzierten Perspektive der Regulationstheorien weiter verfolgt.

7.5 Forschungsperspektiven

Es zeigt sich eine breite Palette an Referenzmöglichkeiten der sozialpädagogischen Forschung. In methodischer Hinsicht finden in der Sozialpädagogik neben den breit angewendeten qualitativen Methoden auch quantitative Studien Anwendung. Zu ergänzen ist eine in den 1990er-Jahren belebte Forschungspraxis zur Geschichte der Sozialpädagogik (vgl. z.B. AMTHOR 2003).

Mit Blick auf Perspektiven der Forschungstätigkeit zeigt sich eine – angesichts der heterogenen Theorien und Arbeitsfelder konsequente und sinnvolle – Vielfalt. Der Nachteil liegt in der Nichtexistenz einer klar konturierten Forschungsperspektive, da einzelne Forschungsansätze und Verwendungsinteressen stark divergieren (vgl. SCHEFOLD 2002, 875f.). Als *drei „Eckpunkte" sozialpädagogischer Forschung* nennen LÜDERS/RAUSCHENBACH (2001, 564) relevante *Institutionen*, die in ihnen *Beschäftigten* und die *AdressatInnen*. In Ermangelung eines trennscharfen bestimmbaren Gegenstandes der Sozialpädagogik werden damit lediglich formale Forschungsschwerpunkte benannt. Der angezeigte methodologische Diskurs zu sozialpädagogischer Forschung ist, abgesehen von Ausnahmen, bisher ungenügend ausgebaut.

Wählt man exemplarisch einen einschlägigen, von OTTO/OELERICH/MICHEEL (2003) herausgegebenen Sammelband über „Empirische Forschung und Soziale Arbeit", so werden die in den Sozialwissenschaften vertretenen methodischen Orientierungen in der Sozialpädagogik angewendet und es finden sich Beiträge zu methodologischen und forschungstheoretischen Reflektionen. Es zeigt sich aber eine deutliche Heterogenität der Beiträge, die nicht auf einen systematischen und perspektivisch einheitlichen Kerngehalt bezogen werden können.

Einführungsliteratur (zum Weiterlesen)

Galuske, M. (2003): Methoden der Sozialen Arbeit. Eine Einführung. Weinheim: Juventa.
Hamburger, F. (2003): Einführung in die Sozialpädagogik. Stuttgart: Kohlhammer.
Schilling, J. (2005): Soziale Arbeit. Geschichte, Theorie, Profession. München: Reinhardt.

Literatur

Amthor, R. (2003): Die Geschichte der Berufsausbildung in der Sozialen Arbeit. Auf der Suche nach Professionalisierung und Identität. Weinheim: Juventa.
Bäumer, G. (1929): Die historischen und sozialen Voraussetzungen der Sozialpädagogik und die Entwicklung ihrer Theorie. In: H. Nohl/L. Pallat (Hrsg.): Handbuch der Pädagogik. Bd. 5: Sozialpädagogik. Langensalza: Beltz, 3-17.
Beckmann, C. (2001): Soziale Arbeit zwischen Prävention und Ausschluss. Über das angebliche Ende ihrer Kontrollfunktion. In: Widersprüche, 21, 79, 43-62.
Biermann, B. (2004): Soziale Arbeit als Beruf: Institutionalisierung und Professionalisierung Sozialer Arbeit. In: Biermann, B./Bock-Rosenthal, E./Doehlemann, M./Grohall, H.-H./Kühn, D. (Hrsg.): Soziologie. Studienbuch für soziale Berufe. München/Basel: Reinhardt, 263-312.
Böhnisch, L. (2001): Sozialpädagogik der Lebensalter. Eine Einführung. Weinheim: Juventa.
Bommes, M./Scherr, A. (1996): Exklusionsvermeidung, Inklusionsvermittlung und/oder Exklusionsverwaltung. Zur gesellschaftstheoretischen Bestimmung Sozialer Arbeit. In: Neue Praxis, 26, 107-123.
Chassé, K.A./Wensierski, H.-J. v. (Hrsg.) (2002^2): Praxisfelder Sozialer Arbeit: Eine Einführung. Weinheim/München: Juventa.
Cloos, P. (2008): Die Inszenierung von Gemeinsamkeit. Weinheim/München: Juventa.
Cloos, P./Züchner, I. (2002): Das Personal der Sozialen Arbeit. Größe und Zusammensetzung eines schwer zu vermessenden Feldes. In: Thole, W. (Hrsg.): Grundriss Soziale Arbeit. Ein einführendes Handbuch. Opladen: Leske + Budrich, 705-724.
Dahme H.-J./Otto, H.-U./Trube, A./Wohlfahrt, N. (Hrsg.) (2003): Soziale Arbeit für den aktivierenden Staat. Opladen: Leske + Budrich.
Dewe, B./Otto, H.-U. (2001): Wissenschaftstheorie. In: Otto, H.-U./Thiersch, H. (Hrsg.): Handbuch der Sozialarbeit/Sozialpädagogik. Neuwied: Luchterhand, 1966-1979.
Diesterweg, F.A.W. (1850): Wegweiser zur Bildung für deutsche Lehrer. Essen: Bädeller.
Dollinger, B. (2003): Die Anthropologisierung sozialer Risiken im Programm der Sozialen Arbeit. In: Widersprüche, 23, 77-104.
Dollinger, B. (2004): Strukturmerkmale sozialpädagogischen Wissens. Ein Beitrag zur historischen Rekonstruktion. In: Zeitschrift für Sozialpädagogik, 2, 120-142.
Dollinger, B., (2006): Die Pädagogik der sozialen Frage. Wiesbaden: VS.
Dollinger, B./Raithel, J. (2005): Problematisierungsformen sozialpädagogischer Praxis. In: Soziale Probleme, 16, 92-111.

Dollinger, B./Raithel, J. (Hrsg.) (2006): Aktivierende Sozialpädagogik. Ein kritisches Glosar. Wiesbaden: VS.
Gottschalk, G.M. (2004): Entstehung und Verwendung des Begriffs Sozialpädagogik. Extrapolation systematischer Kategorien als Beitrag für das Selbstverständnis heutiger Sozialpädagogik. Eichstätt: BPB-Verlag.
Hammerschmidt, P./Tennstedt, F. (2002): Der Weg zur Sozialarbeit. In: W. Thole (Hrsg.): Grundriss Soziale Arbeit. Ein einführendes Handbuch. Opladen: Leske + Budrich, 63-76.
Hentig, H.v. (1967): Versuch einer Einführung. In: Neue Sammlung. 7. Jg. S. 382-390.
Hering, S./Münchmeier, R. (2003): Geschichte der Sozialen Arbeit. Eine Einführung. Weinheim: Juventa.
Herrmann, G. (1956): Die sozialpädagogische Bewegung der zwanziger Jahre. Weinheim: Beltz.
Jordan, E./Sengling, D. (2000): Jugendhilfe. Einführung in Geschichte und Handlungsfelder, Organisationsformen und gesellschaftliche Problemlagen. Weinheim: Juventa.
Kronen, H. (1978): Sozialpädagogik. Zu Entstehung und Wandel des Begriffs. In: Sociologia Internationalis, 16, 219-234.
Lamnek, S. (2002): Professionalisierung. In: Endruweit, G./Trommsdorf, G. (Hrsg.): Wörterbuch der Soziologie. Stuttgart: Lucius & Lucius, 418f.
Lüders, C./Rauschenbach, T. (2001): Forschung: sozialpädagogische. In: Otto, H.-U./Thiersch, H. (Hrsg.): Handbuch der Sozialarbeit/Sozialpädagogik. Neuwied: Luchterhand, 562-575.
Lüders, C./Winkler, M. (1992): Sozialpädagogik – auf dem Weg zu ihrer Normalität. In: Zeitschrift für Pädagogik, 38, 3, 359-370.
Mager, K.W.E. (1844/1989): Schule und Leben. Rez. Curtmann. In: ders.: Gesammelte Werke. Bd. 8. Baltmannsweiler: Pädagogischer Verlag Burgbücherei Schneider, 144-184.
May, M. (2008): Aktuelle Theoriediskurse Sozialer Arbeit. Wiesbaden: VS.
Merten, R. (1998): Sozialarbeit – Sozialpädagogik – Soziale Arbeit. Begriffsbestimmungen in einem unübersichtlichen Feld. In: ders. (Hrsg.): Sozialarbeit – Sozialpädagogik – Soziale Arbeit. Begriffsbestimmungen in einem unübersichtlichen Feld. Freiburg: Lambertus, 11-30.
Müller, B. (2002): Professionalisierung. In: Thole, W. (Hrsg.): Grundriss Soziale Arbeit. Ein einführendes Handbuch. Opladen: Leske + Budrich, 725-744.
Müller, C.W. (2001): Methoden: Geschichte. In: Otto, H.-U./Thiersch, H. (Hrsg.): Handbuch der Sozialarbeit/Sozialpädagogik. Neuwied/Kriftel: Luchterhand, 1205-1210.
Natorp, P. (1899/1974): Sozialpädagogik. Theorie der Willensbildung auf der Grundlage der Gemeinschaft. Paderborn: Schöningh.
Nohl, H. (1828/1965): Die pädagogische Idee in der öffentlichen Jugendhilfe. In: ders.: Aufgaben und Wege der Sozialpädagogik. Vorträge und Aufsätze von Herman Nohl. Weinheim: Beltz, 45-50.
Oelkers, J. (1985): Erziehung und Unterrichten. Darmstadt: Wissenschaftliche Buchgesellschaft.

Otto, H.-U./Oelerich, G./Micheel, H.-G. (Hrsg.) (2003): Empirische Forschung und Soziale Arbeit. Ein Lehr- und Arbeitsbuch. München: Luchterhand.
Otto, H.-U./Thiersch, H. (Hrsg.) (2001^2): Handbuch der Sozialarbeit/Sozialpädagogik. Neuwied: Luchterhand.
Rauschenbach, T. (1999): Sozialpädagogischer Bedarf – auf dem Weg ins Ungewisse? Soziale Berufe, qualitatives Wachstum und fachliche Effektivität. In: Treptow, R./ Hörster, R. (Hrsg.): Sozialpädagogische Integration. Entwicklungslinien und Konfliktlinien. Weinheim: Juventa, 103-121.
Reyer, J. (2002): Kleine Gesichte der Sozialpädagogik. Individuum und Gemeinschaft in der Pädagogik der Moderne. Baltmannsweiler: Schneider.
Salomon, A. (1926/1927): Soziale Diagnose. Berlin: Heymann.
Schaarschuch, A. (1996): Soziale Arbeit in guter Gesellschaft? Gesellschaftliche Modernisierung und die „Normalisierung" der Sozialpädagogik. In: Zeitschrift für Pädagogik, 42, 853-868.
Schefold, W. (2002): Sozialpädagogische Forschung. Stand und Perspektiven. In: Thole, W. (Hrsg.): Grundriss Soziale Arbeit. Ein einführendes Handbuch. Opladen: Leske + Budrich, 875-896.
Seelmeyer, U. (2008): Das Ende der Normalisierung? Weinheim/München: Juventa.
Thole, W. (2002): Soziale Arbeit als Profession und Disziplin. Das sozialpädagogische Projekt in Praxis, Theorie, Forschung und Ausbildung – Versuch einer Standortbestimmung. In: ders. (Hrsg.): Grundriss Soziale Arbeit. Ein einführendes Handbuch. Opladen: Leske + Budrich, 13-59.
Wendt, W.R. (1995): Geschichte der Sozialen Arbeit. Stuttgart: Enke.
Weniger, E. (1930): Sozialpädagogik. In: L. Clostermann/T. Heller/P. Stephani (Hrsg.): Enzyklopädisches Handbuch des Kinderschutzes und der Jugendfürsorge. Leipzig, 749-752.
Winkler, M. (1988): Eine Theorie der Sozialpädagogik. Über Erziehung als Rekonstruktion der Subjektivität. Stuttgart: Klett-Cotta.

8 Umwelterziehung/Ökopädagogik

8.1 Begriffe

Natur: Der Begriff der Natur bedeutet etymologisch (lat. „nasci") geboren werden, entstehen. Natur hat unterschiedliche Assoziationen zwischen den Polen: „Die wilde gefahrvolle Natur als Feind" und „Die Natur als etwas romantisches und ästhetisches". Der Begriff Natur wird oft als Gegenkonzept zum Begriff Kultur gebraucht. Natur wird auch als Gemeinsamkeit aller Lebewesen betrachtet. Natur als die generelle Beschaffenheit einer Sache oder eines Sachverhaltes.

Umwelt: Der Begriff Umwelt wird 1800 in einem Gedicht von Jens Beggesen benannt und 1816 von Goethe als „dadraußen" gebraucht. 1928 beschreibt Jakob von Uexküll damit einen biologischen Fachbegriff: „Mit Umwelt wird die Gesamtheit der Sachverhalte bezeichnet, mit denen ein Subjekt, ein Lebewesen in Wechselwirkung steht". Dem Begriff Umwelt werden verschiedene Bedeutungsgehalte zugeschrieben:
Natürliche (ökologische) Umwelt: Im weiten Sinne ist Umwelt die gesamte Biosphäre, also zwischen äußerer Atmosphäre und Erdkruste. Im engeren Sinne bezieht sich Umwelt vor allem auf die Natur und die Wechselbeziehungen zwischen Wirtschaft, Technik und Naturwissenschaften.
Soziale und kulturelle Umwelt: Einerseits Menschen in unmittelbarer Beziehung, andererseits andere kulturelle Faktoren wie etwa das politische System.

Ökologie: ERNST HAECKEL hatte 1866 den Begriff Ökologie näher bestimmt: Ausgehend von dem griechischen Begriff oikos = Haus, Haushalt, Wohnung, beschrieb er Ökologie als die Lehre von den Anpassungen der Organismen an ihre Umweltbedingungen. Der Physiologie als Lehre von den Funktionen eines Organismus stellte er die Ökologie als Lehre von der „Ökonomie der Natur" gegenüber. Neuere Autoren definieren Ökologie als „Wissenschaft von der Struktur und den Funktionen der Natur, von den Beziehungen der Organismen untereinander und mit ihrer Umwelt" – wobei hier als Umwelt der Komplex aus Faktoren und Fremdorganismen begriffen wird, die auf einen Organismus wirken. Die biologische Ökologie ist damit eine der (wenigen) Wissenschaften, die nicht die Dinge selbst innerhalb ihrer eigenen Kategorien, sondern das Beziehungsnetz zwischen ihnen untersucht.

8.2 Ökologie und Umweltkrise

Ökologie lässt sich als synoptische Wissenschaft mit methodischen Grundlagen und Forschungsansätzen verschiedener Fächer und Wissensbereiche begreifen, als Wissenschaft vom Systemganzen oder als Brücke zwischen Natur- und Sozialwissenschaften. Als Teildisziplin der Naturwissenschaft existiert die biologische Ökologie schon erheblich länger.

In Zielrichtung und methodischem Ansatz, Anspruch und Denkweise liegt begründet, dass Ökologie in den achtziger Jahren zu einem Kernbegriff der gesellschaftlichen Diskussion geworden ist: Er erlaubt und erleichtert die Erkenntnis, dass auch der Mensch nur ein Teil der Natur ist, dass er mit seinem Tun natürlichen Gesetzmäßigkeiten und Grenzen des Wachstums unterliegt, die nach Jahrhunderten der technisch-wissenschaftlichen Entwicklung und Jahrzehnten der industriewirtschaftlichen Produktion vielfach überschritten sind – mit der drohenden Infragestellung seiner eigenen Überlebensfähigkeit. Dasjenige, was wir heute mit ökologischer Krise, mit Ökokatastrophe oder schlicht mit Umweltproblem bezeichnen, kann auch als Symptom gesehen werden, dass nicht nur eine Neuorientierung im Alltag, sondern auch in den Wissenschaften erforderlich ist. Das Verhältnis des Menschen zur Natur hat sich im Verlaufe der Menschheitsentwicklung, mit der Entfaltung des Bewusstseins, des abstrakten Denkens, und dem Heraufkommen neuzeitlicher Wissenschaft, vor allem der Naturwissenschaften und der Technik immer mehr zu einer Subjekt-Objekt-Spaltung auseinander entwickelt.

Kausalanalytisches Verstandesdenken sowie mechanistische und reduktionistische Erklärungsmodelle haben zu den Fortschritten und Errungenschaften unseres Jahrhunderts geführt, im positiven wie negativen Sinn. Die Natur ist dabei in der Wissenschaft wie in pädagogischen Bemühungen mehr und mehr zum Objekt verkommen, ausbeutbar und beherrschbar. Der Zivilisationsprozess scheint an einem Punkt angelangt, an dem er seine eigenen Lebensgrundlagen zu zerstören und damit sich selbst zu vernichten droht. Um die ökologische Krise, wie sie das „Fall-out-Modell der industrialisierten Gesellschaft" skizziert, abzuwenden, sind daher eine Kurskorrektur und Alternativen unerlässlich bis hin zu einem grundlegenden Bewusstseinswandel als Abkehr von traditionellen Werten des Wachstums und der Selbstverwirklichung, des Tempos und der Beschleunigung, quantitativer Wohlstandsmehrung und materialistischer Güterproduktion hin zu Werten wie Nachhaltigkeit und Selbstbeschränkung, einer „Kreativität der Langsamkeit" (REHEIS 1998) und Lebensqualität mit Abschied von einem gefräßigen „Turbokapitalismus" (REHEIS 2003).

Dem Eigentumsrecht im Sinne des römisch-rechtlichen „dominium" als absolutem Herrschaftsanspruch (dominus = Herr), welcher gestattet, ein Gut nicht nur zu gebrauchen (uti), sondern auch zu verbrauchen (abuti), ohne jemandem darüber Rechenschaft ablegen zu müssen, steht in schroffem Gegensatz das „patrimonium" gegenüber, welches das Eigentum als Erbschaft auffasst, das man von seinem Vater (= pater) geerbt hat, aber auch wieder an die Kinder weitervererben soll, das man also wohl gebrauchen, aber nicht verbrauchen darf (BINSWANGER 1991). Behutsame Sachwalterschaft und Teilhabe (Partizipation) stehen absolutistischem Herrschaftsanspruch und funktionalistischem Handeln („Tiere nutzen") gegenüber, wie es sich weiterhin in der Form eines pervertierten „Tierschutzes" dokumentiert, welcher statt „Liebe und Achtung für Mitgeschöpfe" (Fürsorgeanspruch) etwa Käfighaltung und Legebatterien gestattet und den zum Schlachten bestimmten Tieren nicht einmal eine rudimentäre Basis einer artgerechten Haltung gewährt. Zum Thema „kontrastierendes Lernen" möge das Beispiel „mit Tieren leben" dienen (s. Abb. 85).

Abbildung 85: Kontrastierendes Lernen (BOLSCHO/SEYBOLD 1996, 137)

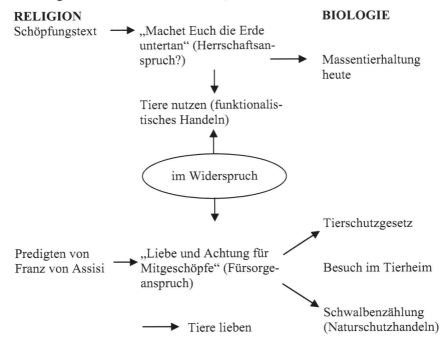

In der Umbruchphase scheint eine Weiterentwicklung der gegenwärtigen Experimentiergesellschaft hin zu einem neuen ökologischen Paradigma unverzichtbar für den Fortbestand einer lebenswerten Entwicklung.

8.3 Phasen der Umweltbewegung

Vor dem Hintergrund der Ökologischen Krise (1970ff: Studien des „CLUB OF ROME"; MEADOWS et al. 1972) und dem ersten Umweltprogramm der Bundesregierung im Jahre 1971 war es zunächst das Ziel, Umweltschutz und Umweltgestaltung in die Lehrpläne aller Schularten und Schulstufen aufzunehmen. Im Vordergrund standen Naturschutz (Tier- und Pflanzenschutz, Artenvielfalt), anschließend weiter gefasst Umweltschutz (Gewässerschutz, Abfallbeseitigung, Energieverbrauch, Luftverschmutzung, z.B. BÖLSCHE 1984). Neben der Gründung zahlreicher Bürgerinitiativen und der Grünen Partei im Verlauf der 1970er-Jahre erklärte die von der UNO 1983 eingesetzte „Weltkommission für Umwelt und Entwicklung" auf der Konferenz für Umwelt und Entwicklung 1992 in Rio de Janeiro die dauerhaft-umweltgerechte Entwicklung (sustainable development) zu einem weltweit anerkannten Leitbild staatlichen Handelns (zu weiteren grundlegenden Begriffen wie Effizienz- und Suffizienz-Strategie und der Entwicklung von Umweltbewegung und Umweltpolitik siehe BOLSCHO/ SEYBOLD 1996, 45ff) (s. Abb. 86). Neben der Nachhaltigkeit im Umweltgutachten des Rats von Sachverständigen für Umweltfragen 1994 wird ferner Retinität (rete = das Netz) als Schlüsselqualifikation zur Gesamtvernetzung der Kulturwelt mit der Natur propagiert. Beim nachhaltigen Denken ist neben der Umweltverträglichkeit auch noch eine Sozialverträglichkeit zu berücksichtigen, d.h. die Gerechtigkeit bezüglich der Lebensqualitäten und -chancen aller jetzt und künftig lebenden Menschen.

Eine ausgewogene Berücksichtigung von Umwelt, Sozial- und Individualverträglichkeit wäre das Ideal, dem das Konzept einer nachhaltigen Entwicklung nachstrebt. Nachhaltigkeit verlangt daher nicht nur die Einhaltung von Standards für die Umweltqualität, sondern auch eine Orientierung an unterschiedlichen Entwürfen von Lebensqualität. Verknüpft mit dem Leitbild einer nachhaltigen Entwicklung hat sich der „ökologische Diskurs" zu einem „gesellschaftspolitischen Diskurs" ausgeweitet (Rat von Sachverständigen für Umweltfragen 1996).

Abbildung 86: Umweltbewegung und Umweltpolitik: Ausgewählte Ereignisse (vgl. BOLSCHO/SEYBOLD 1996, 45-47; mit Ergänzungen)

Jahr	National	International
1970	Sofortprogramm „Umweltschutz" der Bundesregierung	
1971	Umweltprogramm der Bundesregierung, Einrichtung des Rates von Sachverständigen	
1972	Energiekrise, Gründung des Bundesverbandes Bürgerinitiativen Umweltschutz (BBU)	Bericht des Club of Rome: Die Grenzen des Wachstums
1974	Gründung des Umweltbundesamtes in Berlin	
1975	Gründung des Bundes für Umwelt und Naturschutz (BUND); Atomkraftwerkblockade	
1977		UNESCO-Konferenz in Tiflis zur Umwelterziehung
1979	Gründung der Bundespartei DIE GRÜNEN	
1980	Gründung GREENPEACE Deutschland; Beschluss KMK „Umwelt und Unterricht"	Global 2000. Bericht an den Präsidenten der USA
1981	Aufkommen des Begriffes „Waldsterben"	
1984	Erster Waldschadensbericht	
1985	„Entdeckung" des Ozonlochs	
1986		Reaktor-Katastrophe Tschernobyl (26. April)
1990	Enquete-Kommission des Dt. Bundestags „Schutz der Erdatmosphäre"	Weltklima-Konferenz in Genf
1992	Einrichtung des Wissenschaftlichen Beirates der Bundesregierung: Globale Umweltveränderungen (WBGU)	UNCED-Konferenz in Rio de Janeiro: Agenda 21 Meadows/Randers: Beyond the limits
ab 2000	Spiritualisierung der Natur	
2002		Weltgipfel für nachhaltige Entwicklung in Johannesburg RIO + 10-Konferenz

8.4 Pädagogische Konzeptionen in historischer Sicht

Obwohl Umweltprobleme seit alters existieren (z.B. WEEBER 1990), sind sie erst spät Gegenstand pädagogischer Reflexion geworden. Wurden etwa im 19. Jahrhundert die negativen Folgen der Industrialisierung schlicht ignoriert oder gar als Triumph über die Natur in Form von Denkmälern gefeiert (Schlote für Industrieabgase als architektonische Türme, Fabriken als Kathedralen des Fortschritts; vgl. SPELSBERG 1988), zeigten sich erste Sensibilisierungen gegenüber den Folgen der industriellen Revolution von Seiten der Naturwissenschaften (z.B. Waldschadensberichte) oder Medizin (Industriehusten durch die rauchgeschwängerte Luft im Ruhrgebiet), so dass in einem „umweltpolitischen Entscheidungszyklus" Umweltschäden (S), Bewusstsein (B) und Wissen (Technik = T) phasenverschoben auftreten; entstehendes (pädagogisches) Umweltbewusstsein kann hierbei den technische Gegensteuerungen (Förderungen des Wissens über Umweltschäden und Schadensursachen) sowohl nachfolgen als auch solche mittels pädagogisch unterstützter Maßnahmenkataloge und Prioritätensetzungen (Verzögerung der Schäden, Entwicklung eines Umweltbewusstseins und Beschleunigung des technischen Wissens, Senkung der Schwellenwerte für technisches Wissen und Zulassung von Umweltbelastungen) vorantreiben (SIMONIS 1991, 141; BOLSCHO/SEYBOLD 1996, 17ff). Dabei besteht das Ziel darin, vom nachsorgenden (kurativen) zum vorsorgenden (präventiven) Umwelthandeln zu gelangen bzw. eine bessere Balance zwischen beiden zu erreichen.

Wieweit allerdings Erfolge umweltpädagogischer Bemühungen der Vergangenheit nachweisbar sind, ist strittig. Die wenigen vorliegenden Studien über Effekte schulischer und außerschulischer Umweltbildung sind eher ernüchternd und geben nur schwache Hinweise auf verhaltensändernde Wirkungen (LEEMING et al. 1993; 1997; RODE 1996; BITTNER 2002; GRÄSEL 2002, 681ff). Trotz der Schwierigkeit der Ermittlung von Langzeiteffekten pädagogischen Handelns und fehlender Legitimation pädagogischer Bemühungen aufgrund fehlender Nachweise langfristig greifender Wirkungsbehauptungen, welche mit einem Plädoyer für verstärkte empirische Forschung und Effizienzsteigerung verknüpft sind (BOLSCHO/SEYBOLD 1996, 25ff), enthalten ökopädagogische Bemühungen eine unmittelbare Evidenz.

Eine Entwicklung pädagogischer Leitkonzepte im Kontext Umwelt bzw. Ökologie erfolgte historisch beginnend mit der Umwelterziehung über die Umweltbildung, das ökologische Lernen und die Ökopädagogik (s. Abb. 87).

Abbildung 87: Pädagogische Leitkonzepte

Pädagogische Leitkonzepte
1) Umwelterziehung
2) Umweltbildung
3) Ökologisches Lernen
4) Ökopädagogik

a) Umwelterziehung und Umweltbildung

Die von dem angelsächsischen Begriff „environmental education" abgeleitete Bezeichnung „Umwelterziehung" wird zum Teil durch den Begriff „Umweltbildung" ergänzt bzw. ersetzt, so vor allem im Bereich der Erwachsenenbildung. (GRÄSEL 2002). Hier geht es weniger um Unterricht und Erziehungsprozesse im engeren Sinn als um Aufklärung, Bildung, Handeln. Daneben tritt auch ökologisches Denken und Handeln (Zusammenhänge und Wirkmechanismen ökologischen Lernens). Mit ihrem Beschluss „Umwelt und Unterricht" schuf die Kultusministerkonferenz 1980 einen Rahmen für die Umsetzung dieses Anspruchs als fächerübergreifendes Unterrichtsprinzip.

b) Ökologisches Lernen

Die Forderung nach „ökologischem Lernen" weist auf den Umstand, dass die ökologische Krise nicht nur ein „Umwelt"-Problem, sondern ebenso ein „Innenwelt"-Problem ist und Umwelterziehung/-bildung über den Aufweis bloßer Symptome oder die Anleitung zum praktischen Umweltschutz – so unabdingbar diese Aufgabe auch ist – hinausreichen und einen tiefer greifenden, ökologisch orientierten wie gesellschaftspolitischen Ansatz verfolgen muss. Neben die Verhaltensdimension rückt die Verhältnisperspektive, welche nicht allein etwa die ordentliche Müllbeseitigung und -trennung übt, sondern die Zusammenhänge und Wirkmechanismen wie Müllproduktion und -entsorgung (beispielsweise als Sondermüll in die Dritte Welt), die die ökologische Krise mitbedingen, einbezieht. Damit treten individuelle und gesellschaftliche Auslösefaktoren und Mechanismen zentral in das Blickfeld ökopädagogischer Reflexion.

c) Ökopädagogik

Der Ausdruck „Ökopädagogik" tritt in den letzten Jahren zunehmend in den Vordergrund. Er dient einmal zur Kennzeichnung der Teildisziplin der Pädagogik, die sich mit ökologischen Fragen beschäftigt, zum anderen charakterisiert er in einem engeren Sinn eine spezifische Konzeption, die sich vom Verständnis traditioneller Umwelterziehung bewusst abgrenzt.

Vertreter einer ökologischen Pädagogik (z.B. KLEBER 1993) bzw. der Ökopädagogik (BEER/HAAN 1984) kritisieren Ansatz und Methode traditioneller Umwelterziehung und wenden sich „parteilich gegen die Fortsetzung ökonomischer-technischer Naturausbeutung" und die sie begünstigenden Gesellschaftsstrukturen. Ökopädagogik votiert gegen „sozialtechnische Erziehungskonzeptionen, ist mehr als bloße Umwelterziehung" (BEER/HAAN 1984, 9). Auf der Ebene der Organisation, von Methoden und Inhalten des Lernens sowie auch im Hinblick auf die Hierarchie zwischen Lehrenden und Lernenden favorisiert die Ökopädagogik Alternativprojekte, Bürger- und Friedensinitiativen, Gesundheitsläden etc., in deren unmittelbarem Handlungszusammenhang Autonomie, Kreativität und aktionsorientiertes Lernen bewahrt bleiben sollen, anstatt von den traditionellen Institutionen des etablierten Bildungswesens, deren Konformität und pädagogischer Zwangsernährung, mit Wissensstoff und Handlungsanweisungen aufgesaugt zu werden. Im Gegensatz zur Umwelterziehung geht es hier nicht um eine Pädagogisierung und Verschulung der Ökologiebewegung und ökologischen Handelns, sondern um eine „Ökologisierung der Pädagogik", um eine Pädagogik, die sich selber an ökologischen Zusammenhängen orientiert und organisiert (vgl. BEER/HAAN 1984, 12). Neben MERTENS (1989) und HEID (1992) hat von Seiten der Erziehungswissenschaft auch KLAFKI (1991) die „Umweltfrage, d.h. die im globalem Maßstab zu durchdenkende Frage nach Zerstörung oder Erhaltung der natürlichen Grundlagen menschlicher Existenz und damit nach der Verantwortbarkeit und Kontrollierbarkeit der wissenschaftlich-technologischen Entwicklung" (ebd., S. 58) als „epochaltypisches Schlüsselproblem unserer Gegenwart und der vermutlichen Zukunft" (ebd., S. 56) gewürdigt. Sofern Umweltfragen in den Kontext der Allgemeinbildung gestellt werden und „Bildung für Nachhaltigkeit" (REHEIS 2005, 13ff) propagiert wird, sammeln sich unter dem Begriff der Umweltbildung einstige Gegner hitziger und kontroverser Debatten, so dass etwa HAAN (1995, 21) bilanziert: „Man bewegt sich aufeinander zu, man gewichtet anders. Zur Verfügung über Natur ist derzeit keine Alternative in Sicht, und doch wird die Leistungsfähigkeit des naturwissenschaftlich-technischen Umweltschutzes kritischer gesehen als noch vor 10 Jahren. Die gesellschaftliche und kulturelle Seite der Umweltbildung kommt deutlicher hervor, die Kritik an der ungerechten Verteilung der knappen Ressourcen wird lauter und einvernehmlich von allen Seiten sorgfältig registriert. Insofern ist eine Annäherung durchaus zu verzeichnen".

Einen synoptischen Überblick über Umwelterziehung, naturnahe Pädagogik und Ökopädagogik liefert Abbildung 88.

Abbildung 88: Konzepte der Umwelt-/Ökopädagogik (vgl. SCHWEGLER-BEISHEIM 2000)

	Umwelterziehung	**Naturnahe Pädagogik**	**Ökopädagogik**
Vertreter	G. EULENFELD	G. SCHNEIDER	DE HAAN; BEER
Bezugswissen	Ökologie, Biologie, Sozialwissenschaft	(Natur-)Philosophie, Anthropologie	Interdisziplinäre Ökologie
Ziele	Verantwortlicher Umgang mit der Ökologie, ökolog. Denken und Wertebewusstsein	Schutz der Umwelt, Leben im Einklang mit der Natur, politische Mündigkeit, Emotion zur Natur	Selbstbestimmte Zukunft der Lernenden, Anerkennung aller Facetten der Natur
Prinzipien	-Ganzheitlichkeit -Antizipation -Partizipation	-Handlungsorientierung -Selbsterfahrung -Selbst-/Fremdachtung	Nicht nur fragen, wie das Überleben zu sichern ist, sondern auch, wie sich ein anderer Umgang mit Natur gestalten lässt
Didaktik	-Schüler- und Situationsorientierung -Problemorientierung -Handlungsorientierung	-Erlebnisorientierung -Selbstbestimmung -Ganzheitlichkeit -soziales Miteinander	Keine didaktischen Leitlinien
Methode	Gespräche, Beobachtungen, Medieneinsatz, handwerkliche Tätigkeiten, Pflegeaufgaben	Märchen, Geschichten, Sagen, sinnliche Wahrnehmungsübungen, Exkursionen, Feste, Theaterspiel	Keine Angaben zur Umsetzung

8.5 Ausgewählte Konzepte

Neben *einer naturnahen* und *erlebnispädagogisch orientierten Erziehung*, (GÖPFERT 1987), der teilweise ein idealisierendes Bild von Natur als normativer Handlungsgrund vorgeworfen wird (MUFF 1997), betonen *reflexionsorientierte Ansätze* die Fähigkeit zum Umgang mit unterschiedlichen Interessen und den Aufbau einer selbstkritischen Distanz zu eigenen Handlungsmotiven (Kontrastierendes Lernen). *Erkundende Ansätze* verbinden sachkundliche Aufgaben der Naturerschließung mit dem Ziel, unerwünschte oder zumindest problematische Folgen von Eingriffen in gewachsene ökologische Systeme (*Systemorientierung*) erfahrbar zu machen. *Situations- und Handlungsorientierte Ansätze* umfassen konkrete umweltverbessernde Maßnahmen und Projekte. *Interdisziplinäre Umwelterziehung* als politische Bildung will mit der Aufklärung über Umweltrisiken, Ursachen und Handlungsmöglichkeiten die Kompetenz zur Mitgestaltung des Zusammenlebens unter Berücksichtigung von Interessenunterschieden und Möglichkeiten der Konfliktregelung verbessern (vgl. BOLSCHO/SEYBOLD 1996, 117ff).

Kernziel einer „verständigungsorientierten Umweltbildung" (KAHLERT 2005) ist „Umweltbildung als politische Bildung", welche sich mit Vorstellungen und Wissen über den Handlungsbedarf, über Handlungsvoraussetzungen und -möglichkeiten, über Erfolgsbedingungen des Handelns sowie über unerwünschte Nebenwirkungen des Handelns auseinandersetzen muss unter Einbeziehung der zu integrierenden Fachperspektiven (politische, ökonomische, soziologische, geschichtliche, geografische, naturwissenschaftliche, technische, ethisch-philosophische, ästhetische Perspektive (zum Beispiel der Reglementierung von Getränkeverpackungen (Dosenpfand) vgl. KAHLERT 2005, 436f.).

Als Zielbereiche **ökologischer Erziehung** benennt JENCHEN (1992) die Entwicklung der kognitiven, emotionalen und aktionalen Komponente. Neben der Vermittlung von Kenntnissen geht es ebenfalls um eine affektive Ansprache und auch um eine Umsetzung in Handlungen resp. Verhalten.

Leitlinien für eine **Bildung unter ökologischen Erfordernissen** nach dem situations- bzw. handlungsorientierten Ansatz gehen von sieben Prinzipien aus und entfalten sich in sechs Phasen (MIKELSKI 1988, s. Abb. 89 und 90).

Abbildung 89: Prinzipien ökologischer Bildung

I. Prinzipien ökologischer Bildung
Ökologische Bildung heißt...
1. Lernen aus Betroffenheit
2. Entwicklung der Sinne und Schulung der Wahrnehmungen
3. Ausbildung von Urteilskraft
4. Handeln lernen
5. Ganzheitlich orientierte Zugänge zur Welt
6. Unsere heutige Situation in ihrer Geschichtlichkeit zu begreifen
7. Orientierung auf eine phantasievolle Gestaltung der Zukunft

Umweltbildung soll also „situationsorientiert" Anknüpfungen im lokalen Umweltbereich bieten, „objektorientiert" ein Thema aufgreifen, sich „problemorientiert" auf gesellschaftlich relevante Themen stützen, „interdisziplinär" aufarbeiten, „handlungsorientiert" Gestaltungsmöglichkeiten eröffnen und „anwendungsorientiert" Auswirkungen der Umweltbelastungen, deren Ursachen, Möglichkeiten der Eindämmung sowie dabei auftretende Interessengegensätze bearbeiten.

Abbildung 90: Phasen ökologischer Bildung

II. Praktische Verwirklichung ökologischer Bildung
1. Konfrontationsphase   Die Situation oder Istlage – was geschieht oder ist passiert?   *2. Informationsphase*   Welche Informationen brauchen wir? Wie und wo bekommen wir sie?   *3. Explorationsphase*   Welche Lösungen sind denkbar?   *4. Resolutionsphase*   Welche Entscheidung wird getroffen? Welche Folge hat sie?   *5. Disputationsphase*   Eigene Entscheidung: Pro und Contra   *6. Kollationsphase*   Eigene Entscheidung: Vergleich mit der realen Entwicklung

Weitere Beispiele zur Realisierung handlungsorientierter Lernprozesse sind Projekte, Simulationsspiele, Zukunftswerkstätten, ökologische Umbauaktionen (vgl. BOLSCHO/SEYBOLD 1996, 155ff).

Einführungsliteratur (zum Weiterlesen)

Beer, W. et al. (Hrsg.) (2002): Bildung und Lernen im Zeichen der Nachhaltigkeit. Schwalbach: Wochenschau.
Bolscho, D./Seybold, H. (1996): Umweltbildung und ökologisches Lernen. Berlin: Cornelsen.
Reidelhuber, A. (Hrsg.) (2000): Umweltbildung. Ein Projektbuch für die sozialpädagogische Praxis mit Kindern von 3-10. Freiburg: Lambertus.
Schwegler-Beisheim, T. (2000): Stadtkinder und Naturerleben. Waldpädagogik als Chance. Marburg: Tectum.

Literatur

Beer, W./Haan, G.de (1984): Ökopädagogik. Weinheim: Beltz.
Beer, W. et al. (Hrsg.) (2002): Bildung und Lernen im Zeichen der Nachhaltigkeit. Schwalbach. Wochenschau.
Binswanger, Ch. (1991): Ökologie und Ökonomie – Gegner oder Partner? In: Dahncke, H./Hatlapa, H.H. (Hrsg.) (1991): Umweltschutz und Bildungswissenschaften. Bad Heilbrunn: Klinkhardt, 28-40.
Bittner, A. (2002): Außerschulische Umweltbildung in der Evaluation. Göttingen: Kovač.

Bölsche, J. (Hrsg.) (1984): Das gelbe Gift. Todesursache: Saurer Regen. Reinbek: Rowohlt.
Bolscho, D./Michelsen, G. (1997): Umweltbildung unter globalen Perspektiven. Bielefeld: Bertelsmann.
Claußen, B./Wellie, B. (Hrsg.) (1996): Umweltpädagogische Diskurse. Frankfurt: Haag + Herchen.
Dahncke, H./Hatlapa, H.H. (Hrsg.) (1991): Umweltschutz und Bildungswissenschaften. Bad Heilbrunn: Klinkhardt.
Eulefeld, G. et al. (1988): Praxis der Umwelterziehung in der Bundesrepublik Deutschland. Kiel: IPN.
Göpfert, H. (1987): Naturbezogene Pädagogik. Weinheim. Beltz.
Gräsel, C (2002): Umweltbildung. In: Tippelt, R. (Hrsg.): Handbuch Bildungsforschung. Opladen: Leske + Budrich, 675-689.
Haan, G. de (Hrsg.) (1995): Umweltbewusstsein und Massenmedien. Berlin: Akademie Verlag.
Heid, H. (1992): Ökologie als Bildungsfrage? In: Zeitschrift für Pädagogik, 38, 113-138.
Heid, H./Hoff, E.H./Rodax, K. (Hrsg.) (2000): Ökologische Kompetenz. Opladen: Leske + Budrich.
Jenchen, H.J. (1992): Ökologie im Schulalltag. Münster: Lit.
Inglehart, R. (1980): Die Stille Revolution. Königstein: Athenäum.
Kahlert, J. (2005): Umweltbildung. In: Sander, W. (Hrsg.): Handbuch politische Bildung. Schwalbach: Wochenschau, 43-44.
Klafki, W. (1991): Neue Studien zur Bildungstheorie und Didaktik. Weinheim: Beltz.
Kleber E.W. (1993): Grundzüge ökologischer Pädagogik. Eine Einführung in ökologisch-pädagogisches Denken. Weinheim: Juventa.
Kultusministerkonferenz (Hrsg.) (1980): Umwelt und Unterricht. Beschluss vom 17.10.1980. Bonn.
Leeming, F. et al (1993): Outcome Research in Environmental Education: A critical Review. In: Journal of Environmental Education, 24, 4, 8-21.
Leeming, F. et al. (1997): Effects of Participation in Class Activities on Children's environmental Attitudes and Knowledge. In: Journal of Environmental Education, 28, 2, 3-42.
Meadows, D. et al. (1972): Die Grenzen des Wachstums. Bericht an den Club of Rome. Stuttgart: Dt. Verl.- Anst.
Mertens, G. (1989): Umwelterziehung. Paderborn: Schöningh.
Mikelski, H. (1988): Ökologische Bildung als Neugestaltung des Verhältnisses der Menschen zur Natur in Erleben, Erkennen und Handeln. In: Cube, F.v./Storch, V. (Hrsg.): Umweltpädagogik. Heidelberg: Schindele, 108-119.
Muff, A. (1997): Erlebnispädagogik und ökologische Verantwortung. Erleben und Handeln im Spannungszustand von Naturnutzung und Naturschutz. Butzbach-Griedel: AFRA.
Rat von Sachverständigen für Umweltfragen (Hrsg.) (1996): Umweltgutachten 1996. Stuttgart: Metzler-Poeschel.
Reheis, F. (1998): Die Kreativität der Langsamkeit. Darmstadt: Wiss. Buchgesellschaft.

Reheis, F. (2003): Entschleunigung. Abschied vom Turbokapitalismus. München: Riemann.
Reheis, F. (2005): Nachhaltigkeit, Bildung und Zeit. Baltmannsweiler: Schneider.
Rode, H. (1996): Schuleffekte in der Umwelterziehung. Frankfurt: Lang.
Simonis, U.E. (1991): Die Bedingungen zukunftsfähiger Entwicklung. In: Dahncke, H./Hatlapa, H.H. (Hrsg.) (1991): Umweltschutz und Bildungswissenschaften. Bad Heilbrunn: Klinkhardt, 128-150.
Spelsberg, G. (1988): Rauchplage. Zur Geschichte der Luftverschmutzung. Köln: Kölner Volksblatt.
Weeber, K.W. (1990): Smog über Attika. Umweltverhalten im Altertum. Zürich: Artemis.

9 Verkehrs-/Mobilitätspädagogik

9.1 Zur Geschichte: Von der Verkehrserziehung zur Mobilitätsbildung

Die Entwicklung der (schulischen) Verkehrserziehung in Deutschland steht in einer engen Beziehung zur Entwicklung des motorisierten Straßenverkehrs: Die Zunahme des Verkehrs führte schon zu Beginn des 20. Jahrhunderts zu einer Zunahme der Verkehrsunfallzahlen. Aus diesem Grund wurden bereits im Jahr 1909 vom Gesetzgeber Verkehrsregeln aufgestellt, an die sich die Autofahrer halten sollten. Das erste Ziel der Verkehrserziehung in Deutschland war somit das **Lernen von Verkehrsregeln** (vgl. SPITTA 1995; FACK 2000).

Am Beginn der Verkehrserziehung stand also nicht eine pädagogische Überlegung, sondern eine gesellschaftliche Entwicklung. Steigende Unfallzahlen und Behinderungen des Verkehrsflusses durch regelunkundige oder sich sonst wie „falsch" verhaltende Verkehrsteilnehmer ließen die sich bildenden Verkehrsorganisationen, insbesondere die Kraftfahrerverbände, seit den 1920er-Jahren eine vorbeugende pädagogische Maßnahme fordern. Eine erste staatliche Regelung geschah durch einen Erlass des preußischen Kultusministeriums von 1930 unter der Überschrift „Verhütung von Verkehrsunfällen"; an den Volksschulen wurde damit die Verkehrserziehung als schulische Aufgabe festgeschrieben. Ab diesem Zeitpunkt wurde die schulische Verkehrserziehung erstmalig institutionalisiert.

Doch schon bereits im Jahr 1902 bestimmte in Deutschland der damalige Regierungspräsident von Arnsberg, dass

„die Schulen im Unterricht über die Unfallursachen zu belehren und die Eltern auf den Konferenzen zu sorgfältiger Beaufsichtigung der kleinen, unvernünftigen Kinder anzuhalten hätten. Insbesondere müsse der Mißstand abgestellt werden, dass schulpflichtige Kinder trotz der Warnsignale der Straßenbahnführer aus reinem Übermut im letzten Augenblick das Geleise überquerten. Die unterrichtliche Belehrung der Schüler, die einmal im Jahr in jeder Schulklasse erfolgen sollte, setzte bei dem leichtsinnigen Überschreiten der Straßenbahnschienen an. Anknüpfungspunkte an andere Unterrichtsstoffe boten sich danach im Religions-, Anschauungs- und Leseunterricht, in Heimatkunde, Geschichte und Naturlehre. Als Methoden sollte die Einschärfung der Sorge um die körperliche Unversehrtheit nach Gottes fünftem Gebot, die Veranschaulichung der weitreichenden Folgen von leichtsinnig verschuldeten Verkehrsunfällen und die Verabreichung präziser, situationsbezogener Verhaltensmaßregeln fungieren" (FACK 2000, 197-198).

Dass die Verkehrserziehung in hohem Maße von allgemein- und verkehrspolitischen Vorstellungen und Entwicklungen abhängig war, zeigt die Tatsache, dass ein weiterer Erlass 1935, nun durch die nationalsozialistische Regierung, sich auf die **Vermittlung von Regelwissen und die Gefahrenlehre** beschränkte; die Kinder sollten sich – wie im nationalsozialistischen Staat insgesamt – in eine vorgegebene Ordnung einfügen. Im Rahmen der nationalsozialistischen Verkehrspolitik gingen zahlreiche Änderungen vonstatten: Individualmotorisierung wurde propagiert, bestehende Tempolimits aufgehoben und der Autobahnbau forciert. Im Jahr 1938 gab es in Deutschland bereits 8000 Verkehrstote. Im gleichen Jahr erschienen auch zwei verkehrspädagogische Bücher mit den Titeln *„Der Lehrer als Verkehrserzieher"* von BÖHM und *„Verkehrserziehung: eine notwendige Aufgabe der Schule"* von TOST (vgl. FACK 2000; HEINZE 2002). Basis der Verkehrserziehung war das Fehlverhalten einzelner Verkehrsteilnehmer, welche durch das Prinzip der Abschreckung diszipliniert werden sollten.

Bei diesem Profil der Verkehrserziehung blieb es auch nach 1945, wobei erste konzeptionelle Vorschläge ebenfalls in die gleiche Richtung zielten. Die Notwendigkeit zur Verkehrserziehung verstärkte sich erheblich durch die gesellschaftlichen Prozesse der 1950er- und 1960er-Jahre; Massenmotorisierung und eine dadurch bedingte starke Zunahme des Verkehrs sowie die städtebauliche Entwicklung mit der beginnenden Funktionsentmischung führten zur Konstruktion der „autogerechten Stadt". Die erschreckende Zahl von Unfällen mit Personenschäden wurde meist auf das Versagen der Verkehrsteilnehmer zurückgeführt, so dass die Forderung an die Verkehrserziehung lautete: Kindern frühzeitig die notwendigen Regeln zu vermitteln und sie gleichzeitig dazu anzuhalten, diese zu befolgen; Verkehrserziehung war damit gleichzeitig Charaktererziehung.

In den 1960er- und 1970er-Jahren wiesen die Unfallstatistiken in Deutschland die höchsten Kinderunfallzahlen in ganz Europa aus (vgl. LIMBOURG et al. 2000). Gesellschaftliche und politische Einflüsse vermehrten und verstärkten verkehrserzieherische Bemühungen in den Schulen – mit tatkräftiger Unterstützung durch verschiedene außerschulische Institutionen (Polizei, Verkehrssicherheitsinstitutionen, Verkehrsclubs usw.). Der Schwerpunkt lag bei der Sicherheitserziehung und Unfallprävention: Die Kinder sollten lernen, sich im Straßenverkehr *„verkehrssicher"* zu verhalten (SPITTA 1995). Da es trotz Regelkenntnis immer wieder zur Nichtbeachtung der Verkehrsregeln und so zu Unfällen kam, trat neben Regelkenntnis als ursprünglichem Ziel der Verkehrserziehung die **Forderung nach Verkehrsdisziplin** (SPITTA 1995; FACK 2000).

Nachdem sich durch die alleinige Beeinflussung der motorisierten Verkehrsteilnehmer die Zahl der Unfälle nicht verringern ließ, wurden zunehmend auch die nicht motorisierten Verkehrsteilnehmer (Fußgänger, Radfahrer) in verkehrspädagogische Aktivitäten einbezogen und als Zielgruppe für die Verkehrserziehung entdeckt. Fußgänger und Radfahrer sollten durch Erziehung dem motorisierten Straßenverkehr „angepasst" werden. Die Forderung nach Verkehrserziehung von Fußgängern und Radfahrern wurde damals von Automobilclubs und Verkehrsverbänden unterstützt. Mit ihrer Hilfe wurde Verkehrserziehung sporadisch im schulischen Unterricht angeboten (SPITTA 1995; FACK 2000).

Kritik und Neukonzeption(en) seit 1972

Kritik an der bisherigen Konzeption und an der weitgehenden unterrichtlichen Ausblendung der Verkehrswirklichkeit wurde bereits in den 1960er Jahren laut; eine intensive Diskussion gab es aber noch nicht, was nicht zuletzt mit der Tatsache zusammenhing, dass eine Verkehrspädagogik als wissenschaftliche, an den Hochschulen und in der Lehrerausbildung verankerte Disziplin praktisch nicht existierte. Dennoch führten diese kritischen Stimmen und die an den Unfallzahlen ablesbare offensichtliche Erfolglosigkeit der traditionellen Verkehrserziehung allmählich zu einem bildungspolitischen Umdenken.

1972 erließ die Kultusministerkonferenz eine erste „Empfehlung zur Verkehrserziehung in der Schule". Mit ihrer Forderung, neben der Entwicklung der Wahrnehmungsfähigkeit und des Reaktionsvermögens und der Vermittlung von Wissen und Fertigkeiten bei den Kindern auch die Bereitschaft zu wecken, „sich um eine humane Gestaltung des Verkehrs zu bemühen" (SPITTA 1997, 17), deutete sich ein **Paradigmenwechsel** in der Verkehrserziehung an. Allerdings verblieben die Empfehlungen inhaltlich weitgehend in den alten Bahnen und zielten hier auf eine Erziehung zu „verkehrsgerechtem Verhalten".

Immerhin verstärkte sich in den 1970er- und 1980er-Jahren die Kritik an der „alten" Verkehrserziehung. Die wesentlichen Kritikpunkte waren (vgl. REEKEN 2001):

- Die Konzentration auf die Unfallverhütung durch Regellernen und Verhaltenstraining berücksichtige kaum die kindlichen Möglichkeiten und schien daher nur wenig erfolgversprechend zu sein.

- Die Verkehrserziehung bleibe eine affirmative Erziehung und stehe damit im Widerspruch zu allen Bildungsreformbemühungen seit den späten 1960er-Jahren.

- Sie sei eine „Erziehung zur Motorisierung" ohne Alternativen.

- Sie setze bei der Lösung der vorhandenen Probleme lediglich auf individuelle Lösungsstrategien und vernachlässige die gesellschaftlichen Hintergründe.
- Der große Einfluss privater Organisationen (wie Deutsche Verkehrswacht, Deutscher Verkehrssicherheitsrat und ADAC), die einseitig die Belange der Autofahrer bzw. der Automobilwirtschaft vertraten, bedeute eine Verformung von Bildungszielen.
- Als fächerübergreifendes Unterrichtsprinzip sei die Verkehrserziehung bislang weder in der Ausbildung der Lehrerinnen und Lehrer noch in der Schule selbst curricular verankert.

Neu entwickelte Konzepte forderten nun z. B. eine Weiterentwicklung zur Verkehrserziehung als *„Sozialerziehung"* (BÖCHER 1983) oder als „ökonomisch-politische Umwelterziehung" (BRIESE 1991), andere wehrten sich gegen eine solche – wie sie meinten – Überforderung und politische Indienstnahme der Verkehrserziehung (HOHENADEL 1983).

Eine **„soziale Wende"** in der Verkehrserziehung geht mit der als besonders gefährdeten Verkehrsteilnehmergruppe der zu Fuß gehenden oder Rad fahrenden Kinder einher. Denn Kinder sind – je nach Alter – nur begrenzt in der Lage, sich *„verkehrssicher"* zu verhalten (vgl. LIMBOURG et al. 2000). Aus diesem Grund wurde nun von den motorisierten Verkehrsteilnehmer gefordert, sich stärker auf die Besonderheiten der Kinder einzustellen und auf sie Rücksicht zu nehmen. Soziale Kompetenzen wie z.B. Einfühlungsvermögen, Rücksichtsnahme, kooperatives Verhalten und Hilfsbereitschaft sollten bereits im Kindes- und Jugendalter gefördert werden, der Straßenverkehr sollte *„humaner"* werden. Die Verkehrserziehung sollte nicht nur Regelkenntnisse vermitteln, sondern auch die im Verkehr erforderlichen *sozialen Kompetenzen fördern*.

Die negativen Auswirkungen der Massenmotorisierung in Deutschland auf die Menschen und ihre Umwelt wurden in der Wissenschaft und in der Gesellschaft immer häufiger problematisiert. Als Folge dieser Entwicklung setzte sich auch die Verkehrserziehung zunehmend intensiver mit der rasanten Zunahme des motorisierten Straßenverkehrs und seinen *ökologischen Folgen* auseinander (BRIESE 1991). Ab ca. 1988 wurde in Deutschland mit der Überarbeitung der Kultusministerkonferenz-Empfehlungen zur schulischen Verkehrserziehung aus dem Jahr 1972 begonnen.

Eine **„ökologische Wende"** in der Verkehrserziehung wurde durch verschiedene Umweltverbände, durch ökologisch orientierte Verkehrsclubs, durch Umwelt- und Gesundheitsämter und durch die Umweltorientierung in unterschiedlichen Wissenschaften (Umweltmedizin, Ökologische Psychologie, Umweltsoziologie und Umweltpädagogik, Biologie, Chemie, Verkehrswesen) tatkräftig unterstützt. In diesem Zusammenhang erfolgte 1994 in Deutschland eine Neufassung der Kultusministerkonferenz-Empfehlungen zur schulischen Verkehrserziehung, die bis heute als Orientierung für die Entwicklung von Richtlinien für die schulische Verkehrserziehung in den einzelnen Bundesländern gilt. Zu den klassischen Zielen der Verkehrserziehung (Unfallprävention, Sicherheitserziehung und Sozialerziehung) kamen *umwelt- und gesundheitsbezogene Ziele* hinzu, die mit der Förderung einer umwelt- und gesundheitsverträglichen Mobilität in der Schule verbunden werden sollten.

Mit der ökologischen Wende in der Verkehrserziehung ging eine Umorientierung bzw. Erweiterung von der Verkehrserziehung zur **Mobilitätserziehung bzw. Mobilitätsbildung** einher. Denn will man den Verkehr verändern, müssen die pädagogischen Bemühungen am Mobilitätsverhalten der Menschen ansetzen. Menschliches Mobilitätsverhalten kann motorisierten Verkehr und Unfälle erzeugen, aber auch vermeiden. Denn nicht der Verkehr kann erzogen bzw. gebildet werden, sondern die Menschen und ihr Verhalten. Deshalb ist auch der Begriff „Mobilitätserziehung/-bildung" treffender für das Erziehungskonzept als der Begriff „Verkehrserziehung". Vom Alter der Zielgruppe hängt es ab, ob von „Mobilitätserziehung" oder „Mobilitätsbildung" gesprochen wird: Bei der mobilitätspädagogischen Arbeit mit Kindern wird sowohl der Begriff *„Mobilitätserziehung"* als auch der Begriff *„Mobilitätsbildung"* verwendet, bei der pädagogischen Arbeit mit Jugendlichen und Erwachsenen vorwiegend der Begriff *„Mobilitätsbildung"* (vgl. LIMBOURG 2004).

In einer neuen Empfehlung forderte die Kultusministerkonferenz aus dem Jahr 1994 eine **multidimensionale Verkehrserziehung** als *Sicherheits-, Sozial-, Gesundheits- und Umwelterziehung*. Die Kinder sollen rechtzeitig lernen, sich im Verkehr sicher zu bewegen und Unfälle zu vermeiden. Zugleich sollen sie mit zunehmendem Alter ein kritisches Verständnis für den Verkehrsablauf und seine Komponenten erlangen und damit befähigt werden, an der Verbesserung der Verkehrsverhältnisse mitzuwirken. Es soll in der Schule nicht nur ein Beitrag zur Anpassung der Schüler und Schülerinnen an unsere Verkehrsverhältnisse geleistet werden, sondern diese sollen befähigt werden, im Rahmen ihrer Möglichkeiten den Straßenverkehr sicherer, humaner und umweltverträglicher zu gestalten.

9.2 Ziele, Inhalte und Methoden der Mobilitätserziehung/-bildung

> Für den Gegenstandsbereich „Verkehr und Mobilität" benennt REEKEN (2001) fünf zentrale Ziele und Inhalte:
> - Unterstützung der Kinder bei der Eroberung ihrer räumlichen Umwelt im Sinne einer Wiederentdeckung von „Heimat",
> - reflektierter Umgang mit der eigenen Mobilität und den Beweggründen hierfür,
> - kompetente Wahl von Verkehrsmitteln,
> - kompetente Mitwirkung an kommunalen verkehrspolitischen Diskursen,
> - Aufbau von Antizipations- und Utopiefähigkeit.

Ziele der Mobilitätserzierung (vgl. LIMBOURG 2004):

Hauptziel einer **sicherheitsorientierten Mobilitätserziehung** ist es, *Mobilitätskompetenz* zu vermitteln und die Kinder bzw. Jugendlichen zu befähigen, durch ihre Kenntnisse, durch ihre Einstellungen und durch ihr Verhalten in Bezug auf Mobilität und Verkehr einen Beitrag zu ihrer eigenen Verkehrssicherheit und zur Verkehrssicherheit anderer Verkehrsteilnehmer/innen zu leisten. Dabei soll es nicht nur um den Erwerb von Kompetenzen zur Bewältigung der derzeitigen Gefahren im Verkehrsraum gehen, sondern auch um das Erlernen von Strategien zur aktiven Veränderung der derzeitigen Situation, z.B. durch Beteiligung an Stadt- und Verkehrsplanungsprozessen in Städten und Gemeinden. Im Rahmen der unfallpräventiven Sicherheitserziehung werden alle für Kinder relevanten Mobilitätsformen (zu Fuß gehen, Fahrrad fahren, Skaten, Mitfahren in Bussen und Bahnen, Mitfahren im Pkw) im Unterricht behandelt.

Ziel der **Mobilitätserziehung als Sozialerziehung** ist es, dass sich Kinder als Verkehrsteilnehmer mitverantwortlich und rücksichtsvoll verhalten und auf diese Weise zu einer Humanisierung des Verkehrs beitragen. *Soziale Kompetenzen* wie kooperatives und partnerschaftliches Verhalten, Einfühlungsvermögen und Hilfsbereitschaft werden dabei vermittelt.

Das Hauptziel der **Mobilitätserziehung als Gesundheitserziehung** ist, den Kindern die verkehrsbedingten Risiken für die Gesundheit zu vermitteln und ein *gesundheitsbewusstes Mobilitätsverhalten zu fördern*. Im Rahmen der Mobilitätserziehung als Gesundheitserziehung werden die Kinder an gesundheitsverträgliche und bewegungsfreudige Mobilitätsformen (Zu-Fuß-Gehen, Rollerfahren, Radfahren, Skaten usw.) herangeführt. Die Kinder lernen außerdem, durch ihr Verhalten im Verkehr ihre eigene Gesundheit und die Gesundheit der anderen Verkehrsteilnehmer zu schützen.

Im Rahmen der **Mobilitätserziehung als Umwelterziehung** lernen die Kinder die verschiedenen Faktoren von Umweltbelastungen und -zerstörungen durch den Verkehr kennen. Auf der Grundlage dieses Wissens sollen sie durch ihre Verkehrsmittelnutzung einen Beitrag zur Entlastung der Umwelt leisten (*ökologische Kompetenz*). Dabei geht es nicht nur um die naturbelassene Umwelt, sondern auch um die durch den Menschen geschaffene Umwelt.

Methodische Ansätze der schulischen Mobilitätserziehung

Durch die vielfältigen Verflechtungen von Verkehr und Mobilität mit allen menschlichen Lebensbereichen ist sowohl eine fachspezifische als auch eine fächerübergreifende Integration des schulischen Erziehungsbereiches „Verkehr und Mobilität" in alle Schulfächer möglich. Moderne pädagogische Ansätze wie *„Schülerorientierung", „Handlungsorientierung", „Lernen mit allen Sinnen", „Fächerübergreifendes Lernen", „Projekt- und Werkstattunterricht"* und *„Öffnung von Schule"* sind in der Verkehrs- und Mobilitätserziehung unverzichtbar (SPITTA 1995; HEINZE 2002; SILLER 2003). Eine Öffnung der Schule nach außen (Schulumfeld, Gemeinde) ist erforderlich, da Mobilitäts- und Verkehrserziehung zum größten Teil im realen Verkehrsraum durchgeführt werden muss (Schulwegtraining, Radfahrausbildung, Bus- und Bahn-Training, Wohnumfelderkundungen etc.). Die Schule muss sich gerade in diesem Bereich an den Bedürfnissen ihrer Schüler und Schülerinnen orientieren und sich auf die Verkehrsumwelt vor Ort einstellen. Außerdem sollte sie den Schülern nicht nur Wissen vermitteln, sondern bei ihnen auch mobilitätsbezogene Emotionen (z.B. Freude am Inline-Skaten) und Kompetenzen (z.B. Radfahrkompetenz) aufbauen (LIMBOURG 2004).

9.3 Mobilitätserziehung/-bildung im Elementarbereich und in der Schule

Elementarbereich

Im Kindergarten sollte die Elternbildung in Bezug auf Mobilität und Verkehr mit den Schwerpunkten „Sicherheit", „Sozialverhalten", „Umwelt" und „Gesundheit" eine wichtige Priorität haben. In dieser Lebensphase werden wichtige Grundlagen für das spätere Mobilitätsverhalten gelegt.

Im Bereich der Unfallprävention müsste eine Kooperation mit Kinderärzten und Gesundheitsämtern angestrebt werden, damit die Bemühungen aus der Medizin im Rahmen der Vorsorgeuntersuchungen bei den Kinderärzten mit den pädagogischen Ansätzen in Familie und Kindergarten vernetzt werden und somit Synergie-Effekte erzeugt werden können. Auch die Polizei ist ein wichtiger externer Kooperationspartner für die Elternbildung in diesem Bereich.

Die Mobilitätserziehung sollte aber auch eine wichtige Aufgabe der Erziehungsarbeit im Kindergarten werden. Das Wohn- und Kindergartenumfeld gehört zur kindlichen Lebenswelt und ist ein wichtiges Lernfeld für Kinder. Im Wohnumfeld sammeln Kinder Bewegungs- und Spiel-Erfahrungen und knüpfen soziale Kontakte. Sie sollten frühzeitig lernen, sich in dieser Lebenswelt sicher, sozial und umweltfreundlich zu bewegen.

Grundschule

Die zukunftsorientierten Ansätze zur Mobilitätserziehung in der Grundschule in Deutschland zeichnen sich durch drei zentrale Schwerpunkte aus (Limbourg 2004):

- Damit sich Kinder in ihrem Wohn- und Schulumfeld selbstständig bewegen können, müssen sie lernen, sich im *Verkehr zu Fuß*, mit dem *Roller, Fahrrad und Inline-Skates* sowie mit *öffentlichen Verkehrsmitteln* (Busse und Bahnen) so sicher wie möglich zu bewegen und Risiken und Gefahren zu erkennen und zu bewältigen (Schulwegtraining zu Fuß in der ersten und mit dem Fahrrad in der vierten Klasse, sicherheitsorientierte Schulumfelderkundungen, Fußgängertraining, Roller-, Fahrrad- und Skater-Training, Bus- und Bahn-Training).

- Damit sich Kinder in unserer *„bewegungsarmen"* Auto-, Fernseh- und Computer-Zeit mehr bewegen und dadurch ihre psychomotorischen Fertigkeiten/Kompetenzen besser ausbilden können, muss die Mobilitätserziehung die Nutzung von bewegungsfreudigen Fortbewegungsarten (zu Fuß gehen, Roller- und Radfahren, Skaten) durch entsprechende Unterrichtsangebote (Fußgängertraining, Schulwegtraining, motorisches Roller/Radfahrtraining, Skater-Training, Verkehrstraining mit dem Fahrrad, *"Walk to School"*-Woche, Projekt *„Autofreie Schule")* fördern. Auch das *„Move it"* Programm der Deutschen Verkehrswacht leistet einen Beitrag zur Förderung der Bewegungssicherheit und damit auch zur Verbesserung der Verkehrssicherheit von Kindern im Grundschulalter.

- Damit Kinder ohne große Gefährdung durch den Straßenverkehr in ihrem Wohnumfeld zu Fuß gehen, Rad fahren und spielen können, muss der Verkehr durch verkehrsberuhigende Maßnahmen im Schuleinzugsgebiet weniger gefährlich als bisher für Kinder werden. Mit diesem Ziel müssen Kinder frühzeitig dazu befähigt werden, an der Verbesserung der Verkehrsverhältnisse vor Ort mitzuwirken.

Weiterführende Schulen

Die Mobilitätserziehung und -bildung bietet für die weiterführenden Schulen aller Schulformen (Hauptschule, Realschule, Gesamtschule, Gymnasium, Berufschule/Berufskolleg) eine große Vielfalt an thematischen Schwerpunkten aus den Bereichen *„Mobilität und Sicherheit", „Mobilität und Gesundheit", „Mobilität und Sozialverhalten"* und *„Mobilität und Umwelt"* für alle Schulfächer und für alle Klassenstufen von 5 bis 13 (vgl. LIMBOURG 2004). Die Themen können sowohl fachintegriert als auch fächerübergreifend in Form von Projekt- oder Werkstattunterricht angeboten werden.

Einzelne Themen sind beispielsweise „der neue Schulweg", Rad fahren, Inline-Skating, öffentlicher Verkehrsraum (Verkehr und Umweltschutz, Mobilität und Gesellschaft, Vandalismus, helfendes Verhalten, Gewalt), ökologisch orientierte Stadt- und Verkehrsplanung, riskante Mobilität (Risikoverhalten, Mutproben) und Disco-Mobilität (vgl. LIMBOURG 2004).

9.4 Konzeption einer Verkehrs-/Mobilitätspädagogik

Segmente einer Verkehrs-/Mobilitätspädagogik sind Abb. 91 zu entnehmen. *Verkehrsregelkunde* ist der „ursprünglichste" Teil der Verkehrserziehung. Hier geht es um die kognitive Vermittlung von Verkehrsvorschriften.

Abbildung 91: Bereiche einer Verkehrs-/Mobilitätspädagogik (RAITHEL 2006)

Verkehrs-/Mobilitätspädagogik				
Verkehrsregelkunde	Verkehrsmittelkompetenz	Verkehrsverhalten	Ökologische Kompetenz	Verkehrsforschung

Mit *Verkehrsmittelkompetenz* ist die psychosoziale und -motorische Befähigung des Individuums zum Führen oder Nutzen spezifischer Verkehrsmittel gemeint. So verlangt das Führen eines Fahrrads, Motorzweirads oder Autos spezifische Fertigkeiten. Aber auch die Nutzung unterschiedlicher öffentlicher Verkehrsmittel bedarf einer Nutzungskompetenz.

Der Bereich des *Verkehrsverhaltens* ist sehr komplex. Hier liegt die Perspektive auf dem Verkehrssicherheitsverhalten, welches den passiven und aktiven Unfallschutz, den Fahrstil, die Fahrmotivation, soziales Verhalten im Straßenverkehr, die Beeinflussbarkeit durch Mitfahrende, durch Eile und psychotrope Substanzen (Disco-Fahrten) und auch den Verkehrsmittelsicherheitszustand umfasst (vgl. RAITHEL 1999).

Abbildung 92: Mensch-Fahrzeug-Situations-Zusammenhang in Bezug auf das Verkehrsverhalten und Unfallrisiko (RAITHEL 2005)

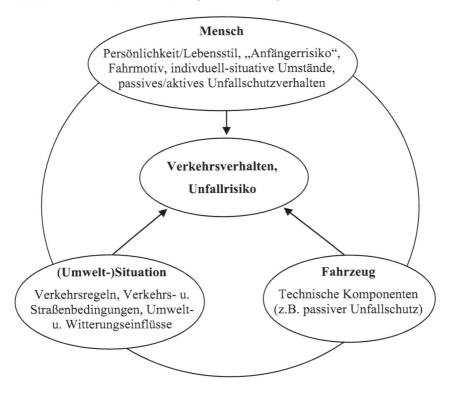

Ökologische Kompetenz meint das Umweltbewusstsein und entsprechendes Mobilitätsverhalten, was die Verkehrsmittelwahl (motorisierter Individualverkehr vs. öffentliche Verkehrsmittel oder Fahrrad) und die Verkehrsmittelnutzung in Frequenz und Intensität (häufiges „ressourcenverbrauchendes" hochtouriges Autofahren vs. selektives, nur notwendiges „umweltfreundlicheres" niedertouriges Auto fahren) subsumiert. Mit der ökologischen Kompetenz ist auch eine Kritikfähigkeit gegenüber dem motorisierten Massenindividualverkehr verbunden.

Gegenstand der *Verkehrsforschung* ist die sozialwissenschaftliche, psychologische, medizinische und technische/ingenieurwissenschaftliche Verkehrssicherheits- bzw. Verkehrsrisikoforschung. Ein Schwerpunkt der sozialwissenschaftlichen Verkehrsforschung ist beispielsweise das (riskante) Verkehrsverhalten von Heranwachsenden und jungen Erwachsenen. Hierbei ist immer das gesamte Wirkungsgeflecht aus den Faktoren Mensch, (Umwelt-)Situation und Fahrzeug zu berücksichtigen (s. Abb. 92).

9.5 Zusammenfassung und Perspektive

Das Hauptziel einer zukunftsorientierten Verkehrs-/Mobilitätserziehung ist die Hinführung der Kinder und Jugendlichen zu einer kritischen Auseinandersetzung mit den derzeitigen Mobilitätsformen, dem daraus resultierenden Verkehr und seinen Auswirkungen auf die Sicherheit, die Gesundheit und die Umwelt der Menschen. Kinder und Jugendliche sollten lernen, sich im Verkehrsraum kompetent zu bewegen und Unfälle zu vermeiden. Zugleich sollten sie aber auch ein kritisches Verständnis für den Verkehr und seine Komponenten erlangen und damit befähigt werden, ihr Mobilitätsverhalten und ihre Verkehrsmittelnutzung kritisch zu hinterfragen, an der Verbesserung der Verkehrsverhältnisse mitzuwirken und Mobilitätsentscheidungen bewusst und kompetent zu treffen.

Aus dieser übergreifenden Zielsetzung ergeben sich für die Verkehrs-/Mobilitätserziehung folgende Lernziele (LIMBOURG 2004):

- Schüler/innen sollten befähigt werden, durch ihre Kenntnisse, durch ihre Einstellungen und durch ihr Verhalten in Bezug auf Mobilität und Verkehr einen Beitrag zu ihrer eigenen Verkehrssicherheit und zur Verkehrssicherheit anderer Verkehrsteilnehmer/innen zu leisten. Dabei soll es nicht nur um den **Erwerb von Kompetenzen zur Bewältigung der derzeitigen Gefahren im Verkehrsraum** gehen, sondern auch um das Erlernen von Strategien zur aktiven Veränderung der derzeitigen Situation, z.B. durch Beteiligung an Stadt- und Verkehrsplanungsprozessen in Städten und Gemeinden. Im Rahmen dieser unfallpräventiven Sicherheitserziehung müssen alle für Kinder relevanten Mobilitätsformen (zu Fuß gehen, Fahrrad fahren, Skaten, Mitfahren in Bussen und Bahnen, Mitfahren im Pkw, Mofa, Motorrad und Auto fahren) im Unterricht behandelt werden.

- Schüler/innen sollten lernen, sich als Verkehrsteilnehmer/innen mitverantwortlich und rücksichtsvoll zu verhalten und auf diese Weise auch zu einer Humanisierung des Verkehrs beitragen. **Soziale Kompetenzen** wie kooperatives und partnerschaftliches Verhalten, Einfühlungsvermögen und Hilfsbereitschaft sollen dabei vermittelt werden.

- Kindern und Jugendlichen sollten die verkehrsbedingten Risiken für die Gesundheit vermittelt werden (z.B. Bewegungsmangel, Schadstoffemissionen, Lärm), damit sie durch ihr Mobilitätsverhalten ihre eigene Gesundheit und die Gesundheit der anderen Verkehrsteilnehmer/innen schützen. Gleichzeitig sollten sie an **gesundheitsverträgliche und bewegungsfreudige Mobilitätsformen** (zu Fuß gehen, Roller fahren, Rad fahren, Skaten usw.) herangeführt werden.

- Im Rahmen der Umwelterziehung sollen Kinder und Jugendliche die verschiedenen Faktoren von Umweltbelastungen und -zerstörungen durch den Verkehr kennen lernen (motorisierter Straßenverkehr, Luftverkehr). Auf der Grundlage dieses Wissens und der Entwicklung einer **ökologischen Kompetenz** sollen sie durch ihr Mobilitätsverhalten einen Beitrag zur Entlastung der Umwelt leisten. Dabei geht es nicht nur um die Natur, sondern auch um die durch den Menschen geschaffene Umwelt (z.B. Stadtplanung, Verkehrsraumgestaltung).

Die Verkehrs-/Mobilitätserziehung sollte vom Kindergarten bis zur Sekundarstufe II sowohl fächerintegriert (z.B. in Sachkunde, Sport, Technik, Biologie, Physik, Mathematik, Sprachen, Religion, Ethik) als auch fächerübergreifend (z.B. Projekte, Werkstätten) kontinuierlich angeboten werden und schrittweise Kompetenzen bei der Nutzung der – je nach Alter – im Vordergrund stehenden Mobilitätsformen vermitteln und dabei auch affektive (emotionale) und verhaltensorientierte (psychomotorische) Lernziele berücksichtigen. Der Schwerpunkt sollte dabei auf *gesundheitsfördernde und umweltverträgliche Mobilitätsformen* gelegt werden.

Einführungsliteratur (zum Weiterlesen)

Limbourg, M./Flade A./Schönharting, J. (2000): Mobilität im Kindes- und Jugendalter. Opladen: Leske + Budrich.
Raithel, J. (1999): Unfallursache: Jugendliches Risikoverhalten. Verkehrsgefährdung Jugendlicher, psychosoziale Belastungen und Prävention. Weinheim: Juventa.

Literatur

Böcher, W. (1983): Verkehrserziehung als Sozialerziehung. In: Zeitschrift für Verkehrserziehung, 33, 1-11.
Briese, V. (1991): „Alternatives Verkehrslernen statt Unfallverhütungstraining in der automobilen Risikogesellschaft". In: Koch, H. (Hrsg.): Die neue Verkehrserziehung. Modelle, Konzeptionen, Theorien. München: Vogel Verlag, 33-52.
Fack, D. (2000): Automobil, Verkehr und Erziehung. Motorisierung und Sozialisation zwischen Beschleunigung und Anpassung 1885-1945. Opladen: Leske + Budrich.
Heinze, A. (2002): Kindgerechte Verkehrserziehung. Studien zur Schulpädagogik, Bd. 33. Hamburg: Verlag Dr. Kovaĉ.
Hohenadel, D. (1983): Erziehung und Verkehrswirklichkeit. Essays zur Verkehrspädagogik. Braunschweig: Salzmann.
Limbourg, M. (2004): Zukunftsorientierte Verkehrs- und Mobilitätserziehung im Kindes- und Jugendalter. In: Rheinischer Gemeinde-Unfall-Versicherungs-Verband (Hrsg.): Mobilität und Verkehrssicherheit für Kinder und Jugendliche. Düsseldorf, 93-115.
Limbourg, M./Flade A./Schönharting, J. (2000): Mobilität im Kindes- und Jugendalter. Opladen: Leske + Budrich.
Raithel, J. (1999): Unfallursache: Jugendliches Risikoverhalten. Verkehrsgefährdung Jugendlicher, psychosoziale Belastungen und Prävention. Weinheim: Juventa.
Raithel, J. (2005): Riskante Straßenverkehrsteilnahme Jugendlicher. In: Merkens, H./Zinnecker, J. (Hrsg.): Jahrbuch Jugendforschung 2005. Wiesbaden: VS, 143-158.
Raithel, J. (2006): Das Konzept der Verkehrs-/Mobilitätspädagogik. In: Zeitschrift für Verkehrserziehung, 56, 2, 30-34.
Reeken, D. v. (2001): Verkehrserziehung und Mobilitätsbildung. In: Einsiedler, W. et al. (Hrsg.): Handbuch Grundschulpädagogik und Grundschuldidaktik. Bad Heilbrunn: Klinkhardt, 611-615.
Siller, R. (2003): Entwurf einer Didaktik der Verkehrs- und Mobilitätserziehung. In: Siller, R. (Hrsg.): Kinder unterwegs - Schule macht mobil. Verkehrs- und Mobilitätserziehung in der Schule. Donauwörth: Auer, 41-51.
Spitta, P. (1995): Kinder im Verkehr. Neue Konzepte der Verkehrserziehung in der Primarstufe. Hamburg: Berufsgenossenschaft für Gesundheitsdienst und Wohlfahrtspflege.
Spitta, P. (1997): Kinder im Verkehr. In: Verkehrsclub Deutschland (Hrsg.): Neue Konzepte der Verkehrserziehung in der Primarstufe. Bonn: VCD e.V.

Tipps zum Lernen und zur Prüfungsvorbereitung

Im Lehrbuch werden abschließend in stichpunktartiger, komprimierter Form einige Tipps zur Erleichterung und Optimierung von Lernstrategien und zur Vorbereitung auf Prüfungen ausgeführt. Zunächst wird sich der Thematik des Lernens mit den Unterpunkten Lernintelligenz, Lernmotivation, Lernsetting, Arbeitsplatzgestaltung, Lern- und Zeitplan, Lesestrategie und Verankerung des Lernstoffs genähert, um hiernach einzelne Aspekte in Bezug auf die Examensvorbereitung und den Prüfungstag zusammenzuführen.

♦ Lernintelligenz

Nach dem Konzept „Successful Intelligence" (STERNBERG 1996) können unterschiedliche Kriterien für einen Lernerfolg benannt werden, die einen guten Lerner auszeichnen (vgl. KLEINSCHROTH 2005, 23ff):
- Gute Lerner motivieren sich selbst.
- Gute Lerner stecken sich Etappenziele.
- Gute Lerner setzen Prioritäten und schieben nichts auf die lange Bank.
- Gute Lerner haben Ausdauer.
- Gute Lerner sind aktiv, initiativ und neugierig.
- Gute Lerner lernen eigenverantwortlich.
- Gute Lerner haben Selbstvertrauen.
- Gute Lerner haben eine hohe Frustrationstoleranz.
- Gute Lerner nutzen alle Sinnesorgane/Wahrnehmungskanäle.

Die genannten Punkte beschreiben Merkmale, die Lernerfolg versprechen und somit eine erste Orientierung über förderliche Faktoren geben.

♦ Lernmotivation

Die Lust zum Lernen kann vielen ziemlich verdorben sein. So war doch Lernen während der Schulzeit oft mit Druck verbunden. Lehrer und Eltern haben ihre Macht eingesetzt, um den Schüler zum Lernen von Dingen zu bewegen, die ihn nicht interessierten und für seinen Berufswunsch möglicherweise keine Rolle spielen. Dieser Druck erzeugt Gegendruck, man will nicht lernen, man will sich nicht Forderungen von Außen unterordnen.

Jetzt soll das Lernen für eine Prüfung losgehen, und man spürt einen absoluten Widerwillen, sich darauf einzulassen. Hier ist ganz wichtig festzustellen, dass jedes selbstbestimmte Lernen diese Last erheblich reduziert und man die richtige Einstellung finden sollte. Im Studium hat man zwar zumindest das Fach nach Interesse gewählt, doch kann es sehr wohl sein, dass ein bestimmter Prüfungsstoff später nicht mehr oder zumindest nicht mehr direkt gebraucht wird. Zugleich aber muss die Prüfung erfolgreich sein und möglichst gut bestanden werden. Die Prüfung zu bestehen und dies noch mit bester Bewertung, ist aber nun außerordentlich sinnvoll, denn zum einen braucht man die bestandene und meistens gut oder sehr gut bewerte Prüfung zur angestrebten Berufsausübung und zum anderen wird die Fähigkeit/Kompetenz Prüfungen zu meistern dokumentiert. Unter diesem Blickwinkel ist das Lernen höchst zweckmäßig.

Die Motivation zum Lernen kann in Form der **intrinsischen Motivation** aus *Interesse/Faszination/Begeisterung,* der *Zielvision* sowie aus *Eigenlob* entstehen und als **extrinsische Motivation** aus *Erfolg, Fremdlob* und *Bewunderung* erwachsen.

Faszination geht von jedem Wissensgebiet aus, wenn man den richtigen Einstieg wählt. Eine Möglichkeit stellt beispielsweise die Lebensgeschichte eines berühmten Wissenschaftlers dar, die für den Wissensstoff begeistert. Oder Sie steigen über populärwissenschaftliche Literatur oder einen Dokumentarfilm bzw. Fernsehbericht in die Materie ein. Bauen Sie sich Brücken zur Praxis und zu Ihrem Alltag. Finden Sie die Verwertbarkeit eines Wissens bzw. des Wissensgebietes für das alltägliche Leben.

Lernmotivation kann auch aus dem „Fernziel" erwachsen. Sie wollen später als Diplom-Pädagoge beispielsweise in der Jugendarbeit/-hilfe oder Erwachsenenbildung tätig werden, möglicherweise auch einmal Leiter einer entsprechenden Einrichtung werden. Halten Sie sich Ihr Ziel vor Augen und orientieren Sie sich daran.

Viele Menschen haben die Tendenz, sich selbst zu beschuldigen, während es eher ungewöhnlich ist, sich innerlich zu loben (vgl. HÖRMANN 1996, 149ff). Dennoch sollte man innerlich lobend mit sich sprechen, z.B. während des Lernens oder wenn eine Lerneinheit erledigt ist. Bei Erfolgen, wenn beispielsweise ein bestimmtes Lernpensum geschafft ist, darf man sich etwas Schönes leisten (aber auch erst dann).

Nichts ist erfolgreicher als der Erfolg. Doch umgekehrt gilt: Ein Misserfolg erzeugt den nächsten. Versuchen Sie deshalb nicht, das Fernziel in einem Anlauf zu erreichen. Erfolgversprechend ist hingegen, mittlere Ansprüche an sich zu stellen. Überforderung wie Unterforderung sind die größten Motivationskiller. Setzen Sie sich Teilziele, die überschaubar und erreichbar sind, dann wird Sie der erste Erfolg zum nächsten tragen.

> Um bei Lernlaune und Lerneifer zu bleiben, ist **Abwechslung** sehr hilfreich. Oft kann man zwischen verschiedenen Aktivitäten wählen: Lesen für eine Prüfung, Lernen des vorbereiteten Stoffes, Anfertigen einer Wissenskarte oder von Folien, neben analogen auch elektronische Medien einsetzen usw.

♦ Lernsetting

Die Lernumgebung und die Atmosphäre entscheiden mit, wie kreativ man arbeitet und ob man sich an Gelerntes erinnern kann. Neben der grundsätzlichen Bedeutung unterschiedlicher Lernarrangements mit jeweiligen Vorzügen und Nachteilen (z.B. Einzelarbeit oder Gruppenarbeit beim Lernen HÖRMANN 1996, 93ff) sind Lernorte immer auch gleichzeitig Gedächtnisanker. Die einzelnen Lernsituationen – im Folgenden wird auf die Lernsettings mit Musik, unter Bewegung, in der Natur und in der Bibliothek eingegangen – sollten bei Wiederholungen und Selbstabfragen gewechselt werden, und bevor es ernst wird, versetzen Sie sich im Geiste in die Prüfungssituation, den Raum und auf den Stuhl, auf dem Sie sitzen werden.

Lernen mit Musik

Musik beeinflusst sowohl den Körper als auch den Geist. Musik kann motivieren (z.B. beim Sport – aber auch „aufputschen" bis aggressiv machen), anregen, entspannen oder einschläfern (bei einem Wiegenlied). Die Vertreter der Suggestopädie nach LOZANOV (1978) nutzen die Musikwirkung, um die rechte Hirnhemisphäre, die in unserem Kulturkreis angeblich vernachlässigt wird, zu aktivieren. Der Kursleiter trägt den Lernstoff bei langsamer Barockmusik (z.B. Bach, Händel, Vivaldi) vor. Die entspannende Musik (60 Takte pro Minute entsprechen der durchschnittlichen Herzfrequenz im Ruhezustand) kann Nervosität und Stress harmonisieren. Doch vergleichende Studien ergaben keine nennenswerte Überlegenheit des suggestopädischen Unterrichts (vgl. z.B. SCHIFFLER 2001). Die Suggestionskraft geht weniger von der Musik als von dem Lehrer aus, von seiner Mimik, Intonation und Rhythmisierung der Sprache. Die Lernatmosphäre und die Gruppendynamik tragen das ihre bei.

Doch wer glaubt, er müsse sich während des Lernens mit Musik „berieseln" lassen, um die Konzentration und das Gedächtnis zu verbessern, der irrt (vgl. SPITZER 2002). Denn Hintergrundmusik kann beim konzentrierten Lesen sogar ein Störfaktor sein, weil Melodie und Rhythmus den individuellen Rhythmus des Lesens und Mitdenkens stören. Es macht also eher nicht die Musik, sondern der „Glaube" an die Wirkung einer wie auch immer nach Geschmack und Vorliebe mittels differentieller Analyse zu spezifizierenden Musikgattung.

Lernen per pedes

Lernen unter Bewegung bzw. Lernen mit Bewegungszeiten steigert die Konzentration und die Qualität (Effizienz, Nachhaltigkeit) des Lernens, was bereits den alten Griechen bekannt war: Die Angehörigen der Schule des Aristoteles oder die Peripatetiker wurden nicht nur nach dem Wandelgang der Schule, dem „Peripatos" benannt, sondern auch angesichts des Umstands, dass sie im Gehen philosophierten und zu höheren Erkenntnissen zu gelangen trachteten. Im Gehen nimmt der Körper doppelt so viel Sauerstoff auf als im Sitzen und der Sauerstoff ist Treibstoff für den Lernprozess. Hingegen wird die Atmung beim gebeugten Sitzen über den Büchern zunehmend flacher und das Gehirn wird mit weniger Sauerstoff versorgt, dabei lässt die Konzentration nach und Unruhe stellt sich ein, weil das Bedürfnis aufzustehen zunimmt.

Bewegung ist aufmerksamkeitsfördernd, da sie die Gehirndurchblutung verbessert. Körperliches Training wie Jogging oder Fahrradfahren baut sogar Angsthormone (in Hinsicht auf Prüfungs-/Bewertungsangst) ab (vgl. SCHUSTER 2001, 103).

Lernort Natur

Ausgehend davon, dass der Lernort ein Gedächtnisanker ist, wird die empfundene Atmosphäre (z.B. die Bank im Park, die Lichtung im Wald oder auch das Straßencafe) mitgelernt. Sie ist das Signal, das den Abrufmechanismus des gespeicherten Lernstoffs auslöst.

Einen ähnlichen Effekt wie der beschriebene äußere Tapetenwechsel hat auch der gedankliche Tapetenwechsel. Versetzen Sie sich in eine schöne innere Landschaft, auf die Parkbank am See, auf den Gipfel eines Berges. Verbinden Sie den Lernstoff mit dem Panorama und er wird seltener vergessen (KLEINSCHROTH 2005, 42).

Lernort Bibliothek

Das Ambiente kann ansteckend/motivierend sein. Die Bibliothek ist ein idealer Lernort, weil dort alle das Gleiche machen, also Gleichgesinnte anzutreffen sind, und man zudem dort gute Arbeitsmöbel, Ruhe und alle nötigen Quellen vorfindet. Disziplin und Konzentration können ansteckend sein und somit bietet die Bibliothek eine ideale Arbeitsatmosphäre.

„Arbeitsplatz" Bett

Siehe dazu unter Lern- und Zeitplan: Nicht im Schlaf, sondern vor dem Schlafengehen lernen.

♦ Arbeitsplatzgestaltung

Eine effektive Arbeitsplatzgestaltung erhöht die Arbeitszufriedenheit und somit die Effizienz. Kenntnisse über Ergonomie tragen dazu bei, gesundheitliche Belastungen zu vermeiden. Bereits geringe Veränderungen bei der Gestaltung des Arbeitsplatzes bewirken deutliche Lern- und Arbeitsverbesserungen.

PC-Arbeitsplatz: Hier muss auf einen ergonomisch angepassten und platzierten Monitor geachtet werden. Um ermüdungsfreies Schreiben zu gewährleisten, müssen Tastaturen flach sein. Die Handballen sollen beim Schreiben bequem auf der Tischfläche aufliegen, so dass die Finger in den Tastaturmulden verbleiben können. Ansonsten verkrampft sich die Arm- und Rückenmuskulatur bei langem Schreiben. Arm- und Rückenschmerzen sowie Sehnenscheidenentzündungen sind die möglichen Folgen. Beim Rechner sollte darauf geachtet werden, dass das Kühlgebläse nicht zu laut ist. Ein schneller Prozessor ist anzuraten, um unnötige Wartezeiten und damit verbundenen Ärger und Stress zu vermeiden. Benutzerfreundliche Software ist übersichtlich, einheitlich, flexibel, fehlertolerant, zuverlässig und schnell. Durch diese Kriterien (Softwareergonomie) kann der Stress am PC-Arbeitsplatz niedrig gehalten werden und die Effizienz erhöht werden.

Arbeitsplatzfunktionalität: Ein zu niedriger Tisch, ein falscher Stuhl können zu ungünstigen Körperhaltungen führen und einen Teufelskreis bewirken: kurzfristig werden bestimmte Organe übermäßig beansprucht, mittelfristig können Körperfunktionen beeinträchtigt werden und langfristig bleibende Schäden eintreten. Problematisch ist bei überwiegend sitzender Tätigkeit immer die Wirbelsäule. Es muss eine individuell entspannte Sitzposition gefunden werden. Am günstigsten ist ein höhenverstellbarer Tisch und Arbeitsstuhl, dessen Rückenlehne zu verändern ist, der zusätzlich drehbar ist und bei dem der Neigungswinkel der Sitzfläche veränderbar ist. Fußstützen können einer entspannten Sitzposition sehr dienlich sein. Um gerade den bei „Kopfarbeitern" verbreiteten Rückenbeschwerden vorzubeugen und aufrechte Körperhaltung zu fördern, ist neben rückengerechtem Verhalten insbesondere auch auf angemessene Bestuhlung (inklusive Sitzbank, Gymnastikball) zu achten oder gar an das aus der Mode gekommene, aber gleichwohl nach wie vor empfehlenswerte Stehpult zu denken.

Arbeitsraum: Beleuchtung, Klima, Lärm. Bildschirme immer parallel zu Lichtquellen wie Fenster und Lampen aufstellen, um so Reflektionen und Blendungen zu vermeiden. Bildschirme dürfen nie gegenüber einer Lichtquelle aufgestellt werden. Bei Bedarf muss das Außenlicht durch Jalousien oder Vorhänge zu dämpfen sein. Bei einer Raumtemperatur von über 23 Grad nimmt die Konzentrationsfähigkeit ab, die Fehlerquote steigt, die physische und psychische Beanspruchung auch. Regelmäßige Frischluftzufuhr ist sehr wichtig. Natürlich sollten störende Lärmquellen und andere Ablenkungen im Sinne von „Konzentrationsstörern" in der Arbeitsumgebung ausgeschaltet werden.

♦ Lern- und Zeitplan

Menschen ohne Plan kommen meist nicht ans Ziel oder dann nur sehr unökonomisch. Manche lasten ihr Scheitern dem Schicksal an. Vielleicht hatten sie aber auch nur falsch geplant. Wird ein Arbeitsablauf unstrukturiert und ungeplant ausgeführt, kommt es zu einer Doppel- oder Mehrfacharbeit. Je besser Arbeitsabläufe geistig antizipiert werden, desto effizienter kann ein bestimmtes Handlungsziel (Lernziel) erreicht werden. Der Arbeitsablauf muss mit dem Gesamttagesablauf und seinen Anforderungen koordiniert und abgestimmt werden. Je besser die Arbeits- bzw. Lernzeit eingeteilt und geplant wird, um so schneller bzw. effizienter wird das Ziel erreicht. Durch professionelles Planen erlangen Sie also den effizientesten Lernerfolg.

Das Doppel-W-Prinzip

Wenn die vier Doppel-W-Fragen klar beantwortet werden können, ist das Lernziel in erreichbarer Nähe. Es handelt sich um folgende Fragen:

1. *Wissen* Sie, *warum* Sie lernen wollen?
2. *Wissen* Sie, *was* Sie lernen wollen?
3. *Wissen* Sie, *wann* Sie lernen wollen?
4. *Wissen* Sie, *wie* Sie lernen wollen?

Im Einzelnen bedeuten die Fragen:

1. Wissen *warum*	Schaffen Sie sich Motive.
2. Wissen *was*	Haben Sie Überblick über den Lernstoff?
3. Wissen *wann*	Erstellen Sie einen Zeitplan.
4. Wissen *wie*	Planen Sie Weg und Etappenziele mit Methode.

Grundregeln der Zeitplanung

Die Zeitplanung umfasst die zeitliche Strukturierung des Tagesablaufs und beginnt mit einer Ist-Festlegung über Art und Umfang der Tätigkeiten, wobei mögliche Änderungen antizipiert werden müssen. Zu berücksichtigen bleibt weiterhin, dass der Zeitplan gleichzeitig auch als Kontroll- und Zielplan verstanden werden kann. Das Setzen von Tagesarbeitszielen ist vor motivationalem Hintergrund sehr wichtig.

Als eine **Grundregel** der Zeitplanung gilt, dass ca. **60% der *Tagesarbeitszeit* verplant** werden sollen. Die anderen ca. **40%** Arbeitszeit müssen als *Pufferzeit* für unvorhergesehene Ereignisse oder Störungen (ca. 20%), aber auch für eigene spontane Tätigkeiten (ca. 20%), reserviert bleiben. *Störungen* können in Form von sachbedingten Störungen (z.B. fehlende oder falsche Informationen, Mangel an Arbeitsmitteln), Störungen durch Andere (z.B. unerwartete Besucher, Mitbewohner) und Eigenstörungen (Unlust, Müdigkeit, mangelnde Konzentration, Ablenkung, Arbeiten im Leistungstief) auftreten. Zwischen zusammenhängenden Zeitblöcken, in welchen ohne Störungen gearbeitet werden kann, sind Pufferzeiten einzuplanen. In der Praxis hat sich täglich eine „Sperrzeit" für Andere und Störungen jeglicher Art bewährt.

Bei der Planung der Tageslernzeit ist die **Tagesleistungskurve** zu berücksichtigen, welche durch Leistungsgipfel und Leistungstäler gekennzeichnet ist. Die Leistungskurve besteht aus *zwei Leistungshochs*, in welchen vor allem gelernt werden sollte. Die Leistungstiefs sollten für Routinearbeiten und Freizeit genutzt werden. Auch wenn die Leistungskurve individuell variiert, so erreicht im allgemeinen die Leistungsfähigkeit zwischen 9 und 11 Uhr ihren ersten Höhepunkt, um dann abzusinken. Das zweite Leistungshoch findet sich dann zwischen 16 und 20 Uhr (s. Abb. 93).

Abbildung 93: Leistungskurve (vgl. KLEINSCHROTH 2005)

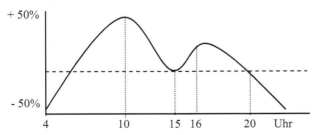

Tagesplan erstellen

Eine Methode, um in wenigen Minuten einen schriftlichen Tagesplan zu erstellen, verbirgt sich hinter dem Merkwort „ALPEN-Methode".

Die **ALPEN-Methode** *zur Tagesarbeitsplanung:*

(1.) A = Aktivität/Aufgabe: Was ist zu erledigen?

(2.) L = Länge der Tätigkeiten schätzen.

(3.) P = Pufferzeiten und Pausen reservieren.

(4.) E = Entscheidungen treffen (Prioritäten setzen).

(5.) N = Nachkontrollieren am Tagesende.

Prioritäten setzen

Ein Hauptproblem im Alltag ist der ständige Versuch, möglichst viel auf einmal zu tun, mit der Gefahr sich zu verzetteln. Es ist deshalb notwendig, Wichtiges von Dringendem zu unterscheiden und das Dringende vor dem Wichtigen auszuführen. Die Prioritätensetzung bezieht sich immer nur auf das Anpacken einer einzigen Aufgabe.

Prioritäten setzen bedeutet, dass entschieden werden muss, welche Aufgabe erstrangig, zweitrangig und welche nachrangig zu behandeln ist. Hintergrund dafür ist das sogenannte Pareto-Zeitprinzip:

Das **Pareto-Zeitprinzip** (auch **80/20-Regel**)
Dieses Prinzip verweist darauf, dass mit 20% Zeitaufwand 80% Arbeitsergebnisse erzielt werden. Man sollte sich daher auf die 20% wichtigen, erforderlichen Tätigkeiten konzentrieren, da hiervon unser wesentlicher Arbeitserfolg abhängt. Wir verschwenden leider 80% unserer Energie auf überwiegend unwichtige, aber zahlreiche nebensächliche Probleme und kommen dann nur zu 20% Ergebnissen. Es muss also zielorientiert und nicht tätigkeitsorientiert entschieden und gearbeitet werden (s. Abb. 94).

Abbildung 94: Pareto-Zeitprinzip (vgl. SEIWERT 1984, 130)

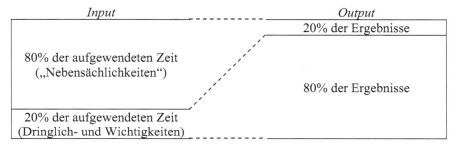

Eine Methode der Prioritätensetzung stellt die ABC-Analyse dar, nach welcher sich tägliche Aufgaben in 3 Kategorien einteilen lassen:

ABC-Analyse
A-Aufgaben (Muss-Aufgaben): Dies sind sehr wichtige Aufgaben. Sie machen nur 20% der Arbeit aus, jedoch bis 80% des Arbeitserfolges! Pro Tag sollten nicht mehr als max. zwei A-Aufgaben vorgenommen werden, jedoch dafür 3 Stunden eingeplant werden.
B-Aufgaben (Soll-Aufgaben): Diese sind auch wichtig, aber nicht so dringend. Es sollten max. zwei B-Aufgaben vorgenommen werden, dafür aber nur 1,5 Stunden vorgesehen werden.
C-Aufgaben (Kann-Aufgaben): Dies sind Aufgaben mit dem geringsten Wert für die Erfüllung einer Funktion, nehmen allerdings mengenmäßig die meiste Zeit in Anspruch. Diese Arbeiten sollte man versuchen zu straffen (Blöcke bilden). Max. pro Tag 1,5 Stunden für C-Aufgaben.
Es müssen zwar alle drei Aufgabentypen weiterhin ausgeführt werden, aber sie sollten in eine richtige Reihenfolge gebracht werden. Viele C-Aufgaben erledigen sich durch langes Liegen von selbst!

Pausenzeit ist Lernzeit

Lerninhalte müssen sich quasi setzen, brauchen nach dem Lernen eine weitere (unbewusste) Verarbeitung. Diese Verarbeitung wird durch weiteres, fortlaufendes Lernen gestört. Deshalb sind Lernpausen äußerst wichtig! Die Pausen dienen auch zur Erhaltung der Aufmerksamkeit. Denn nach dem Höhepunkt der Aufnahmefähigkeit fällt man in ein Leistungsloch. Wer dann dennoch weiter lernt, verschwendet Energie. Sinnvolle Pausen erhöhen dagegen die Leistung. Es sollten ungefähr *25 bis 30% der verfügbaren Zeit* als *Pausen* eingeplant werden. (Das angenehme

Verhältnis von Lern- und Pausenzeit muss individuell herausgefunden werden). Durch die erzielte Verarbeitungstiefe wird das Gelernte nachhaltig verankert. In solch einer Pause soll natürlich nicht weiter gelesen werden, sondern etwas völlig anderes gemacht werden. Am besten, Sie machen nur dann Pausen, wenn ein bestimmtes – nicht zu großes – Quantum des Lernstoffes richtig reproduziert werden könnte. Pausenaktivitäten sollten aber nicht zu attraktiv sein, weil es dann schwer fällt, wieder zum Lernen zurückzukehren. Es hat sich bewährt, in den Pausen zu bügeln, die Schuhe zu putzen usw. Diese Dinge müssen auch getan werden und verführen nicht zu allzu langer Ablenkung.

Es lassen sich fünf wichtige Lernpausen unterscheiden (vgl. KLEINSCHROTH 2005, 67):

	Wann?	*Wie lange?*	*Was tun?*
Sekundenpause	minütlich	~ 2-3 Sek.	Aufblicken, tief Atmen
Denkpause	Alle 5 Min. bzw. nach Bedarf	~ 1 Min.	Notizen machen; Blitzwiederholung
Minipause	Nach 25-30 Min.	~ 5 Min.	Arbeitstechnik wechseln, räkeln, trinken, Muskeln anspannen
Kurzpause	Nach 1-1,5 Stunden	~ 15-20 Min.	Platzwechsel, Spaziergang, Obst essen
Erholungspause	Nach 2-3 Stunden	~ 45-60 Min.	Hauptmahlzeit, andere Dinge, Nickerchen

Es ist anzumerken, dass kurze Pausen einen relativ höheren Erholungswert als längere Pausen haben. Pausen müssen rechtzeitig eingeschoben werden. Wenn man erschöpft ist, ist es bereits zu spät.

Sauerstoff ist der Treibstoff für das Gehirn, deshalb sollte man sich nicht nur ab und zu bewegen, tief einatmen und nicht zu übergebeugt sitzen, sondern auch alle halbe Stunde einen Schluck Flüssigkeit zu sich nehmen, damit das Blut den Sauerstoff gut transportieren kann – insbesondere im Sommer an die Zufuhr von genügend Flüssigkeit denken, um Verluste durch Schwitzen und Verdunstung auszugleichen.

Nicht im Schlaf, sondern vor dem Schlafengehen lernen!

Das Bett ist kein Arbeitsplatz. Lernen im Bett kann auf Dauer zu Schlafstörungen führen. Denn Lernen und Schlafen sind unvereinbar. Doch vor dem Einschlafen zu lernen, ist nachgewiesenermaßen nützlich (SCHUSTER 2001, 55). Dann gibt es keine späteren Ablenkungen, die das Speichern (sozusagen das Absacken) der gelernten Informationen behindert. Denn im Tiefschlaf der ersten Nachthälfte – nachdem sich das Wachbewusstsein verabschiedet hat –, werden die Lerndaten umformuliert, neu bewertet, sortiert und gruppiert und mit dem alten Lernstoff vernetzt. Die gelernten Inhalte werden im Schlaf noch einmal bearbeitet und ins Langzeitgedächtnis gespeichert. Von daher ist es sehr zu empfehlen, sich jeden Abend vor dem Schlafengehen noch eine kleinere Informationseinheit vorzunehmen. Dies sollte eine Viertelstunde nicht überschreiten (vgl. ebd., 56).

♦ Literaturauswahl, Lesestrategie und mehrkanaliges Lernen

Ein Wissensgebiet kann man sich über unterschiedliche Medien aneignen. Doch selbst in einer Zeit der Dominanz elektronischer Medien ist das Buch das Lernmedium der ersten Wahl. Ein Buch kann überall mitgenommen werden, es ist auch handlicher und meist leichter als ein Notebook, verbraucht keinen Strom, es können individuelle Markierungen unterschiedlichster Art vorgenommen werden und es kann sehr schnell zwischen den Kapiteln gesprungen werden. Ein Buch – am besten im Eigenbesitz – ist das beste Lernmedium.

Wie aber findet man das individuell richtige Buch aus der Vielzahl von Büchern zu einer Thematik? Die folgenden Punkte können in wenigen Minuten zu einer Orientierung verhelfen:

1. Umschlagseite	Erster kurzer Eindruck über die Absicht des Buchs.
2. Inhaltsverzeichnis	Werden die Themen behandelt? Können Sie die Kapitel unabhängig voneinander lesen oder nicht?
3. Vorwort/Einleitung	Entstehungszusammenhang, Schwerpunkte und Zielgruppe werden beschrieben.
4. Erscheinungsdatum	Wie aktuell ist das Buch? Ein Lehrbuch sollte nicht älter als 3 bzw. max. 5 Jahre alt sein.
5. Probekapitel	Wie ist der Aufbau des Textes? Lesefreundlich? Systematisch? Gibt es Kapitelzusammenfassungen?
6. Autor(en)	Wie ist der Werdegang, seine Arbeitsschwerpunkte und was hat er bisher veröffentlicht?
7. Layout	Wie viele Abbildungen, Hervorhebungen und Übersichten gibt es? Wie ist das didaktische Konzept?
8. Literaturverzeichnis	Ist die zugrunde liegende Literatur einseitig oder breit gefächert, ist sie alt oder neu, sind es vermehrt Zeitschriften, Sammelbände oder Monographien?
9. Index	Enthält es relevante Begriffe?

Lesestrategie: Der BASIS-Plan

Manche lesen Fachbücher wie Romane, beginnend vom Buchdeckel bis zum Buchrücken. Im Unterschied zum Roman siebt man aus einem Fachbuch allerdings das Wesentliche aus. Eine Möglichkeit besteht darin, es in Schritten zu lesen. Für jeden Buchstaben des Merkworts BASIS steht ein Gang durchs Buch:

1. *B*lättern	200 Seiten in 3-5 Minuten, einen Überblick verschaffen
2. *A*uswählen	Abschnitte/Kapitel anlesen, auswählen und aussortieren
3. *S*kimming	Such- und Schlüsselwörter auffinden
4. *I*ntensives Lesen	Sinn erfassendes Lesen
5. *S*ichern	Gelerntes speichern/verankern, Prüfungsfragen stellen

(1.) Der erste Schritt hat noch nichts mit Lesen im üblichen Sinne zu tun, es geht vielmehr darum, einen ersten Überblick und ein wenig Orientierung über den Text zu erhalten. Lassen Sie den Blick über die Fläche schweifen und nehmen nur die Bilder wahr, die sich vor dem Hintergrund abheben. Im Buch sind es die Titel, Untertitel, Zwischentitel, Abbildungen, Statistiken, Illustrationen und drucktechnische Hervorhebungen (fett, kursiv, eingerückt, schattiert), die der Autor für wichtig hält.

(2.) Es gilt nun Absätze mit wichtigen Wissenskernen zu identifizieren. Das Aufspüren von relevanten Textstellen kann durch das Anlesen der Einleitung, des ersten Abschnitts eines Kapitels und des ersten Satzes eines Abschnitts erfolgen. Auch sollte dem Ende besondere Aufmerksamkeit zukommen, hier ist vor allem auf Zusammenfassungen, Ergebnisse und Schlussfolgerungen sowie dass Schlusskapitel zu achten. Interessante Abschnitte sollten gleich markiert werden, z.B. durch Verwendung von Haftzetteln oder „post-its" (welche sich beschriften und wieder spurlos entfernen lassen).

(3.) Skimming bedeutet soviel wie „absahnen, abschöpfen". Die ausgewählten Textabschnitte werden jetzt nach Schlüssel- und Suchwörtern sondiert. Skimming erfolgt als schnelles „Lesen" mit dem Zeigefinger, welcher das Auge führt. Das ist als ein schneller Vorgang auszuführen (eine Buchseite sollte in 10 bis 20 Sekunden geskimmt sein).

(4.) Nun kommt es im eigentlichen Sinne des Wortes zum Lesen. Es wird das auf seine Gedankenkerne reduzierte Buch intensiv gelesen. Hierbei ist es nun wichtig, *unter einem bestimmten Fokus etappenweise zu Lesen*, z.B. vor dem Hintergrund einer bestimmten Fragestellung oder einer Prüfungsaufgabe/-frage. Unter dem Aspekt der Zeitersparnis ist es verführerisch, Anmerkungen und Beispiele, die in einer kleineren oder anderen Schrift gedruckt sind, einfach auszulassen. Oft stecken aber gerade in diesen Zeilen Informationen, die den Stoff anschaulich machen und daher das Lernen erleichtern.

Intensiv Lesen heißt weiterhin, die *Textauswahl kritisch zu bewerten*, den Gedanken zuzustimmen oder abzulehnen. Diese Bewertung kann als *Kürzel* an den Rand bzw. auf einem Heftzettel vermerkt werden. Herausragende unterschiedliche Textelemente können durch spezifische Markierungen oder *Codes* kenntlich gemacht werden (z.B. für Definitionen, Beispiele, Kritik/Widersprüche, Grundthese, wichtiger Name/Autor, historische Daten, Kurzfassung einer Theorie). Diese *Markierung* zwingt zu einer intensiven Bearbeitung des Textes. Die *optischen Signale* erleichtern später das Auffinden und Wiederholen. *Notizen* oder *Anmerkungen* können auf ein separates Papier geschrieben werden.

> Mit *Markierungen* sollte aber sparsam umgegangen werden und immer das gleiche System angewandt werden. Suchwörter sind das Einzige, was farbig durch Markierung hervorgehoben wird. Das Einfärben ganzer Absätze während des Lesens ist nicht hilfreich.

Zum intensiven Lesen gehört schließlich eine *etappenweise Erfolgskontrolle*. Legen Sie den Text beiseite und lassen ihn Revue passieren. Erinnerungslücken werden durch Nachlesen gefüllt. Zur Erleichterung lassen Sie sich von den Markierungen und Anmerkungen orientieren.

(5.) Der letzte Schritt des BASIS-Plans ist das Sichern bzw. Speichern der aufgenommenen Informationen. Wie Gelerntes gesichert werden kann, darauf wird separat im nächsten Punkt eingegangen.

Lesestrategie: Die SQ3R-Methode

Neben dem BASIS-Plan wird rationelles Lesen auch mit der SQ3R-Methode verbunden, das eine alternative Lesestrategie darstellt. Für SQ3R steht:

S	Survey	= Überblick verschaffen
Q	Question	= Fragen stellen
R	Read	= Lesen
R	Recite	= Rekapitulieren
R	Review	= Wiederholen

Mit der SQ3R-Methode kann ein Text im Rahmen des orientierenden, studierenden oder zusammenfassenden Lesens aufgenommen und verarbeitet werden. Nach dem Lesen helfen die Techniken des Markierens und Exzerpierens, künftig die Informationen schneller wieder aufzunehmen. Von diesen Möglichkeiten sollte gleichfalls sparsam und gezielt Gebrauch gemacht werden.

Mehrkanaliges Lernen

Wichtig für effizientes Lernen ist ein „Lernen mit allen Sinnen". Die Aufnahme von Wissensinhalten erfolgt über unsere Sinne. Wesentlich sind hierbei das *Hören, Sehen* und *Tun*, wenngleich auch andere Sinneskanäle wie beispielsweise der Geruch und die Sensorik eine Rolle spielen können (vor allem, wenn die empfundene/wahrgenommene Atmosphäre eines Lernorts ein Gedächtnisanker für den Abrufmechanismus des gespeicherten Lernstoffs ist). Durch die Kombination der Sinneskanäle (auditiv, visuell und kinästhetisch/motorisch) erhöht sich der Lerneffekt deutlich.

♦ Gelerntes sichern/verankern

Lesen und einmaliges reines Wiederholen genügen zu einer nachhaltigen Verfügbarkeit des Wissens nicht. Der Lernstoff muss be- und verarbeitet werden. Mit dem „vertiefenden Lernen" und einem Wiederholungssystem wird die Verfügbarkeit des Stoffs garantiert.

Vertiefendes Lernen

Nachfolgend werden die einzelnen Phasen des vertiefenden Lernens mit jeweilig einigen Methoden/Techniken aufgeführt (vgl. KLEINSCHROTH 2005, 113, 120f.):

1. Texte mit Papier und Bleistift erarbeiten	
- Wichtiges festhalten	Markieren, notieren, exzerpieren, kürzen
- Aufbau erkennen	Überschriften finden, Gliederung herausarbeiten
- Be- und Verarbeiten	Zusammenfassen, z.B. Lernkarten schreiben

2. Den Stoff gedanklich verarbeiten	
- Individualisieren	Eigene Regeln, Eselsbrücken, Querverbindungen finden
- Nachvollziehen	Fragen stellen und beantworten, Erklärungen suchen und verstehen
- Prüfen	In Frage stellen (Antithese), vergleichen, beurteilen
- Suchen	Analogien, Beispiele, Modelle entwerfen
- Wiederholen	Aus dem Kopf, statt nochmals lesen

3. Lernstoff strukturieren	
- *Teilen*	Sinnvolle Einheiten bilden, Lernhappen bilden
- *Ordnen*	Gleiches Gleichem zuordnen
- *Hierarchisieren*	Ober- und Untergruppen bzw. -begriffe finden
- *Schematisieren*	Muster bilden oder finden
- *Assoziieren*	Neues mit altem Wissen, Strukturen erzeugen
- *Verbinden, Vergleichen*	Verschiedene Quellen zusammenführen, vergleichen

4. Gelerntes üben, wiederholen und verankern	
- *Sprechen*	Jemandem berichten, erzählen
- *Testen*	Sich abfragen lassen
- *Proben*	Prüfung simulieren

Die genannten Methoden/Techniken erheben keineswegs Anspruch auf Vollständigkeit und sie überlappen sich zum Teil auch. Vielmehr muss jeder seine eigene Technik finden bzw. die Methoden individuell ausgestalten oder akzentuieren. Denn es ist nicht wichtig, eine bestimmte Form des Be- und Verarbeitens zu imitieren, sondern Lerninhalte persönlich zu be- und verarbeiten.

Wiederholen mit WIN

Auch hier steht jeder Buchstabe des Merkworts WIN für eine Methode:

W	*W*echsel der Wiederholungstechnik
I	*I*ntervallwiederholung
N	Nur noch harte *N*üsse knacken

Wechsel der Methoden: Auswendiglernen und mechanisches Wiederholen nach ein und demselben Rezept sind monoton und nur für einfache Informationen wie Jahreszahlen sinnvoll. Wechsel bringt Abwechslung in den Lernalltag und verankert das Gelernte. Wechseln der Wiederholungstechnik heißt...
-*Erarbeitetes verändern* durch Umstrukturierung, Ergänzungen, Umformulierungen, Verbildlichungen und Verknüpfungen;
-*Methoden wechseln* durch Brainstorming, Erzählen, Selbsttest, Prüfungssimulation, Perspektivenwechsel und Assoziieren.

Intervallwiederholung: Nach Intervall zu lernen funktioniert nach den gleichen Gesetzmäßigkeiten wie das Intervalltraining beim Sport. D.h. es wird nach einem gestuften Zeitplan trainiert bzw. pausiert. Im Falle des Intervalllernens (intermittierendes Lernen) verringert sich der Zeitaufwand bei jeder Wiederholungsphase erheblich (im Sport würde man von einseitig abfallendem Pyramidentraining sprechen), denn wiederholt wird nicht das gesamte Pensum, sondern nur, was vergessen wurde. Bei der dritten Wiederholung braucht man meist nur noch einen Bruchteil der Zeit. Oft genügt ein kurzes Wiederholen aus dem Gedächtnis mit Kontrollblicken auf den Text. Ein *Wiederholungsplan* kann wie folgt aussehen:

Wiederholungen	*nach*	*Stoff*
1. Wiederholung	1 Stunde	Lernetappe
2. Wiederholung	1 Tag	Harte Nüsse des Vortags
3. Wiederholung	1 Woche	Harte Nüsse der Vorwoche
4. Wiederholung	1 Monat	Gesamtes Wissensgebiet
5. Wiederholung	4 Monate	Prüfungsvorbereitung

Harte Nüsse knacken: Ein Pensum soll nur so lange gelernt werden, bis es sitzt. Jedes weitere Lernen wäre nicht nur Zeitverschwendung, es würde bereits gespeichertes Wissen verschütten. Deshalb gilt, dass nur gelernt wird, was vergessen wurde. Durch gezielte Wiederholung der Schwachstellen reduziert sich der Lernstoff und Zeitaufwand sukzessiv. Bereits geknackte Nüsse können beiseite gelegt werden.

Unabhängig von der WIN-Methode ist das Wiederholen des Stoffs in verschiedener Reihenfolge, auch in Hinsicht auf die mündliche Prüfung, außerordentlich wichtig. Denn das macht fit für das „Springen" zwischen den einzelnen Inhalten, was der Praxis des mündlichen Prüfungsverlaufs entspricht.

♦ **Prüfungsvorbereitung und Prüfung**

Da man üblicherweise nicht so oft in die Situation kommt, geprüft zu werden, und die Prüfungen zudem auch immer unterschiedlich sind, ist man immer irgendwie unerfahren. Das beste Mittel, um Panik oder Angst vor einer Prüfung zu vermeiden, ist es, einen ***Arbeits-/Zeitplan*** zu erstellen. Solch ein Prüfungsvorbereitungsplan gliedert sich in vier Arbeitsphasen und Restzeiten für Pausen und Unvorhergesehenes (Pufferzeit):

Arbeitsphasen und Restzeiten	**Zeitaufwand**	
1. Vorbereitung/sich informieren	10%	
2. Lesen und Vertiefen (BASIS-Plan)	35%	75%
3. Verankern/Sichern (vertiefendes Lernen)	20%	
4. Kontrolle und Selbstüberprüfung	10%	
Lernpausen	10%	25%
Pufferzeiten	15%	

Vor Prüfungen muss man aktiv nach Informationen suchen. Keinesfalls darf man darauf vertrauen, dass einem schon alles gesagt wird/wurde, was man wissen muss/sollte. In der Vorbereitungsphase sind die Unterlagen zusammenzustellen und auf Vollständigkeit hin zu überprüfen. Lücken fallen oft erst in der Sprechstunde des Dozenten auf. Um Schwerpunkte der Vorbereitung zu setzen, sind Literaturempfehlungen des Prüfers und Prüfungsliteraturlisten einzuholen. Manchmal gibt es bei Fachschaften oder Studentengruppen Sammlungen der Prüfungsfragen (mit Antworten). Es kann auch nicht von Nachteil sein, Spezialgebiete und Schwerpunkte des Prüfers und evtl. seine letzten Veröffentlichungen zu wissen (solche Kenntnisse des Prüflings werden oft positiv aufgenommen). Bitten Sie um Tipps für die Prüfungsvorbereitung bei dem Prüfer. Informieren Sie sich, wie die Klausuren aussehen, wie das Anspruchsniveau ist und wie die mündliche Prüfung verläuft. Besorgen Sie sich Klausuren früherer Semester über die Fachschaft oder Studentengruppe. Suchen Sie Kontakte zu Studierenden höheren Semesters, die diese Prüfung bereits (sehr) gut absolviert haben. Bilden Sie also soziale Netze und seien Sie kreativ im Entwickeln von vielfältigen Kontakten.

Checkliste für Prüfungskandidaten
- Einen Arbeits-/Zeitplan erstellen
- Mitprüflinge, Fachschaft/Studentengruppe, „höhere Semester" kontaktieren
- Den Prüfer/Dozenten kennen lernen und konsultieren
- Literatur rechtzeitig besorgen (auf Literaturempfehlungen/-listen achten)
- Das Terrain sondieren
- Die Prüfung simulieren/proben
- Einen Tag vor der Prüfung muss die Arbeit beendet sein
- Seien Sie mind. 10 Min. vor der Prüfung an dem Prüfungsort (Zeit für den Anreiseweg großzügig planen)

Die mündliche Prüfung

Ein gewisses Maß an Stress – zwischen Gelassenheit und Aufgeregtheit – ist eine Voraussetzung für Höchstleistungen. Nach der Theorie der sozialen Erleichterung (social facilitation) erfolgt dabei eine Leistungssteigerung in Anwesenheit anderer, sofern ein Stoff gut beherrscht wird, im umgekehrten Fall schlechter Vorbereitung sogar eine Verschlechterung des ohnehin schon geringen Ausgangsbestandes (HÖRMANN 1996, 93ff). Von daher nicht an einer falschen Vorstellung, völlig lässig und gelassen zu sein, orientieren. Es ist aber auf jeden Fall wichtig, alles dafür zu tun, *sich gut zu fühlen*. Tragen Sie bequeme Kleidung, die natürlich sauber und ordentlich sein muss. Durch „Sonntagskleidung" signalisiert man, dass man die Situation und die Prüfer ernst nimmt und dass man verstanden hat, um was es geht. Viele Prüflinge nehmen sich ein Getränk mit in die Prüfung, was man empfehlen kann. Rechtzeitige Anwesenheit am Prüfungsort sollte selbstverständlich sein, um so erhöhte Nervosität und möglicherweise sogar eine Verspätung zu vermeiden.

Ein besonders wichtiger Punkt in der Prüfung ist die Sprache/Aussprache und das Ergreifen der Initiative. Der Prüfling sollte mit deutlicher, fester Stimme das Gespräch aktiv führen, anstatt nur abwartend mit leiser, unsicherer (ängstlicher) Stimme zu reagieren. Sie sollten sich bei jeder Frage selbst die Stichworte zu längeren Ausführungen geben. Natürlich ist aber auf Zwischenfragen oder Unterbrechungen des Prüfers flexibel einzugehen. In Prüfungsgruppen kann man das selbstständige Sprechen üben. Dabei ist es nie falsch, auch auf eigene Beobachtungen oder Beispiele aus der eigenen Erfahrung einzugehen und Querverbindungen herzustellen. Durch diese Elemente wird die Prüfung auch für den Prüfer abwechslungsreicher und interessanter.

Redet der Prüfer allerdings zu lang, hat er also große Redeanteile, so sollte sich der aktive Prüfling dezent „einschalten". Denn redet überwiegend der Prüfer, dann können Sie sich überhaupt nicht präsentieren und für die anschließende Bewertung ist kaum „Material" da. Sie können Anmerkungen machen und darauf Hinweisen, dass Sie zu dem Thema auch einiges beizutragen hätten. Sie können dann auch elegant einen Themenwechsel einleiten. Einige Prüfer reden einfach deshalb viel, weil sie den Eindruck haben, dass der Prüfling zu der Thematik nichts sagen kann und sie der Meinung sind, die Prüfungszeit füllen zu müssen.

Tipps für die mündliche Prüfung
- zur Ruhe kommen (entspannen, soweit möglich)
- Gespräch aktiv führen, Initiative ergreifen
- feste, deutliche Stimme und verständliche Aussprache
- nehmen Sie sich einige Sekunden Zeit, um die Frage zu überdenken
- Verbindungen zu anderen Wissensbereichen wie Alltagsbeobachtungen herstellen
- Thematik kritisch reflektieren (Inhalt, Methodik)
- aktuelle Forschungsbefunde (Zeitschriftenartikel) berücksichtigen
- aktuellen gesellschaftlichen Bezug herstellen/politische Aktualität einbinden
- keine Angst vor Blackout und Fadenriss

Blackouts sind äußerst selten! Häufiger kommt es vor, dass der Prüfling den sogenannten roten Faden verliert. Ein Fadenriss ist jedem Prüfer schon selbst passiert. Ist Ihnen eben entfallen, was Sie sagen wollten, dann wird Ihnen der Prüfer gewiss ein Stichwort geben.

Tipps bei Fadenriss
Tipp 1: Kein Prüfer wird es Ihnen verübeln, wenn Sie ihn bitten, die Frage noch einmal zu wiederholen.
Tipp 2: Versuchen Sie die Frage zu umschreiben, und das Entfallene wird Ihnen wieder einfallen.
Tipp 3: Weitere wertvolle Sekunden gewinnen Sie, wenn Sie die Frage als Einleitung zu Ihrer Antwort umformulieren.
Tipp 2: Auch Prüfer drücken sich mitunter unpräzise aus. Gewinnen Sie Zeit durch zulässige Gegenfragen.

Die Klausur

Für die Klausur sind z.T. andere Aspekte zu beachten als bei der mündlichen Prüfung. So dauert die Klausur meist mehrere Stunden, während die mündliche Prüfung sehr viel kürzer dauert. Neben dem Zeitaspekt ist die Klausur eine „Still- und Einzelarbeit", Sie können das Zeitmanagement innerhalb des vorgegebenen Zeitraums autonom gestalten. Ein Zeit- und Arbeitsplan für die Klausur könnte wie folgt aussehen:

	Arbeitsschritte	**Zeitaufwand**
	Planung	*35-40%*
1.	Analyse der Arbeitsanweisung	5%
2.	Stoff sammeln	20%
3.	Gliederung entwerfen	10-15%
	Ausarbeitung	*60-65%*
4.	Schreiben des Hauptteils	35-40%
5.	Einleitung	5%
6.	Schluss	10%
7.	Durchlesen, Überprüfen	10%

Das Stoffsammeln kann mit Hilfe der *7-A-Technik* erleichtert werden. Die sieben Ansatzpunkte für das Finden von Schlüsselwörtern sind: (1) Assoziieren, (2) Antonyme (Gegenteile) suchen, (3) Abfragen [Wer? Was? Wie? Warum? Wozu? Welche? Wann? Wo?], (4) Aufschließen [Unterbegriffe mit neuen Aspekten finden], (5) Ab- und Ausgrenzen, (6) Anzweifeln, (7) Aktivierung des eigenen Wissens.

Nach den Planungsschritten (1-3) ist erst der Hauptteil zu verfassen, anschließend die Einleitung und zuletzt der Schluss, der mit der Einleitung abzustimmen ist (z.B. bezüglich Ausgangsthesen).

Tipps für die Klausur
- zur Ruhe kommen, Arbeitsmaterial ausbreiten
- Überblick über den Klausurumfang erlangen und Prioritäten setzen
- Klausuraufgabe lesen, lesen und nochmals lesen! (Flüchtiges Lesen führt oft zu Fehlern)
- nicht festbeißen! (Das führt zu Zeitnot – seien Sie flexibel)
- nicht mit Papier sparen
- nehmen Sie sich einen leichten Imbiss und ein Getränk mit
- Reserve-Schreibgerät, Tintenkiller, Radiergummi... nicht vergessen

---

♦ Zum Schluss...

Wichtige „Lerngesetze"
- Man lernt nur, was man lernen will.
- Gut geplant ist halb gelernt.
- Der Anfang ist die Hälfte des Ganzen. Tue den ersten Schritt!
- Nicht alles auf einmal, sondern gestaffelt wiederholen. „Nicht klotzen, sondern kleckern".
- Nachhaltig lernt man nur, was man be- und verarbeitet.
- Man behält nur, was man zur rechten Zeit wiederholt.
- Am Tag vor der Prüfung muss die Arbeit ruhen.

Einführungsliteratur (zum Weiterlesen)

Greif, S./Kurtz, H.J. (1996): Handbuch selbstorganisiertes Lernen. Göttingen: Hogrefe.
Kleinschroth, R. (2005): Garantiert lernen lernen. Die besten Techniken für sicheres Wissen. Reinbek: Rowohlt.

Literatur

Hörmann, G. (1996): Einzelarbeit oder Gruppenarbeit beim Lernen; Selbstbewertungsprozesse. In: Greif, S./Kurtz, H.J. (Hrsg.): Handbuch zum selbstorganisierten Lernen. Göttingen: Hogrefe, 93-98; 149-154.

Lozanov, G. (1978): Suggestology and Outlines of Suggestopedy. New York: Gordon & Breach.

Raithel, J. (1999): Arbeitsorganisation. In: Gerwing, C./Orthey, N./Raithel, J./Walber, M./Wittwer, W. (Hrsg.): Außerfachliche Qualifizierung für Telearbeiter/innen. Universität Bielefeld, 66-89.

Schiffler, L. (2001): Hilft Suggestopädie Leistungsschwachen im Französischunterricht? In: Französisch heute, Heft 3.

Schuster, M. (2001): Für Prüfungen lernen. Strategien zu optimalen Prüfungsvorbereitung. Göttingen: Hogrefe.

Seiwert, L.J. (1984): Das 1 x 1 des Zeitmanagements. Band 10 der GABAL-Schriftreihe. Speyer: GABAL.

Spitzer, M. (2002): Lernen. Gehirnforschung und die Schule des Lebens. Heidelberg: Spektrum.

Sternberg, R. (1996): Successful Intelligence. New York: Simon & Schuster.

Weber, A./Hörmann, G. (Hrsg.) (2006): Psychosoziale Gesundheit im Beruf. Stuttgart: Gentner.

Lehrbücher Erziehungswissenschaft

Helmut Fend
Neue Theorie der Schule
Einführung in das Verstehen
von Bildungssystemen
2005. 205 S. Br. EUR 19,90
ISBN 978-3-531-14717-8

Bildungssysteme als ein Ganzes zu begreifen ist eine wichtige Voraussetzung, um im Handlungsfeld Bildung, Erziehung und Pädagogik zu arbeiten.

Die Einführung in die Theorie der Schule bereitet die sozialwissenschaftlichen Grundlagen auf, um Bildungssysteme, deren Funktionsweisen und Zusammenhänge zu verstehen. Im Rückgriff auf die Beschreibung des Bildungswesens als gesellschaftliche Realität in Funktion und Struktur wird die erweiterte Schultheorie umfassend und nachvollziehbar dargestellt. Die neue Schultheorie betont das Wechselspiel von institutionellen Regelungen und Handlungen von Akteuren im Aufgabenbereich der „Menschengestaltung".

Helmut Fend
Geschichte des Bildungswesens
Der Sonderweg im europäischen Kulturraum
2006. 264 S. Br. EUR 24,90
ISBN 978-3-531-14733-8

Die Einführung in die Geschichte des okzidentalen Bildungswesens macht in Grundzügen die Bewegungen und ‚Sattelzeiten' sichtbar, die zum ‚Wunderwerk' eines modernen Bildungssystems beigetragen haben.

Geleitet von der These Max Webers vom abendländischen Sonderweg werden die großen Linien der Entstehung des Bildungswesens als institutionellem Akteur der ‚Menschengestaltung' aufgezeigt. Dabei erkennt man eine faszinierende Geschichte von Wirkungskräften zwischen weltlichen und religiösen Ideen der Vervollkommnung des Menschen über Bildungs- und Lernprozesse.

Helmut Fend
Schule gestalten
Systemsteuerung, Schulentwicklung und Unterrichtsqualität
2008. 395 S. Br. EUR 24,90
ISBN 978-3-531-15597-5

Im Zentrum steht das Konzept, die drei entscheidenden Gestaltungsebenen des Bildungswesens zusammen zu denken: die Ebenen der Systemsteuerung, der Schulentwicklung und der Unterrichtsgestaltung. Damit bietet das Buch einen Überblick dazu, „wie man Schule macht", der für eine neue Lehrerbildung die lang erwartete professionelle Grundlage bietet – und so auch als moderne Einführung in die Schulpädagogik gelesen werden kann.

Erhältlich im Buchhandel oder beim Verlag.
Änderungen vorbehalten. Stand: Juli 2008.

www.vs-verlag.de

VS VERLAG FÜR SOZIALWISSENSCHAFTEN

Abraham-Lincoln-Straße 46
65189 Wiesbaden
Tel. 0611.7878-722
Fax 0611.7878-400

Neu im Programm Bildungswissenschaft

Bernd Dollinger
Klassiker der Pädagogik
Die Bildung der modernen Gesellschaft
2006. 376 S. Br. EUR 29,90
ISBN 978-3-531-14873-1

Von Rousseau bis Herbart, über Diesterweg, Natorp, Nohl und Mollenhauer bis Luhmann werden in diesem Band die Grundlegungen der Pädagogik der modernen Gesellschaft dargestellt.

Marius Harring / Christian Palentin / Carsten Rohlfs (Hrsg.)
Perspektiven der Bildung
Kinder und Jugendliche in formellen, nicht-formellen und informellen Bildungsprozessen
2007. 310 S. Br. EUR 29,90
ISBN 978-3-531-15335-3

Hans-Rüdiger Müller / Wassilos Stravoravdis (Hrsg.)
Bildung im Horizont der Wissensgesellschaft
2007. 256 S. Br. EUR 29,90
ISBN 978-3-531-15561-6

Carsten Rohlfs / Marius Harring / Christian Palentien (Hrsg.)
Kompetenz-Bildung
Soziale, emotionale und kommunikative Kompetenzen von Kindern und Jugendlichen
2008. 365 S. Br. EUR 29,90
ISBN 978-3-531-15404-6

Norbert Ricken
Die Ordnung der Bildung
Beiträge zu einer Genealogie der Bildung
2006. 383 S. Br. EUR 39,90
ISBN 978-3-531-15235-6

Dass Bildung und Macht miteinander zusammenhängen und einander bedingen, ist offensichtlich; wie aber das Verhältnis beider genauer justiert werden muss, ist weithin umstritten und oszilliert meist zwischen Widerspruch und Funktionsbedingung. Vor diesem Hintergrund unternehmen die Studien zur Ordnung der Bildung eine machttheoretische Lektüre der Idee der Bildung und eröffnen einen irritierenden Blick in die Macht der Bildung.

Erhältlich im Buchhandel oder beim Verlag.
Änderungen vorbehalten. Stand: Juli 2008.

www.vs-verlag.de

VS VERLAG FÜR SOZIALWISSENSCHAFTEN

Abraham-Lincoln-Straße 46
65189 Wiesbaden
Tel. 0611.7878-722
Fax 0611.7878-400

Printed in Germany
by Amazon Distribution
GmbH, Leipzig